中国社会科学院 学者文选
陈芝芸集
中国社会科学院科研局组织编选

中国社会科学出版社

图书在版编目(CIP)数据

陈芝芸集 / 中国社会科学院科研局组织编选. —北京：中国社会科学出版社，2012.12（2018.8 重印）

（中国社会科学院学者文选）

ISBN 978-7-5161-1784-2

Ⅰ.①陈… Ⅱ.①中… Ⅲ.①拉丁美洲—文集 Ⅳ.①D773-53

中国版本图书馆 CIP 数据核字（2012）第 288049 号

出 版 人	赵剑英
责任编辑	易小放
责任校对	王春霞
责任印制	张雪娇
出　　版	中国社会科学出版社
社　　址	北京鼓楼西大街甲 158 号
邮　　编	100720
网　　址	http://www.csspw.cn
发 行 部	010-84083685
门 市 部	010-84029450
经　　销	新华书店及其他书店
印刷装订	北京市十月印刷有限公司
版　　次	2012 年 12 月第 1 版
印　　次	2018 年 8 月第 2 次印刷
开　　本	880×1230　1/32
印　　张	14.875
字　　数	365 千字
定　　价	89.00 元

凡购买中国社会科学出版社图书，如有质量问题请与本社营销中心联系调换
电话：010-84083683
版权所有　侵权必究

出版说明

一、《中国社会科学院学者文选》是根据李铁映院长的倡议和院务会议的决定，由科研局组织编选的大型学术性丛书。它的出版，旨在积累本院学者的重要学术成果，展示他们具有代表性的学术成就。

二、《文选》的作者都是中国社会科学院具有正高级专业技术职称的资深专家、学者。他们在长期的学术生涯中，对于人文社会科学的发展作出了贡献。

三、《文选》中所收学术论文，以作者在社科院工作期间的作品为主，同时也兼顾了作者在院外工作期间的代表作；对少数在建国前成名的学者，文章选收的时间范围更宽。

中国社会科学院
科研局
1999年11月14日

目 录

自序 …………………………………………………… (1)

拉丁美洲经济与中拉关系

拉丁美洲的经济发展
　　——世纪的回顾与思考 ………………………… (3)
石油危机对拉丁美洲经济的影响 ………………… (24)
拉美经济发展模式的再调整 ……………………… (39)
拉美和东亚：共同面临的挑战 …………………… (46)
美国的西半球经济一体化战略及其前景 ………… (56)
拉美地区经济一体化的新格局 …………………… (72)
如何评价拉美国家的经济改革 …………………… (87)
走向21世纪的拉丁美洲和中拉关系的前景 ……… (93)
中国开拓拉美市场面临的机遇和挑战 …………… (102)

墨西哥的经济发展战略与经济改革

墨西哥资本主义发展的程度和特点 ……………… (119)
墨西哥的国家资本主义经济 ……………………… (128)

战后墨西哥的经济发展战略 ……………………………… (137)
墨西哥经济危机和政府的政策 …………………………… (154)
墨西哥的经济特区政策 …………………………………… (164)
墨西哥经济调整的前景 …………………………………… (177)
墨西哥经济发展模式的转换：成效与问题 ……………… (190)
从墨西哥经济改革看第三世界的战略调整 ……………… (199)
从墨西哥经济发展战略的调整看南北经济关系的
　新特点 …………………………………………………… (207)
墨西哥现代化进程中的地区发展问题 …………………… (216)

墨西哥的金融危机、通货膨胀及自由贸易区问题

墨西哥金融危机的缘由与教训 …………………………… (231)
金融危机和经济政策调整 ………………………………… (241)
墨西哥经济改革中的物价问题 …………………………… (249)
评墨西哥的反通货膨胀战略措施
　——《经济团结契约》 …………………………………… (257)
对墨西哥通货膨胀问题的几点思考 ……………………… (266)
《北美自由贸易协定》的签署及其对拉美的影响 ………… (277)
《北美自由贸易协定》的实施及其面临的问题 …………… (291)

墨西哥的农业与农村发展

墨西哥农业概况 …………………………………………… (301)
墨西哥农业的兴衰及前景分析 …………………………… (314)
墨西哥农村产业结构和劳动力转移 ……………………… (323)
墨西哥农村发展两极化和落后地区开发 ………………… (350)
当前墨西哥的农业危机和政府的对策 …………………… (363)
墨西哥"持续农业"和农村发展的理论与实践 …………… (369)

墨西哥的能源政策

石油价格战和墨西哥的能源政策 …………………… (387)
墨西哥的国内石油价格政策 …………………………… (399)
海湾战争后墨西哥的石油战略 ………………………… (404)
墨西哥石油公司改革初见成效 ………………………… (410)

墨西哥历史与中墨关系

美国—墨西哥战争 ……………………………………… (419)
墨西哥革命与辛亥革命之比较研究 …………………… (436)
中国与墨西哥：加强合作，共谋发展 ………………… (447)

作者主要论著目录 …………………………………… (460)
作者年表 ……………………………………………… (461)

自 序

拉丁美洲研究，作为国际问题研究领域的一门新兴学科，在我国起步较晚。20世纪50年代，对许多国人而言，拉丁美洲还是个陌生的地名，人们对其知之甚少。1959年古巴革命胜利后，我国与拉美地区的交往日渐增多，了解和研究拉美被提上议事日程。1961年7月，按照毛泽东的指示，筹备建立了中国科学院拉丁美洲研究所，着手培养新中国第一代研究拉美问题的专业人才。当时，国内研究拉美的专家极少，有关的图书资料也十分短缺，主要从各大学文科应届毕业生中挑选了30多名优秀学生来从事此项开拓性工作。那年盛夏，我恰好从苏联莫斯科大学历史系毕业，刚刚回到阔别多年的祖国，因在学校学的是拉美历史专业，当即被分配到该所从事研究工作。当时，我们一群年轻人刚走出校门，满怀激情，奋发图强，白手起家，艰苦创业，口号是"为创建中国的拉美学派而奋斗"。

　　光阴荏苒，岁月如梭，转瞬间半个世纪过去了，经过两代人的艰辛努力，我国的拉美研究从蹒跚起步逐步走向成熟，现已发展成为社会科学研究领域一支重要的生力军，拉美所已成为具有相当实力、享誉国内外的专业研究机构。我作为该领域的一名拓荒者，亲历和见证了这一艰辛的创业过程，几十年奋力跋涉，辛勤耕耘，用自己的汗水浇灌了这片被开垦的处女地。伴随着拉美研究事业的日新月异，我个人在业务上也不断成长，取得了可喜的成果，1988年晋升为研究员，并先后担任研究室主任和所学术委员会主任等职，享受国务院政府特殊津贴。近日，欣接通知，要选编出版"中国社会科学院学者文选"，于是，重新翻阅旧日之作，抚今思昔，感慨万千。

我的拉美情缘始于大学时期。1956—1961年，我就读于苏联莫斯科大学历史系。1958年秋，我已是大学三年级学生，正在攻读西方中世纪史。忽接教育部通知：国内急需研究拉丁美洲问题的专业人才，希望留学生中有人选读相关专业。于是，根据国家的要求，我改为学习拉美历史专业。当时系里没有拉美史教师，但对中国学生特别照顾，专门从科学院聘请了一位拉美问题专家瓦·伊·叶尔莫拉耶夫教授来指导我的学习。他非常热情，对我说："中国和墨西哥都是文明古国，你就学墨西哥史吧！"于是，我在导师的指导下开始学习墨西哥历史，自学西班牙语，并完成了毕业论文《第二次世界大战期间的墨西哥》。就这样，我与墨西哥结下了不解之缘，开始了拉美研究的历程。

由于学的是墨西哥历史，我到拉美所工作后，一直从事墨西哥问题研究。20世纪60—70年代，拉美所在业务上属中共中央对外联络部领导，主要任务是收集和翻译有关基础资料，对拉美国家的基本国情、社会性质等问题开展研究，为外事工作服务。1965—1966年，我们被派往河北黄骅参加农村"四清"运动，回京时"文化大革命"已经开始，业务工作全面中断。1969年拉美所被撤销，全所人员下放到黑龙江中联部"五七"干校劳动，直至1972年3月我才返京，到中联部拉美司工作。1976年7月，拉美所重新恢复，我又回到所里，继续研究墨西哥。其间，我与北京第二外国语学院吕龙根老师合作编写了《墨西哥》一书，并陆续发表了若干论文，如《墨西哥的国家资本主义经济》、《墨西哥资本主义发展的程度和特点》、《美国—墨西哥战争》，等等。

1980年底，拉美所转归中国社会科学院领导，体制的改变使研究工作增添了新的活力，办所方针也作了相应调整，在继续重视基础研究的同时，大力加强现实性和对策性研究尤其是经济问题的研究。1982年，墨西哥爆发了史无前例的债务危机，并引发了整个拉美地区的经济衰退，墨西哥经济成为全球关注的焦点。于是，从80年代开始，我的工作重点转向研究墨西哥经济问题，与张文阁、杨茂春等同志合作编写了《墨西哥经济》一书，参加了苏振兴和徐文渊同志主持的"六五"计划期间国家社会科学重点研究项目"拉丁美洲国家经济发展战略研究"，负责其中"墨西哥经济发展战略"部分；同时，对墨西哥经济形势的变化、政府的对策、经济调整和改革等热点问题即时进行研究；此外，与中国农业科学院、石油部等单位合作，对墨西哥的农业、石油等部门经济开展对策性研究。

20世纪80年代后期，我在继续研究墨西哥问题的同时，扩展领域，加强对拉美地区综合性问题的研究。1987—1991年我主持了"七五"计划期间国家社会科学重点研究项目"拉丁美洲对外经济关系"，从战后国际经济关系的新特点及其对拉美经济的影响以及拉美经济发展的理论和模式两方面，探讨拉美国家对外经济关系的理论与实践，其成果于1991年由世界知识出版社正式出版，并荣获中国社会科学院1977—1991年优秀科研成果奖，2007年由社会科学文献出版社再版。90年代，经济全球化和区域集团化成为世界经济发展的两大趋势，西半球区域经济一体化出现了一些新动向，1992年，美、加、墨三国签订了

《北美自由贸易协定》；同年12月，巴西、阿根廷、乌拉圭、巴拉圭四国建立了"南方共同市场"，南北经济一体化和南南合作都出现了引人注目的现象。面对新的形势，我加强了对区域经济一体化的研究。1992—1996年，我主持了院重点研究项目"论北美自由贸易区"，与本室同志合作，撰写了专著《北美自由贸易协定——南北经济一体化的尝试》，对南北经济一体化的特点以及美国的西半球经济战略等问题进行了探索。这是国内第一本有关该协定的学术著作，2000年获拉美所优秀科研成果二等奖。1997年，我参加了由宋晓平同志主持的中国社会科学院"九五"计划重点项目"西半球区域经济一体化研究"，与宋晓平、徐宝华、石瑞元等3位同志一起完成了相关学术专著。此外，我在中拉关系研究方面也作过一些努力，1997年参加了李明德同志主持的国家社科基金项目"21世纪的拉丁美洲与中拉关系"，与外交部袁世亮同志一起负责其中中拉关系部分的写作，该成果以《拉丁美洲和中拉关系——现在与未来》为题由时事出版社于2001年出版。

各个时期我在完成相关学术专著的同时，也写了不少文章。据初步统计，除专著和工具书之外，在不同时期发表的有关拉美的论文、调研报告及各类文章约130余篇。受篇幅所限，本书仅收录了其中公开发表的具有代表性的论文39篇，这些文章大致反映了笔者在不同时期的主要研究方向和研究成果。为查阅方便起见，按内容将其分为六个部分：

第一部分选录了有关拉美地区经济问题的9篇论文。其中《拉丁美洲的经济发展——世纪的回顾与思考》一文对拉美经济发展的历史进程作了全面回顾。这是我参加齐世荣先生和廖学盛同志主持的国家委托研究重点项目"20世纪的历史巨变"课题时，作为阶段性成果写的一篇论文，编入该课题的中期成果

《二十世纪的历史巨变》(论文集,人民出版社2000年版)。《拉美经济发展模式的再调整》是1995年我在《世界形势研究》周刊发表的一篇文章,该文对拉美国家经历了80年代的深重危机之后所推行的新自由主义模式作了评析,指出该模式存在两大弊端:经济的脆弱性明显增加,社会贫富差距进一步扩大,经济发展模式的再调整势在必行。《拉美和东亚:共同面临的挑战》一文是在1998年6月22—25日在京召开的"拉美、东亚发展模式比较研究"国际研讨会上的发言稿。该文从新的视角,即共同面临挑战的角度对两大地区进行比较,一些观点得到与会中外学者的赞同。《如何评价拉美国家的经济改革》一文是1996年参加拉美学会年会时向大会提交的论文,该文从方法论的角度对如何评价拉美经济改革提出了几点看法,强调在评价一国经济改革时,必须重视外部环境的影响和国内的具体条件。最后一篇文章对中国开拓拉美市场面临的机遇和挑战作了一些对策性研究。

第二部分所选的10篇论文涉及墨西哥的经济发展问题。墨西哥作为拉美第二经济大国,其社会经济发展进程在拉美地区具有典型性。战后,墨西哥经济走过了从快速稳定增长到深刻危机的曲折过程,其经济发展战略及存在的问题从正反两方面为我们提供了不少有益的启迪。所选文章主要围绕墨西哥的经济发展战略、债务危机、经济调整和改革及其经验教训等问题。其中《墨西哥资本主义发展的程度和特点》(1980年)和《墨西哥的国家资本主义经济》(1978年)是"文化大革命"之后我在学术刊物上最早发表的两篇论文,也可以说是我的习作。前者比较系统地阐述了墨西哥的现代化进程及其特点;后者对墨西哥国有经济的形成发展及政府在经济发展中的地位和作用作了较充分的论述。30多年后重读这些文章,虽然其中某些提法和结论显得有些肤浅,但从总体上说,还是初步勾画了近代墨西哥社会演变的进程及其特点。80年代，我国在经济改革中十分重视借鉴国外的经验，拉美国家的经济发展战略备受关注，《战后墨西哥的经济发展战略》一文是当时国内较早论述此问题的文章。该文在《拉丁美洲丛刊》1982年第2期发表后，《世界经济》杂志同年第6期予以转载，《北京周报》西文版1982年第27期摘要刊登。该文对墨西哥经济发展战略所遵循的基本原则、取得的成就及其面临的问题作了全面阐述，受到学术界的重视。《墨西哥经济危机和政府的政策》一文是1982年墨西哥爆发了史无前例的债务危机之后发表的一篇评论文章，此文得到墨西哥驻华使馆的好评，被译成西文，发回国内；该文获得中国社会科学院优秀理论文章二等奖（1984年）。《墨西哥经济调整的前景》（1986年）、《墨西哥经济发展模式的转换：成效与问题》（1994年）、《从墨西哥经济改革看第三世界的战略调整》（1992年）等多篇文章对80—90年代墨西哥的经济调整和改革，经济发展和改革中的经验教训及其启示等问题从多方面进行了评述。

第三部分就20世纪90年代墨西哥经济中的几个热点问题——1994年12月爆发的金融危机、经济改革过程中的通货膨胀问题、北美自由贸易协定的影响等选收了7篇文章。当时，这些热点问题曾引起国内外经济学界的特别关注和热烈讨论，我曾就上述问题给有关部门写过一些调研报告，这里收录的是就上述问题公开发表的几篇文章。墨西哥在金融危机和通货膨胀等方面的经验教训具有警示意义。

第四部分收录了涉及墨西哥农业和农村发展问题的6篇文章。1989年我被农业部信息中心聘为特约研究员，与农业部、中国农业科学院等单位长期合作，共同对国外农业经济问题开展对比研究，参与了上述单位主持的一系列国家项目。这些项目大多是中央农村工作研究室或国务院农村发展研究中心下达的任务，选题具有重要现实意义。这里所选文章大多是其中的研究成果，如《墨西哥农村产业结构和劳动力转移》一文（与杨茂春合作）是 1984 年为国务院农村发展研究中心提供的《国外农村产业结构调整和劳动力转移》调研报告的一部分，该报告获国家农业科技进步二等奖和国务院农村发展研究中心优秀科研成果二等奖。

第五部分是涉及石油问题的 4 篇文章。这些文章大多应石油部门之约而写。《石油价格战和墨西哥的能源政策》是 1986 年 4 月我参加"国际油价中长期趋势研讨会"时向大会提交的论文。墨西哥作为当时世界主要产油国，其能源政策对国际油价和我国经济具有一定影响。

第六部分涉及墨西哥历史与中墨关系问题。其中《墨西哥革命与辛亥革命之比较研究》一文是 1985 年 3 月我应邀参加联合国大学（东京）在墨西哥城召开的"墨西哥现代化进程 1876—1940 年"国际学术研讨会时向大会提交的论文，当时提交的是西班牙文版，会后译成英文，编入由联合国大学出版的论文集 Modernization and Revolution in Mexico A Comparative Approach, Edited by Omar Martinez Legorreta, The United Nations University, 1989（英文版），本书收集的是该文的中文译稿。此次会议有墨、日、俄、中四国的数十名学者参加，会议就墨西哥革命、日本明治维新、俄国十月革命、中国辛亥革命开展比较研究，对非西欧国家的现代化进程进行探索。《中国与墨西哥：加强合作，共谋发展》一文是应张宝宇同志之约，为其主编的《澳门桥通向拉丁美洲》一书所写，该文集以中文和西班牙文（葡萄牙文）双语出版（2006 年，澳门版）。此文对中、墨关系的历史渊源、现状和前景作了回顾和展望。

综上所述，可以看到，全书所选文章时间跨度较大，涉及内容较广。我之所以作这样的选择,是想通过此书比较客观真实地反映自己所走过的路程。所选的大多数作品的创作时间是在20世纪80—90年代,这是拉美国家"失去的10年"和"改革的10年",这一时段拉美国家的经济始终值得关注,有关文章作为当时的现实记录对后人也许有一定的参考意义。受个人水平和主客观条件所限,所选文章尚有许多不足之处,一些早期作品难免带有岁月的印记,但作为一份历史的记录,它的出版还是有意义的,对于作者来说,是一珍贵的纪念,对于学科发展来说,是一份历史积淀的存留。其中不妥之处,敬请读者批评指正。

在我漫长的科研历程中,曾得到中国社会科学院有关部门、拉美所的历届领导、同事、同行、朋友在各方面给予的支持和帮助,趁此书出版之际,向他们表示衷心的感谢!在此时,要特别感谢中国社会科学出版社的田文同志和易小放同志为此书出版付出的辛劳,她们认真负责的精神和严谨细致的工作作风令人感动和敬佩。同时也感谢拉美所科研处以及其他有关同志提供的帮助。

陈芝芸

2012年9月

拉丁美洲经济与中拉关系

拉丁美洲的经济发展
——世纪的回顾与思考

20世纪是人类历史出现巨大转折的时期。殖民体系的瓦解和发展中国家的崛起是这一历史时期的重要特征之一。作为发展中国家的重要组成部分，一个世纪以来，拉丁美洲在经济和社会发展方面取得了巨大的成就。回顾它所走过的道路，对于研究20世纪的历史巨变无疑是很有意义的。

拉丁美洲和加勒比地区包括33个独立国家和10多个尚未独立的地区，总面积达2070万平方公里。1998年，全地区人口已接近5亿，国内生产总值达20318亿美元①，人均产值超过4000美元，大大高于其他地区的发展中国家，1998年外贸总额达6850亿美元。因此，无论从经济实力还是从市场规模来看，拉丁美洲在当今世界均占有不可忽视的地位。从历史上看，拉美大多数国家于19世纪20年代已取得了政治独立，比大部分亚、非国家的独立要早100多年。拉丁美洲也是第三世界中资本主义生产关系萌生较早的地区，其经济从一开始就与外部市场紧密地联

---

① 不包括古巴和未独立的地区。

系在一起。20世纪30年代,一些拉美国家开始走上工业化的道路。第二次世界大战后,拉美各国普遍奉行经济民族主义政策,形成了一套比较完整的发展理论和发展战略,并在经济发展中取得了举世瞩目的成就。然而,拉美经济发展的道路并非一帆风顺。80年代,该地区爆发了史无前例的债务危机,出现了严重的经济衰退。此后,拉美国家普遍进行了经济改革,实现了经济发展模式的转换,并重新恢复了稳定增长。由于历史、文化等多种原因,拉美各国的经济发展有许多共同特点。总结其中的经验教训,对于广大发展中国家具有一定的借鉴意义。

回顾过去,在不同的历史时期,拉美各国共实行过三种不同的经济发展模式。

一 初级产品出口型发展模式及对外依附

1492年哥伦布发现新大陆之后,拉丁美洲逐渐沦为西班牙和葡萄牙的殖民地。最初,殖民者的最大欲望是掠夺金银财富,于是采矿业成为当地最主要的经济部门。同时,为满足宗主国和欧洲市场对蔗糖、棉花、烟草、咖啡等农产品的需要,巴西、秘鲁以及加勒比海诸岛开辟了许多种植园,专门生产一两种专供出口的农产品。因此,殖民统治300年,拉美地区形成了一种畸形的以少数几种农矿产品出口为特征的单一经济结构。

19世纪上半叶,大部分拉美国家在政治上取得了独立,但其经济命脉仍掌握在外国资本手中,其经济仍以少数几种初级产品的生产和出口为支柱。19世纪70年代至20世纪初,西方国家对农、矿产品的需求量急剧增长。在这种特定的历史条件下,拉美经济得到了较快的发展。根据不同的资源优势,在拉美地区形成了3类国家,即温带农产品出口国、热带农产品出口国和矿产品出口国。例如,阿根廷、乌拉圭等国完全依靠粮食、肉类和皮毛的出口。1911—1913年,阿根廷小麦出口量达到230—280万吨。①巴西、哥伦比亚等国则以种植和出口咖啡、可可、香蕉、甘蔗等热带农产品为主。19世纪末,巴西的咖啡产量约占世界总产量的三分之二。1889年,哥伦比亚咖啡出口量达到47.5万袋,咖啡出口占其出口总收入的70%。墨西哥、智利、秘鲁和玻利维亚等国成为世界重要的矿产品出口国。1910—1911年,墨西哥白银出口达到230万公斤,占墨西哥出口总额的三分之一。智利是世界最大的产铜国。1908年,智利铜产量达到4.2万吨,1917年增长到10.25万吨的水平。②到20世纪初,拉美国家在国际贸易中已占据十分重要的地位。1913年,拉美出口的粮食已占世界粮食出口量的17.9%,畜产品占11.5%,咖啡、可可等占62.1%,糖占37.6%,水果占14.2%,橡胶、毛皮与皮革占25.1%。③

这种初级产品出口型经济的最大特点是对外依附,其经济增长的主要动力是外部市场的需求。一旦需求下降,经济则会陷入困境。例如,第一次世界大战前夕,西方国家对橡胶的需求急剧增长,巴西等国立即掀起"橡胶热",橡胶占巴西出口的比重由19世纪70年代的5%上升到1900—1910年的28%。④但是,亚洲天然橡胶的竞争很快使巴西等国失去了优势,亚马孙丛林中的繁荣希望也随之消失。19世纪80年代至20世纪初,智利经济因

---

① [英]莱斯利·贝瑟尔:《剑桥拉丁美洲史》第4卷,涂光楠等译,社会科学文献出版社1991年版,第10页。
② 同上书,第11—16页。
③ 张森根、高铦:《拉丁美洲经济》,人民出版社1986年版,第20页。
④ [英]莱斯利·贝瑟尔:《剑桥拉丁美洲史》第4卷,涂光楠等译,社会科学文献出版社1991年版,第46页。

硝石出口的猛增而出现繁荣。但是第一次世界大战后，欧洲在人工合成硝酸盐生产方面的技术进步使智利经济受到沉重打击。

这种经济的另一个主要特点是结构畸形。每个国家都以生产一两种出口产品为主，而国内所需的消费品都要依靠进口。与出口有关的部门和地区，如铁路运输、港口、通讯等基础设施得到了较快的发展，而其他部门和大部分地区则长期处于极端落后的状态。由于出口部门主要被外国资本所控制，出口增长所带来的利益主要被外国资本所攫取。因此，出口部门的增长不能带动整个经济的增长，更不能带动社会的发展。

此外，这种经济发展模式对技术进步的推动力极小。因此，这一地区长期被排斥于孕育工业社会的科技进步的潮流之外，制造业的发展受到阻碍，技术发展的潜力被窒息。

1929—1933年世界资本主义经济危机的爆发使国际市场对初级产品的需求急剧下降。拉美地区的出口额由1928—1929年的50亿美元降到1933年的15亿美元，主要拉美国家的人均产值下降了15.8%[1]，整个地区的经济濒临崩溃。这一惨痛教训使拉美人民深深感到初级产品出口型发展模式的严重弊病。为了走出危机，各国力图寻找新的发展模式，以减轻对外依赖，走独立自主发展的道路。

二 进口替代发展模式和20世纪80年代的危机

20世纪30年代，一些具有民族主义倾向的资产阶级代表人物在拉美各国纷纷掌权，如墨西哥的卡德纳斯、巴西的瓦加斯、阿根廷的庇隆等等。他们积极奉行经济民族主义的政策，通过国

---

[1] 张森根、高铦：《拉丁美洲经济》，人民出版社1986年版，第23—24页。

家对经济的强有力干预和增加公共投资，发展民族工业，以减少工业消费品进口，改变单一经济结构。于是，阿根廷、巴西、墨西哥等国先后开始了早期进口替代工业化进程。

第二次世界大战后，世界政治经济形势的巨大变化对拉美经济产生了重大影响。国际范围内民族民主运动的高涨有力地推动了拉美人民争取经济独立自主发展的进程。

在这种新的形势下，拉美一批经济学家摒弃了西方现代化理论的框架，从发展中国家的利益和立场出发去解释发达国家与不发达国家之间的不平等关系，努力寻找摆脱不发达状态的道路。阿根廷经济学家劳尔·普雷维什和他所领导的联合国拉丁美洲经济委员会（简称拉美经委会）在这方面作出了杰出的贡献。他们在总结20世纪30年代一些拉美国家早期进口替代工业化经验的基础上，提出了一整套具有拉美特色的发展战略构思。这些思想被称为发展主义（或结构主义发展理论）[1]，其基本观点是：

第一，资本主义世界由于技术进步成果传递的不平衡，形成了由发达国家构成的中心和由被排斥于工业化进程之外的大多数落后国家组成的外围。中心国家由于最先吸收了技术进步成果，生产结构呈多样化和均衡化的特点，而外围国家由于技术进步成果只在少数初级产品出口部门运用，经济结构具有专门化（即专门生产初级产品）和非均衡化的特点。资本主义体系的运转服从中心的利益，而外围则处于依附状态。

第二，由于初级产品与工业制品价格的剪刀差，外围国家在与中心国家的贸易中，长期处于不利地位，外围国家的贸易条件

---

[1] 参见〔阿根廷〕奥克达维奥·罗德里格斯《拉美经济委员会的欠发达理论》（第6版）（Octavio Rodriguez, *L ateoria del subdesarrollo de la CEPAL*），墨西哥21世纪出版社1988年版，第19—189页。

不断恶化，外围国家不可能通过国际贸易获得利益。

第三，工业化是外围国家改变经济结构、摆脱依附地位的根本出路。实行进口替代和改变进口结构是外围国家工业化的主要特点。

拉美经委会根据上述理论提出了由一系列具体政策组成的经济发展模式——内向型的进口替代工业化发展模式，其基本政策是：

首先，实行以高关税为特征的贸易保护主义政策，以保护本国幼稚工业免受国际竞争的压力。

其次，强化国家对经济生活的干预，使政府成为推动工业化的主要力量。

再次，建立区域经济一体化组织，以克服国内市场狭小的困难。

拉美经委会的发展主义理论和政策主张在拉美地区产生了重大影响，几乎所有的拉美国家都按照这套主张实行了以工业化为主导的内向型经济发展模式。因此，战后拉美各国的宏观经济政策具有共同的特点：（1）普遍采取高投资、高增长的方针；（2）国家在基础设施以及钢铁、能源等基础工业部门进行大量投资，国有经济成分迅速发展；（3）积极利用外资，以弥补国内资金之不足；（4）在大量进口技术设备和原材料的同时，严格限制国内已能生产的工业制品的进口；（5）强化国家的经济职能，政府通过制定和执行经济计划，对价格、利率、汇率实行管制，并辅以其他强制性行政手段对国民经济的运行进行强有力的控制。

进口替代工业化发展战略在拉美地区取得了显著的成效。从50年代到70年代，拉美各国经济发展比较顺利，经济增长速度较高，经济实力普遍增强。从1950—1980年的30年间，整个地区的国内生产总值增长了将近4倍，经济的年均增长率达到5.4%，人均国内生产总值的年均增长率达到2.7%，人均总产值由1950年的396美元增加到1980年的2045美元（按1980年不变价格计算）①，而在1980年，全世界发展中国家的人均产值仅650美元。拉丁美洲成为第三世界中经济发展水平较高的地区。

在经济高速发展过程中，拉美经济结构发生了深刻的变化。根据拉美经委会的主张，拉美国家都将工业化作为经济发展的主要目标。1950—1980年，拉美地区工业产值的年均增长率达到6.7%，而1948—1981年世界工业生产的年均增长率仅为5.6%。② 工业在拉美地区国内生产总值中的比重由1950年的35%上升到1980年的43%，其中，制造业的比重同期由17.5%上升到23.8%，农业的比重由20%下降到10.4%。③ 60年代，巴西、墨西哥、阿根廷等拉美经济大国基本上都建立起包括钢铁、汽车、机器制造、化工、电子、纺织、食品等众多部门组成的比较完整的工业体系，工业产品的产量迅猛增长。例如，拉美地区钢的产量由1960年的140万吨猛增到1980年的2918万吨，同期汽车年产量由27.84万辆增加到213.4万辆，其他耐用消费品如冰箱、电视机、洗衣机等的产量也成倍增长。

拉美国家工业化的迅速发展也使其外贸进出口产品结构发生了深刻变化。1960年，全地区消费品进口占进口总额的比重为

---

① 参见徐文渊主编《走向21世纪的拉丁美洲》，人民出版社1993年版，第110页。
② 《联合国统计年鉴（1981年）》，联合国1981年版。
③ 联合国拉丁美洲经济委员会：《拉丁美洲和加勒比统计年鉴（1983年）》，智利圣地亚哥，1984年，第670页。

17.5%，1980 年已下降到 13.9%。到 60 年代末，巴西、墨西哥等国一般工业消费品的自给率已达到 90% 以上。出口产品结构也有很大变化。全地区农产品出口在出口总额中的比重已由 1960 年的 50.7% 下降到 1980 年的 29.3%，制成品出口比重由 3.6% 上升到 17.4%。

随着工业化的快速发展，农村劳动力大批向城市转移，城乡人口结构发生深刻变化。1950—1980 年，城市人口在总人口中的比重由 40% 上升到 66.2%，百万人口以上城市的数量由 7 个增加到 25 个。一些大都市的人口迅速膨胀，如墨西哥城的人口由 50 年代的 300 万猛增到 80 年代的 1400 万。

以上各种数据大多是整个地区的平均数。实际上，各类国家经济发展的不平衡十分严重。巴西、阿根廷、墨西哥等大国工业化程度较高，经济结构变化较大，而中美洲、加勒比地区一些小国则发展比较缓慢，经济结构仍然带有明显的初级产品出口的特点。

在一些国家中，地区之间发展不平衡也很严重。如巴西圣保罗等工业发达地区的经济水平可以与发达国家相媲美，而北部和中西部等落后地区的社会经济发展则十分缓慢。墨西哥的工业主要集中在首都墨西哥城、瓜达拉哈拉和蒙特雷三大城市及其周围地区，这三个地区的工业产值和工业就业人口分别占全国的 60.48% 和 52.9%，而南部一些印第安人聚居的地区则处于十分落后的状态。

进口替代发展模式的实施虽然取得了显著的成效，但是也有其明显的弊病。

第一，长期过度的贸易保护导致本国企业缺乏竞争意识，经济效益较差，劳动生产率低下，生产设备更新换代缓慢，产品成本高、质量差，在国际市场上缺乏竞争力。例如，到 60 年代后期，阿根廷、巴西和墨西哥汽车工业的生产成本比美国高出

60%—150%。① 1969 年，智利生产的电动缝纫机、自行车、家用电冰箱和空调器的国内价格比国际价格分别高出 3 倍、5 倍、6 倍和 7 倍。②

第二，进口替代工业化的发展虽然减少了一般消费品的进口，但是工业化本身需要大量引进技术设备和原材料，因此，进口需求依然不断增长，而定值过高的汇率又使出口受阻，从而造成外贸赤字增加，国际收支严重不平衡。例如，墨西哥 1955 年颁布的《促进新工业和必需工业法》规定，工业化所需的机器设备和原材料免征进口关税。其结果造成在消费品的进口大大减少的同时原材料的进口急剧增加，外贸逆差进一步扩大。1960 年墨西哥的外贸逆差为 4.47 亿美元，1970 年增加到 10 亿美元，1976 年达到 30 亿美元。70 年代后期，为了开发石油，墨西哥不得不大量引进国外先进技术设备。虽然石油出口收入由 1977 年的 10 亿美元增加到 1981 年的 146 亿美元，外贸赤字却由 1977 年的 14 亿美元增加到 1981 年的 48 亿美元。③

第三，公共部门投资过于庞大，财政负担过重，国有企业大多经营不善、亏损严重，成为财政赤字的重要原因。为了弥补巨额财政赤字，政府大量发行货币，引起严重的通货膨胀。拉美各国根据发展主义的理论，大多采用国家资本主义的方法全面干预本国的经济发展。各国在没收外资企业的基础上成立了许多国有企业，此外，在工业化过程中，政府通过大量公共投资开办了许多国有企业。公共投资大多集中在能源、交通、通讯、水利等基础设施部门以及矿业、钢铁等基础工业部门。这些部门往往投资

---

① 参见［美］W. 贝尔《拉美的进口替代与工业化经验与阐述》，转引自江时学《拉美发展模式研究》，经济管理出版社 1996 年版，第 71 页。
② 同上。
③ 参见墨西哥《对外贸易》1981 年第 3 期，统计资料。

量大、投资周期长、收效慢、经济效益不佳。70年代中期,阿根廷、巴西、智利、哥伦比亚、墨西哥、秘鲁、委内瑞拉等7国国有企业的亏损总额约占国内生产总值的1%,80年代初上升到4%。① 墨西哥国有企业的亏损额在1970年为90亿比索,到1982年剧增到5300亿比索,约占当年国内生产总值的10%。巴西382家联邦国有企业的经营亏损额,1981年达到90亿美元,相当于当年的联邦税收的73%。② 国有企业的亏损、财政支出的急剧增加,造成政府财政赤字的日益庞大。1982年,巴西公共部门的财政赤字占该国国内生产总值的16.9%;墨西哥的财政赤字由1970年占国内生产总值的1.5%猛升到1982年的17.6%。③ 为了弥补财政赤字,拉美各国政府普遍采取增发货币的办法,从而导致严重的通货膨胀。到80年代初,随着经济形势的恶化,拉美国家的通货膨胀愈演愈烈。1981年,全地区平均的通货膨胀率达到57.6%,其中阿根廷达到131.2%,巴西达到91.2%。1982年,全地区平均的通货膨胀率达到84.6%,其中阿根廷达到209.7%,玻利维亚达到296.5%,巴西达到97.5%,墨西哥达到98.8%。④

第四,许多国家为保证工业优先发展,往往减少对农业的投资,工农业之间的不平衡日益加剧,一些粮食出口国成了粮食进口国,大量食品进口加重了贸易收支的不平衡。例如,墨西哥是

---

① 参见世界银行《1987年世界发展报告》(中文版),中国财政经济出版社1987年版,第66页。

② 参见徐文渊主编《走向21世纪的拉丁美洲》,人民出版社1993年版,第148页。

③ 参见张文阁、陈芝芸等《墨西哥经济》,社会科学文献出版社1986年版,第151页。

④ 参见联合国拉丁美洲经济委员会《拉丁美洲与加勒比经济研究报告(1987年)》,智利圣地亚哥,1987年12月。

个传统的农业国，60年代农业发展迅速，农业的年均增长率达到5%以上，1965—1969年平均每年出口粮食133万吨。而到70年代，由于农业投资减少、工农业产品价格失调等原因，农业生产陷入危机，粮食播种面积减少，1970—1974年，墨西哥平均每年进口粮食106万吨。①

上述种种结构性问题使拉美经济逐渐失去活力，潜在的矛盾日益加深。

此外，70年代，西方国家为摆脱经济衰退的局面，竭力向发展中国家转嫁危机。国际市场上工业制品和初级产品价格的剪刀差空前扩大，贸易条件的恶化几乎使所有拉美国家的经济都受到沉重打击。1970—1979年，拉美地区的贸易赤字累计达到130亿美元。在贸易不佳的情况下，拉美国家为了保持经济的高速增长，普遍选择了举借外债的做法。当时，国际金融市场资金充裕，巴西、墨西哥、阿根廷、委内瑞拉等国成为最有吸引力的资本市场。为吸引拉美国家借债，国际银行贷款利率降到2%以下，有的甚至是负利率。在这种情况下，许多拉美国家实行负债发展战略，依靠借债弥补资金的不足，推动经济增长。例如，墨西哥在1978年以后，依靠大量借债开发石油资源；巴西依靠借债维持雄心勃勃的投资计划。于是，拉美地区的外债总额从1975年的754亿美元猛增到1980年的2421亿美元。然而，到80年代初，受美国里根政府高利率政策的影响，国际利率飙升，按浮动利率借入巨额短期贷款的拉美陷入了债务的泥潭。1982年8月，墨西哥宣布无力支付债务本息。以此为信号，拉美地区

---

① 参见［墨西哥］诺拉·鲁斯丁主编《墨西哥经济的现状和前景》（NoraLusting, *Panoramay perspectivas de la economia mexicana*），墨西哥学院1980年版，第62页。

爆发了史无前例的债务危机，接踵而来的是整个地区经济的全面衰退。80年代，对拉美国家来说，成了"失去的10年"，其突出表现有如下几点：

第一，经济增长率持续下降。1981—1990年，拉美地区国内生产总值的年均增长率下降到1%，同期人均产值倒退到1976年的水平。许多国家自1982年起，经济连续出现负增长。工业部门的衰退则更加严重，1980—1988年，整个拉美地区工业的年均增长率仅为0.5%。

第二，通货膨胀居高不下。全地区的平均通货膨胀率由1980年的56%上升到1990年的1491%。许多国家由于财政赤字严重，政府滥发货币，造成4位数、甚至5位数的恶性通货膨胀。1985年，玻利维亚的通货膨胀率创23000%的记录，对经济造成极大破坏。此后在巴西、秘鲁、阿根廷、尼加拉瓜等国相继出现了4位数的通货膨胀。1990年，尼加拉瓜的通货膨胀率达到8500%，秘鲁为8291%，巴西为2359%。居高难下的恶性通货膨胀造成经济的混乱和社会的动荡。

第三，债务负担沉重，资金大量外流。1982—1989年末，拉美地区以偿付外债形式向工业化国家转移的资金已接近2500亿美元，而本地区的外债总额仍不断上升，与1982年相比，增加了1000亿美元，1989年外债总额达到4159亿美元，相当于拉美所有国家当年出口总值的300%和地区生产总值的51%。在大量资金通过支付利息而外流的同时，拉美国家难以得到新的贷款，因而出现严重的资金纯外流现象，平均每年净外流的资金达250亿美元。

第四，进出口贸易额大幅度下降，拉美国家在国际贸易中的地位明显下降。1980—1988年，拉美地区的进出口总额减少了2983.9亿美元，其中出口减少554亿美元，进口减少2429.9亿美元。拉美地区在世界进出口贸易中的比重1960年为6.8%，1980年为5.4%，1987年降到3.4%。①

第五，人民生活水平急剧下降。1990年拉美地区人均消费水平比1980年下降了13%，生活在贫困线以下的人口由80年代初的1.1亿增加到1989年的1.6亿。不少拉美国家为应付危机，严格限制工资增长，造成实际工资水平大幅度下降。拉美各国的城市居民最低收入如以1980年为基数（=100），1989年阿根廷为77.1，巴西为70.6，墨西哥为50.7，秘鲁为26.7，委内瑞拉为68.6，乌拉圭为78.6。② 由于企业大量倒闭，失业人数急剧增加。拉美地区城市的公开失业率1980年为6.9%，1985年上升到11.1%。由于压缩公共开支，政府对医疗卫生和教育等部门的预算支出大幅度减少，直接影响到广大人民群众的生活。

这场危机持续时间之长、波及面之广、影响之深远为历史上所罕见。面对如此深重的危机，联合国拉美经委会、拉美经济体系等机构，拉美各国政府以及经济学界都进行了认真的研究和深刻的反思。通过研究普遍认为，这场危机的根本原因是原有的发展模式所引起的结构失衡；为走出危机、恢复增长，必须更新观念，转换发展模式，全面调整政策。

三 新自由主义的经济改革及其弊病

拉美各国在总结战后40多年经济发展中的经验教训的基础

---

① 参见《联合国统计月刊》，1987年，8月号、12月号。
② 参见联合国拉丁美洲经济委员会《拉丁美洲与加勒比经济研究报告（1989年）》，智利圣地亚哥，1989年，第20页。

上，对长期所遵循的发展主义理论和进口替代发展模式进行了反思。并从中认识到，进口替代工业化模式在发展中国家推行，有其历史的必然性。但是，与东亚地区相比，这种模式在拉美地区延续的时间过长，没有根据国际经济形势的变化而及时转换，因而导致严重的结构性失衡。为了摆脱危机，拉美国家必须转换经济发展模式，进行经济结构改革。

自80年代中期开始，拉美国家普遍进行了大规模的经济改革。这些改革主要受新自由主义思想的支配。通过改革，拉美国家实现了经济发展模式的转变。各国经济改革的起步有先有后，改革的深度和广度也有所不同，但其基本目标是共同的：一是实行经济对外开放，寻求与世界市场更紧密的结合；二是减少国家对经济的干预，强化市场的调节作用。改革主要包括以下几方面的内容：

第一，开放国内市场，实行贸易和投资的自由化。1985—1991年期间，几乎所有拉美国家都进行了外贸体制的重大改革，以关税取代进口许可证制度，同时降低关税壁垒。就整个地区而言，平均关税税率从改革前的44.6%下降到90年代的13.1%；最高税率从83.7%降到41%。非关税限制所涉及的商品占进口总额的比重从33.8%下降到11.4%。多数拉美国家对国际支付的限制已经取消或大幅度减少。

同时，拉美国家普遍放宽了对外国资本的限制，积极引进外资。例如，墨西哥、阿根廷等国都多次修改外资法，扩大外资的投资领域，除了少数战略部门限制外资进入以外，几乎所有部门都对外资开放；放宽对利润汇出的限制，简化外资注册的审批手续，并在税收等方面提供一定的优惠。例如，1993年墨西哥颁布的新的外资法规定，除了石油、基础石油化工、电力、核能发电、放射性矿石、卫星通讯、电报、邮政、铁路、货币发行、硬币铸造、港口、机场的管理等有关国家经济命脉和主权的部门由国家专门控制、不允许外资参与之外，其他所有经济部门均允许外资进入。除了金融、保险、军需物资、内河航运、捕鱼等少数部门外资在企业中投资不能超过一定比例以外，在大部分企业，外资的比例可达到100％。阿根廷的外资法规定对外国资本实行国民待遇，除国防和宣传媒介外，外国资本可以投向任何地区和任何部门。巴西政府为鼓励开发北部和东北部落后地区，联邦政府和地方政府对向该地区投资的外国资本提供免征10年企业所得税、免征或减征50％—80％的进口税及工业制成品税、免征或减征商品流通税等地方税等优惠。

第二，减少国家对经济的直接干预，实行国有企业私有化。建立国有企业是拉美地区原有发展战略的一个重要组成部分，因此，国有企业在拉美各国经济中均占有相当大的比重。为了提高企业经济效益，改善政府财政状况，拉美国家普遍实行了私有化。最早是智利军政府在70年代就开始实行国有企业私有化。债务危机以后，墨西哥、阿根廷等国也先后实行国有企业私有化。90年代，拉美的私有化达到高潮。1990—1994年，拉美国家从694起私有化交易中获得590亿美元的收益，这一数额占发展中国家私有化交易额的一半以上。墨西哥和阿根廷出售国有企业的交易额最大，分别为240亿美元和180亿美元，分别占这些年份国内生产总值的2％和1.2％。拉美实行私有化的最重要的方式是直接出售，其次是采取公开上市的方法。出售的国有企业有很大部分被外国资本所收购。目前，墨西哥国有企业的数量已从1982年的1155家减少到不足80家，但是，垄断石油部门的墨西哥石油公司（PEMEX）、电力部门的联邦电力委员会（CFE）以及主要的铁路公司仍然属于国家所有。阿根廷银行部门几乎一半仍由政府控制。巴西国有企业的私有化开始较晚，进展也比较缓慢，许多大企业仍然掌握在国家手中。委内瑞拉已出售了国有电话公司（CANTV）和国有航空公司（VIASA），但国有资产仍占有相当大的比重。在许多小国，如厄瓜多尔、巴拉圭、乌拉圭和大多数中美洲国家，私有化还尚待进行。

通过私有化，拉美国家的许多大型企业改善了经营，扭转了长期亏损的状况。

此外，拉美各国政府通过改革，转变政府的经济职能，减少对经济的直接干预，将原属国家的一些职能，如社会保障、医疗卫生和部分教育职能交给私人部门，以减轻财政负担。

第三，开放金融体系和改善监督机制。拉美的金融业比较发达，但在80年代以前，政府通过行政手段干预金融活动的现象司空见惯，如控制利率、定向发放贷款、法定准备金制度等等。从80年代末开始，拉美各国不同程度地开展金融改革，其中有14个国家进行了大规模或较大规模的改革。主要改革措施有：放开利率，减少或取消定向信贷计划，降低准备金的要求，实行国有商业银行和开发银行的私有化，赋予中央银行更大的独立性，改善对银行和资本市场的监督机制等等。目前，已有23个国家的所有商业银行存款利率、19个国家的贷款利率完全随市场浮动。大多数国家已将本币存款准备金要求降低到20%以下。

第四，改革税收制度和养老金制度，改善财政收支状况。税制改革的目标是使税制更加中性化、简单化，取消一些相对不重要的税种，扩大税基，降低所得税税率，提高税收管理的现代化水平，防止偷税漏税。养老金制度改革的目标是减轻政府的负担，建立以个人账户为基础的私人养老金基金。通过上述改革，达到增收节支、改善财政收支状况的目的。

通过上述改革，拉美国家基本上实现了经济发展模式的转换，即从原来内向型的进口替代发展模式转变为外向型的以出口为导向的发展模式。经济的开放使拉美国家摆脱了过去相对封闭的状态，使本国经济进一步与国际市场接轨。外贸体制的改革和贸易自由化政策的实施有力地推动了拉美各国进出口贸易的发展，出口已成为许多拉美国家推动经济增长的动力。拉美地区占世界出口的比重已从1987年的3.9%迅速上升到1994年的9.4%。投资环境的改善使拉美地区重新成为外资投资的热点。据世界银行报告，1996年私人资本对拉美的投资达740亿美元，占私人资本对发展中国家投资的30.4%。拉美国家国有企业的私有化，社会保障制度的改革，税收制度、金融体制、土地制度等各个领域的改革必将对拉美经济未来的发展产生极为深远的影响。通过经济改革，拉美国家恢复了宏观经济的稳定性，90年代，经济进入一个新的增长期。1991—1997年，拉美地区国内生产总值的年均增长率为3.5%，人均产值的年均增长率为1.8%，全地区的通货膨胀率由80年代的4位数降到近10%的水平，达到近50年的最低点。各国财政状况普遍好转。1997年，全地区平均财政赤字不超过国内生产总值的2%，总共只有8个国家的财政赤字超过国内生产总值的3%。①

但是，拉美经济改革也具有明显的弊病和局限性。20世纪90年代，大多数拉美国家经济虽有增长，但却远远低于60—70年代曾达到的5%的增长率。贸易和金融体系的开放以及外资的大量流入虽然有其积极作用，但同时也使拉美国家经济对外部市场的依赖进一步加深。在当前经济全球化的形势下，拉美经济抵御外部冲击的能力十分有限。1994年墨西哥爆发了金融危机，1997年下半年亚洲金融危机的爆发给拉美经济带来新的挑战。

---

① 参见美洲开发银行《拉美改革的得与失》，江时学等译，社会科学文献出版社1999年版，第202页。

经济改革中另一个突出问题是失业问题日益严重,失业率由80年代的5%—6%上升到1996年的8%。社会贫富差距更加扩大,雇佣劳动者的收入在国内生产总值中占的比重明显下降。工会作用的下降和国家经济社会职能的减弱使普通劳动者的基本权益和基本福利得不到保障。正如美洲开发银行首席研究员爱德华多·洛拉所指出的:"90年代拉美的经济和社会状况一直不如人意。""很清楚的一点是,只有经济改革是不够的。拉丁美洲现在必须将其眼光放在社会、政府和体制改革以及充分的人力资源开发等方面。在遭受10年损失之后,拉丁美洲的教训是,除经济改革之外,还应推进更多的改革,才能获得持续增长、稳定和平等。"①

四　几点思考

综上所述,可以看到一个多世纪以来,拉美各国人民为发展民族经济进行了不懈的努力,走过了曲折的道路。其中有一些问题值得深思。

第一,如何在实行经济开放的同时,维护民族的利益、保持经济的自主发展。在发展中国家中,拉美各国经济是开放程度较高的经济。然而,它们在参与国际竞争进程中经常处于不利地位。这是由发达国家主宰的旧的国际经济秩序所决定的。20世纪50—70年代,拉美国家为摆脱不发达的状态,奉行经济民族主义政策,取得了一定的成效,但又因过分的闭关自守而落伍。80年代末至90年代的经济开放与改革使拉美国家更

---

① 美洲开发银行:《拉美改革的得与失》,江时学等译,社会科学文献出版社1999年版,第3页。

大程度地融入国际经济体系。这场改革既是拉美自身的需要，也适应了世界经济全球化的大趋势。但是，不可否认的一个事实是，拉美国家的一些经济改革方案是与美国政府、国际货币基金组织和世界银行等国际机构施加的压力和影响密切相关的，因此，在一定程度上是为了满足发达国家的要求，并不能充分体现拉美各国的民族利益。当前的经济全球化对发展中国家来说既是机遇又是挑战，任何闭关自守、脱离世界经济和科技进步潮流的政策都是没有出路的。但是，在实行经济开放的同时，如果缺乏有效监管，将会面临巨大的风险。因此，发展中国家在参与国际竞争的同时，必须加强对本国宏观经济的管理，使其具有较强的抵御风险的能力。

第二，在促进经济增长的同时，如何保持社会公正，对社会财富进行合理的分配。战后，拉美地区经济曾取得较大发展，但收入分配不公的现象十分严重，拉美是世界上贫富悬殊最大、收入分配最不公的地区。据世界银行统计，发展中国家的20%最穷层居民的收入占总收入的7%；而拉美地区20%最穷层居民的收入仅占总收入的3%，而最富有的20%的人拥有60%的总收入。[①] 据世界银行1996年报告，在乌拉圭、巴拿马和巴拉圭3国，10%最富者与10%最穷者的收入相差15倍，而在洪都拉斯和秘鲁竟相差80倍。90年代以来，一些人趁改革之机，大发横财，成为暴发户，而贫困阶层的队伍因失业人数的增加而扩大。因此，改善收入分配状况，解决好社会问题、消除贫困，使社会向着协调与和谐的方向发展是拉美国家面临的严峻问题。

第三，正确认识发展教育对经济增长的作用，大力开发人力

---

① 参见阿根廷《民族报》1998年4月21日。

资源是拉美国家进一步提高经济增长率的关键。20世纪80年代，随着新古典理论的产生，教育对增长的重要作用才开始得到充分认识。有关东亚模式与拉美模式的比较研究表明，东亚"四小龙"的"成功"与重视劳动力素质的提高是密不可分的。而拉美在发展教育方面存在较多缺陷。拉美的教育经费占国内生产总值的比重在发展中国家并不是最低的，但是，由于收入分配严重不公，不同阶层的儿童受教育的机会极不均等，只有少数富人子弟才有条件上学，许多穷人的孩子往往只能读完小学或是根本无钱读书，成为文盲。拉美国家将24%的教育经费用于高等教育，而有利于提高劳动者素质的基础教育发展十分缓慢。基础教育的落后是制约拉美经济增长的一个重要因素。据有关人士估计，在今后10年内，若能使人均受教育年限提高1年，拉美的劳动力将可促使整体经济增长率平均达到6.5%，而人均收入亦可提高20%。[1] 随着知识经济时代的到来，发展中国家廉价劳动力的优势将逐渐丧失，因此，加强对人力资源的投入、提高国民素质是保证拉美国家未来经济增长的关键。

第四，处理好经济增长与保护自然资源和环境的关系、推行可持续发展战略已刻不容缓。拉美是世界上自然资源最丰富的地区，占世界8%的人口拥有全世界23%的可耕地，12%的耕地，23%的森林（46%的热带雨林）。拉美地区拥有丰富的铁、铜、铝土、石油等重要的矿藏。然而，长期以来，拉美经济一直以出口初级产品为支柱。到目前为止，仍有许多国家的经济以出口初级产品为特征，靠消耗自然资源来维持经济的快速增长。资源的过度开发将严重影响拉美经济的发展前景。森林的过度砍伐正在

---

[1] 参见美洲开发银行《拉美改革的得与失》，江时学等译，社会科学文献出版社1999年版，第3页。

使生态环境日益恶化，亚马孙流域的森林以每年500万公顷的速度递减；落后的耕作方式造成严重的水土流失；传统的工业化生产模式和大都市的过度膨胀正在使大气和水源的污染日益严重。因此，切实加强环保意识，走可持续发展道路是关系到子孙后代的唯一可取的发展道路。

（原载齐世荣、廖学盛主编《20世纪的历史巨变》，
人民出版社2000年版）

石油危机对拉丁美洲经济的影响

拉丁美洲是世界重要的产油区，也是石油消费量较大的地区，世界石油市场供求关系的变化和石油价格的起落直接严重地影响拉美各国的经济状况。1973和1979年两次石油涨价使拉美许多石油进口国的经济受到很大冲击。最近两年，资本主义危机加深，能源消费量下降，国际市场石油价格不断下跌，墨西哥、委内瑞拉等石油输出国的经济又受到极大影响。因此，石油成为当前拉美各国经济中一个极为突出的问题。

石油在拉美经济中的地位

拉美地区是世界"石油宝库"之一，可能储藏石油的沉积盆地将近1240万平方公里。早在20世纪初，拉美地区就开始大规模开采石油。20年代，墨西哥曾经是仅次于美国的世界第二大产油国。以后，委内瑞拉取代了墨西哥的地位。随着中东和苏联石油产量的上升，拉美在世界石油生产中的地位有所下降。70年代世界石油价格上涨，拉美各国加紧石油勘探工作，储量大幅度增加。尤其在墨西哥湾发现了许多大油田，拉美地区石油的总储量1981年达到99.27亿吨，超过苏联（94.5亿吨），成为仅次于中东的世界第二大储油区，其中80%以上的储量集中在墨西哥和委内瑞拉。

目前，拉美地区共有12个国家开采石油，5个国家出口石油。70年代以来，随着墨西哥大油田的开发，拉美地区石油产量大幅度上升，1981年达到3.11亿吨，占世界石油总产量的9.7%，平均日产量达到550万桶，成为世界五大产油区之一。

拉美地区石油的消费量较高。从整个世界来说，石油和天然气约占全部能源消费的62%，而在拉美地区，这一比例则达到80%。1960年拉美地区石油的日平均消费量为159万桶，1975年达到378万桶，1980年增加到430万桶。拉美大多数国家需要进口石油，其中90%以上来自中东。而墨西哥、委内瑞拉等国出口的石油主要销往美国、加拿大和欧洲。整个地区石油的进出口贸易，略有盈余。

根据石油生产和消费的状况，大致可将拉美国家分为三类：

第一，石油输出国。包括委内瑞拉、墨西哥、厄瓜多尔、秘鲁、特立尼达和多巴哥等5国。在这些国家，石油几乎是国民经济的命脉。

委内瑞拉作为石油输出国组织的重要成员，一直是世界重要的产油国之一。自1926年以来，石油始终是委内瑞拉整个国民经济的支柱。第二次世界大战以后，委内瑞拉政府为解决经济发展的资金问题，加速开发石油，日产量由1940年的50万桶增加到1970年的370万桶，在拉美地区居第一位，在世界居第四位。1981年以后，仅次于墨西哥，居拉美第二位。1945—1976年，委内瑞拉石油总收入从3亿多博利瓦激增至280亿博利瓦。石油收入在政府日常收入中的比例从54.2%上升到73.5%，石油出口的收入占外贸收入总额的90%以上。大规模石油资源的开采为委内瑞拉的经济发展提供了大量资金，但是，经济单纯依赖石油出口也使委内瑞拉的发展受制于世界石油市场供求关系的变化。

另一个石油输出国组织的成员国——厄瓜多尔的石油储量和开采量都相对较少。1981年，厄瓜多尔的石油储量为8.5亿桶，日产量为22万桶。厄瓜多尔从1967年发现大量石油资源以后，70年代成为石油出口国，石油成为整个国民经济的命脉。在石油的带动下，经济有了较大增长。1979年石油在政府收入中占17.3%；石油出口占全部出口总额的42%。近年来，由于资源有限，国内消费量增加，出口量减少。

表1　拉美地区石油、天然气的生产、消费和进出口贸易

	1979	1980	1980年占世界的%
石油（百万吨）			
产量	280.0	296.0	9.6
原油出口量		93.2	7.1
石油产品出口量		103.5	38.2
原油进口量		131.2	9.9
石油产品进口量		15.5	5.7
储量		9700.0	10.9
天然气（10亿立方米）			
产量	57.82	64.53	4.3
进口	2.1	2.2	1.1
出口	2.0	5.1	2.5
储量	—	4832	6.2
能源消费（百万吨）			
石油	325.2	340.4	4.9
天然气	214.2	221.1	7.4

资料来源：《拉美和加勒比地区石油》，英国《经济季评》1982年增刊。

墨西哥是新兴的石油大国，目前已成为石油输出国组织以外举足轻重的产油国。在历史上，墨西哥曾经是重要的产油国，但是后来由于勘探工作进展缓慢，产量下降，而国内石油消费量剧增，到60年代已成为纯石油进口国。70年代中期，墨西哥在坎佩切海湾发现了新的规模巨大的油田，已探明的储油量成倍增长，1982年达到720亿桶，可能储量为900亿桶，居世界第四位，仅次于苏联、沙特阿拉伯和伊朗。原油产量在世界总产量中的比重1977年占1.8%，1982年上升到4.4%，日产量由1977年的108.5万桶增加到1982年的274万桶，超过了委内瑞拉，居拉美第一位，世界第四位。石油工业成为墨西哥1978—1981年经济发展的动力和支柱。石油出口量1982年达到149万桶/日；石油出口收入占全部商品出口总额的74.7%；石油在工业总产值中的比例由1975年的6.4%上升到1982年的11.3%，整个经济出现了石油化的趋势。

第二，石油进口国。除了上述石油输出国和极少数能源可以基本自给的国家以外，绝大多数拉美国家都需进口石油。中美洲的哥斯达黎加、萨尔瓦多、尼加拉瓜、洪都拉斯、巴拿马，加勒比海的多米尼加共和国、牙买加、海地等岛国，以及南美洲的乌拉圭、巴拉圭等基本上都没有可供开采的石油资源，所消费石油全部依赖进口。这些国家石油的日消费量在1万桶至6万桶之间不等。1979年，中美洲和牙买加、多米尼加共和国等8国的日进口量达34万桶。大量进口石油成为这些国家的沉重负担。

其他许多国家虽然拥有一定的石油资源或其他能源，但因能源消费量较大，仍需程度不同地进口石油，如巴西、智利、阿根廷、哥伦比亚、危地马拉、巴巴多斯、古巴等（玻利维亚基本上可以自给）。其中巴西和智利对石油进口的依赖较大。巴西到60年代中期，能源消费仍以薪炭为主。70年代以来，随着工业化的发展,能源结构发生了重大变化,石油消费量急剧上升。1980年,巴西的石油消费量达5600万吨,仅次于英国,为世界十大耗油国之一。巴西所消费石油的80%靠进口,主要来自中东。每天石油的进口量约89万桶,每年耗资达100亿美元。

智利对石油进口的依赖也很深。在总的能源消费中,石油占60%以上。国内石油产量仅能满足需求量的25%,其余全靠从中东进口。

哥伦比亚在60年代曾经是拉美主要的石油生产国。70年代,由于能源消费过分依赖石油,消费量不断增加,而资源日趋枯竭,产量逐渐下降,以致从石油出口国变成石油进口国。

阿根廷本国石油资源比较丰富,能源消费也比较多样化,但是仍需进口石油消费量的10%。

第三,进口原油、出口石油产品的石油加工区,主要包括荷属安的列斯群岛、维尔京群岛以及巴哈马、安提瓜、波多黎各等。这里基本上没有石油资源,全靠进口原油,经过加工,然后再大量出口石油产品。国际石油公司为节省防污染设备的投资,专门在这些没有实行环境保护法的殖民地岛国开设炼油厂。这一地区石油产品的产量占整个拉美地区产量的25%,但是其他工业极不发达,几乎所有石油产品都供出口。

以上三种情况说明在拉美国家的经济中,石油占有极为重要的地位。无论是石油出口国还是石油进口国都对国际石油市场依赖较深。而拉美地区进口的石油主要来自中东,出口的石油主要销往美国和欧洲,这种状况更加深了它们对国际市场的依赖。

世界石油危机对拉美的影响

20世纪60年代,工业发达国家的主要能源从煤转为石油,世界石油的需求量急剧增长，而资本主义世界石油开采量的四分之三集中在发展中国家，发达国家对发展中国家能源的依赖日益加深。1973年10月，第四次中东战争爆发，触发了第一次石油危机。阿拉伯国家以石油为武器打破了国际石油垄断组织对生产和价格的控制，夺回了石油开采的自主权和价格的决定权。1974年1月1日，原油价格提高了3倍。石油输出国组织在世界经济和国际事务中的地位和作用发生了重大变化。以石油输出国组织为核心的发展中产油国为保护本国自然资源，维持油价，实行提价减产的政策。1979年，伊朗政局动荡，原油产量急剧下降，导致第二次石油危机。70年代，石油输出国组织的基准油价上涨了12.3倍，官方油价由平均每桶2美元上涨到27美元，1980年底达到37美元。

两次石油危机对西方资本主义国家的经济是一个巨大的冲击，它加深了资本主义世界的经济危机。西方工业发达国家国际收支逆差扩大，通货膨胀加剧，经济增长速度减慢。

世界石油危机的爆发对拉丁美洲不同类型的国家也带来了重大的影响。

首先，对拉美的石油输出国来说，石油价格的大幅度上涨，石油美元的大量流入，在很大程度上刺激了经济的增长。第一次石油危机之后，委内瑞拉石油出口的收入由1973年的44.58亿美元增加到1974年的107.3亿美元，经常项目收支盈余60亿美元。1976—1980年，石油日产量保持在220万桶的水平，而石油出口收入由87.5亿美元增加到180亿美元。厄瓜多尔的石油收入由1973年的2亿美元猛增至1974年的6亿美元，1980年达到15.8亿美元。特立尼达和多巴哥的石油收入由1973年的2.3亿美元增加到1980年的18亿美元（见表2）。

表 2　　拉美国家石油和石油产品进出口收支状况
（1973—1980）　　　　　　单位：百万美元

国家	1973	1974	1976	1978	1979	1980
净进口国						
阿根廷	172.4	436.1	411.4	411.5	941.7	847.8
巴巴多斯	8.0	14.5	18.3	24.6	42.4	53.7
巴西	710.8	2774.1	3773.9	4617.0	6410.3	10350.0
哥伦比亚	—	—	37.7	119.2	420.5	471.1
哥斯达黎加	31.5	65.1	73.9	117.7	168.4	206.3
智利	78.9	337.3	351.0	417.0	846.9	959.5
萨尔瓦多	16.1	52.1	64.6	76.3	113.3	142.6
危地马拉	33.2	103.2	132.0	181.4	254.9	380.4
圭亚那	25.1	46.5	53.9	66.7	80.9	129.9
海地	6.6	12.1	16.7	30.0	45.0	60.0
洪都拉斯	26.0	62.6	53.8	76.3	112.8	170.1
牙买加	62.5	165.4	199.6	210.0	346.0	374.0
墨西哥	262.6	227.6	—	—	—	—
尼加拉瓜	23.6	60.6	69.4	90.1	76.6	173.6
巴拿马	91.5	277.4	269.3	219.2	319.4	385.5
巴拉圭	12.5	51.9	54.4	84.2	123.9	129.1
秘鲁	46.3	175.3	217.0	—	—	—
多米尼加共和国	42.3	153.4	171.1	199.0	314.9	448.8
乌拉圭	54.7	145.5	168.8	218.8	303.2	432.0
合计	1704.6	5160.7	6136.8	7159.0	10921.1	15714.8
净出口国						
玻利维亚	48.9	163.9	112.6	44.1	40.1	22.5
哥伦比亚	61.4	104.9	—	—	—	—
厄瓜多尔	207.1	607.8	565.2	520.6	909.1	1584.6
墨西哥	—	—	265.5	1773.6	3789.3	10305.7
秘鲁	—	—	—	169.0	645.7	797.0
特立尼达和多巴哥	230.1	663.9	891.7	1036.6	1327.4	1800.0
委内瑞拉	4458.3	10731.9	8757.8	8627.6	13557.9	18039.5
合计	5005.8	12272.4	10592.8	12171.5	20269.5	32549.3
差额	3301.2	7111.3	4456.0	5012.5	9348.4	16834.5

资料来源：苏联《拉丁美洲》1983 年第 5 期，第 16 页。

表3　　　　委内瑞拉总供给量和总需求量增长情况

（年平均增长率按1968年价格计算，%）

	（1968—1973年）（正常阶段）	（1973—1977年）（繁荣阶段）	（1977—1980年）（冷却阶段）
总供给量	5.2	11.0	-0.2
国内生产总值	5.5	6.6	0.9
进口	4.1	27.2	-3.1
总需求量	5.2	11.0	-0.2
总投资	8.4	17.0	-12.2
公共投资	8.2	22.5	-0.1
私人投资	8.9	17.7	-18.3
投资的变化	7.0	-9.8	-92.0
消费	5.6	13.2	5.1
公共消费	7.9	14.2	3.1
私人消费	5.0	12.9	5.5
出口	0.8	-9.3	0.0
国内需求	6.5	14.5	-0.3

资料来源：墨西哥《对外贸易》1982年第11期。

由于石油收入突然增加，拉美的石油输出国在1973—1978年都相继出现了"石油繁荣"的局面。委内瑞拉在石油收入的刺激下，经济增长速度大大加快。国内生产总值的年平均增长率由1963—1973年的5.5%上升到1973—1977年的6.6%，同期总需求的年平均增长率由5.2%上升到11.2%，公共投资的增长率由8.2%提高到22.5%。委内瑞拉政府在发展石油工业的同时，大力发展电力、钢铁、炼铝、石油化工等基础工业部门，兴建基础设施。制造业的增长率由1968—1973年的5.6%提高到1973—1977年的13.5%。

厄瓜多尔在1974—1978年也出现了该国经济史上最好的年份,经济的年平均增长率达到7.6%。通过大量投资,不仅石油工业本身有了进一步发展,而且制造业、电力、交通运输业的发展速度也大大加快。

墨西哥在1976年才开始发现大规模石油资源。世界石油价格的上涨促使墨西哥集中资金,加紧开采石油,正如洛佩斯·波蒂略总统所说:"国际市场的石油价格十分有利,如果我们不及时将石油用来作为发展的主要资金来源,这不仅是一种胆怯,而且是愚蠢。"正是出于这种考虑,墨西哥政府把石油作为整个经济发展的中心。1977—1981年,墨西哥石油公司的投资达270亿美元,1980年石油部门的投资占全部公共投资的34.8%。石油出口的收入由1976年的2.6亿美元猛增至1980年的103亿美元。在石油的推动下,墨西哥很快渡过了1976年的危机,开始实施庞大的经济发展计划。1978—1981年,墨西哥的经济增长率平均达到8.4%,也出现了所谓的"石油繁荣"。

然而,在拉美石油输出国出现的这种"石油繁荣"是十分脆弱和短暂的。在当今的国际经济秩序中,西方工业发达国家很快通过各种途径将在石油危机中承受的损失转嫁给发展中国家。西方国家出口的工业品价格猛烈上涨,外国贷款的利率大大提高,美元贬值,石油输出国靠石油涨价所得收益很快化为乌有。而庞大的经济发展计划反而使这些国家财政开支日益扩大,对外贸易不平衡加剧,外债急剧增加。

石油危机之后,中东和非洲一些人口稀少、吸收资本能力较小的国家积累了巨额资本,将大量石油美元存入美国和欧洲银行。而拉美的石油输出国的情况完全不同,委内瑞拉、墨西哥等国由于推行庞大的经济发展计划,反而成为国际金融资本的投资场所。中东一些有资本剩余的石油输出国存入美国和欧洲银行的大批石油美元向拉美国家回流。1975年，墨西哥的外债就占流向世界各国的欧洲贷款的11%。1974—1978年，委内瑞拉投资基金会靠石油积累的资金达313亿美元，而同期政府的外国贷款达229亿美元。墨西哥的外债在1978年以后急剧上升，1980年达到500亿美元，1982年达到830亿美元，成为世界最大的负债国。厄瓜多尔的外债自1975年起也急剧上升。

同时，在很短的时间内投资增长过速也带来很多弊病，如进口急剧增加，外贸状况恶化，投资效率下降，港口、交通堵塞，工业生产原材料短缺等。

这些问题迫使委内瑞拉从1978年开始减慢发展速度、紧缩开支、减少进口，进入所谓"冷却时期"。而墨西哥则在1978—1981年高速增长之后陷入了半个世纪以来最严重的经济危机——1982年外债的还本付息超过了全年石油出口的收入，出现支付拮据的困境。

1981年年中，石油价格和石油销售额下跌，拉美主要石油出口国的收入锐减，墨西哥和委内瑞拉1982年石油出口的收入比预计的要少70—80亿美元。1983年3月伦敦石油输出国组织会议之后，石油输出国组织的原油价格由每桶34美元降到29美元。墨西哥石油公司也同时宣布每桶原油降价3美元。石油降价对于债台高筑、外汇枯竭、危机重重的墨西哥、委内瑞拉等国不能不说是件生死攸关的事情。

其次，世界石油危机使拉美石油进口国的经济受到很大冲击。石油涨价给发展中国家带来的影响要比给工业发达国家造成的影响更大些。西方工业国家受石油危机影响后，通货膨胀加剧，出口工业产品的价格大大提高，而发展中国家出口的初级产品的价格却被压低，因此，发展中国家的国际收支承受的压力更大。国际石油垄断公司的投机活动更加重了发展中国家的负担，国际石油垄断组织往往拒绝给发展中国家提供足够的石油，迫使这些国家以硬通货到市场去买高价油，而且加工后的石油产品的提价幅度高于原油的提价幅度，这些都使发展中国家蒙受很大的损失，造成国际收支逆差扩大，外债急剧增加，经济发展速度减慢。

根据联合国拉美经委会的材料，拉美石油进口国的贸易赤字由 1973 年的 10.2 亿美元增加到 1974 年的 90 亿美元，其中有 42%，即 37.6 亿美元用于支付石油涨价的费用。① 整个拉美地区进口石油的费用 1973 年为 17 亿美元，1974 年上升到 51.6 亿美元，1980 年达到 157 亿美元。② 昂贵的石油使拉美石油进口国的国际收支赤字扩大、进口能力下降，经济发展的速度减缓。1974 年，拉美石油进口国国际收支经常项目的赤字达 130 亿美元，1980 年达 230 亿美元。

对于完全依赖石油进口的中美洲和加勒比地区的一些小国来说，石油进口几乎占这些国家进口总额的 30%，石油涨价造成这些国家外贸赤字大幅度上升，经济遇到很大的困难。在中美洲国家的一再要求下，委内瑞拉以长期低息贷款、优惠价格供应石油等方式提供援助。1974—1979 年，委内瑞拉给予中美洲 6 国和多米尼加共和国、牙买加的这种财政援助达 6.2 亿美元。

在南美的一些大国中，受影响较大的是巴西和智利。1973 年巴西石油的进口额为 7 亿美元，1974 年涨价后增加到 27.2 亿美元，1980 年达到 103 亿美元。石油在进口总额中的比例不断提高，1979 年达到 34.6%。巴西政府不得不采取紧缩政策，压

---

① 参见《石油危机在拉丁美洲的反映》，墨西哥《对外贸易》1982 年第 8 期。
② 参见苏联《拉丁美洲》1983 年第 5 期，第 16 页。

缩非必需产品的进口，减缓经济发展的速度，国民生产总值的增长速度由 1970—1974 年的 11.5% 下降到 1975 年的 5.7%。当然，影响经济增长速度的因素是多方面的，但是石油危机也是原因之一。巴西政府为减轻对石油进口的依赖，大大增加了对燃料动力工业的投资，发展替代能源。

当前拉丁美洲的能源战略

拉丁美洲各国为适应石油危机的冲击，纷纷制定新的能源战略，以避免国际石油市场的动荡给自己造成新的损失。新的能源战略主要包括以下三方面内容：

第一，加紧开发本国的能源，减轻对石油进口的依赖。1973 年石油危机之后，几乎所有的拉美国家都卷入了"寻油热"的浪潮。无论是石油出口国还是石油进口国都大量投资，进行石油勘探和开发。根据西方石油公司估计，拉美地区石油的潜在储量在 4900 亿桶到 12000 亿桶之间，全世界 17% 的沉积盆地分布在拉美大陆。因此，各国都渴望找到新的大油田。拉美地区平均每年的石油投资约在 291.9 亿美元到 335 亿美元之间。许多国家修改了石油政策，重新允许外国公司参与本国的石油勘探。例如巴西批准国有巴西石油公司与外国公司签订风险合同，利用外国先进技术加强海上石油的勘探。巴西、阿根廷、墨西哥、委内瑞拉计划在 80 年代各投资 200 亿美元，勘探和开发陆地及海上石油，智利、秘鲁、厄瓜多尔、危地马拉、哥伦比亚等国也大大增加了能源开发投资。据估计，拉美地区的石油开发投资在今后 10 年将达 2000 亿美元。一些拉美国家已探明的石油储量都有所增加。巴西在 1981 年发现了 28 个新油田，已探明的石油和天然气蕴藏量为 18.7 亿桶；委内瑞拉发现了新的轻质原油；厄瓜多尔、秘鲁和阿根廷已探明的储量和石油产量都有增加；阿根廷的石油公司正同埃索石油公司和壳牌石油公司合作，在火地岛海岸以东进行钻探，预计阿根廷的石油储量可能达 60 亿桶。拉美各国对本国石油资源的开发提高了拉美国家能源自给的程度。

第二，实行能源多样化，改进能源消费结构。拉美大陆有丰富的水力资源，发展水电成为近年来拉美实行能源多样化的重要途径。据分析，水力发电潜力在拉美地区相当于 118 亿桶石油。目前，几乎所有拉美国家都在建设新的水电站。1960—1980 年，水力发电由 337 亿度增加到 2153 亿度。在利用水力方面，巴西处于领先地位。1980 年，巴西的水电占全国发电量的 90%（1069 亿度）。目前，累计已建和在建的大型水电站共 17 座，最大的是巴西和巴拉圭合建的伊泰普水电站，年发电量可达 700 亿度。预计今后 5 年内，巴西的水电装机容量和发电量将分别达到 4852 万千瓦和 2259 亿度。

阿根廷、墨西哥、委内瑞拉等石油资源丰富的国家也正在大力发展水电。墨西哥全国有大小水电站 98 座，水力发电占总发电量的 33.5%。

拉丁美洲煤的储量相对较少，只有哥伦比亚煤炭资源比较丰富。目前，哥伦比亚为减少石油进口，实行能源多样化，正在大力开发煤炭资源。从 1975 年起，大规模开采瓜希拉半岛上的埃尔塞雷洪煤矿。计划到 1990 年，煤炭在能源消费中将占 59%。

此外，拉美各国都在因地制宜地发展各种替代能源，如巴西发展酒精生产，以代替汽油作为汽车燃料。目前，全国已建立起 100 多家酒精提炼厂，酒精的年产量为 38 亿公升，可代替汽油消费量的 12%。阿根廷是能源多样化比较好的国家，不仅利用煤、泥煤、天然气等非再生资源，而且大力开发地热、太阳能、沼气、海潮能等再生资源。

原子能发电在拉丁美洲发展比较缓慢。阿根廷在这方面处于领先地位，于1974年建立了拉美第一座原子能发电站。

拉美各国通过能源多样化将逐步减轻对石油进口的依赖。

第三，加强拉美地区的能源合作，保证能源供应。如前所述，拉美地区就整个大陆来说，石油是自给有余的。但是，墨西哥、委内瑞拉、厄瓜多尔等国的石油大部分输往大陆以外，而大部分拉美国家进口石油来自中东。因此，加强拉美地区的能源合作，对于稳定石油的供求关系，不受其他大陆政治动荡的影响，具有重要的意义。目前，墨西哥与巴西之间的石油贸易正在扩大。为对中美洲和加勒比地区的石油进口国提供援助，1980年8月3日在哥斯达黎加首都圣约瑟签署了"能源合作计划"，由墨西哥和委内瑞拉两国每天给中美洲和加勒比地区的9个国家提供16万桶原油，在提供原油的同时，还将对所购石油的30%提供低息（4%）贷款。

在能源开发方面，拉美各国之间的合作也在加强。在委内瑞拉的一再倡议下，拉美地区25个国家于1981年1月在波哥大召开会议，建议设立一个能源基金会，以便为石油勘探、技术援助和开发能源提供低息长期贷款。1981年10月，墨西哥、委内瑞拉和巴西在加拉加斯签订了三国国有石油公司之间的"拉丁美洲能源合作计划"，以便共同对拉美国家提供技术援助和进行勘探。1982年2月，拉美能源组织部长会议确定，一旦国际市场发生混乱而影响石油正常供应时，拉美的石油输出国将首先确保本大陆的石油供应。

石油作为一种具有战略意义的能源，在可预见的将来仍将是世界最重要的能源。拉美地区作为世界重要的产油区，对整个世界经济的发展具有重要的意义。拉美人民为保护本国的资源进行了长期的斗争。目前，拉美各国正在加强合作，以便使石油资源更好地促进本地区民族经济的发展。

（原载云南省东南亚研究所、云南大学西南亚研究所编《两次石油危机对世界经济的影响》，《世界石油问题》1983年增刊。《拉丁美洲丛刊》1983年第6期转载）

拉美经济发展模式的再调整

20世纪80年代末至90年代初，拉美国家普遍进行了重大的经济调整和改革，大力推行新自由主义的发展模式。然而，这种模式实施的效果并不像人们期待的那样令人振奋。1994年12月，墨西哥爆发的金融危机及其在拉美其他国家产生的影响，充分暴露了这种模式的弊病。为吸取墨西哥的教训，争取经济的持续稳定增长，许多拉美国家正在进一步深化改革，对现行经济发展模式进行再调整。

"新自由主义"模式的成效和问题

拉美国家在经历了80年代的深重危机之后，对战后几十年走过的历史进程进行了总结和反思，放弃了原有的以国家干预为重要特征的内向型进口替代发展战略，并根据国际货币基金组织的建议，推行新自由主义的市场经济改革。其主要政策措施是：(1) 开放国内市场，实行贸易自由化，以促进本国经济与国际市场接轨；(2) 放宽对外国资本的限制，积极引进外资；(3) 实行国有企业私有化，减少国家对经济的干预；(4) 强化财政纪律，实行自由兑换，抑制通货膨胀；（5）促进地区经济的一体化。

上述政策的实施取得了一定的成效。自90年代起，拉美各国先后走出了危机，恢复了经济增长。1991—1994年，该地区的年平均经济增长率达到3.6%。智利、阿根廷、哥伦比亚、哥斯达黎加、巴拿马等国维持了较高的经济增长速度。同时，持续多年的恶性通货膨胀得到控制。全地区的通货膨胀率由1991年的49%（巴西除外）下降到1994年的16%。阿根廷的通货膨胀率由1990年的2000%下降到1994年的4.2%。巴西推行雷亚尔计划之后，通货膨胀率也得到明显控制。宏观经济状况的好转使拉美国家在国际金融市场上的信誉得到恢复，外国资本开始重新流入。90年代，拉美地区平均每年的外资流入量达到500多亿美元。随着经济的开放和产业结构的调整，拉美国家的出口能力有了较大提高，1992—1994年平均每年以8%的速度增长，几乎相当于东亚国家的出口增长速度。这些成就使拉美地区被看做是当前世界经济中仅次于东亚的、经济最有活力的地区之一。

然而，新自由主义发展模式并非包治百病的灵丹妙药，它在促进拉美经济增长的同时，也带来了极大的消极影响。

首先，这种模式使拉美经济的脆弱性明显增加，对外依赖进一步加深，经济发展的自主性受到限制。新自由主义改革的重要措施之一是实行贸易自由化。应该说，在世界经济日益全球化的今天，这一政策有利于提高本国经济的竞争力，可加快本国经济与国际市场接轨的进程。但是，国内市场开放的节奏和程度应与本国经济发展的实际水平相适应。这几年，墨西哥、阿根廷等拉美国家由于过快地全面开放国内市场，进口急剧增加，而本国工业部门的出口能力有限，再加上汇率的高估，贸易赤字逐年扩大，国际收支严重不平衡。最近4年里，拉美地区的经常项目赤字由1990年的36亿美元猛增到1994年的500亿美元,其中约有一半来自墨西哥,有20%来自阿根廷。经常项目赤字主要靠吸收外资来弥补,而大量流入的外资稳定性很差,这就使拉美经济处于十分脆弱的地位。当国际金融市场利率变动或政治形势发生变化时,这些资本随时可能抽走,整个经济将受到沉重打击。经济对外依赖加深的另一表现是短期证券投资的激增。拉美地区的纯资金流入额从1990年的215亿美元增加到1993年的630亿美元。这些资金的大部分是短期证券投资,主要用于弥补经常项目赤字,而不是用于生产性投资,因此,对经济增长的促进作用不大。如墨西哥是拉美地区引进外资最多的国家,但经济增长率较低,1993年墨西哥吸收的外资达233.9亿美元,而经济增长率仅为0.4%。这类投机性极大的"飞燕式资本"的涌入造成国内金融市场的极大不稳定。当它们突然撤走时,就会造成国际收支的严重不平衡。1995年,受墨西哥金融危机的影响,流入拉美地区的外国资本急剧减少,仅为1993年的一半。阿根廷、巴西等国大量资金外逃,给经济造成巨大冲击。受金融危机的影响,整个地区1995年的经济增长率将会下降。因此,在经济开放和引进外资的同时,如何克服经济的脆弱性,减少对外依赖,推动本国经济的健康发展,是拉美国家面临的重大挑战。

新自由主义模式带来的另一个严重问题是贫困化的加剧和由此而产生的社会动荡。收入分配不公、贫富差距悬殊等问题在拉美地区早已存在,但是,新自由主义模式的推行使贫困化问题更加尖锐。一些经济学家认为,随着经济的增长,贫困问题将自然得到缓解。但事实并非如此,新自由主义的改革仅给少数人带来利益,而使大多数人的实际收入下降,社会两极分化进一步加剧。因为市场经济改革的结果实际上将80年代危机造成的损失转嫁到广大人民群众头上,而少数私人财团却从国有企业私有化等改革中大发横财。据拉美经委会估计，拉美地区有1.96亿人口生活在贫困之中，占总人口的46%。90年代以来，社会贫富悬殊更加扩大，最富裕的20%人和最贫穷的20%人的平均收入之比，巴西达到25∶1，而韩国为8∶1，美国为4∶1。智利是拉美经济发展最快的国家，最近5年的经济增长率达到6%以上，人均收入1994年已达到3710美元，但贫富差距却进一步拉大。智利人口中最富有的10%和最穷困的10%之间人均收入的比例从1992年的36∶1变为40∶1。

失业问题是当前拉美国家存在的严重社会问题。国有企业私有化以后，大批工人被解雇，国内市场的开放导致中小企业的倒闭，因此，失业人数空前增加。加之公共开支的大幅度削减和国家经济职能的转变，使拉美国家本来就不健全的社会保障体系因缺乏财政支持而陷入困境，社会贫困阶层处于孤立无援状态，教育、医疗、卫生等事业也因缺乏资金而难以发展。

收入分配的不公和贫困化的加剧使社会矛盾日益尖锐，暴力事件大幅度增加，贩毒活动日益猖獗，社会动乱不断发生。在墨西哥，继恰巴斯农民武装暴动之后，在格雷罗州又出现新的农民武装组织。阿根廷一些省份也发生了社会动乱，1995年6月底，在科尔多瓦省发生的冲突中数十人受伤，几百人被捕。社会的动荡不安已成为拉美国家越来越严重的问题。

新的改革浪潮及其前景

面对上述种种问题，拉美各国领导人都在寻找新的出路。他们虽然没有从根本上否定新自由主义经济发展模式，但是普遍都认识到，只有进一步深化改革，克服新自由主义模式带来的各种弊病，才能保证经济的稳定增长。联合国贸易和发展会议1995

年度报告指出：在墨西哥金融危机之后，"拉美各主要国家都需要作出非常认真的、大幅度的调整"。从目前情况来看，拉美国家正在从以下几方面调整自己的发展战略：

第一，从强调引进外资转为强调增加国内储蓄，以减轻本国经济对外部资金的依赖。拉美国家由于盲目地模仿西方的消费方式，国内储蓄率较低。1993年拉美地区的国内储蓄率仅为18%，墨西哥的国内储蓄率由1988年的22%降到1994年的16%。为减轻对外部资金的依赖，拉美国家普遍提出，要通过改革，提高国内储蓄率。1995年7月由27国组成的拉美经济体系在萨尔瓦多首都召开的第21届年会上提出，将增加内部储蓄，推动生产项目的投入作为增强国家对外竞争力的重要措施。墨西哥塞迪略政府提出的"1995—2000年全国发展计划"中规定，到20世纪末，国内储率至少应提高到22%，今后6年国家的投资率应提高到25%，其中22%来自国内储蓄，3%为外资。为此，政府将改革社会保险制度和税收制度以及金融信贷体系，以鼓励国内储蓄。巴西在最近的修宪过程中，也提出要以智利为榜样，通过社会保险制度的改革，促进国内储蓄的增长。

第二，对"飞燕式资本"的进入给予适当的限制，鼓励外资投向实际生产部门。智利总统弗雷指出："我们从墨西哥情况中学到的最大教训之一就是要对投机性外国资本的进入设置障碍，即对那些飞燕式资本作出法律限定。"拉美经委会在1995年5月发表的一份报告中提出，为使流入拉美的资金为该地区各国的发展作出有效的贡献，外国投资应具备两个基本条件：一是在一定的时间内维持这些资金的数额，以防止因资本外流而引起国际收支方面的问题；二是使这些资金的使用具有社会效益。目前，拉美国家正在从智利和哥伦比亚吸取比较成功的经验。例如，智利在利用外资时明确规定，外国投资者必须使其资金在该国停留一年以上，而且对智利公司在国外发行股票有严格的限制。在哥伦比亚，禁止外国人在国内证券市场投资，外国在股市的投资仅占哥伦比亚股票市场总资本的5%。由于这些限制性措施，智利和哥伦比亚接受的外资大部分是长期投资，不易随便撤走。里约集团在不久前召开的第9届首脑会议上，将防止"飞燕式资本"的破坏作用作为重要议题。

第三，实行灵活的兑换政策，促进出口的增长，改善国际收支状况。墨西哥危机使人们清楚地看到将固定汇率作为抑制通货膨胀工具的危险和实际汇率的长期高估造成出口受阻及贸易逆差扩大，造成宏观经济严重失衡。因此，拉美大部分国家对兑换政策进行了修改，寻求实际汇率的稳定，以增强本国产品在国际市场上的竞争力。墨西哥在比索大幅度贬值之后，允许汇率自由浮动，从而有力地促进了出口，1995年估计能达到60亿美元的顺差。1995年，整个拉美地区出口额将达到2200亿美元，大大超过1994年1810亿美元的水平，贸易结算将略有顺差。除巴西之外，其他拉美国家的经常项目赤字大大减少。

第四，强调国家的宏观调控作用，在经济发展过程中注重社会发展目标。通过墨西哥危机，拉美国家重新认识到国家在经济发展中的重要作用，这并不等于说要回到原来的状况，而是说，国家应有效地承担起私人部门无法承担的任务。如进行宏观经济调控，加强基础设施建设，降低贫困水平，深入进行新的经济改革等等。国家尤其应通过税收等手段实行社会财富的再分配，以逐步克服收入分配不公的状况，促进社会发展。目前，拉美各国政府正在朝这一方向努力。如墨西哥塞迪略政府将社会发展作为"1995—2000年全国发展计划"的最重要目标，强调扩大就业、改革社会保障体系、发展教育、改善印第安人聚居区的社会经济条件等目标。阿根廷梅内姆总统在开始其第二任期时，提出了

"增长与社会公正并举"的口号,并将重点放在消灭失业上,争取每年创造33万个就业岗位。智利政府1995年将70%的财政预算用于社会发展。为了使社会保障体系日臻完善,拉美各国正在参照智利的一些做法,实行养老保险制度的改革,从政府管理逐步转向建立私营养老保险基金会。

总的来说,新的调整和改革还刚刚开始,拉美国家的经济发展当前还面临不少困难,有些问题如经济的对外依赖和贫困化等已冰冻三尺,非短期内所能解决。但是,重要的是拉美国家已从墨西哥危机中吸取了教训,认识了现行模式的局限性和弊病,并开始重新探索适合本国国情的发展道路。

(原载《世界形势研究》1995年第44期)

拉美和东亚：共同面临的挑战

拉美和东亚地区经济增长模式的比较，一直是各国经济学界的热门研究课题。尤其自20世纪80年代以来，拉美地区爆发了史无前例的债务危机，而东亚地区仍保持了经济高速增长，于是，人们纷纷开展对比研究，分析两种模式的利弊，以便从中得出一些有益的启示。然而，1994年12月墨西哥爆发的金融危机和1997年7月由泰铢贬值引发的亚洲金融风暴又使人们产生了许多新的思考。透过上述危机可以看到，影响一国经济增长的因素是多方面的，既有经济因素，又有非经济因素；既有国内因素，又有国际因素。因此，一个国家为了求得经济的稳定高速发展，在选择了一定的经济发展模式之后，还必须为其创造良好的政治、经济和社会条件。在这里，笔者想从较宽的视角对拉美和东亚地区的发展作一些比较，对两个地区共同面临的问题谈一点看法。

90年代以来，拉美地区的经济结构改革取得了重大进展，宏观经济状况明显改善，通货膨胀率持续下降，外国投资保持强劲的势头，整个地区经济恢复了稳定增长。东亚地区虽然目前面临严重的困难，但是正如亚洲开发银行不久前所估计的，"在过去30年里推动亚洲取得引人注目成就的许多基本因素仍完好无损",经过调整和改革,东亚"将在比过去更加坚实的基础上恢复持续增长"。因此,从长期趋势来看,这两个地区的经济前景仍然看好。根据世界银行和国际货币基金组织的预测,从1999年开始,拉美经济将出现相当大的回升,1999年的经济增长率将达到3.7%,2000年将达到3.8%。亚洲地区经济(除中国外)将明显下滑,但从1999年开始,也将逐步回升。展望21世纪,拉美和东亚仍将是吸引外国资本的两大中心和经济快速增长的两大地区。但是,同时我们也应看到,这两个地区在长期争取经济高增长的过程中产生了许多问题。这些问题在新的形势下变得越来越尖锐。

一 国家的管理机制和能力难以适应全球化的新形势,深化改革势在必行

20世纪80年代以来,经济全球化正以前所未有的速度向前推进。计算机和通讯技术的日新月异,金融和贸易自由化的快速发展,以及广大发展中国家经济的日益开放,正在深刻地改变着世界经济秩序。在过去10年里,国际贸易的增长速度几乎是世界国民生产总值增长速度的2倍,外国直接投资的增长速度是后者的3倍,国际股票交易额的增长速度则是产值增长速度的10倍。外汇日成交量已从1973年的150亿美元增加到1996年的12000亿美元,每天约有15000亿美元的短期资本在国际市场上流动。这种经济全球化的趋势,一方面为广大发展中国家和新兴工业化国家带来了机遇,但另一方面,如果缺乏有效管理,就会面临巨大的风险。尤其在目前尚缺乏全球性的规范的市场行为准则的情况下,各国必须加强对本国宏观经济的管理,使其具有较强的抵御风险的能力,同时应进一步完善本国金融制度,以防范

金融国际化带来的风险。然而，许多国家缺乏这方面的准备。国家在开放本国金融市场的同时，缺乏有效的管理机制，包括缺乏充分市场化的运行体系、必要的金融法规、高质量的金融管理人才，等等。墨西哥和泰国的金融危机表明，金融改革的滞后是宏观经济稳定的严重隐患。为避免类似的情况发生，许多拉美国家都加强了政府对金融业的监管力度，采取了许多防范措施，使它们对东亚危机有一定的抵御能力。许多东亚国家的银行和金融体系缺乏透明度，官商勾结使资金流向不明，造成银行大量坏账。因此，改革金融体系，增加决策的透明度已是当前十分紧迫的任务。中国在金融改革方面虽然取得了一定的成绩，但是，从总的方面来看，在金融领域问题还很多。中国的证券市场先天不足，不够规范，违规操作现象严重。一些机构大户操纵股市，轮番炒作，过度投机，银行资金违规入市。中国的银行业目前也面临困境，与东南亚各国银行一样，存在着巨额的呆坏账。由于长期以来国有企业经营不善，普遍亏损，不良贷款在银行总贷出款项中占的比重高达 20%。因此，我国政府有关领导人强调指出：要健全完善金融法律体系；建立和完善市场条件下的金融监管制度；建立和完善金融机构内部自律控制机制；理顺政府、企业与银行等的法律关系；依法整顿和规范金融秩序，把一切金融活动纳入规范化和法制化的轨道。[①]

　　从墨西哥金融危机和东亚金融危机的教训来看，宏观经济的大起大落往往是触发金融危机的诱因。政府的宏观调控政策是否得力对一国经济的稳定增长具有决定性的意义。实际上，市场经济并不排斥政府的宏观调控；相反，只有通过国家的调控和对市场活动的正确引导，市场才能正常、健康地发育和稳健运行。

---

① 参见《光明日报》1998 年 5 月 13 日。

二 知识经济时代日益临近，只有切实改善教育状况，提高人力资源素质，才能在未来的竞争中取胜

当代科学技术的迅猛发展及知识的快速更新和传递正在改变着周围世界的一切，包括生产方式、经营方式、服务方式、生活方式，甚至人们的思维方式。于是，新的知识越来越成为我们生活的重要资源，成为经济发展的主要动力，并逐渐构成人们新的消费基础。"这些巨大的社会内在变化正在推动着一个'知识经济'时代的到来，它的核心是以智能为代表的人力资本、以高技术为代表的技术知识和以科技为核心构造新的生产力系统"①。经济合作与发展组织（OECD）在《以知识为基础的经济》一书中指出："OECD各成员国的经济比以往任何时候都更加依赖于知识的生产、扩散和应用，诸如计算机、电子和航天等高技术的产值和就业的增加是最快的。"② "知识已被认为是提高生产率和实现经济增长的驱动器。"③ 许多经济学家估计，到2010年，信息科学中的软件产业、生命科学技术产业、新能源和可再生能源科学技术产业、新材料科学技术产业、海洋科学技术产业和有益于环境的高新技术产业的产值，将全面超过汽车、建筑、石油、钢铁、纺织、运输等传统产业的产值。因此，"21世纪将是知识经济占国际经济主导地位的世纪"④。

---

① 经济合作与发展组织：《以知识为基础的经济》，机械工业出版社1997年版，第1页。
② 同上书，第4页。
③ 同上书，第1页。
④ 路甬祥：《建设面向知识经济时代的国家创新体系》，《光明日报》1998年2月6日。

知识经济时代的到来对广大发展中国家来说将是一个重大的挑战，因为广大发展中国家在技术创新的潜力、人力资源的素质、经济管理的能力等各方面均处于劣势。随着劳动力市场对有高度熟练技能工人的需求量日益增加，对低技能非熟练工人的需求量逐渐减少，发展中国家廉价劳动力的优势将逐渐丧失。目前，大多数拉美和东亚国家的教育状况还远远不能适应经济发展的要求。在拉美各国，不能上小学的儿童在适龄儿童中仍占很大比重：巴西占10%，哥伦比亚占17%，智利占14%，委内瑞拉占12%。拉美国家高等教育入学率也相对较低，巴西仅为12%，墨西哥为14.3%，而美国达到76.6%。由于师资水平不高，科研工作薄弱，教学质量也有待提高。东亚"四小龙"的教育取得很大成绩，但许多亚洲国家的教育状况仍令人担忧。例如，泰国已到上中学年龄段的人口中只有37%的人入学；泰国培养的工程师和科学家的人数还不到实际需要的一半。今后，技术创新能力的不足和高技术人才的短缺将成为制约拉美国家和东亚国家（地区）经济高速增长的重要因素。中国早就提出"科教兴国"的口号，但是基本教育普及率、科技人员在人口中的比重等各项指标都很低。中国国民教育经费约占国内生产总值的3%，是世界上国民教育经费最低的少数国家之一。目前，中国经济的增长因素中，72%依赖于资金和人力的投入，只有28%依赖技术进步，与发达国家有很大的差距。因此，无论是拉美国家还是东亚国家，为迎接知识经济时代的到来，都必须大力加强对人力资源的投资，提高国民素质，增加基础研究和高技术创新的投入。一个国家只有拥有大量高素质的人力资源和以知识为基础的高效率的管理机构，并实现经济决策和管理的科学化，才能赶上时代潮流，保持在国际市场上的竞争力。

三 贫富差距悬殊，社会问题日益尖锐，在谋求经济快速增长的同时，必须高度重视解决社会问题

长期以来，无论是拉美国家还是东亚国家（地区）都把保持经济的高速增长作为主要目标，保持一定的经济增长速度无疑对改变这些地区贫穷落后的面貌具有决定性的意义。但是，经济高增长并不会自动地消除贫困现象，并不会自动地达到社会的公正和协调发展。相反，近10年来，由于推行新自由主义的发展模式，拉美地区收入分配不公的现象更加突出，贫富差距进一步扩大，各种社会矛盾和社会冲突日益加剧。世界银行最近发表的题为《拉美未来10年的发展和改革日程》的文件指出，拉美的收入分配达到了世界上最不平等的地步，占人口20%的最贫困阶层只能得到全部收入的20%，而占人口10%的富人则享受着总收入的60%。[①] 最近10年来，拉美地区经济增长势头强劲，年均增长率超过3.5%，但是，该地区的4.8亿人口中有2.1亿人仍处于贫困状态，其中9800万人处于极端贫困状态。随着经济结构调整和国有企业私有化的进行，失业人数大量增加。1991—1994年，城市失业率平均达到6.2%，1996年达到7.7%，1997年略有下降，为7.5%。[②] 贫困问题的加剧和收入分配的不公，使各种社会矛盾空前加剧，城市暴力事件日益增多。哥伦比亚、秘鲁等国的游击运动重新活跃，墨西哥恰帕斯农民的武装暴动长期化。为解决日益严重的社会问题，拉美各国政

[①] 参见阿根廷《民族报》1998年4月21日。
[②] 联合国拉丁美洲经济委员会：《拉丁美洲和加勒比经济研究报告（1996年）》，智利圣地亚哥，1997年版，第1页。

府都在制定社会发展政策,以便使经济增长与社会进步相一致。但是,这些计划要付诸实施,还要作相当艰苦的努力。因此,在圣地亚哥召开的第2届美洲国家首脑会议上,各国首脑对消除贫困给予高度重视,将其作为"本半球面临的最大挑战"。

在东亚地区,社会问题同样十分尖锐。一方面,经济繁荣造就了一批富有阶层,他们追求豪华的生活,使社会充满了奢靡之风;另一方面,绝大多数低收入者仍然生活在深度贫困之中。虽然亚洲"四小龙"在消除贫困方面取得了显著的成绩,中国作为12亿人口的大国在扶贫方面取得了一定的成效,但是,全世界三分之二的贫困人口生活在亚洲,尤其农村的贫困状况比城市更加严重。像印度尼西亚、菲律宾、越南、老挝等国农村居民的平均收入水平很低,受教育的机会有限。越南北部和中部贫困人口的比重达到77.2%,菲律宾农业家庭中的贫困人口的比重为60%,泰国为76%。[①] 金融危机的爆发导致失业人数增加和居民生活水平急剧下降,社会矛盾进一步加剧,社会动荡与骚乱此起彼伏,民众深感不安与愤怒。因此,在争取经济持续增长的同时,改善收入分配状况,促进农村的发展,使社会向着和谐与协调的方向发展,同样是东亚地区面临的重大问题。

四 民主体制不健全,腐败之风盛行,
政治生活的民主化亟待加强

一个国家要保持经济的持续健康发展,必须有一个良好的政治环境。健全的民主体制和廉洁的政府是保证各行政部门正常

[①] 《危机逼近中国——亚洲及世界金融危机对中国的警示》,北京燕山出版社1998年版,第196页。

运转、各项经济政策有效贯彻的重要条件。从这次亚洲金融危机中人们看到，经济决策缺乏透明度、官商勾结、金钱政治和腐败，是导致危机爆发的重要原因。韩国前总统金大中在与法国《快报》周刊记者谈话时直截了当地指出："如果韩国是个真正的民主国家，那么政界和商界的勾结就不会达到如此泛滥的程度。政府也不会把常常是违背经济规律的法律强加给金融部门。监督机制就会更健全，我们的银行和企业就会运转得更好。最后，腐败也不会那么有恃无恐。"① 泰国、印度尼西亚、菲律宾等遭受金融危机袭击最严重的国家也都是政治体制不够民主的国家。在那里，封建主义因素广泛存在，家族势力和地方垄断成为腐败的温床，金钱政治、官商勾结、回扣、寻租现象比比皆是。一些分析家明确指出，泰国金融危机的根本原因是泰国在进入经济增长时期时，国家的管理体系仍处于发展的初期，经济决策缺乏透明度并高度集中化。在经济增长时期，泰国的许多高官辞去政府职务，到银行、证券公司、房地产业以及旅游部门供职。官商勾结使大量资金流向能获取暴利的房地产、娱乐设施等部门，引发"泡沫经济"。印度尼西亚前总统苏哈托的3个女儿和3个儿子及其亲属组成了庞大的商业王国。在这种政治体制下，腐败几乎渗透到一切部门。

拉美地区的政治民主化取得了较大进展，但民主体制仍不甚巩固和健全，腐败现象也很普遍，贩毒集团的活动十分猖獗，这一切影响着拉美地区的稳定和发展。

我们从拉美和东亚地区的正反两方面的例子中可以看出，经济现代化必须与政治民主化相结合。只有健全的民主政治体制和

---

① ［法］马克·爱泼斯坦：《金大中理想的韩国》，法国《快报》1998年4月5日。

清正廉洁的政府才能保证经济长期繁荣、社会公正和进步。

五　生态环境不断恶化，推行可持续发展刻不容缓

处理好人与自然的关系是人类生存和发展的基本条件。但是，人类在发展过程中往往只知道"征服自然"，向自然界索取，而不注意保护生态环境和自然资源，因而受到大自然越来越严厉的惩罚。自1992年在里约热内卢举行联合国环境与发展大会以来，保护生态环境、实行可持续发展的意义，在全球政界、经济界、学术界、科技界以及公众的心目中得到了普遍的确认。可是，在实际生活中，人们依然把追求眼前的实际经济利益放在第一位，而不顾子孙后代的生存和发展。随着工业化步伐的加快和经济的快速发展，亚洲和拉美地区的生态环境日益恶化，资源遭到破坏，人的生存条件愈来愈受到威胁，经济和社会发展受到制约。

拉丁美洲是世界上资源最丰富的地区，占世界8%的人口拥有全世界23%的可耕地、12%的耕地、23%的森林（46%的热带雨林）和31%的可利用水面。但是，过度的砍伐造成森林资源的急剧减少，生态环境遭到破坏。例如，当今世界最大的热带雨林——亚马孙森林每年正以500万公顷的速度递减。中美洲和墨西哥的原始森林也在减少。在亚洲地区，毁林现象同样十分严重。贫困的农民依然沿用最落后的刀耕火种耕作方式，长年累月靠砍伐树木解决烧柴问题，从而使森林面积急剧减少。印度尼西亚在加里曼丹岛的雨林已被砍光。1997年4—9月肆虐该国的森林大火烧毁了至少171.4万公顷森林和农作物，对生态环境造成的灾难性后果将延续25年之久。中国云南和广西一带的雨林正在消失。森林过度砍伐引起水土流失，河流污染，动植物物种灭

绝，气候恶化，生态失去平衡。

传统的工业化生产模式和大都市的过度膨胀正在使大气和水源的污染日益严重。人口的急剧增加和汽车数量的过快增长使许多国家的首都以及主要大城市的环境恶化。墨西哥城的人口达到2000万，360万辆汽车和3万多家工厂的烟囱使整个城市烟雾弥漫，空气中一氧化碳、二氧化碳、二氧化硫等有害物质的含量达到危险程度。工业废水和生活污水的排放使墨西哥79%的地面水源受到不同程度的污染。

中国环境问题的严重程度也不亚于墨西哥。北京、沈阳等5个城市被列为世界污染最严重的城市。中国每年排放的工业废水达354亿吨，其中70%左右的工业废水未经处理直接排放到江河湖海。尤其是设备简陋的乡镇企业大量排放的污水已使淮河、长江、洞庭湖、太湖、滇池等主要河流及淡水湖受到严重污染，直接影响着周围人民的生存环境。

因此，许多亚洲和拉美国家在工业化和经济现代化过程中正受到自然界的报复和惩罚。如果再不加以解决，不仅经济和社会发展难以为继，人类的生存也受到威胁。为解决生态环境问题，首先必须彻底纠正所谓的"先发展、后治理"等错误的观念，切实增强环境意识。在发展中国家，环境问题与贫困问题密切相关。只有走可持续发展道路，在经济发展的同时重视生态环境和资源的保护，才能实现良性循环。同时，国家需要健全法制，坚决制止个人或集团为了私利而破坏环境和资源，从而使可持续发展战略真正变成实际行动。

（原载《拉丁美洲研究》1998年第5期）

美国的西半球经济一体化战略及其前景

20世纪80年代后期以来,区域集团化成为世界经济发展的重要趋势,其中西半球经济一体化的趋势尤为引人注目。北美自由贸易协定生效两年多,其效果究竟如何?2005年美洲自由贸易区能否建立?西半球经济一体化对世界经济将产生何种影响?这些问题成为当前国际舆论界的热门话题。而要回答这些问题,首先必须对美国的西半球经济一体化战略有一个全面了解。本文拟对这一战略产生的背景、主要目标、实施途径及面临的问题作一粗浅的分析。

一 产生的背景

战后相当长一段时间内,美国奉行自由贸易政策,主张通过多边自由贸易体系推动世界贸易向自由化的方向发展,对建立区域性经济贸易集团基本上持否定态度。但到80年代后期,美国的政策发生了根本转变,开始积极筹建北美自由贸易区,并把推进西半球经济的一体化作为其全球战略的重要组成部分。这种转变有其深刻的背景。

（一）美国经济实力的相对下降和对外经济战略的调整

战后初期，美国凭借其压倒优势的经济实力充当了西方经济的霸主。当时，无论就经济实力和劳动生产率而言，还是就出口产品的竞争力而言，美国都处于绝对优势地位。1950年，美国的人均国民生产总值为联邦德国的4倍，日本的15倍。[①]美国的市场比世界第二大市场英国大9倍以上[②]，其商品在国际市场上的竞争力几乎也是独一无二的。正是这种绝对优势决定了当时美国对外经济政策的核心是推动国际贸易的自由化，以促进西方经济的繁荣，因为只有整个西方经济的振兴才能为美国商品提供更为广阔的市场。为此，美国推动建立了布雷顿森林体系和关税及贸易总协定。通过多边自由贸易体系，发达国家之间制成品的关税率普遍由1947年的40%降到东京回合之后的5%—8%，从而促进了国际贸易的空前发展和西方经济的繁荣。

但正如保罗·肯尼迪所说："在世界事务中，领先国家的力量从来就不是一成不变的。"[③]从70年代起，美国经济增长速度相对减慢，与其他工业化国家之间经济实力的差距明显缩小。尤其自80年代起，各主要资本主义国家经济发展的不平衡更加突出，美国在世界经济中的绝对优势地位渐渐丧失。美国占经济合作与发展组织（OECD）国内生产总值的比重由1960年的54.1%下降到1988年的36%，同期，日本的比重从4.6%升至19%，欧共体的比重从28.6%上升到34.3%。[④]从人均国内生产

[①] 参见［美］莱斯特·瑟罗《二十一世纪的角逐：行将到来的日欧美经济战》，张蕴岭、周辀等译，社会科学文献出版社1992年版，第15、129页。
[②] 同上。
[③] ［美］保罗·肯尼迪：《大国的兴衰》，中国经济出版社1989年版，第1页。
[④] 经济合作与发展组织：《经济展望》1990年6月。

总值的水平来看，1988年，美国为19840美元，而日本已超过美国，达到21020美元，联邦德国和法国已接近美国的水平。从工业生产的情况来看，美、日、欧之间的差距也趋于缩小。日本在许多领域（如钢铁、造船、机床、汽车、半导体、微电子、激光等部门）赶上或超过了美国。工业制成品竞争力的减弱使美国在国际贸易中的地位明显下降，它在世界出口总额中的比重由1960年的15.8%下降到1988年的12.04%，而同期日本从3.1%上升到9.1%，欧共体从1970年的30.7%上升到37.2%。① 自1985年以来，美国的贸易逆差每年都超过1000亿美元。在金融领域，美国也从最大的债权国变成了债务国。

种种事实表明，美国虽然至今仍拥有世界上最强大的经济实力，但它已面临过去从未经历过的那种激烈的竞争。

为了巩固和加强其在全球经济中的地位，从80年代中期起，美国开始调整其对外经济战略，把打开国外市场和增加出口作为对外经济战略的核心。为此，里根政府提出把所谓的"公平贸易"原则作为对外贸易政策的基本原则，在继续宣扬自由贸易的同时，强调以强硬的态度反对"不公平贸易"，要求其他国家对美国开放市场。在公平贸易的口号下，美国在其具有优势的地区和经济领域实行自由贸易，而在那些对美国经济构成挑战的地区和经济领域则实行保护主义。这标志着美国贸易政策的重大转折。

为了推行新的贸易政策，美国政府利用多边、地区和双边等一切途径去打开国外市场，促进贸易的发展。它在推进多边自由贸易体制运行的同时，开始重视区域性的贸易协议，"把缔结地

---

① 国际货币基金组织：《国际金融统计年鉴（1989年）》。华盛顿，国际货币基金组织，1989年，第121—122页。

区贸易协定作为走向全球自由贸易的跳板",把地区性协议作为"将来在贸易、投资、环保和劳工标准等新领域实现多边自由化的样板"①。

(二) 拉美在美国对外经济战略中地位的变化和美国对拉美政策的调整

20世纪50年代,作为重要的原料供应地、投资场所和工业品销售市场,拉美在美国对外经济关系中具有十分重要的地位。美国35%的进口来自拉美,29.5%的出口销往拉美。在美国对外直接投资中,拉美地区也占居首位。但从60年代起,拉美地区在经济上对美国的重要性开始下降。塑料、化纤、新型合金、光导纤维等新型材料的使用,使美国对拉美各国出口原料的需求量大大减少。随着西欧和日本经济的复兴,美国对外直接投资迅速向发达国家转移。拉美地区在美国对外直接投资中的比重由50年代的38.8%下降到70年代的16.3%。

80年代,美拉经济关系进一步削弱。为了解决自身的经济困难,美国竭力向拉美国家转嫁危机,在对外贸易中加强以非关税壁垒为特征的贸易保护主义,对1000多种拉美出口商品设置了400多项非关税壁垒;拉美国家也因债务负担沉重而大幅度压缩进口。因此,拉美在美国进出口中的比重分别从1980年的17.5%和15.5%下降到1988年的13.7%和11.5%。②拉美在美国对外直接投资中的比重由1981年的17.1%下降到14%。

美拉经济关系的削弱不仅对拉美经济的发展极为不利,而且

---

① 参见美国经济顾问委员会《白宫经济顾问委员会1996年年度报告》(贸易部分),华盛顿,1996年2月。
② 参见墨西哥《对外贸易》,1990年第7期,第620页。

对美国也产生许多消极影响。美国对拉美地区出口的减少影响了其就业的增长；拉美的债务危机也使美国债权银行无时不受到倒账的威胁；拉美各国贫困的加剧使移民、贩毒等问题危及美国社会的安定。这一切使美国深深感到，一个政治和社会安定、经济繁荣的拉美对美国是至关重要的。

冷战结束后，国际斗争的重心由军事和意识形态领域转到经济领域，拉美地区对美国的重要意义也由安全方面转到经济方面。同时，随着经济调整和改革的深化，拉美经济形势明显好转。巴西、墨西哥、阿根廷、智利等国成为引人注目的新兴市场；拉美地区成为仅次于亚太地区的经济最有活力的地区。这一切使美国感到，在西半球，以贸易和投资为主要手段、建立一种以自由贸易为基石的新的伙伴关系的时机已经成熟。

（三）欧洲和亚太地区经济区域集团化进程加快，美国需要以西半球为立足点，巩固和加强其在全球经济中的战略地位

20世纪80年代中期以来，欧洲经济一体化进程空前加快。1985年6月，欧共体委员会主席德洛尔提出了一份题为《完成内部市场》的白皮书，明确提出到1992年实现真正没有国界的欧洲的目标，在区域内保证商品、人员、劳务和资本的自由流动。1991年12月《马斯特里赫特条约》签署，并于1993年11月正式生效，欧共体由12国增加到15国，并改名为欧洲联盟，这标志着欧洲政治和经济一体化向更高的层次迈进了一步。1991年10月，欧共体与欧洲自由联盟在卢森堡正式签署《欧洲经济区协定》。同时，东扩战略也逐步展开。1991—1993年，欧共体先后与波兰、匈牙利、捷克、斯洛伐克、罗马尼亚和保加利亚签订了为期10年的经贸合作和联系国协议。

亚太地区的区域经济合作也明显增强。日本、中国、亚洲

"四小龙"、东盟国家在经济上的相互依存关系日益加深，形成了多层次的地区经济结构。次地区的经济合作也以灵活多样的形式蓬勃发展。1989年成立的亚太经济合作组织正在产生越来越重要的影响，有力地促进了地区内贸易和投资向自由化的方向发展。

面对这一形势，美国深深感到，它所面临的挑战不仅是竞争对手的实力在增强，更为严峻的是这些竞争对手正在与周围的国家和地区联合起来，组成强大的经济贸易集团，通过区域集团化，充分利用区内资源优势，提高国际竞争力。为了不失去在全球经济中的支配地位，美国决心利用当前的区域集团化趋势来为其全球战略服务，组建以美国为核心的西半球经济贸易集团，并以此为立足点，进一步向两洋扩展，筹建跨太平洋和跨大西洋的经济联盟，从而确立自己在世界经济中的领导地位，达到抗衡欧洲、制约日本、遏制中国的目的。

二 谋求的目标

建立北美自由贸易区的设想早在里根执政时就已提出，但把西半球经济一体化真正作为一种战略提出则是布什总统时期的事。1990年6月，布什在他的"美洲倡议"这一历史性的讲话中，第一次对西半球经济一体化战略作了全面的阐述，明确提出"要建立一种将整个美洲——北美洲、中美洲和南美洲——联系在一起的自由贸易体系"。克林顿总统上台后，基本上继承了布什的拉美政策，积极推进西半球经济一体化进程。从布什和克林顿奉行的政策来看，美国推行西半球经济一体化战略主要想达到下列目标：

第一，通过西半球贸易和投资的自由化，进一步开拓拉美市场,为美国的经济增长和扩大就业创造更为有利的条件。80年代末至90年代初,拉美国家普遍进行了重大的经济改革,控制了通货膨胀,缓解了债务问题,恢复了经济增长,并积极推行外向型的、面向出口的经济发展模式。这为美拉经济关系的重新发展提供了必要的条件。因此,美国把拉美地区与亚太地区并列,作为其扩大出口和增加投资的主要目标。克林顿政府列举了当前世界上最有活力的十大新兴市场,其中有将近一半是在拉美。因此,美国把加强与拉美地区的经济关系作为减少贸易赤字、推动经济增长和创造更多就业机会的重要途径。白宫经济顾问委员会在总结克林顿政府的对外经济政策时指出:"本届政府已采取外向型的促进贸易和发展的经济战略。""政府已确定在世界上两个最蓬勃发展的市场——亚洲太平洋地区和拉丁美洲——进行自由贸易的雄心勃勃的目标。经济迅速发展和前所未有的贸易自由化这两者相结合,就有可能在今后10年内使向这些市场出口的机会和在这些市场进行投资的机会成为美国经济发展的重要动力。"①

在美国看来,西半球是一个拥有7亿多人口的潜力巨大的市场,目前由于拉美国家的市场还不够开放,影响了美国商品的进入。而签订地区性协议和双边协议是促使拉美国家进一步开放市场的重要途径。这是美国要求建立西半球自由贸易区的主要目的。

第二,通过建立新的"伙伴关系",加强美拉之间的传统合作关系,巩固美国在西半球的盟主地位。冷战时期,拉美地区一直被美国看做是自己的"后院",美国历届政府主要以军事和经

---

① 美国政府贸易办公室报告:《克林顿的贸易政策:创造就业,促进出口》,(1995年12月1日)。

济援助为手段维持以自己为盟主的"泛美军事同盟"。冷战结束时，某些专家预言，拉丁美洲将从美国对外政策的视线中消失。当安全的威胁、东西方政治角逐不再存在时，美国已感觉不到拉美的重要性。然而，事实上并非如此。美国并没有因苏联威胁的消失而放弃自己在西半球的霸权地位。在21世纪的角逐中，美国仍然需要把西半球作为"战略后方"和势力范围。为此，美国力图在这一地区推行其所希望的政治制度和自由市场经济体制。正如墨西哥《至上报》刊登的一篇文章所指出的，冷战后美国的4项基本战略是：（1）美国必须完全控制北美洲；（2）在西半球应该避免出现任何能够阻止美国霸权的国家或任何形式的国家联合；（3）美国海军必须控制通向本半球、太平洋和大西洋的海上通道；（4）避免在欧洲和亚洲出现任何能够阻止美国的海上势力的强国。[1] 但是，在新的国际形势下，美国继续推行干涉主义政策已越来越不得人心。因此，它力图通过贸易和投资等手段，与拉美国家建立一种新的伙伴关系，以巩固和加强自己在西半球的政治经济地位。克林顿把古巴排除在西半球经济一体化之外就充分显示出美国西半球经济一体化战略带有的政治色彩。

第三，以北美自由贸易区和美洲经济圈为依托，面向两洋，谋取在世界经济中的"领导地位"。美国作为世界第一经济大国，它的贸易和投资分布在全世界，其经济利益不可能局限在西半球。因此，筹建西半球经济贸易集团的目的不仅仅在于开拓美洲市场，而且还在于把美洲作为一个踏板，走向全球，打开世界所有市场的大门。美国在组建北美自由贸易区之后，一方面积极

---

[1] 〔墨西哥〕萨尔瓦多·莫拉雷斯·佩雷斯：《美国、古巴和加勒比》，墨西哥《至上报》1996年4月9日。

支持墨西哥、智利等国家加入亚太经合组织，借助美洲国家的力量，确立美国在亚太地区的支配地位，最终建立一个以美国为核心的横跨太平洋的亚洲太平洋自由贸易区（APFTA）。另一方面，美国利用北美自由贸易集团与欧盟进行对话，促使欧洲与北美自由贸易集团签署自由贸易协定，组建跨大西洋自由贸易区（TAFTA）。美国企图通过同时参加三大集团，确立在其中的主导作用，确保自己在世界经济中的领导地位。

三 实施的步骤

正如"美洲倡议"所指出，美国的西半球经济一体化战略分两步实施：第一步由美国、加拿大、墨西哥建立北美自由贸易区；第二步建立包括所有美洲国家的美洲自由贸易区。建立北美自由贸易区是整个战略的关键性一步，也是美国急于实现和易于实现的一步。众所周知，北美地区三国之间经济上的相互依赖远远超过美国与南美国家之间的相互依赖关系，因此，布什在"美洲倡议"中只是把建立美洲自由贸易区作为一项战略构想和"长期目标"提出，而没有提出任何具体的实施途径。

1994年1月1日，《北美自由贸易协定》的正式生效标志着美国的西半球经济一体化战略的第一步已基本实现。该协定以条约的形式确定了该地区在10—15年内实现贸易和投资自由化的规则。协定生效两年多，虽然受墨西哥金融危机影响，某些条款的实施速度有所放慢，但绝大部分条款都按期得到执行。从美国的角度来说，基本上达到了预期的目的。两年期间，美国对墨西哥商品进口的平均关税已从3.5%降到1.5%，同期，墨西哥对美国产品进口的平均关税从10%降到4.9%，双方的非关税壁垒也按计划正在逐步取消。贸易壁垒的减少有力地促进了地区内贸易的增长。1994年，美国对墨西哥的出口增长了22.3%，这是美国对其他国家出口增长速度的3倍。同年，墨西哥对美国的出口增长了24%。1995年，受墨西哥比索贬值的影响，美国对墨出口比上年有所下降，但双边贸易的增长率仍达13%。① 在协定的推动下，近3年，美国商品出口的增速达空前水平，1993年为4%，1994年为10%，1995年达到15.8%。②

协定中有关投资、金融、劳务、运输、知识产权等方面规定的实施，有力地促进了区内资金的自由流动。从1994年1月到1995年12月，流入墨西哥的外国直接投资达143亿美元，其中主要是美国和加拿大两国的资本。两年间，上述两国在墨西哥新开放的金融部门投资12.29亿美元，占该类外资的86%。两国在墨西哥工业部门的投资为3.37亿美元，在交通邮电部门的投资为3.496亿美元。③ 美、加、墨3国一些大企业已建立了战略联盟。

区内贸易和投资的迅速增长使成员国相互间的国际分工进一步加深。美国的得克萨斯州和加利福尼亚州的经济已与墨西哥的相邻各州密不可分。最近两年，得克萨斯州每年向墨出口商品和劳务的价值达200亿美元，从过境贸易和交通、通讯服务中得到11.3万个就业机会。

至于北美自由贸易协定对美国工人就业的影响，这是争议最激烈的问题。协定的反对者认为，协定的生效造成有关行业的大

---

① 参见墨西哥工商部报告《北美自由贸易协定生效两周年的影响》，墨西哥工商部1996年3月发布。

② 参见美国政府贸易办公室报告《克林顿的贸易政策：创造就业，促进出口》（1995年12月1日）。

③ 参见墨西哥工商部报告《北美自由贸易协定生效两周年的影响》，墨西哥工商部1996年3月发布。

量失业。但是，华盛顿国际经济研究所、国际贸易委员会以及其他许多机构的评估报告都显示，协定给美国带来的新的就业机会将远远超过因协定而丧失的工作机会。根据美国政府公布的数据，1994年美国因《北美自由贸易协定》而增加的就业机会是因协定的生效而减少的就业机会的8倍。事实上，要确切地统计协定到底创造了多少就业机会、使多少人失去了工作是很难做到的。总的来说，这一协定促进了美国的出口，增加了白领工人的就业，提高了工人的收入水平。

协定对美国的另一个影响是用条约的形式将美、墨之间的特殊关系固定下来。这对美国来说具有重要意义。1994年墨西哥爆发金融危机之后，克林顿不顾国会的反对，提供200亿美元的巨额贷款，帮助墨西哥渡过了难关。如果没有《北美自由贸易协定》，恐怕很难做到这一点。而墨西哥政治、经济和社会的稳定对美国的安全具有直接的影响。

同时，《北美自由贸易协定》的实施也增强了美国在全球经济中的地位，促进了全球区域经济集团化的趋势。美国以《北美自由贸易协定》为样板，促进了亚太地区的贸易和投资自由化进程，推动了全球贸易向自由化的方向发展。

在《北美自由贸易协定》生效之后，克林顿政府着手实施西半球经济一体化战略的第二步。按照原来的设想，克林顿政府准备逐个吸收"够条件的"拉美国家加入《北美自由贸易协定》。也就是说，美国并不想尽快与大多数拉美国家进行谈判，而是根据美国的需要，有选择地吸收少数拉美国家加入北美自由贸易集团。美国首先选择了智利，因为智利是拉美地区最早实行经济开放的国家，也是目前拉美地区经济形势最好的国家。但是，这一打算被实践所否定。一方面，美国国会不批准授予克林顿总统"快速处理权"；另一方面，拉美国家为了不被排斥于区域集团化的大潮之外，纷纷要求尽快开始进行有关建立美洲自由贸易区的谈判。此外，以南方共同市场为代表的拉美次地区经济一体化组织空前活跃。它们通过次地区经济的一体化，联合自强，增强在国际市场上的竞争力。克林顿政府为了把拉美地区的经济一体化纳入自己的轨道，决心改变做法，从总体上加快西半球经济一体化的步伐。

1994年3月，克林顿总统提出倡议，于同年12月初召开美洲国家首脑会议，具体商议建立美洲自由贸易区事宜，并向除古巴以外的所有美洲国家发出了邀请。这一倡议得到拉美各国领导人的积极响应。1994年12月9—11日，美洲国家首脑会议正式在迈阿密召开。这标志着美国西半球经济一体化战略的第二步正式开始启动。

在美洲34国首脑的共同努力下，会议取得了积极成果，在一些重大问题上达成了协议。

第一，通过了《原则宣言》和《行动纲领》，承认自由贸易和加强经济一体化是提高人民生活水平、改善美洲人民工作条件和更好地保护环境的关键因素，并共同承诺，立即开始规划建立"美洲国家自由贸易区"的工作。

第二，明确规定了建立"美洲国家自由贸易区"的时间表，即在2005年以前结束有关建立这一贸易区的谈判。

第三，确定了筹建"美洲国家自由贸易区"的途径，即以现有的次地区协议和双边安排为基础进行谈判。

第四，指出在实现西半球经济一体化过程中必须充分考虑各国在经济规模和发展水平方面的巨大差距，应对经济上的弱小国家给予必要的帮助。

迈阿密首脑会议的这些成果使建立美洲自由贸易区由美国当初提出的一项空泛的号召变成了实际的行动计划。

为落实迈阿密首脑会议的决议，1995年6月30日，美洲各国贸易部长在丹佛举行会议，立即开始实施有关工作计划。部长会议决定成立7个工作小组，研究具体方案。1996年3月，34国的贸易部长在哥伦比亚的卡塔赫纳再次聚会，决定再成立4个工作小组，以便解决诸如知识产权、政府采购和投标、劳务以及竞争政策等争论最激烈的问题。

至此，可以看出，美国原先设想的以《北美自由贸易协定》为基础，通过逐个吸收拉美国家加入的途径来实现该战略的第二步计划早已被打破。在拉美国家的广泛参与下，美洲经济一体化的步伐大大加快，并沿着其自身的轨迹逐步向前推进。

四 面临的问题

美国的西半球经济一体化战略尽管取得了重大进展，但仍面临许多问题。

第一，美国国会内部反对北美自由贸易协定和建立美洲自由贸易区的势力仍很强大，实施西半球经济一体化战略在美国国内仍将遇到较大阻力。尤其在墨西哥金融危机之后，因墨西哥货币贬值造成美国对墨出口减少，美、墨贸易中美国方面出现逆差，引起美国国内的很大不满。协定的反对者认为，与墨西哥结成经济联盟是背上了一个包袱，因此坚决反对再与其他拉美国家达成类似的协议。预计，今后推行这一战略在美国国内仍会有较大阻力。

第二，美、墨之间在《北美自由贸易协定》部分条款的实施问题上存在分歧，贸易争端迭起。首先，两国之间在农产品贸易上由于利害冲突，各自对农产品进口进行限制，引发了"贸易战"。1995年，美国对墨西哥的西红柿、洋葱、花生、西瓜等

13 种农产品的进口实行限制。如花生的年进口量限制在 3478 吨，并征收 8.1% 的关税；超过这一限额的进口，将征收 161% 的高额关税。墨西哥政府对美国的玉米、大麦、土豆、橘子汁等 14 种农副产品也实行进口数量限制，限量之外征收高额关税。美国众议院因墨、美贸易摩擦于 1996 年 1 月 30 日提出审议关于"本国产品"的定义，企图以此为依据，证明墨西哥向美国倾销西红柿，进而达到限制进口墨西哥农产品的目的。为此，墨西哥政府向世界贸易组织投诉，指控美国违反《北美自由贸易协定》和世界贸易协定。此外，在有关运输条款问题上，两国之间也存在较大分歧。1995 年，美国政府单方面决定推迟实施两国货车可以自由过境的条款，禁止墨运货卡车自由进入美国。接连不断发生的贸易争端给《北美自由贸易协定》的前景蒙上了阴影。

第三，美国与拉美国家在建立美洲自由贸易区问题上存在较大分歧，有关问题的谈判将十分艰巨。从美国方面来说，建立美洲自由贸易区的目的主要是扩大对巴西、阿根廷、智利等新兴市场的出口，迫使这些国家进一步开放市场。而这些国家的对外经济关系比较多元化，它们并不希望在经济上过分依赖美国。目前，南美大陆次地区的经济一体化组织十分活跃。尤其南方共同市场自建立以来，区内贸易迅速发展，它在拉美地区和国际舞台上具有越来越大的影响。因此，拉美国家主张以现有的经济一体化组织为基础，通过集团与集团之间的谈判实现西半球的贸易自由化。而美国则主张以《北美自由贸易协定》为基础，将该协定的原则逐步向其他拉美国家扩展。此外，在如何对待弱小经济国家的问题上也存在较大分歧，美国显然不愿为帮助这些小国而承担太多的义务，而拉美国家则要求美国提供必要的经济和技术援助，以提高它们的发展水平。在环境和劳工权利问题上，双方的看法也有很大不同。因此，有关建立美洲自由贸易区的谈判仍将是一个艰难的历程。

第四，美国的霸权主义政策仍是其与拉美国家之间建立真正的"伙伴"关系的重大障碍。美国政府虽然口头上说要在西半球国家之间建立一种新的伙伴关系，但实际上并未放弃其霸权主义的政策。美国长期敌视古巴，把古巴排除在西半球经济一体化进程之外，这种强权主义的做法引起广大拉美国家的不满。1995年7月11日，美国国会通过了旨在强化对古巴经济封锁的赫尔姆斯—伯顿法案，阻止古巴进入国际社会。这一法案不仅遭到古巴的强烈反对，而且遭到墨西哥、加拿大以及国际社会的严厉谴责。美国利用反毒、移民等问题粗暴干涉拉美国家的内政，动辄就对拉美国家实行制裁。这种强权主义的政策使拉美国家对美国抱有很大的戒心。

第五，欧盟、日本以及其他国家和地区正在加强对拉美市场的争夺，拉美对外经济关系呈现出多元化的趋势，美国想独占西半球市场的企图难以实现。90年代，随着拉美经济的复苏和《北美自由贸易协定》的签署，欧盟对拉美市场的重要性给予了更多的重视。1995年12月25日，欧盟与南方共同市场签署了合作框架协议。1993年2月，欧共体外长同中美洲各国外长签署了合作协定，旨在加强双方在各个领域的合作。日本、韩国、新加坡以及中国台湾地区对占领拉美市场也表现出极大的兴趣，拉美国家也积极发展与欧洲及亚太地区的经济贸易关系。这对美国要建立以它为核心的美洲自由贸易区无疑又增大了阻力。

展望未来，西半球区域经济一体化的趋势不可逆转。因为这是美国全球战略的一部分，是出于在新的世界经济格局下维护其经济和政治利益的需要。拉美国家从自身利益考虑也愿意推进这一进程。但是，由于西半球各国经济发展水平的巨大差异和美国与拉美国家之间固有的矛盾，这一进程不可能发展得很快，有关的谈判将会十分艰巨，西半球经济一体化也不可能完全按照美国的战略部署推进。

（原载《拉丁美洲研究》1996年第5期）

拉美地区经济一体化的新格局

拉美地区经济一体化在经历了 20 世纪 70 年代末至 80 年代前半期的停滞和徘徊之后，从 80 年代后期开始逐渐恢复活力，90 年代进入了一个蓬勃发展的新时期。新建立的一些地区经济一体化组织迅速崛起，在地区和国际事务中正在发挥越来越重要的作用；原有的地区一体化组织重新恢复生机；区域经济合作的机制和形式呈现出崭新的特点，整个地区经济一体化形成了全新的格局。

一 地区经济一体化复兴的原因

20 世纪 90 年代，拉美地区经济一体化之所以出现这种新的局面，有其深刻的内外原因。

（一）世界经济全球化和区域集团化的迅速发展向拉美国家提出了严峻的挑战

面对日益激烈的国际竞争，拉美国家深感势单力薄，因此，它们力图通过本地区的一体化增强经济实力，提高在世界经济中的地位和在国际市场的竞争能力，以避免"国家边缘化"的危险。

20世纪80年代以来，全球化和区域集团化成为世界经济发展中的两大趋势。受下述两股力量的推动，经济全球化正以引人注目的速度向前发展。其一是科学、技术的迅猛发展，尤其是现代信息技术的日新月异和广泛应用引起了世界经济结构的深刻发展变化，交通运输、通信以及金融服务的成本急剧下降，分离的各国市场之间的时空阻隔迅速减少，全球市场正在向整合化的方向发展。其二是各国的贸易壁垒日益降低，贸易自由化的趋势不断加强。在这两种力量的推动下，国际贸易的规模空前扩大，国际分工不断拓展。1983—1993年，国际贸易的年均增长率达到6%，几乎是世界生产增长率的2倍。1996年，全球商品和服务贸易总额达到63800亿美元。国际贸易的商品结构也发生了深刻的变化，初级产品在世界贸易中的比重从1984年的41.3%下降到1992年的24.2%，制成品的比重从56.3%上升到73.2%。随着世界性的产业结构的调整，发展中国家出口产品的结构也相应发生了变化。1980年，发展中国家的出口中初级产品的比重为18%，燃料为61%，制成品为21%；1993年，初级产品的比重降到15%，燃料的比重降为19%，制成品的比重上升到66%。①

同时，国际金融领域也发生了一场巨大的革命，随着电脑和现代通讯技术在金融领域的广泛应用，金融交易的成本空前下降，资本的跨国流动以前所未有的速度前进。目前，每天约有1.5万亿美元的资金在国际市场上涌动。外国直接投资的增速是

---

① 参见亚历杭德罗·达巴特《世界经济的趋势和前景》，墨西哥《对外贸易》，1997年第11期。

国际产出增速的3倍，国际股票买卖是其10倍。

在经济全球化迅速发展的同时，区域集团化的趋势也明显加强。80年代以来，以美国、德国、日本等工业发达国家为核心，逐步形成了西欧、北美和亚太三大经济圈。从1985年开始，欧洲经济共同体提出了建立欧洲统一大市场的目标，以便在区内保证商品、资本、劳务和人员的自由流动，实现成员国在生产标准、海关制度、财政体制、金融管理等各方面的一体化。1991年12月欧共体首脑会议通过并草签了《马斯特里赫特条约》，决定实行统一货币、汇率，建立统一的中央银行体制，实行共同的经济政策。《条约》于1993年11月正式生效，欧共体成员由12国增至15国并改名为欧盟，这标志着欧洲政治和经济一体化又向更高层次迈进了一大步。面对欧洲统一与联合进程的挑战，北美和亚洲的经济区域集团化也加速进行。1988年1月，美国与加拿大正式签署了《美加自由贸易协定》。1991年，美、加、墨3国开始了关于《北美自由贸易协定》的谈判，1992年8月正式达成协议。亚太地区的区域经济合作也以灵活多样的形式蓬勃发展。1989年建立的亚太经合组织（APEC），作为政府间的比较灵活的磋商机构在推动地区贸易和投资自由化方面发挥着重要的作用。这些以发达国家为核心的区域经济集团在促进集团内部贸易和投资自由化的同时，对区域外的非成员国仍保留了贸易壁垒，这对发展中国家扩大出口在一定程度上造成障碍。

面对世界经济全球化和区域集团化的新形式，拉美国家深深感到外部竞争的巨大压力，产生了一种明显的失落感，担心被排斥在世界新的一体化进程之外。拉美国家由于长期未能摆脱内向发展的模式，在国际贸易中的地位不断下降。1950年，拉美进出口贸易额分别占世界进出口贸易额的 10.1% 和 12.4%，1980 年分别降为 5.9% 和 5.5%，1990 年进一步降为 3.2% 和 3.9%。① 80 年代的债务危机使拉美国家进一步陷入"边缘化"的境地，在世界经济中的地位明显下降。

　　面对这种严峻的形势，拉美国家新一代领导人在思想观念上发生了很大变化，决心积极参与国际竞争，并认为加强地区经济一体化是提升与发达国家谈判的地位、提高国际竞争能力、更多地占领国际市场的有效途径。1990 年 5 月，出席拉美经委会第 23 届部长会议的各国代表一致声称："为了避免 90 年代成为另一个'失去的 10 年'，拉美国家必须有效地加强地区一体化进程，依靠集体力量发展自己的经济。"② 特别是南美国家，对世界三大经济集团的形成十分关切。因为阿根廷、巴西等南美国家与欧洲大陆具有传统的经济贸易关系，所以十分担心欧洲地区主义的加强会使其利益受到损害。而北美自由贸易区的建立只是使墨西哥享受优惠待遇，而其他拉美国家将处于不利的地位。因此，许多南美国家把加强次地区的一体化作为摆脱困境、增强国际地位的重要途径。1987 年 5 月，阿根廷、巴西和乌拉圭 3 国总统在蒙得维的亚会晤时指出："地区一体化和合作是解决当前本地区面临的问题的有效途径之一，应成为 3 国今后对外政策的基石。"阿根廷总统梅内姆强调："全球化的博弈规则仍然是可以谈判的，而这种谈判将是在大的集团之间进行的。因此我们可以得出结论……在世界范围内关于经济秩序的谈判中，我们能否有更重要的参与，这取决于我们在经济一体化进程中所迈出的具

---

　　① 参见弗朗西斯科·萨加斯蒂、格里戈里奥·阿雷瓦洛《割裂的世界秩序中的拉丁美洲：前景与战略》，墨西哥《对外贸易》1992 年第 12 期。
　　② 参见《拉美一体化》1991 年 3 月号。

体步伐。"①

(二) 拉美国家经济政策的趋同性及协调

拉美国家在经历了20世纪80年代的经济危机之后，普遍进行了重大的经济调整和改革，实行了经济发展模式的转换，从而使拉美地区经济一体化的内在动力明显增强；地区经济合作的领域日益拓宽，经济一体化的效益日渐显现；各国的经济政策具有较大的趋同性，相互之间政策上的协调更容易实现。

多年来，拉美国家的对外贸易一向以欧美发达国家为主要对象，地区内相互之间的贸易十分有限。60年代的地区一体化运动显然在一定程度上促进了地区贸易的发展，但是，在进口替代经济发展模式下，各国首先关注的是保护本国市场，对推动地区经济一体化普遍缺乏兴趣，因此，区内贸易发展缓慢。

80年代后期以来，随着经济改革的进行，拉美各国纷纷降低关税，开放国内市场，引进竞争机制，推行贸易自由化政策，这为地区经济一体化创造了有利条件。各国经济之间的互补性日益增强，互相之间的贸易迅速发展。例如，巴西与阿根廷之间的贸易空前繁荣；成员国单方面的贸易自由化为南方共同市场贸易自由化计划的成功实施创造了有利的条件。南方共同市场地区内的出口总额从1990年的41亿美元增加到1994年的116亿美元。阿根廷和巴西两国之间的贸易发展尤其迅速，双边贸易额从1990年的20.59亿美元上升到1993年的63亿美元，②1995年达到97.3亿美元。巴西已取代美国成为阿根廷最大的贸易伙伴，

---

① 〔阿根廷〕卡洛斯·萨乌尔·梅内姆：《国际形势：南方共同市场的刺激因素》，载《美洲一体化》，阿根廷塞伊内出版社1991年版。

② 罗伯托·波萨斯：《南方共同市场和贸易自由化》，载《北美自由贸易区和南方共同市场》，智利多尔门出版社1996年版，第94、96页。

而阿根廷也已成为巴西的第二大贸易伙伴，仅次于美国。地区内贸易的增长成为推动拉美国家经济发展的巨大动力。

随着国有企业的私有化和国家对经济干预的减少，以及对外国投资限制的取消，拉美国家之间相互投资迅速增加，企业之间的联合广泛进行。企业间的合作对于生产结构的调整、生产的专业化和协作、提高产品质量、打开国外市场、实行规模经营，均具有十分重要的意义。例如，阿根廷的汽车工业从80年代中期开始对外开放，而巴西汽车工业则更为强大和现代化，两国之间汽车生产的专业化分工和互补，对降低生产成本、促进技术革新和提高产品竞争力起到了重要的推动作用。目前，有500多家巴西企业以某种形式参与阿根廷企业的投资，同时，有130多家阿根廷企业在巴西进行投资。地区内相互贸易和投资的迅速发展及其给成员国带来的巨大经济效益为拉美地区经济一体化注入了新的活力。

由于拉美国家普遍实行了由内向型发展模式向外向型发展模式的转换，各国都对宏观经济政策进行了调整，例如，扼制通货膨胀、减少财政赤字、保持汇率稳定、降低关税、刺激出口、积极吸引外国投资，等等。各国经济政策取向具有趋同性，特别是在对外经济政策方面，各国都把扩大出口、提高本国产品的竞争力、更多地占领国际市场作为主要目标。因此，在地区经济一体化过程中，各成员国在经济政策方面比较容易协调，在国际经济活动中能够采取一致的立场。

（三）拉美各国政局相对稳定，阻碍经济一体化的障碍逐渐消除

拉美各国政局相对稳定，普遍由文人当政，内外政策保持一定的连续性，相互之间在政治上的信任度普遍加强，从而为地区

经济一体化创造了良好的政治环境，阻碍地区经济一体化发展的各种障碍逐渐消除。

80年代以来，拉美地区的政治民主化进程顺利发展，军人政权相继由民选的文人政权所取代。90年代，统治时间最长的智利和巴拉圭军政府也实现了和平交权。文人当政不仅适应了国际大环境，也使拉美各国国内政局趋于稳定，国家间的关系得到改善。例如，巴西和阿根廷由于历史原因长期不和，在1985年建立民选政府之后，巴西决定放弃军政府时期执行的外交政策，实行"现实主义"的对外方针，支持拉美地区经济一体化。两国政府摒弃了多年来相互之间的敌对、猜疑和不信任，主张通过地区合作促进经济发展。巴西、阿根廷两国关系的改善是南方共同市场得以建立和发展的前提。安第斯地区各国也都主动将昔日的领土争端和政治分歧搁置一边，寻求地区经济合作。例如，玻利维亚和秘鲁签署了一项协定，秘鲁提供太平洋沿岸的伊洛港供玻利维亚使用，从而解决了玻利维亚出海口问题。随着冷战的终结，中美洲地区结束了多年的战乱，实现了和平，从而为该地区的经济发展和经济一体化创造了必要的条件。

二　地区经济一体化的新特点

与前一时期相比，拉美地区的经济一体化具有一系列新的特点，归纳起来有以下几点：

（一）以外向型经济发展模式为依托，实行开放的地区主义

在前一时期，拉美地区经济一体化是在内向型发展模式的框架内提出的，主要根据拉美经委会的观点，把经济一体化作为解决进口替代工业化过程中国内市场狭小问题的手段，通过共同关

税对外构筑贸易壁垒，以保护地区市场，用所谓"集体自力更生"的政策抵御外来竞争，对外国资本进行比较严格的限制。在集团内部，各成员国之间的贸易均以保持本国贸易平衡为前提。因此，这一时期的地区一体化是以贸易保护主义为基本特征的。而目前拉美地区的经济一体化则是以经济开放、实行外向发展为前提的。一体化的目的不是避免外来竞争、构筑贸易壁垒、孤立于国际市场之外，而是要通过地区内的合作，以集团的力量打入国际市场，更有效地参与国际竞争。因此，这一时期地区一体化的主要特征是推动贸易的自由化，促进商品和资本的自由流动。这种以扩大对外开放为目的的地区一体化又被称为开放的地区主义。

开放的地区主义首先表现为，各经济集团内部全面降低关税、取消非关税壁垒，实现商品的自由流通，从而达到改善资源配置状况、降低生产成本、实现"贸易创造"、使各成员国得益的目的。例如，南方共同市场各成员国自《亚松森条约》签署之时起到1994年底这一过渡期内采取的主要措施就是逐步降低相互之间的关税。到1995年1月1日南方共同市场正式启动时，85%的商品已实行自由流通。安第斯集团5国首脑签署了《拉巴斯纪要》，决定在一年之内取消各成员国之间的关税和对部分商品的保留贸易制。由墨西哥、哥伦比亚和委内瑞拉组成的三国集团决定在10年之内将关税降为零。中美洲国家间的关税已从80年代的80%降到1996年的8.5%。内部贸易壁垒的拆除有力地促进了区内贸易的发展，1990年以来，拉美国家相互之间的贸易正以前所未有的速度增长。1990—1996年，南方共同市场的内部贸易已从36亿美元增加到157亿美元。[1] 安第斯共同体

---

[1] 参见〔巴西〕赫里奥·尼戈莱蒂《南方共同市场》，圣保罗，1997年，第55页。

的内部贸易已由1990年的13亿美元增加到1997年的55.57亿美元，预计1998年可达到68亿美元。① 中美洲共同市场90年代内部贸易的增长率也达到16%。拉美地区内贸易的快速增长已成为促进地区经济发展的重要因素。

在取消内部贸易壁垒的同时，各地区经济组织也放宽对投资的限制，促进地区内资本和其他生产要素的自由流动，促进各国生产过程的联合。1990—1994年，拉美大国间的直接投资明显增加，一般增长2—3倍；在秘鲁和委内瑞拉增长5倍；在阿根廷增长9倍；从1.88亿美元增至18.7亿美元。②

拉美各国实行开放的地区主义的另一个重要标志是，在加强内部经济合作的同时，实行对外经济开放，大力促进出口，积极参与国际竞争。它们建立自由贸易区和关税同盟的目的并不是为了形成一个封闭性的集团，而是为了更多地占领国际市场。在地区市场和国际市场的关系问题上，过去它们把地区市场作为国内市场的补充，而现在，在推行外向型发展战略的情况下，地区市场成为连接国际大市场的桥梁。各地区经济集团为了提高成员国的对外竞争力，大多确立了对外共同关税，但是其税率已大大下降，保持在一个比较合理的水平。例如，南方共同市场确定4个成员国对85%的进口产品实行统一关税，税率介于0%—20%，其他5%的进口产品被列入例外清单，到2001年实现统一的14%的对外关税。安第斯共同体的5国从1992年1月1日起实行对外共同关税，税率分别为5%、10%、15%和20%。从1994年起，再降为5%、10%和15%。拉美的地区经济一体化

---

① 委内瑞拉《国民报》1998年4月4日。
② 参见王新录《拉美一体化的现状、成果和前景》，《拉丁美洲研究》1998年第1期。

组织都强调它的开放性和非排他性，欢迎拉美其他国家参加。例如，南方共同市场于 1994 年 9 月召开的首脑会议上强调它的非排他性，邀请其他拉美国家参加。三国集团也一再重申其开放的地区主义原则，允许拉美和加勒比地区的其他国家参加进来。

为了加强在国际经济中的地位，拉美各经济一体化组织以集团为单位与欧盟、北美自由贸易区、亚太经合组织、东盟等各大集团开展广泛的联系与合作。南方共同市场坚持以小地区集团为单位参与有关建立美洲自由贸易区的谈判。由于历史和传统的关系，南方共同市场、中美洲共同市场、加勒比共同体等地区一体化组织都与欧盟保持着密切的政治、经济关系。1995 年 12 月，南方共同市场与欧盟签署了经济合作框架协议，并准备建立跨大西洋的自由贸易区。双方试图根据世界贸易组织的规定，实行相互贸易逐步自由化的承诺。

因此，正如阿根廷总统梅内姆所说："今天我们实行一体化不是使我们自己封闭起来，而是使我们以尽可能少受创伤的方式，即以均衡的、尽可能有效地参与世界市场的方式向国际经济开放。"[①] 正是这种开放的模式给 90 年代拉美地区经济一体化注入了巨大的活力。

（二）形式灵活多样、政策讲求实效

前一阶段，拉美地区经济一体化存在的一个重要问题是一体化的目标和计划往往脱离实际，过分庞杂、内容空泛、程序烦琐。一体化的形式主要模仿欧洲经济共同体的模式，片面追求全地区的一体化，忽视拉美各国经济发展水平和经济规模差异较大

[①] 〔阿根廷〕卡洛斯·萨乌尔·梅内姆：《南方共同市场：对世界的一种回答》，载《美洲一体化》，阿根廷塞伊内出版社 1991 年版。

的特点。为克服这些缺点,从20世纪80年代后期开始,拉美各国在总结前一阶段的经验教训的基础上,实行较为务实的方针,以灵活多样的方式促进地区一体化进程。

首先,一体化的形式从过去签订多边协议为主转为以小地区和双边协议为主。拉美一体化协会早在1980年8月签署第二个《蒙得维的亚条约》中就规定,允许成员国进行双边和小地区合作,并通过双边和小地区合作走向多边化。在新的形势下,建立小地区集团和签署双边协议成为拉美各国开展地区合作优先考虑的形式。如阿根廷总统一再声明,"为了加速推进一体化,我国政府认为应优先考虑的是小地区和双边的形式","重要而具体的进展是在小地区方面,而非多边方面"。在这方面,南方共同市场和三国集团的建立是最好的例证。这些小地区集团由于参加的成员国相对较少,发展水平相近,经济上的相互联系比较密切,在政策上的协调比较容易,目标比较一致,因此,地区一体化的实际效果较好。此外,在中美洲共同市场内部,洪都拉斯、危地马拉和萨尔瓦多三国总统于1992年5月发表《新奥科特佩克声明》,决定于1993年1月建立名为"北部贸易三角"的自由贸易区,这对于促进中美洲地区经济一体化具有积极的意义。

除了小地区集团之外,双边贸易协定成为90年代地区一体化的一种灵活的形式,对促进地区贸易的自由化和经济合作发挥了重要的作用。如,1991年9月,墨西哥和智利两国签订了自由贸易协定,该协定已于1992年1月1日生效。协定规定,两国间的最高关税1992年不超过10%,1994年降到5%,到1996年,对90%的进出口商品实现互免关税,各种非关税壁垒也逐步取消。双方在投资,海、空运输,服务业等领域也在加强合作。

1994年3月和9月,墨西哥与哥斯达黎加和玻利维亚分别签订了双边自由贸易协定，确定了减免关税的日程表。

1991年8月，智利与阿根廷签订了《经济互补协定》以及农牧业、能源、矿业、投资等多项附加协定书。

智利和委内瑞拉也于1992年3月签订了一项双边合作协定，规定两国的最高关税将从10%和20%逐步下降，到1996年，除250种产品（主要是委方的石油和智方的农牧产品）以外，其余产品一律取消关税。双方同意在此基础上进一步就生产要素的自由流动和经济政策的协调进行谈判。

1992年9月，智利和哥伦比亚开始进行自由贸易谈判，并于1993年12月6日正式签订了自由贸易协定。两国决定从1994年1月1日起逐步降低关税，到1996年除少数商品之外，全部实行免税。

这些纵横交错的双边协定对推动整个拉美地区的贸易自由化以及地区经济合作发挥了重要作用。

此外，在追求的目标和具体政策措施方面，拉美国家改变了过去说得多、做得少，追求宏伟的目标又缺乏具体措施的状况，采取讲求实效和更加切合实际的做法。各小地区经济集团从当前的实际出发，都把贸易自由化作为一体化的主要目标，在设定对外共同关税时，充分考虑不同发展水平的成员国之间的差别，区别对待，对经济相对落后的国家给予照顾，从而增强了内部团结，减少了分歧，提高了效益。例如，南方共同市场在讨论统一对外关税时分歧十分严重，但是大家从共同的利益出发，相互作出让步，规定到2001年才实行统一的14%的对外关税，而巴拉圭和乌拉圭可到2006年才调至这一税率。又如，安第斯共同体内部，在5国不能就减免关税达成一致意见的情况下，委内瑞拉和哥伦比亚率先实现对外共同关税，等等。这种务实的精神使拉美各国之间增强了团结，坚定了推行地区经济一体化的信心，并从实践中摸索和形成一套适合本地区特点的政策措施及框架、程序。

在一体化的内容方面，拉美各国之间的合作领域明显拓宽。除了扩大相互贸易以外，投资成为地区合作的一个重要内容，拉美各国通过相互投资，推动国内生产结构的调整和改革，利用各国的比较优势，实现生产过程的联合，从而大大提高了在国际竞争中的地位。例如，近年来，巴西和阿根廷两国的相互投资迅速增加，在基础设施建设、能源、运输、通讯、科学技术等各个领域的合作广泛开展。又如，南方共同市场 4 国为适应内部通讯的需要，修建了北起巴西的佛卢里亚诺普里斯城，沿大西洋海岸南下连接乌拉圭的蒙得维的亚和阿根廷的布宜诺斯艾利斯，然后再接通巴拉圭的亚松森的光纤电缆，全长 1700 公里。南方共同市场 4 国和智利、玻利维亚决定加强交通一体化进程，计划修建从巴西到智利的横贯大陆的铁路干线，开拓连接两大洋的陆路交通；还将修建沿大西洋通道、联结南美洲南部各国的完整的交通网，为经济发展和扩大出口创造条件。

随着各国经济调整和改革的进行，各经济一体化组织内部加强了在宏观经济政策方面的协调，如兑换、货币、财政、税收、信贷等政策，尤其是 1994 年底墨西哥金融危机和 1997 年亚洲金融危机爆发之后，各国更注重在金融政策方面的协调。

同时，随着经济合作的加强，拉美各经济一体化组织成员国在政治上的信任和合作日益加强。1998 年 7 月 24 日，第 14 次南方共同市场及其贸易伙伴智利和玻利维亚在阿根廷乌斯怀亚举行的首脑会议上签署了一系列旨在巩固和平和安全的协议。6 国政府签署的联合声明承诺将坚定不移地尊重民主，并严厉谴责本地区那些不尊重公众舆论自由和政治多元化的国家，决定要坚决对成员国任何放弃民主制度的做法进行严厉制裁；同时还宣布将建立一个无大规模杀伤性武器的和平区，并承诺要加强安全合作与相互信任的措施。

（三）多层面地区一体化进程纵横交错，次地区经济集团逐步走向联合

20世纪90年代，拉美地区出现了各经济集团的成员国相互重叠、相互渗透、多层面的一体化进程相互交错的复杂局面。具体来说，在西半球形成了3个不同层次的地区一体化进程。1994年12月召开的美洲国家首脑会议启动的西半球经济一体化进程，其目标是要建立包括从阿拉斯加到火地岛的美洲自由贸易区。这是覆盖整个美洲国家的第一个层面，这一进程受到美国全球战略的直接影响，同时关系到所有拉美和加勒比地区国家以及该地区现有的地区集团的利益。因此，何时、以何种方式建立美洲自由贸易区成为普遍关注的焦点。由美国、加拿大和墨西哥组成的北美自由贸易区，由拉美11个国家组成的拉美一体化协会，分别覆盖中美洲地区的中美洲共同市场和加勒比地区的加勒比共同体等地区一体化组织构成第二个层面。在这些地区组织框架内形成的次地区一体化组织和双边合作协定构成第三个层面。如前所述，在拉美一体化协会框架内建立了安第斯共同体、南方共同市场、三国集团以及大量的双边协定；在中美洲共同市场内部建立了北部贸易三角洲；加勒比共同体中相对不发达的国家建立了东加勒比国家组织。这些次地区经济集团和双边安排成为90年代拉美地区一体化进程中最活跃和最有成效的层面。

这种多层次的一体化进程造成了各一体化组织的成员国相互重叠和相互渗透的局面。同时，次地区经济集团之间出现某种横向联合的趋势。例如，墨西哥作为北美自由贸易区的成员国，在与美国、加拿大结盟的同时，为了不失去在拉美地区的地位和影响，积极参加拉美地区的一体化组织，签订了一系列自由贸易协定。①以巴西为代表的南美洲各国为了提高自己在西半球贸易自由化进程中的地位，正在努力促进各次地区集团走向联合，以便形成一个能与北美自由贸易区平起平坐的南美自由贸易区。南方共同市场积极欢迎其他拉美国家加入，并分别与智利、玻利维亚签署了自由贸易协定。1998年4月16日，南方共同市场和安第斯共同体签署了一项从2000年起逐步取消相互之间一切贸易壁垒的框架协定。这项协定涉及近3亿人口、9个国家，梅内姆总统称其为"加强拉美团结的确凿无疑的决心的一个见证"。巴西还建议建立一个包括委内瑞拉、哥伦比亚、厄瓜多尔、秘鲁、玻利维亚、圭亚那和苏里南的"北部市场"，从而为形成覆盖整个南美大陆的南美自由贸易区创造条件。

这种相互渗透和联合的趋势将从总体上促进西半球贸易自由化的进程，调整各地区和次地区经济集团的结构，使其适应新的形势，为最终建立美洲自由贸易区铺平道路。

(原载苏振兴主编《拉丁美洲的经济发展》，
经济管理出版社2000年版)

---

① 1990年10月3日，墨西哥与智利签订自由贸易协定，协定已于1992年1月1日生效；1991年1月12日，墨西哥与中美洲共同市场签订框架协议；1992年8月，墨西哥与尼加拉瓜签订自由贸易协议；1994年3月，墨西哥与哥斯达黎加签署双边自由贸易协定；1994年7月，墨西哥加入加勒比国家联盟；1994年9月，墨西哥与玻利维亚签订双边自由贸易协定；1995年1月，墨、哥、委建立三国集团自由贸易区。

如何评价拉美国家的经济改革

20世纪80年代后期以来,拉美国家进行了一系列重大的经济改革。对这些改革究竟如何评价,是一个有争议的问题,尤其在1994年12月墨西哥爆发金融危机之后,更是如此。对此,笔者拟从方法论的角度谈几点看法。

第一,应把拉美国家的经济改革放在世界范围内进行考察,把它看做是当今世界经济改革潮流的一个组成部分。80年代以来,世界上不同类型的国家都卷入了经济改革的大潮。中国从1978年起就开始进行经济改革;苏联和东欧国家在政局发生剧变之后,都对经济体制作了根本性的改革;亚洲的广大发展中国家,如印度、东盟各国也都在进行经济改革,甚至一些非洲国家也卷入了改革的浪潮;面对新的国际形势,一些发达资本主义国家也在进行经济政策的调整。各种不同经济制度和不同发展水平的国家所进行的经济改革的性质、内容和方式固然各不相同,但是透过各国所进行的纷繁的改革措施,似乎可以看到其中的两大共性:一是实行贸易和投资的自由化,寻求与世界市场的更紧密结合;二是减少国家对经济的直接干预,转变政府的经济职能,强化市场机制的作用。这种共性在很大程度上反映了在新技术革命的推动下，国际经济形势所发生的巨大变化及其对各国经济产生的强大冲击。科学技术的突飞猛进，使交通和通讯领域发生了革命性的变化，它使整个世界的空间变得越来越小，各国经济已变得密不可分。面对经济全球化的趋势，各国政府都更加清醒地认识到，任何一个国家都不可能脱离世界市场而单独地求得发展，必须探索与新的国际环境相适应的发展道路和经济体制。这是推动包括拉美国家在内的世界各国进行经济改革的根本动力。

与其他地区相比，拉美国家的经济改革开始得相对较晚。除了智利在70年代中期就进行经济改革之外，多数拉美国家是在经历了80年代的债务危机之后才被迫进行改革的。其中墨西哥走在前列，从1985年起就开始改革外贸体制，但是真正大刀阔斧地推行新自由主义的模式，是在萨利纳斯就任总统之后，即1989年以后。阿根廷、巴西、秘鲁等国到80年代末90年代初才开始进行改革。在这一时期拉美地区掀起经济改革的高潮，这是与国际形势的巨大变化密切相关的。苏联、东欧国家的剧变，冷战的结束，使拉美国家产生明显的"失落感"。面对发达国家之间综合国力竞争的加剧和经济区域集团化趋势的加快，拉美国家十分担心被排斥在世界贸易和投资的大潮之外。东亚经济的繁荣，尤其是中国经济改革和开放的巨大成就，使它们感到有必要认真总结战后几十年经济发展中的经验教训，并决心走改革之路。因此，拉美国家的经济改革与其说是遵循了某种理论，不如说是顺应了时代的潮流。因为一种理论能否流行，也取决于它是否反映了客观实际的需要。

第二，应把拉美国家的经济改革看做是一个历史进程，要用历史的眼光来评价改革的成效和存在的问题。拉美国家是在其长期推行的内向型进口替代发展模式取得一定成效但又难以为继的情况下进行经济改革的。战后几十年，拉美国家形成了一整套与原有的模式相适应的经济体制和经济结构。而现在要实行经济转型，就意味着政府不仅要改变经济政策，而且要打碎原有的体制，对经济结构作相应的调整，这是一项十分艰巨的任务。加之拉美国家的经济改革是在债务负担沉重、宏观经济严重失调、通货膨胀率居高不下的情况下起步的，其难度就更大。因此，拉美国家的经济改革基本上都分两步走。第一步的主要任务是降低通胀率，恢复经济的稳定增长。为此，拉美国家普遍实行从紧的财政和货币政策，压缩公共开支，改革税收制度，实行国有企业的私有化，追求公共预算收支的平衡，改革货币制度，调整汇率政策，抑制通货膨胀；同时，积极推行贸易自由化和地区经济一体化政策，促进贸易和投资的增长，加快本国经济与世界市场接轨的过程。这些改革措施取得了明显成效。90年代上半期，拉美经济开始复苏。1991—1994年，拉美地区的年平均经济增长率达到3.6%。1995年，受墨西哥金融危机的影响，虽然整个地区的经济增长率有所下降，但是，除墨西哥、阿根廷和乌拉圭等少数国家的经济出现负增长之外，大多数国家的经济仍保持了增长。在经济恢复的同时，通胀率大幅度下降。全地区的平均通胀率从1990年的1491%急剧下降到1995年的25%左右，有的国家的通胀率已降到1位数。宏观经济形势的好转，大大改善了拉美地区在国际上的形象，外国资本又开始重新流入。

然而，这些成效并非意味着拉美经济的转型已基本完成。事实上，拉美国家的经济要真正转为良性循环，还需要进一步进行深刻的结构改革。因此，从90年代中期开始，拉美国家的经济改革进入了第二阶段。其核心问题是提高企业的经济效益和本国产品在国际国内市场上的竞争力，使本国的经济结构适应经济开放的需要。为此，拉美国家将面临一系列难题，如国内储蓄率过低，资金不足，金融市场脆弱，企业缺乏竞争力，地区和部门发展不平衡，失业和贫困问题十分严重，等等。为解决这些问题，政府既要深化改革，又要加强调控。在这个过程中，出现一些波折乃至反复是不足为怪的。例如，1994年12月墨西哥爆发了严重的金融危机，但这并不意味着墨西哥经济改革失败了，相反，正是因为墨西哥已进行过比较深刻的经济改革，它才能承受这样的打击，较快地恢复经济增长，预计1996年的经济增长率可达到3%。墨西哥金融危机虽然对其他拉美国家产生了一定的影响，但是这种影响是有限的，毕竟没有像1982年的债务危机那样在整个地区引起连锁反应。今后，在其他拉美国家难免还会发生这样那样的危机，出现大大小小的波折，但这并不会影响拉美地区总的改革进程将沿着既定的方向走下去。因此，对于拉美国家经济改革的成效和问题，我们应该以历史的眼光和发展的眼光来看，也就是说应注重改革的长期趋势和效应。

第三，经济改革是各社会集团之间利益再分配的过程，它必然使一部分人得益，一部分人受损。因此，我们在评价经济改革的成败得失时，必须在注重改革的经济效应的同时也注重改革的社会效应。从当前拉美情况来看，在经济改革中受益的主要是面向国外市场和与外资有密切联系的企业界和金融界。受损的主要有两类人。一类是在推行进口替代发展模式时期的既得利益集团，包括以国有大企业为靠山的官僚资本集团和主要面向国内市场、长期依靠国家的高保护贸易政策和优惠的投资政策而发了财的私人垄断集团。在改革中，他们因国有企业的私有化和政府经济职能的转变而失去了原有的特权，又因国内市场的开放而受到外来竞争的威胁，从而成为经济改革的阻力。另一类是中小企业主、广大工薪阶层和农民。目前，拉美国家推行的新自由主义模式的特点是使社会财富更加集中。政府公共开支的大幅度削减、为稳定货币而冻结工资、取消物价补贴和对农产品的价格补贴等措施，使广大知识阶层、中产阶级和农民的生活水平下降，社会贫困化现象进一步加剧。这势必会引起社会的震荡，而社会矛盾的加剧又将影响改革进程的继续。因此，在经济改革过程中，政府应尽快寻求社会集团之间利益分配的新的平衡，切实解决好各种社会问题，使人民生活水平普遍得到提高，在经济增长的同时实现社会的公正和稳定。

第四，经济改革与政治环境密切相关。要成功地推行经济改革，一要有稳定的政治局势，二要有强有力的政府。因此，许多人都认为，拉美国家的经济改革是以政治上实行新权威主义为条件的。智利的经济改革主要是在军政权时期进行的。1990年艾尔文上台时，实现了政权的和平交接，保持了政局的稳定和经济政策的连续性。这是智利经济改革深入开展和经济持续增长的基本保证。墨西哥也曾是个政权相对稳定的国家，革命制度党一党执政，萨利纳斯曾是个强有力的人物，能力排众议、大刀阔斧地进行改革，并与美国、加拿大签署《北美自由贸易协定》。1992年4月，秘鲁藤森政府解散议会和最高法院，实行"自我政变"，为经济改革铺平了道路。

然而，单纯强调政治稳定是不够的，经济改革本身所带来的巨大变化同时又要求拉美国家进行必要的政治改革。墨西哥就是最好的例子。革命制度党一党执政60多年，政局长期保持稳定，这虽然为经济改革提供了条件，但是这种体制也导致官僚主义盛行和腐败现象滋生。随着经济改革的日益深化，执政党内不同派别之间的矛盾日益激化，并直接影响政局的稳定。1994年大选前夕，科洛西奥和马谢乌的被暗杀充分说明了这一点。而政局的动荡正是影响投资者的信心和诱发1994年金融危机的重要原因。因此，经济改革进行到一定的阶段，必然要求对政治体制作相应的改革。目前，墨西哥经济改革能否顺利进行下去，在很大程度上取决于政治局势的走向。

第五，拉美各国的经济改革既有共同性，又有差异性，不能把拉美国家的经济改革看成是一种统一的模式。拉美地区30多个国家虽然同属发展中国家，但是各国经济情况和面临的问题各不相同。目前，各个拉美国家在经济改革中所处的阶段也不尽相同。例如，走在前列的智利，已经经过了70年代的"阵痛"，基本上确立了一套适合本国国情的经济体制。但是，巴西的经济改革在90年代刚刚开始。智利作为一个仅有1400万人口的中等国家，可以主要依靠出口农矿产品推动经济增长。而巴西、阿根廷和墨西哥这样的大国则不然，增强本国工业制成品的竞争力、增加工业制品的出口，仍是今后经济活力之所在。再如，墨西哥作为美国的近邻，经济上高度依赖美国，签署《北美自由贸易协定》、稳定地占有美国市场对它来说具有决定性的意义。而巴西、阿根廷和智利等南美国家的外部市场则比较多元化，因此，它们积极发展与欧洲以及亚太地区的经济关系。由于国情的不同，各国实行经济改革的做法和力度有很大的差异。经济改革的成败既取决于总的战略是否正确，又取决于具体政策措施是否恰当。西方国家的某些学者往往把某个国家视做推行某种经济模式的"样板"，其实，某个国家成功的经验，拿到另一个国家就不一定适用。因此，我们在研究拉美国家的经济改革时，应更多地具体考察各个不同国家在不同时期和不同条件下所推行的政策及其效果，实事求是地分析这些国家成功的经验或失误，从中吸取一些有益的启迪，以便为中国的经济建设提供借鉴。

（原载《拉丁美洲研究》1997年第4期）

走向21世纪的拉丁美洲和中拉关系的前景

在21世纪即将来临的历史时期，世界各个地区的形势都在发生变化。拉丁美洲，作为发展中世界的重要组成部分，其国际地位有何变化？未来发展趋势将会如何？这是当前国际社会密切关注的热点问题。在这里，笔者仅从宏观角度对拉美地区总的发展趋势和中拉关系的前景谈几点看法。

20世纪90年代以来，拉美地区的政治经济形势发生了深刻的变化，其中对未来发展趋势具有重要影响的有以下四个方面：

第一，在经济方面，拉美国家经历了80年代的深重危机和90年代前半期的重大改革之后，目前已进入一个相对稳定增长的新时期。正如美洲开发银行行长恩里克·伊格莱西亚斯在该行第38届年会上指出的那样："拉丁美洲已经走上经济增长之路，一个新的拉丁美洲正展现在人们面前。"我们说拉美经济已经进入一个新的增长时期，是有根据的。

首先，宏观经济状况有了根本改善，经济出现了持续增长的好势头。1991—1994年，全地区经济的年均增长率达到3.4%。虽然1994年年底爆发了墨西哥金融危机，但是它对整个地区经济的影响并不大。如果不把墨西哥和阿根廷这两个受金融危机影响较大的国家计算在内，1995年拉美经济增长率达到4.2%。①1996年，墨、阿两国也重新恢复增长。预计1997年拉美地区的经济增长率可达到4.5%—5%②，并在今后几年保持较好的增长势头。

值得指出的是，当前拉美的经济增长是在宏观经济保持稳定的条件下取得的。90年代以来，拉美各国都把稳定宏观经济放在经济政策的首位，并通过国有企业的改造、税收制度的改革、公共投资政策的调整等多种途径实现这一目标。宏观经济的稳定具体表现为：公共财政状况根本改善、通货膨胀大幅度下降、国际收支状况明显好转。1996年拉美地区的财政赤字占本地区国内生产总值的比重已下降到1.5%，其中6个国家实现了财政收支平衡和盈余。③公共财政状况的改善为治理通货膨胀创造了必要的条件。1990—1994年，拉美地区的通货膨胀率平均高达600%，经过综合治理，1996年已降到19.3%，即70年代以来的最低点。其中巴西的通胀率由1990年的1584.5%降到1996年的10.6%，阿根廷由1343.9%降到0.4%。④随着出口的增加和外债结构的调整，拉美国家的国际收支状况已逐步得到改善。尽管拉美的外债总额仍在增加，但是还本付息占出口收入的比重保持在15%左右，偿债能力大大提高。

其次，基本实现了由内向型发展战略向外向型发展战略的转变，本国经济进一步与国际市场接轨。外贸体制的改革和贸易自由化政策的实施有力地推动了拉美地区进出口贸易的发展。如果

---

① 参见《人民日报》1997年2月24日。
② 美洲开发银行：《1996年度报告》，华盛顿，1997年3月。
③ 同上。
④ 参见联合国拉丁美洲经济委员会《1996年拉美和加勒比经济概览》，墨西哥《对外贸易》，1997年第3期。

说 70—80 年代拉美在国际贸易中的地位呈持续下降趋势的话，那么到 90 年代，则出现了急剧上升的势头。拉美地区占世界出口的比重已从 1987 年的 3.9% 迅速上升到 1994 年的 9.4%，出口已成为许多拉美国家推动经济增长的强大动力。例如，墨西哥的出口额占国内生产总值的比重已由 1985 年的 15.3% 猛增到 1995 年的 26.9%。①

同时，拉美国家普遍放宽了对外资的控制。投资环境的改善使拉美地区重新成为外资投资的热点。据世界银行报告，1996 年私人资本对拉美的投资达 740 亿美元，占私人资本对发展中国家投资的 30.4%。金融危机之后，多数拉美国家在利用外资方面采取了更加谨慎的政策，进一步完善有关法规，改善投资结构，减少风险。

经济的开放使拉美国家摆脱了过去相对封闭的状态，大大提高了在国际市场上的竞争力。

再次，经济体制改革取得重大进展，政府对经济的干预明显减少，市场经济体制进一步完善。应该说，与俄罗斯、东欧国家相比，拉美国家经济改革的步子迈得大得多，付出的代价相对较少。90 年代以来，拉美各国先后对国有企业实行了改造，一方面，对具有战略意义的大型国有企业（如墨西哥石油公司）的经营管理体制进行了重大改革，使其成为真正意义上的企业；另一方面，对大部分国有企业实行了私有化。如何评价拉美国有企业的私有化？这是一个复杂的问题。应该承认，拉美国家国有企业的私有化既有积极的作用，又有消极影响。然而，更为重要的是要看到，拉美国家从其本身的实际出发采取的这一政策对改善

---

① 参见〔墨西哥〕赫苏斯·塞尔万特斯·贡萨雷斯《墨西哥经济中对外部门的结构变化》，墨西哥《对外贸易》1996 年第 3 期。

公共财政状况和提高企业的经济效益是具有决定意义的。此外，拉美国家在社会保障制度、税收制度、金融体制、土地制度等各个领域的改革也正在进行，这些改革对拉美经济未来的发展必将产生深远的影响。

当然，目前拉美国家在经济领域还面临许多严重的问题，如失业问题日益加剧、收入分配不公明显加大、地区发展不平衡更加突出、产业结构调整比较缓慢，等等。但是，必须看到，上述三方面的巨大变化已使拉美经济摆脱了以往不景气的状态，而成为世界经济中的一个亮点。因此，许多发达国家正在以新的目光看待这一变化，力争在这一潜力巨大的市场拥有一席之地。这是不可忽视的一个现实。

第二，在政治方面，民主政体进一步巩固，政治局势相对稳定，虽然部分国家社会矛盾比较尖锐，暴力事件有所增加，但政治民主化已成为不可逆转的潮流。

首先，长期以"热点"著称的中美洲危机的解决，为整个地区创造了一个和平与发展的新环境。冷战时期，中美洲地区绵延不断的内战使几十万人丧生，几百万人流离失所，经济损失达百亿美元。冷战的结束，国际形势的剧变，为中美洲危机的解决创造了条件。1990年尼加拉瓜结束了内战，举行了大选。1992年1月，萨尔瓦多政府与法拉本多·马蒂民族解放阵线达成协议。1996年5月和9月，危地马拉游击队政治组织与政府签署了和平协议，从而结束了延续几十年的战乱。战火的熄灭，使这些国家的人民有可能过上和平生活，从而推进经济的发展。

其次，资产阶级民主体制得到巩固，以军人交权为主要特征的民主化进程顺利完成。长期以来，军人不断干政、军事政变频繁曾是拉美地区政治生活的重要特征。从70年代后期开始，拉美地区掀起了政治民主化的浪潮。巴拿马托里霍斯将军开创了军人"还政于民"的先例。80年代,军人交权的民主化进程进一步展开。秘鲁、洪都拉斯、玻利维亚、阿根廷、萨尔瓦多、乌拉圭、巴西、危地马拉等国家的军政府相继由民选政府所取代。90年代,统治时间最长的智利和巴拉圭军政府也实现了和平交权。1994年,海地民选总统阿里斯蒂德返国复职,从而结束了拉美地区最后一个军政权。此后,拉美地区十几个国家先后进行了大选,顺利地通过合法程序实现了政权的交接。1996年4月,巴拉圭军人挑起与文人政府的对抗,但是在拉美国家一致的谴责下,不得不草草收场。这一切,表明民主政体在拉美国家普遍得到巩固。

再次,政权的稳定性和延续性明显增加,政治改革正在展开。随着经济改革的进行,拉美各国国内政治力量的配置状况发生了很大变化,各派政治力量在内外政策上出现趋同的趋势。执政党为了适应新的形势,力图通过各种政治改革使各派政治力量能以合法的途径参与国家政治生活,以达到稳定政局的目的。例如,墨西哥革命制度党一党执政半个多世纪带来了诸多弊端。现政府在政治改革方面迈出了较大步伐,为左、右翼反对派提供了更多的政治活动空间,并为通过政治方式解决恰帕斯的冲突创造了条件。

为了保持经济政策的连续性,许多拉美国家修改宪法,允许总统连选连任。如阿根廷总统梅内姆和秘鲁总统藤森在连任一届以后,正在争取再次连任;巴西总统卡多佐正在努力通过修改宪法继续连任,这在拉美政治生活中是一种新现象。这表明拉美国家政治稳定性明显增强。

当然,目前在拉美国家的政治生活中还存在大量不安定的因素,如社会矛盾比较尖锐,暴力事件不断增加,游击队活动有所抬头,贩毒集团活动猖獗,政府部门腐败现象严重,等等。但是，从总体来看，展望 21 世纪，拉美的政治局势将保持相对稳定。

第三，在外交方面，拉美国家的国际地位不断提高，外交活动空前活跃，对外政策中的独立自主性和多元化趋势显著增强。

随着冷战的结束，拉美各国对外政策的重点由安全问题转到经济问题，把争取有利的外部环境、扩大对外经贸关系作为对外活动的主要目标。由于地缘政治和地缘经济的关系，拉美国家始终把加强与美国的关系放在重要地位。但是，在世界格局多元化的形势下，拉美国家在保持和发展与美国关系的同时，积极推行多元外交，其对外关系呈现出"立足地区、面向美国、重视欧洲、开拓亚洲"的新局面。90 年代以来，随着经济实力的增强和国际格局的变化，拉美国家奉行更加独立自主的对外政策，反对美国的霸权主义和强权政治。美国利用扫毒、人权、移民、环境等问题干涉别国内政的做法，遭到拉美国家的抵制。哥伦比亚总统桑佩尔在禁毒问题上顶住美国的压力，坚持捍卫国家主权。美国旨在对古巴实行经济封锁的"赫尔姆斯—伯顿法"，受到拉美国家的强烈谴责。拉美国家不顾美国反对，继续同古巴发展经贸关系。1996 年举行的 3 次重要的地区性会议——美洲国家组织会议、里约集团首脑会议和伊比利亚美洲首脑会议，连续通过 3 个谴责"赫尔姆斯—伯顿法"的议案，这在美拉关系史上是没有先例的。

同时，拉美国家与欧盟以及亚太地区的友好合作关系迅速发展。90 年代以来，拉美国家与欧盟在政治经济等方面的合作十分引人注目。继 1995 年南方共同市场与欧盟就建立跨大西洋自由贸易区问题达成框架协议之后，1996 年 4 月，里约集团与欧盟举行了第六次外长会议，决定在持续发展、贸易、投资、禁毒等问题上加强合作。1997 年 3 月，法国总统希拉克访问拉美 5

国,敦促拉美国家拒绝美国为首的"单极世界",为发起召开欧盟与拉美国家首脑会议进行游说。最近一两年,拉美国家也十分重视发展与亚太地区的关系。许多拉美国家元首出访日本、韩国、新加坡及其他东盟国家,日本首相桥本、韩国总统金泳三也相继访问拉美。

第四,在区域合作方面,拉美地区一体化进程重新活跃,迅速发展,并呈现出新的态势。

在世界经济全球化和区域集团化趋势的推动下,在西半球实际上存在两种相互矛盾又相互联系的地区一体化进程:一是以美国为核心,由美、加、墨3国组成北美自由贸易区,并以此为框架筹备建立包括所有美洲国家的西半球自由贸易区的进程;二是由拉美国家组成的次地区一体化组织重新崛起并走向联合的进程。其中值得特别重视的是南方共同市场的迅速崛起,并以它为核心正在形成覆盖整个南美次大陆的南美洲自由贸易区。南方共同市场自1991年签署《亚松森条约》以来,显示了巨大的活力。4国间的相互贸易额由1991年的46亿美元猛增到1996年的160亿美元。1996年6月和12月,智利和玻利维亚与其签订了自由贸易协定,正式加盟这一组织。南方共同市场在加强内部合作的同时,实行开放地区主义,以集团的形式积极发展与北美、欧盟以及亚太的经济关系,以便以整体实力参与国际竞争。因此,无论是北美自由贸易区的建立还是拉美地区本身一体化进程的发展,对未来国际经济格局都将产生不可忽视的影响。

90年代拉美地区的上述巨大变化已引起世界各国的普遍关注。克林顿政府一再强调,决心要在2005年以前建立美洲自由贸易区;欧洲与拉美的关系正在不断升温;日本、韩国、东盟,甚至俄罗斯都在积极行动,加强与拉美的关系。

面对拉美地区政治经济形势以及国际地位的巨大变化,中拉关系也正以前所未有的节奏向前迈进。早在1988年，邓小平就以其战略家眼光指出："人们常讲21世纪是太平洋时代，……我坚信，那时也会出现一个拉美时代。""中国的政策是要同拉美国家建立和发展良好的关系，使中拉关系成为南南合作的典范。"① 最近一两年，中国与拉美国家之间的关系无论在政治方面还是在经济贸易方面都在迅速发展，可以说是进入了历史最佳时期。高层领导人之间的直接交往和对话使双方在政治上的理解和在国际事务中的合作空前加强。自1993年江泽民访问拉美以来，中国最高领导人出访拉美十分频繁，拉美国家元首访华人数之多也是前所未有的。如此频繁的互访，说明双方都认识到在新的国际条件下加强中拉关系的战略意义。因为，无论是中国还是拉美国家，都需要通过相互支持和共同努力，创造有利的国际环境，共同维护发展中国家的利益，加快各自经济建设的步伐。双方都把相互之间的关系看做是战略伙伴关系。

在经济领域，中国与拉美国家既是竞争对手，又是贸易伙伴。拉美国家资源丰富，人民消费水平相对较高，市场潜力巨大，中国与拉美国家在经济和贸易上有较大的互补性。中国的纺织品、机电产品、拖拉机、小型农具、自行车、工艺品等在拉美有广阔的市场；而拉美的许多原材料，如铜、铁矿砂、鱼粉、木材、农产品都是中国需要进口的商品。因此，中拉贸易大有可为。90年代以来，随着中国经济的对外开放和拉美经济的恢复增长，中拉贸易创历史最高纪录。1990年中拉双边贸易额仅为22.9亿美元，1996年达到67.29亿美元。② 在投资领域，中国已

---

① 转引自李鹏在墨西哥外交部发表的演讲《中国经济发展与中拉合作》，《光明日报》1995年10月3日。
② 参见《1996年中国同拉丁美洲贸易情况》（中国海关统计数字），《拉丁美洲研究》1997年第2期。

在拉美24个国家和地区建立了195家合资和独资企业，累计实际投资额达到3亿美元。工程和劳务承包也成为中拉经贸合作的新兴业务。

中拉科技合作和文化交流也蓬勃开展。中国已同墨西哥、巴西、古巴、智利等12个国家签有政府间的科技合作协定，在农业、医疗、能源、电子、地震、冶金、航天、生物技术等领域开展广泛的合作。中国与巴西的科技工作者正在进行的合作项目——共同研制两颗地球资源卫星，被视为南南合作的典范，在发展中国家产生了良好的影响。中国与拉美国家在文化、教育、体育等各个领域的交流也日益加强。

然而，必须看到，中拉关系的发展还不能适应客观形势发展的需要，还有大量工作要做。首先，拉美还有15个国家尚未与中国建交，它们仍与台湾地区保持着"外交关系"。台湾当局通过"金钱外交"在拉美地区收买人心，这对我们十分不利。因此，在拉美地区多做工作，争取有更多的国家与中国建交，是一项十分紧迫而艰巨的任务。其次，中拉经贸关系虽然发展较快，但规模仍然较小，与双方迅速发展的经济形势不相适应。其中一个重要的原因是相互了解不够，各自对对方的市场不熟悉。目前，美国、欧盟以及东亚各国和地区都注视着拉美这一巨大的市场，我们不能等闲视之。因此，加强对拉美的调研，对市场进行实地考察，研究切实可行的对策，已成为刻不容缓的任务。

（原载《拉丁美洲研究》1997年第5期，署名耕耘）

中国开拓拉美市场面临的机遇和挑战

开拓拉美市场是中国实施市场多元化战略的一个重要方面,客观地分析拉美市场的形势和前景、制定合理的对策具有十分重要的意义。本文拟就这一问题作一些探讨。

中国与拉丁美洲的经贸关系起步较晚。20世纪50—60年代,中国只与古巴等少数国家有一些贸易往来,到70年代末,才与所有拉美国家建立起经贸关系。然而,双边贸易额长期处于徘徊不前的状态,到80年代中期,仍停留在15亿—25亿美元的低水平上。90年代以来,随着中国对外开放的深入发展和拉美经济的复苏,中拉贸易有了长足的发展,中国对拉美地区的出口额由1990年的7.8亿美元猛增到1996年的31.47亿美元,双边贸易额由22.9亿美元上升到67.29亿美元。① 但是,这种发展还远远不能适应客观形势的需要,中拉贸易额在各自对外贸易中占的比重仍然很小,仅占中国外贸总额的2.2%,占拉美地区贸易总额的1.4%。目前,拉美地区经济形势进一步看好,各国对

---

① 参见《1996年中国同拉丁美洲贸易情况》(中国海关统计数字),《拉丁美洲研究》1997年第2期。

拉美市场的争夺也日益加剧。中拉经贸关系的发展既出现许多新的机遇，也面临严峻的挑战。

一　开拓拉美市场的机遇

第一，拉美经济持续稳定增长，市场容量不断扩大，这是中拉经贸关系进一步发展的基础。拉美经济经过80年代的危机和90年代上半期的重大改革之后，目前已进入一个相对稳定增长的新时期。1991—1996年，全地区经济的年均增长率达到3.1%。[1] 虽然1994年年底爆发了墨西哥金融危机，但是它对整个地区经济的影响并不大。1996年，两个受金融危机影响最大的国家（墨西哥和阿根廷）也恢复了增长，其中墨西哥的增长率达到5.1%，全地区的经济增长率达到3.4%。[2] 据世界银行和美洲开发银行预测，1997年拉美地区的经济增长率可达到4.5%—5%，今后几年有可能保持较好的增长势头。在经济持续增长的同时，宏观经济保持稳定：公共财政状况有了根本改善，通货膨胀率大幅度下降，国际收支状况逐步好转。全地区的通货膨胀率由1993年的890%下降到1996年的19.3%，其中阿根廷、巴巴多斯、巴拿马3国已接近零；智利、玻利维亚、萨尔瓦多等8个国家不到10%；巴西、秘鲁、危地马拉等国为10%—12%。[3] 宏观经济的稳定使投资者的信心普遍增强，外国资本重新大量涌入。1996年私人资本对拉美的投资达740亿美元，占其对发展中国家投资的30.4%。

---

[1]　参见墨西哥《对外贸易》，1997年第3期，第247页。
[2]　同上。
[3]　同上书，第249、253页。

经济的稳定增长和投资的不断扩大使拉美国家的进口需求日益旺盛，市场容量迅速扩大。根据拉美经委会材料，1996年，拉美地区进出口贸易总额达到4936亿美元，比上年增长11%，其中进口额为2455.45亿美元，出口额为2480.55亿美元。① 智利、墨西哥、阿根廷、巴西、秘鲁等国都大力推行面向出口的经济发展战略，贸易成为推动经济增长的强大动力。例如，墨西哥最近两年出口的年增长率均超过20%，1996年的出口额达到959亿美元。出口的大幅度增加为进口的持续快速增长创造了条件，1996年的进口额达到895亿美元，比上年增长24%，其中中间产品和资本货分别增长23%和26%，贸易收支状况明显好转，由1994年的185亿美元逆差转为1996年的64亿美元顺差。② 阿根廷进出口贸易的增长也十分迅速，进出口贸易额分别由1994年的158亿美元和200亿美元增加到1996年的238亿美元和223.7亿美元，贸易收支从1994年的42亿美元逆差转为14.3亿美元顺差。整个拉美地区1996年取得了25亿美元的顺差。③

拉美经济的稳定增长和进出口贸易的迅速扩大为中国进一步开拓拉美市场、扩大对拉美的出口提供了良好的机遇。

第二，拉美国家积极推行市场多元化战略，越来越重视发展与亚太地区的经贸关系，迫切希望加强与中国的经贸合作。这是当前推动中拉经贸关系进一步发展的强大动力。

过去，拉美国家一向以美国和欧洲为传统市场，与亚太地区的经贸往来较少。90年代以来，随着东亚经济的高速发展和世

---

① 参见墨西哥《对外贸易》，1997年第3期，第249、253页。
② 参见《墨西哥：面临挑战和取得成就的两年》（1997年3月，第2页）。
③ 参见墨西哥《对外贸易》，1997年第3期，第253页。

界经济全球化趋势的加剧,拉美国家越来越感到亚太市场对其经济发展的重要意义。1994年1月1日《北美自由贸易协定》生效之后,许多拉美国家担心被排斥于区域集团化潮流之外,智利、阿根廷、巴西等南美国家在努力保持和改善与美国的关系的同时,积极推行对外经济关系多元化战略,力图通过发展与亚太地区的经贸关系来减轻经济上对美国的依赖。例如,1995年,智利对亚洲地区的出口额已达到55.87亿美元,占其出口总额的33.97%;而对北美地区的出口额仅为24.71亿美元,占出口总额的15%。①

在发展与亚太地区的经贸关系时,拉美国家首先将目光投向拥有12亿人口的中国市场。为促进中拉经贸关系的发展,拉美各国领导人争先恐后地来华访问。通过这些访问,他们亲眼目睹了中国经济建设的巨大成就,更加实际地感受到中国在未来世界经济中的重要地位,因此,迫切希望在平等互利的基础上扩大与中国的经济贸易联系。在政府间的经济合作不断加强的同时,民间往来也日益扩大。最近一二年,拉美企业界人士来华考察人数之多是历史上空前的,许多企业集团甚至深入到中国的省、市,与有关企业直接挂钩。一些驻华使节也积极开展活动,为促进中拉经贸关系而奔走。例如,古巴驻华使馆积极开展多项活动,介绍古巴新的投资法,与企业界人士广泛接触,以促进中古经贸关系的发展。种种事实表明,拉美国家高度重视中国这一巨大市场,希望加强与中国的经贸合作。

第三,中国和拉美国家经济发展战略的变化和经济结构的调整使中拉经济的互补性明显增强,商品互通有无的机会进一步扩大,这是中拉经贸关系进一步发展的潜力所在。拉美地区地域辽

---

① 参见智利外交部《智利简介》,智利圣地亚哥,1995年,第9页。

阔，各国经济发展水平差异较大。其中巴西、阿根廷、墨西哥等大国已步入新兴工业化国家的行列，它们的经济结构与中国有许多雷同之处，在国际市场上既是贸易伙伴，又是竞争对手。过去，由于双方都实行内向型发展战略，对本国市场高度保护，因此，发展贸易的局限性较大。近年来，随着经济的快速发展，中国进出口商品结构有了很大变化，纺织品在出口中的比重不断下降，机电产品在出口中的比重日益上升。目前，巴西、墨西哥、阿根廷等国都在进行经济结构调整，通过技术改造和设备更新提高本国产品在国内外市场上的竞争力，为此，需要大量进口适用技术和生产设备，中国的某些生产设备比较适合这些国家的需要。例如，巴西、墨西哥的纺织工业设备比较落后，需要更新换代，中国的纺织机械设备较先进，可以满足其需要。另外，巴西政府在1997—1998年期间计划投资543亿美元，用于交通运输、电信、医疗卫生等部门的技术改造和设备更新，这些项目将带动集成电路、计算机及其软件、光导纤维等设备和原材料的进口。中国的有关产品也比较适销对路。拉美国家居民的消费水平相对较高，对消费品的需求日趋多样化，随着国内市场的开放，消费品的进口量日益增长。中国的家用电器、医药用品、摩托车、自行车、缝纫机、日用百货等诸多商品因价廉物美而深受拉美消费者的喜爱。而巴西的铁矿砂、木材、豆油，阿根廷的羊毛、谷物、水产品、矿产品、皮革、钢铁制品，墨西哥的钢材、化工原料、有色金属等，都是中国长期需要进口的产品。

智利、哥伦比亚、秘鲁、委内瑞拉、厄瓜多尔等中等国家的经济多以出口初级产品、进口制成品为基本特征，经济规模有限，缺乏完整的工业体系，因此，大部分生产资料和相当一部分消费品依靠进口。中国的拖拉机、农业机械、普通机床、汽车、摩托车、电视机、冰箱以及日用百货、纺织品等等在那里有广阔的市场。目前,这些国家也都在进行经济结构的调整,大力促进出口和实行出口产品的多样化。例如,智利除出口铜以外,还大力发展木材、鱼粉、农产品等非传统产品的出口。哥伦比亚的出口也日益多样化。这使中国从这些国家的进口有更多的选择余地。

中美洲和加勒比地区的小国的经济相对落后,工业基础薄弱,各种工业制成品主要依靠进口。中国对这一地区的出口较少,开拓市场的潜力还很大。总的来看,中拉经济之间的互补性正在加强。正如秘鲁驻华大使在一次讲话中所说:"拉美是与中国实现经济互补的理想经贸伙伴,也是稳定的商品和原材料供应地,并为中国产品提供了广阔的消费市场。"[1]

第四,拉美国家的经济改革取得重大进展,市场进一步开放,这在体制上为中拉经贸关系的进一步发展扫除了障碍。战后,拉美国家长期推行进口替代战略,为保护民族工业,实行高保护政策,建立了一整套与之相适应的外贸体制。90年代以来,拉美国家普遍进行了外贸体制的改革:取消进口许可证制度,降低关税税率,减少关税等级和税种,以达到开放国内市场的目的。例如,墨西哥的平均关税已由改革前的20%降到目前的9%左右;智利的平均关税由80年代的26%降到90年代的11%;南方共同市场成员国从1995年1月1日起对85%的商品实行共同关税,税率在0—20%之间;其他拉美国家的关税税率也普遍降低,目前拉美地区关税的平均税率约为15%左右,这为中国商品进入该地区减少了障碍。

---

[1] 《为纪念秘中建交25周年秘鲁驻华大使在拉美所的讲话》,《拉丁美洲研究》1997年第1期。

拉美经济体制改革的另一个重要方面是普遍减少或取消了对外国资本的各种限制，大力引进外资，鼓励发展自由贸易区和出口加工区，为开办组装加工业务提供各种优惠条件，目前拉美地区约有各种类型的自由贸易区和出口加工区140多个。这些"经济特区"为拉美国家引进外资、促进出口、创造就业发挥了重要作用。例如，巴拿马的科隆自由贸易区目前已成为世界上继中国香港之后的第二大自由港，商品出口到哥伦比亚、委内瑞拉、厄瓜多尔、美国和中美洲各国，成为拉美和加勒比地区转口贸易的中心。90年代以来，墨西哥的北部边境地区发展迅速，该地区的客户工业成为国家外汇的主要来源。外资企业利用墨西哥政府提供的优惠政策在那里发展出口加工业，将商品出口美国市场。80年代末，乌拉圭建立了4个自由贸易区，其中最大的科洛尼亚自由贸易区距阿根廷仅40千米，自由贸易区90%以上的商品转口阿根廷。亚洲国家和地区的厂商都在利用拉美国家为出口加工区提供的优惠条件，在那里投资设厂，扩大出口，取得了较大成效。中国也完全可以利用这些优惠条件，扩大对拉美的投资和贸易。

此外，拉美国家通过经济改革，转变了政府的经济职能，减少了国家对经济的直接干预，对大部分国有企业实现了私有化，国家对资源开发的控制也进一步放宽。甚至像古巴这样的国家的经济体制也发生了重大变化，古巴1995年颁布的新《外国投资法》规定，除卫生、教育和非企业性军事系统之外，其他各行业均可获准外国投资。①

拉美国家经济体制的重大改革为中国进一步开拓拉美市场提供了更为便利的条件。

---

① 参见古巴第77号法——《外国投资法》，第4章，第10条。

二 开拓拉美市场面临的挑战

开拓拉美市场虽然出现许多机遇，但同时也面临严峻的挑战。这主要表现在以下几方面：

第一，西方国家对拉美市场的争夺进一步加剧，中国商品进入拉美市场的难度增加。随着拉美经济的明显复苏，西方发达国家在一度冷落了拉美国家之后，现又掀起"重返拉丁美洲的浪潮"。首先，美国开始重新估价拉美市场对美国经济发展的重要意义。对美国来说，拉美始终是自己的"后院"。80年代，美国为转嫁经济危机、解决其自身的困难，加强以非关税壁垒为主要特征的贸易保护主义，使拉美国家蒙受了巨大损失，也使美拉经济关系蒙上了阴影。冷战结束后，美国开始重新调整对拉美的战略，竭力加强与拉美国家的经济关系。为了进一步加强在西半球经济和贸易中的地位，美国政府继建立北美自由贸易区之后，积极推进西半球经济一体化战略，决心在2005年以前建立美洲自由贸易区。最近5年来，美国对拉美地区的出口增长超过对其他任何地区出口的增长。1990—1994年，美国对世界的出口额增长了30.3%，而对拉美地区的出口额增长了79%（其中对墨西哥、阿根廷、哥伦比亚和巴西的出口额分别增长了80%、280%、100%和60%），而同期从拉美地区的进口额仅增长33%。① 1997年5月克林顿总统访问墨西哥时指出："墨西哥已成为一个对美国生产者来说与日本几乎同等重要的市场，而日本的经济实力要比墨西哥强15倍。"因此，更加稳固地占有拉美

---

① 联合国拉丁美洲经济委员会：《拉美与美国之间的贸易政策》，《经济和发展简讯》，智利圣地亚哥，1996年第594期，第3页。

市场成为当前美国贸易政策中的一个重要方面。克林顿政府在谈到1997年贸易政策时强调,"拉丁美洲是世界上经济快速发展名列第二的地区,它还是美国理所当然的市场"。"到2010年以前,拉丁美洲将成为美国出口的两个主要市场之一。"

与此同时,欧洲各国也加强了对这一被称之为"希望的大陆"的攻势,不甘心让美国独占西半球市场。为此,欧盟各国首脑纷纷出访拉美,尤其德国、法国、西班牙等国表现出极大的热情。继1996年9月德国总理科尔访问阿根廷、巴西和墨西哥之后,1997年3月,法国总统希拉克也访问了巴西、乌拉圭、玻利维亚、巴拉圭和阿根廷5国,这是继1987年密特朗访问阿根廷以来又一法国总统访问拉美,因此在国际上产生了巨大的反响。希拉克在讲话中反复强调:法国过去几十年过于忽视了南美,法国正在重返南美。法国的目的是恢复它在美洲失去的空间,把拉美大陆看成是其发展的重要伙伴和盟友。希拉克与巴西、阿根廷等国政府签署了一系列重要的经济、文化、社会、金融和贸易协定,并为在1998年年底召开欧洲联盟和拉美首脑会议而进行游说。西班牙也积极行动,扩大对拉美的贸易和投资。1996年,西班牙对拉美的投资占其对外投资的40.5%,其中仅对阿根廷、智利、委内瑞拉和巴西的投资就占其对外投资的15%。1997年4月,西班牙首相何塞·阿斯纳尔对巴西和阿根廷进行访问,随行的还有一个庞大的企业家代表团,其目的在于巩固双方的经贸合作关系。因此,在拉美市场上,欧盟各国已成为美国强劲的竞争对手。

此外,日本、韩国也争先恐后地进入拉美市场。1996年,日本对拉美的投资已达550亿美元。1996年8月日本首相桥本访问拉美5国时提出:"21世纪全球发展的关键是南美各国,日本希望与拉美开创全方位的'新合作时期'。"

种种事实表明，面对日益振兴的拉美经济，美国、欧盟诸国、日本等发达国家都在加强攻势，以便在潜力巨大的拉美市场占有一席之地，这将使中国进一步开拓拉美市场的工作面临更多的困难。

第二，西半球区域集团化进程发展迅速，中国商品将面临享有优惠待遇的当地产品的不平等竞争。当前，西半球是世界经济区域集团化最活跃的地区。这里的区域集团虽然具有开放地区主义的特点，但是在一定程度上仍带有排他性。集团内部关税的减免及相互提供各种优惠，实际上使其他国家处于不平等竞争的状态。例如，自《北美自由贸易协定》生效以来，由于关税的减免和数量限制的取消，墨西哥纺织品对美出口增幅空前，明显挤占了中国纺织品的市场，墨西哥纺织品在美国市场的份额已超过中国。1995年6月15日，墨西哥工商部宣布对未与墨签署自由贸易协定的国家和地区的纺织品、皮革制品和鞋三大类502种商品征收35%的关税。这明显带有对区外国家和地区贸易歧视的性质，因为墨西哥的平均关税还不到10%，最高关税不到20%。拉美地区各种一体化组织的发展使拉美国家相互之间的贸易发展超过了与其他地区贸易的发展，本地区内的贸易额从1990年的160亿美元迅速增加到1995年的400多亿美元。南方共同市场成立之后，成员国之间已有85%的商品实行免税，相互之间的贸易额已由1991年的46亿美元猛增到1996年的160亿美元。1996年智利和玻利维亚先后与南方共同市场签订自由贸易协定，整个南美大陆有可能形成统一的自由贸易联盟。地区经济一体化的加强在一定程度上增加了中国商品进入拉美市场的难度。

第三，拉美国家为保护本国民族工业，对中国部分出口产品实行严厉的反倾销措施，从而使中国某些产品在拉美市场的处境十分困难。中国一些企业由于片面追求创汇数额，一味降价出口，在一些拉美国家产生了极为不良的影响。例如，中国的纺织品、鞋类、手提包等商品大量涌入墨西哥，使该国数百家企业濒临倒闭。大量廉价玩具销往巴西，使巴西玩具制造业受到巨大冲击。为保护本国民族工业，许多拉美国家先后对中国产品实行反倾销，征收高额反倾销税或进行立案调查。自 1993 年墨西哥对中国十大类 4000 多种产品实行反倾销以来，巴西、阿根廷、秘鲁、智利、委内瑞拉、哥伦比亚、厄瓜多尔等国先后提出了几十起倾销指控，涉及的商品种类之多、征收的税额之高，都是其他地区所没有的。墨西哥对中国鞋类征收的反倾销税最高达到 1105%。由于中国企业缺乏经验，应诉工作缓慢，或采取不予理睬的态度，结果不仅使企业本身蒙受损失，而且使反倾销在拉美国家有蔓延之势，迫使中国的部分产品退出拉美市场。

第四，台湾当局为扩大其政治影响，不惜代价实行"金钱外交"，通过投资和贸易巩固其地盘。而台湾地区的进出口产品结构与我们比较相似，因而台湾成为我们在拉美市场上重要的竞争对手。拉美地区一直是台湾当局活动的重要地盘，至今，尚有 15 个国家与中国台湾地区保持所谓的"外交关系"。台湾当局通过提供优惠的贷款和投资来换取中美洲和加勒比地区一些小国的支持。巴西、阿根廷、墨西哥、智利、秘鲁等与中国已建交的国家虽然在政治上承认中华人民共和国是唯一的合法政府，但是在经济上仍与台湾地区保持密切的往来。近年来，台拉贸易呈迅速增长之势。例如，中国台湾地区与巴西的贸易额 1980 年还不足 3000 万美元，1990 年达到 4.6 亿美元，1996 年已逾 12 亿美元。巴西向台湾地区出口的钢铁产品达 4 亿美元。台湾地区与墨西哥的贸易也迅猛增长，近 10 年来增长了约 700%。而台湾地区在拉美市场的出口产品主要也是劳动密集型产品，如纺织品、玩具、日用百货等等，因此与我们处于竞争状态。

第五，中国开拓拉美市场的工作还存在不少问题，如出口产品质量和售后服务较差，对拉美市场缺乏调查，各企业之间缺乏必要的统一协调，某些具体措施不符合拉美国家的惯例，等等。在计划经济体制下，中国的外贸工作形成了"以创汇为中心"的思路，片面追求创汇数额，不顾经济效益。在这种体制下，企业在国际市场上主要采取低价取胜的做法，不注意提高产品的质量和售后服务，不对市场的需求作深入的调查，而是一味降低产品的价格，低价竞销。这种现象在拉美市场上更为突出。中国目前设在拉美的贸易机构大多是小本经营，缺乏长远的经营战略，见某种产品销路较好，即一哄而上，自相竞争，自相残杀，结果反而招致反倾销调查和配额限制，最终失去市场。拉美一些国家国内市场狭小，而我们有些企业不顾客观情况，盲目出口，将某些产品集中投向某些市场，造成极为不利的影响。而当地需要、中国也有可能出口的一些产品，却没有人去开发市场。一些具有重要价值的资源开发项目，虽经反复考察，甚至政府间已签署协定，但往往因不能落实而坐失良机。在实际交往过程中，中国有关部门或企业的做法不符合拉美国家的惯例，从而也失去了许多成交的机会。例如，国际上普遍采用以出口信贷促进产品出口的做法，尤其是机电产品的出口，一般都习惯于由卖方向买方提供信贷，否则难以成交。而中国的出口信贷规模太小，远远不能满足实际需要。拉美国家进口贸易的支付方式一般采用 D/A 和 D/P 银行托收方式付款，而我方仍坚持用信用证付款，致使成交的可能性大大减少。

中国在拉美经贸工作中存在的种种问题如不及时解决，将在一定程度上影响今后中拉经贸关系的发展。

三 对今后发展中拉经贸关系的几点设想

第一，实行工贸结合的新战略。在当地投资建厂，开展就地组装业务，以加工促贸易，避免区域集团化带来的不利影响和拉美国家的保护主义政策对中国出口产品的限制。以原材料和零部件出口替代制成品出口既可以避开原产地规则对出口产品的限制，又可以有效地对付当地政府的保护主义措施。这是目前许多国家和地区（包括中国台湾地区）为扩大对拉美出口而采取的比较成功的做法。企业在当地加工组装产品，既可以降低生产成本，又可以直接掌握市场行情，密切与当地销售网络的关系，从而使产品更加适销对路，并改善售后服务及零部件供应。但在开展此项业务时，务必防止一哄而起，自相竞争，必须选择好有竞争力的产品和企业，由点到面，稳步发展。

第二，积极慎重地选择少量有重要价值的资源开发项目进行投资，为中国进口资源产品提供稳定的供应渠道。拉美地区资源丰富，在可持续发展思想日益深入人心的情况下，一些发达国家为保护本国资源，又把目光投向拉美，竞相投资开发那里的自然资源。中国人均资源的拥有量并不富足，因此，通过对拉美国家的投资来保证未来资源供应的渠道是十分重要的。为此，有关部门必须协调人力、物力、财力，选择有实力的企业牵头，进行细致的可行性分析，熟悉当地的各种法律、法规以及劳工组织状况等，积极慎重地上一些项目。

第三，调整驻外经贸机构的结构，切实加强对其的领导和管理，改善经营状况，提高经济效益。目前，中国在20多个拉美国家开设了100多家经贸机构（包括办事处），其中大多数的经贸机构规模较小，经济效益较差，派出人员期满即归，再加上语言障碍等种种原因，较难打开局面。为彻底改变这种状况，必须在体制上进行必要的改革。有关部门要加强对驻外机构的集中领导和统一协调，在统一领导下形成一股合力，有计划有步骤地共同开发拉美市场。为此，要选择一些确有竞争实力、并有志于开拓拉美市场的企业为龙头，组成强有力的企业集团，实行规模经营，以整体实力参与国际竞争。同时，应鼓励中方与当地有影响、有信誉的厂商合资，以克服不熟悉当地市场、不了解各种法律制度、缺乏销售网络、劳工问题难解决等诸多困难。

第四，完善各项配套措施，在信贷、保险、运输等各个方面为涉外企业排忧解难，解决后顾之忧。拉美地区离中国路途遥远，运输困难，拉美国家又都是发展中国家，资金比较短缺，因此，在拉美地区开展经贸业务，相对来说风险较大，困难较多。为此，中国有关部门应进一步深化体制改革，使其更好地适应形势需要，如扩大信贷规模，改进有关出口信贷的使用办法；设立出口收汇风险基金；协助企业做好反倾销的应诉工作等等，使中国企业能够更顺利地走向国际市场。

（原载《拉丁美洲研究》1997年第5期）

墨西哥的经济发展战略与经济改革

墨西哥资本主义发展的程度和特点

墨西哥是拉丁美洲经济比较发达的国家之一，它的资本主义发展历史过程在拉丁美洲具有一定的典型性。关于墨西哥资本主义发展的特点、当前所处的阶段、资本主义成熟的程度、对国家资本主义的评价等一系列问题，目前国外学术界存在着各种不同的看法。本文仅就其中几个问题作一些初步探讨。

资本主义发展的历史过程

墨西哥资本主义的萌芽可追溯到西班牙殖民统治时期，而资本主义作为一种生产方式开始在墨西哥建立则在19世纪后半叶。1857年华雷斯领导的"革新运动"就是早期资本主义发展的反映，但是其后，由于连年战争和外国接连不断的武装干涉，墨西哥经济遭到严重破坏，资本主义发展非常缓慢。

19世纪末20世纪初，世界资本主义进入垄断阶段即帝国主义阶段，资本输出逐渐代替了商品输出。由于墨西哥拥有丰富的自然资源和廉价的劳动力，当时的迪亚斯独裁政权对外又实行了门户开放政策，墨西哥便成了帝国主义有利可图的投资场所，外资大量涌入。到 1911 年，外国投资总额达 14 亿美元，其中 38% 来自美国，29% 来自英国和加拿大，27% 来自法国；铁路部门的外国投资占外资总额的 33%，矿业和冶炼业占 24%，电力和服务业占 7%，农业占 6%，金融业占 5%，制造业占 4%，此外还投资于其他部门。到 1910 年，美国资本已控制了墨西哥 75% 的矿山、50% 的油田和全国 10 家铁路公司之中的 8 家。由于外国资本掌握了墨西哥的经济命脉，墨西哥民族资本主义的发展受到了严重阻碍，纺织、面粉、皮革、酿酒、小型金属加工、服装等轻工业部门虽有某些发展，但十分薄弱。

与此同时，迪亚斯反动政府在农村推行掠夺农民土地的政策。1883 年，政府颁布了《垦荒法》。封建庄园主利用这一法令对广大印第安村社农民恣意进行掠夺，大批失去土地的农民沦为"债役农"。1910 年，莫雷洛斯等州的无地农民已达 98%，封建大庄园制因而得到了进一步加强。此时，外国资本也大量渗入农业，开办了棉花、咖啡、烟草、橡胶、龙舌兰等经济作物种植园，利用墨西哥存在的封建剥削方式，对农民进行残酷剥削。

因此，1910 年资产阶级民主革命前夜的墨西哥是个典型的半封建半殖民地社会。外国资本的涌入堵塞了墨西哥向"自由资本主义"发展的道路，使建立不久的早期资本主义的生产关系向畸形发展。

1910—1917 年，墨西哥的资产阶级民主革命沉重地打击了帝国主义势力，动摇了封建大庄园制的统治基础，为资本主义的发展创造了条件。革命后，历届政府尤其是卡德纳斯政府（1934—1940 年）进行了比较彻底的反帝反封建的资产阶级民主改革，进一步巩固和发展了 1910 年资产阶级民主革命的成果。在农村，政府没收了大批封建大庄园的土地，分配给无地农民，为农村资本主义的发展扫清了道路。1910—1940 年，全国分配土地的面积达2600多万公顷，将近160万农户得到了土地。这种情况在拉丁美洲是前所未有的。与此同时，卡德纳斯政府还采取了一系列维护国家主权、限制外国资本、促进民族经济发展的措施。1938年，墨西哥政府相继对铁路和石油工业实行国有化，进一步打击了帝国主义势力。外国在墨西哥投资的数额也大大减少了。美国私人直接投资由1910年的10亿美元减少到1940年的3.5亿美元。在民族资本力量比较弱小的情况下，政府在石油、电力、钢铁、农业等许多部门进行大量投资，使国家资本主义成为整个经济的一个重要组成部分，抵制了帝国主义的压力。所有这一切，对墨西哥资本主义生产关系的进一步发展并逐渐走向成熟有着决定性的意义。20世纪30—40年代，工业化的速度大大加快，民族资本在工业部门的比重日益扩大。以中小民族资本为主的轻工业得到迅速发展，从1935年到1940年，轻工业企业由7.4万家增加到13.5万家，投资额由12亿比索增加到31亿比索，产值由17亿比索增加到30亿比索。

第二次世界大战期间，由于帝国主义国家忙于战争，客观上为墨西哥民族经济的发展创造了良好条件。1940—1945年，工业生产增长了25%，其中制造业增长了39%，农业增长了29%。在国家资助下，某些重工业部门逐步建立起来，如钢产量由战前的14万吨增加到21万吨。轻工业中的中小企业也有了蓬勃的发展。1940—1945年，制造业企业由13510家增加到31195家，5年之内增加了1.4倍，出现了资本主义向"广度"发展的局面。20年代初，墨西哥还是一个农业—原料生产国，到"二战"结束时，它已逐步发展成为一个具有一定工业基础的农业—工业国。虽然在农村中封建生产关系仍严重存在，但就全国范围来说，资本主义的生产关系已占优势。

1950—1970年，墨西哥出现了一个较长的稳定发展时期。

在此期间，墨西哥国内生产总值的年平均增长率，1950—1960年为 5.8%，1960—1970 年为 7.1%。墨西哥某些经济学家认为，50 年代到 60 年代，墨西哥基本上完成了工业化进程，资本主义的生产关系由 40 年代向"广度"发展，到 50 年代转为向"深度"发展。这时，在银行资本和工业资本结合的基础上出现了本国私人垄断财团。这些财团都以国内最大的私人银行为中心，如"国民银行财团"、"商业银行财团"、"蒙特雷财团"、"阿莱曼财团"等。

目前，墨西哥全国共有 20 多个这类财团控制着国家的重要经济部门。与此同时，外国垄断资本又在战后重新大量侵入墨西哥，跨国公司的势力日益渗透到制造业、商业和其他许多经济领域。随着国家资本主义经济实力的壮大，国家垄断的趋势也在不断加强。由于外国垄断资本、本国私人资本和国家资本彼此有着密切的联系，所以，各个经济部门的控制权越来越集中在少数企业集团手中。14 个最大的企业集团控制了全国工业部门生产的 50% 以上；商业中 1.8% 的企业控制了 60% 的资本；服务行业（包括金融业）中 1% 的企业掌握了 82% 的资本。经济中这种垄断化的趋势，标志着墨西哥资本主义的生产关系已经发展到相对成熟的阶段。

在城市资本主义向纵深发展的同时，农村资本主义也迅速发展起来。战后，历届政府一方面保护私人土地占有，并鼓励占有者向资本主义农场和牧场的经营方向发展；另一方面，通过国家投资、兴修水利灌溉工程和提供农业信贷等方式，为发展现代化大农业创造条件。1970 年农牧业和村社第五次普查资料显示，全国占有耕地 400 公顷以上的庄园还有 1739 个；如果把森林、草原都算在内，全国占有 5000 公顷以上土地的庄园（或牧场）共有 2239 个，其土地面积为全国私人占有土地的 33.84%。这些庄园多数已向资本主义经营方式演变。

另外,从40年代开始,墨西哥还出现了许多新的所谓"财政庄园"。这些庄园主要依靠租种别人的土地来经营农业,有的租种上万公顷土地,大量使用机器和雇佣劳动。目前,这种新庄园在锡那罗亚州、索诺拉州以及其他灌溉地区已十分普遍,许多新庄园主与城市的工业家和银行家都有密切联系。

总的看来,目前墨西哥农村中虽然还存在封建残余势力,自给自足的小农经济还占很大比重,传统的商品粮食还主要依靠小农生产,但是资本主义的生产方式在农村正在占据越来越重要的地位,尤其在出口经济作物产品方面,资本主义生产方式已占绝对优势。据1970年统计,资本主义的农场已控制了42%的耕地面积、48%的灌溉面积、半数以上的农业资本、四分之三的农业机械和三分之二的灌溉用水。

资本主义发展的主要特点

墨西哥的资本主义,如同拉丁美洲其他资本主义国家一样,是在特殊的历史条件下发展起来的。当墨西哥走上资本主义发展道路时,在世界范围内资本主义已从自由竞争进入垄断阶段,因此,墨西哥的资本主义没有经过"自由竞争"阶段,而是在帝国主义垄断资本的影响下,沿着一条畸形道路发展起来的。这就使墨西哥的资本主义发展具有一系列重要特点。

首先,墨西哥资本主义发展的整个历史过程都受到外国资本的影响,经济上对外国的依赖较深。如前所述,19世纪末至20世纪初,由于外国资本大举渗入,墨西哥的经济命脉几乎完全掌握在外国垄断资本手中。虽然经过30年代的国有化运动和60年代、70年代的"墨西哥化"运动,帝国主义在墨西哥的势力已大大削弱，但是外国资本仍然是墨西哥整个经济中的重要组成部分之一。目前，外国在墨西哥的私人直接投资约为60亿美元，占全国固定资本总额的6.6%，其中72%是美国资本。战后，除了私人直接投资以外，输出借贷资本已成为帝国主义资本输出的一种重要手段。墨西哥国有经济的资金很大一部分来自外债。1979年，墨西哥所欠外债达294亿美元，占国内生产总值的26.3%。

外国资本的涌入，加速了国内封建经济的解体，促进了城乡商品经济的发展，为资本主义生产关系的发展创造了一定的条件。但同时，由于外国资本家把攫取的巨额利润汇往国外，以及墨西哥每年需支付大量外债利息，结果造成大量资本外流，严重影响了墨西哥本国的资本积累。据统计，1939—1978年，外国私人直接投资的累计额为43亿美元，而同期汇回投资国的利润竟达66亿美元，为投资总额的150%。1942—1973年，外债累计额为116亿美元，而同期所付出的利息则高达20亿美元。虽然外国资本在全国固定资本中所占比重不大，但是在许多重要经济部门中却处于垄断地位，严重地阻碍了民族资本的发展。例如，目前美国的跨国公司掌握了墨西哥橡胶生产的84%、烟草制品生产的80%、电气设备生产的79%、食品和制药工业生产的80%，说明了上述垄断状况。

其次，多种经济成分长期并存。墨西哥资本主义生产方式在城乡虽然已占统治地位，但是在各个地区和各个部门的发展很不平衡，尤其在农村和边远地区，资本主义的发展还很不充分，多种经济成分并存是个突出的特点。

在农村，带有封建性质的大庄园还没有完全被消灭，有些大庄园主或牧场主依然通过"分成制"或"对分制"等封建的租佃关系对无地农民进行超经济剥削。在一些山区印第安部落中，甚至还存在着古老的印第安公社所有制。目前，全国拥有20公顷以下土地的小私有农和村社社员大约还有330万户，小农经济仍然占据重要地位。

在城市，虽然一些重要工业部门垄断化的趋势已非常突出，但就全国来说，小手工业、小商小贩等小生产成分仍大量存在。轻工业中，中小企业还占很大比重。在生产高度集中的情况下，这些小型工业和手工业企业填补了大垄断企业顾及不到的一些空隙，以满足国内市场的需求。一些大垄断企业为了降低生产成本，也往往利用这些中小企业加工某些零部件。根据1970的工业调查资料，在制造业中，资本在25000比索到2500万比索的中小企业共有76753家，占制造业企业总数的64.64%，资本总额的69.8%，工人总数的83.1%、产值的73.4%；资本在25000比索以下的小作坊共有41464家，占制造业企业总数的34.92%，工人总数的5.6%，产值的0.93%。由于它们吸收的劳动力较多，墨西哥政府为了解决失业问题，鼓励发展中小工商企业。因此，70年代以来，中小企业的数目有所增加。

从上述情况可以看出，墨西哥的经济结构与发达资本主义国家的经济结构有着明显的差别。墨西哥经济学家恩里克·塞莫在分析这一情况时指出，墨西哥目前存在5种经济成分：垄断成分（包括本国和外国的垄断组织），国家资本主义成分，中等民族企业成分，广泛的小生产成分和正在消亡中的前资本主义成分。

再次，国家资本主义经济在经济生活中起着特殊的作用。墨西哥的国家资本主义与发达国家的国家垄断资本主义有着重大的区别。后者是资本主义高度发展的必然结果，是国家机器和垄断组织融合在一起的产物。垄断组织直接利用和控制国家机器全面地干预国家经济生活，以加强自己的统治，并且推行帝国主义扩张政策来保证攫取高额垄断利润。而前者，则是在墨西哥人民反对帝国主义的剥削和压迫、争取经济独立和发展民族经济的过程中不断发展和壮大起来的，它是在资本主义生产关系发展还不够充分的条件下，资产阶级由于自身力量还不够强大，借助国家对经济的干预来达到限制外国资本和刺激民族经济发展的产物。因此，它并不像发达资本主义国家那样，以资本输出为其垄断化的标志，相反，它具有强烈的民族主义倾向。

墨西哥的国家资本主义经济大体上是通过两条途径发展起来的：一是将原属外国资本的企业国有化或"墨西哥化"；二是由政府投资建立国有或部分国有的企业。战后，墨西哥的国家资本主义经济有了很大发展，现有国有或部分国有企业880多家，其产值占国民生产总值的10%左右；在国民经济中处于垄断地位的100家最大的公司中，国有企业有24家。同时，全国发电能力的90%、石油和天然气开采和输送的97%、石油化工生产的85%和钢铁生产的40%都由国家直接掌握，国家在金融、信贷、商业和保险等非生产性部门中也有很大实力。近几年来，随着石油工业的发展，公共投资逐年增长，国家对经济的干预也日益加强。

墨西哥在当代资本主义体系中的地位

从生产力的角度来看，墨西哥经过战后30年稳定高速的发展，国家工业化和农业现代化的水平有了很大提高，整个国家的经济发展水平已明显地超过了多数发展中国家。50年代至70年代，墨西哥国民生产总值的年平均增长率为6.5%，1973年以后受资本主义世界经济危机的影响略有下降，但总的增长速度还是不慢。按人口平均的国民收入，1960年为270美元，1970年增至670美元，1979年达到1090美元。生产力的提高更重要的是反映在经济结构的变化上。工业在国内生产总值中的比重

（按当年价格计算），由 1950 年的 32.5% 上升到 1977 年的 36.3%；制造业的比重由 18.4% 上升到 23.9%，其中重工业超过一半；而农业则由 14.6% 减少到 9.8%。从劳动力的分配来看，工业部门的劳动力由 1950 年的 16% 上升到 1977 年的 25.4%，而农业劳动力的比重则由 58% 减少到 35%。目前，一般工业消费品本国都能制造，许多产品自给有余，而且许多传统的生产资料（如金属切削机床、锻造—模压设备）和化工产品等已大量销往其他拉丁美洲国家。与此相适应，钢产量由 1950 年的 39 万吨上升到 1979 年的 600 万吨。最近几年，石油开采、提炼和石油化工的生产能力也在迅速提高。

当然，墨西哥的经济发展水平与发达的资本主义国家相比还相差甚远，尤其是农业生产还比较落后，工业设备的生产大大落后于整个工业的增长，劳动生产率还很低，许多先进的技术设备还需要大量进口。但是，在亚、非、拉发展中国家里，墨西哥则居于领先行列。因此，从生产力的角度来看，把墨西哥列入中等发展水平的资本主义国家比较符合实际。

从生产关系的角度来看，墨西哥的资本主义生产关系在全国范围内已占主导地位，并出现了垄断集团，各种前资本主义的因素正在不断消亡。可以说，墨西哥的资本主义生产关系已发展到相对成熟的阶段。但是，墨西哥的资本主义又是在半殖民地半封建的基础上发展起来的，在资金、外贸、科学技术等各个方面都有对外依赖性，受到帝国主义的剥削、压迫和控制。因此，它属于发展中国家，本质上有别于发达的资本主义国家。

概括地说，墨西哥是个经济对外有依赖性的中等发展水平的资本主义国家。

（与张文阁合作，由本人执笔，原载《拉丁美洲丛刊》1980 年第 3 期）

墨西哥的国家资本主义经济

第二次世界大战后，在拉丁美洲地区，随着国有化运动的兴起，国家资本主义经济有了很大发展。在墨西哥、巴西、阿根廷、秘鲁、圭亚那、委内瑞拉等国的国民经济中，国有经济已占据重要地位。如何评价国有经济在这些第三世界国家经济发展中的作用，这个问题在国外经济学界有各种不同的看法。以联合国拉美经济委员会为代表的"发展主义"学派认为，"国家在社会经济发展的整个进程中占最高的地位"；"国家或国库才是少数拥有充足资金的中心之一"，"所以，要靠国家来为重要的发展项目提供资金"，主张由国家制定经济规划，合理分配资金，以改变拉美各国贫穷落后的面貌。这一思潮对拉美各国的经济政策具有较大影响。与之相反，随着国有经济发展所带来的种种问题，反对国家过多干预经济的呼声也很强烈。例如，1976年墨西哥比索贬值，发生经济危机时，一些经济学家把这一切归罪于国家对经济过多的干预和国有企业的经营不善。但是，谁也不能否认，国家资本主义经济已在拉美许多国家起着越来越重要的作用。

拉美各国国家资本主义的发展并不是一种偶然现象，它标志着拉美地区民族资本的壮大，它对于捍卫国家资源、争取经济独立和反帝反霸的斗争具有积极的意义。墨西哥的国家资本主义经济在拉丁美洲具有一定的代表性，对它的研究有助于了解当前拉美各国的经济结构和民族经济发展中的一些问题。

墨西哥国家资本主义经济的产生和发展

墨西哥的国家资本主义经济，与帝国主义各国的国家垄断资本虽然在形式上有相似之处，却有着重大区别。后者是大垄断资产阶级实行经济扩张和奴役广大第三世界国家和人民的工具，而墨西哥的国家资本主义经济是在墨西哥人民反对帝国主义的剥削和压迫，争取经济独立和发展民族经济的过程中不断发展和壮大起来的。资产阶级由于自身力量不够强大，往往借助国家，通过发展国家资本主义经济来达到限制外国资本和刺激民族经济发展的目的。

墨西哥的国家资本主义经济最初建立于20世纪30年代。基本上通过两条途径：一是将原属外国资本的企业收归国有；二是由政府拨款建立国有和半国有企业。30年代，具有民族主义色彩的卡德纳斯政府在人民革命运动的推动下，进行了一系列比较激进的反帝反封建的民主改革，并通过剥夺外国资本，大力发展国有经济来促进民族经济的发展。1938年3月8日卡德纳斯政府宣布没收17家外国石油垄断公司，实现了石油国有化。这一行动得到了墨西哥人民和全世界进步人民的支持。同时，卡德纳斯政府还将原属美国和英国的主要铁路收归国有。为了限制外国电力公司的活动，成立了国有联邦电力委员会，通过它由国家投资发展电力工业。此外，国家在钢铁、水利建设、交通运输等许多部门进行了大量投资，建立了许多国有和半国有企业。国家投资在全国总投资中的比例由20年代的7%增加到40年代初的30%，为墨西哥国家资本主义经济的发展打下了基础。

第二次世界大战后，墨西哥城乡资本主义都有了较大发展。在生产和资本集中的基础上，本国大资产阶级逐渐形成和发展起来，开始出现本国的工业垄断组织和金融集团。在这一过程中，国家资本主义也得到了重大发展。国家资本与私人垄断资本交织在一起。一方面，政府继续通过国有化和"墨西哥化"（即收购外国公司的股票控制额）将外国资本控制的一些经济部门转入国家手中。1960年，墨西哥政府通过赎买实行了电力工业国有化。这是继石油和铁路国有化之后的又一重要措施。70年代又先后对泛美硫黄公司、卡纳内亚铜矿公司、阿乌特兰矿业公司、墨西哥烟草公司等外国垄断企业实行了"墨西哥化"，将这些企业转入国家手中。另一方面，政府与私人资本联合投资，开办混合企业。特别在埃切维利亚执政期间（1970—1976年），政府在农业、石油、钢铁、电力、化工等许多部门进行了大量投资，使国家资本主义发展到了一个新的水平。

目前，墨西哥全国共有国有和半国有企业90家，其中生产性企业占一半以上，职工人数约60万人。1977年，国家投资达1700万比索，占全国总投资的将近一半。在国民经济中处于垄断地位的100家最大的公司中，国有企业占24家，其资本占100家大公司的44%。全国发电能力的90%、石油和天然气开采和输送的97%、石油化学工业生产的85%都由国家直接掌握。钢铁生产的40%处于国家控制之下；国家垄断了全部电报通讯网和公路交通；海运船只40%的吨位属于国家。1976年，国有部门的产值约占国民生产总值的10%。除了生产部门以外，国家在金融、信贷、商业、保险、社会福利事业等非生产性部门也拥有很大的实力。农产品的销售和管理主要由国有人民生活必需品公司经营。国有企业经营的范围还在不断扩大，甚至包括旅馆、饮食店等等。

国家资本主义在经济发展中的作用

首先，国家资本主义的发展打击了帝国主义在墨西哥的势力，促进了民族经济的发展。几个世纪以来，墨西哥人民一直处在新老殖民主义的奴役之下。1825年，墨西哥虽然推翻了西班牙的殖民统治，取得了政治上的独立，但是经济命脉仍然掌握在帝国主义手中。实行国有化以前，外国资本（主要是美国资本）垄断了墨西哥99％的电力、98％的矿业、95％的石油、99％的交通运输以及42％的商业和公用事业。20世纪30年代的国有化运动和60年代、70年代的"墨西哥化"运动将外国资本控制的主要经济资源如：石油、硫黄、铜等等收归了国有，这对帝国主义在墨西哥的势力是一个沉重的打击，为合理开发自然资源，发展民族经济，开辟了广阔的前景。尤其是石油工业的国有化具有重要经济意义和政治意义。墨西哥石油资源丰富，石油和天然气的储量在拉美居第二位，国内90％以上的能源依靠石油。但是在国有化以前的30多年中，外国垄断组织对墨西哥的石油进行野蛮的掠夺，残酷剥削工人，攫取巨额利润，将原油源源不断地输往国外，而墨西哥不得不高价进口汽油、煤油和其他石油产品。国有化以后，国有墨西哥石油公司不仅克服了帝国主义经济封锁造成的暂时困难，而且使石油勘探、开采、提炼、石油化工等都有了飞速发展。目前，已探明的石油储量由帝国主义控制时期的1.2亿吨增加到20亿吨。1940—1970年，原油日产量由12万桶增加到43万桶，1977年达到日产100万桶。炼油能力由1940年日产98000桶增加到1976年的76万桶。石油化学工业是一个新兴工业部门，在墨西哥1951年才开始建立第一座石油化工厂，到1976年，由国有墨西哥石油公司经营的基础石油化工厂就有64座，生产40多种供第二次加工的石油化工原料。1960—1976年，基础石油化工产品的产量由53000吨增加到440万吨。墨西哥政府计划在今后3年达到化肥自给有余。石油工业的布局也发生了根本变化，除了旧的开采地以外，还建设了新的石油和天然气工业中心，如石油公司城、萨拉曼卡、米纳蒂特兰、萨利纳克鲁斯，等等。输油管和天然气管道纵贯全国。目前，石油工业已成为整个国民经济发展的支柱。1978年政府对石油工业的预算拨款占全部工业预算的73%。

电力工业的国有化使国家有可能按照本国经济发展的需求，合理分配资金，加快电力工业发展的步伐。由于国家大量投资，发电设备能力由1960年的327.5万千瓦增加到1977年的800万千瓦。墨西哥政府现正大力推行农村电气化计划，以推动农业的发展。

1973年，墨西哥政府颁布了《促进墨西哥投资和外国投资管理法》，规定石油、基础石油化学工业、电力工业、铁路、电报和无线电通讯、铀矿开采和原子能发电，以及其他特定矿产品的开采只能由国家经营，电台和电视台、联邦公路和汽车运输、民航和海运业、天然气供应、森林开发等5个部门禁止外国投资。采矿业，外资不得超过34%。这一切在一定程度上打击了外国资本在墨西哥的势力，促进了民族经济的发展。

其次，国家投资的不断增加加速了国家工业化和农业现代化的进程。60年代以来，国家投资在政府预算中占的比例逐年增加，1965—1969年，这一比例由20.4%增加到26.9%；1970—1975年，国家投资总额达2940亿比索。国家投资主要集中在投资额大和利润率较低的农业部门、基础建设部门（如港口、桥梁、电站、公路的建设）以及某些重工业和新兴工业部门。这有助于克服帝国主义经济侵略造成的各部门发展的严重不平衡。近年来，政府为解决迅速发展的工业与落后的农业之间的脱节现象，大大增加了农业投资，其中90%用于水利建设。全国由国家兴建的大型水库有700多个，水渠750多条，并将大的灌溉系统合并成大型灌溉区，归国家水利资源部直接管理。在西部和西北部灌溉区已逐渐建立起采用现代化方式经营的资本主义大农场。现在全国70%的小麦和95%的棉花都产自这些地区。国家在发放农业贷款、引进先进技术、培植和推广良种等方面也投放了不少资金，这些措施都加速了墨西哥农业资本主义的发展，也为逐步解决粮食自给问题创造了条件。在工业方面，除了国有化的石油和电力工业以外，国家对钢铁、机器制造、化学工业等部门都实行不同程度的控制。国家在钢铁工业的巨额投资使墨西哥的钢铁生产迅速发展，钢产量由1965年的245万吨增加到1977年的540万吨，在拉美居第二位。全国4家最大的钢铁公司都是国家资本占优势的半国有企业。正在兴建中的全国最大的钢铁公司拉萨罗·卡德纳斯钢铁公司主要是靠政府拨款兴建起来的。国营柴油机厂，机车车辆制造厂等国有企业在机器制造业中都是最重要的企业。战后，墨西哥工农业发展速度在拉美是比较快的，1953—1973年国民生产总值的年增长率平均达6%；60年代，工业生产年平均增长率达8%，这与国家资本主义经济的发展是分不开的。

再次，国家除了直接经营一些国有和半国有企业以外，还通过各项政策，保障民族经济，维持全国经济的稳定。政府通过税收政策限制外资、控制外贸，对多种产品实行固定价格，实行最低工资制等等一系列措施对整个国民经济实行监督和调节。例如，政府对许多新兴工业部门实行免税。1957—1960年，国家批准化学、钢铁、肥料、汽车制造等部门的免税企业占全部免税企业的 90%。国家对本国资本占多数的混合企业和使用国产原材料和零件、配件的企业一律实行免税，并保证其产品的销售。国有人民生活必需品公司负责农产品的储备、进口和批发销售，在一定程度上控制了粮食价格的上涨。国家每年对人民生活必需品公司的补贴约达 30 亿比索。当然，在资本主义制度下，这种调节和监督作用是有限的，它不可能避免整个资本主义世界经济危机所带来的冲击和影响。

国家资本主义经济的发展使阶级矛盾进一步深化

墨西哥的国家资本主义经济虽然在一定程度上促进了民族经济的发展，但是它对帝国主义的依赖还很深，在国内与本国私人垄断资本紧密结合，剥削工人和广大人民群众，排挤中小资产阶级，加速了资本主义垄断化的进程。它的发展必然使当前的社会阶级矛盾进一步深化。

当前，墨西哥国有经济面临的一个突出问题是资金不足，大量借入外债。由于政府实行保护大资产阶级利益的经济政策，国家投资主要集中在利润率低、投资大、回收慢的经济部门，再加上国有企业内部经营不善、贪污盗窃现象严重，大多数国有企业收益少，甚至连年亏损；加之国家在税收政策上实行低税率制，这些都造成政府财源不足，不得不靠举借外债来解决国有企业的资金问题。1971—1976 年，墨西哥政府的长期外债由 35 亿美元增加到 160 亿美元；1977 年，墨西哥政府的外债高达 200 亿美元，这些外债 60% 以上用于国有企业的投资。每年偿还外债和支付利息已成为政府沉重的负担，这也是 1976 年造成支付危机和比索贬值的原因之一。

墨西哥的国家资本与本国私人垄断资本紧密结合，它的发展不仅没有影响私人资本的积累，相反，为私人企业的赢利创造了良好的条件。墨西哥经济学家阿龙索·阿吉拉尔指出："国家在经济中的作用，主要是刺激、补充和鼓励私人资本投资，国家掌握的一些经济部门，与其说是与私人资本竞争，不如说是为私人资本服务。"国家为私人企业提供了廉价的动力、原料和交通运输。虽然物价不断上涨，但是，联邦电力委员会11年没有提高电费；铁路的运费也长年不动；国内市场上石油产品的价格也比国际市场低很多。国家和私人垄断资本的融合还表现在政府官僚集团和私人经济集团的"人事结合"上。例如，前总统阿莱曼成了国内最大的经济集团——阿莱曼集团的主要股东。另一方面，像阿龙·萨恩斯这样最大的银行家先后担任过总统秘书、驻外大使、外交部长等要职。国内最大的4个经济集团——国民银行集团、商业银行集团、蒙德雷集团和阿莱曼集团越来越广泛地参与国有企业的投资，与政府"合作"开办"混合企业"。其中以国民银行集团尤为突出。当然，政府与各经济集团关系密切的程度有差别。每届政府或政府中不同的派系往往反映了不同经济集团的利益，政府的各项经济措施也不可能符合每一经济集团的利益。但是，从总的趋势看，国家与大资产阶级经济集团的关系越来越密切，正在往国家垄断资本主义的方向发展。

国家为了保证大资产阶级的最高利润，增加了对劳动人民的剥削，造成国内贫富悬殊。1970年占人口5%的富裕阶层的收入占国民收入的28.9%，而最贫困的20%的居民的收入仅占国民收入的3.6%。国有企业亏损造成国家财政大量赤字和通货膨胀，1976年通货膨胀率达30%，而工人最低工资的增长率仅为10%。全国失业人数不断增加，目前已达到800万之多。许多人被迫离乡背井，偷渡国境，到美国去当苦工。

综上所述，可以看到，墨西哥的国家资本主义具有明显的民族主义倾向，它反映了第三世界国家反帝反霸、争取经济独立和民族解放这一总的趋势。墨西哥历届政府的国有化、"墨西哥化"和发展国有经济的措施在一定程度上反映了墨西哥各阶层人民的愿望，得到了人民群众的支持。但是，政权掌握在资产阶级手中，这种民族主义倾向有其局限性。随着政府的更迭，对帝国主义的依赖程度也有变化。墨西哥人民群众和社会进步阶层始终为争取完全独立自主的和繁荣的民族经济进行不懈的斗争。

（原载《世界经济》1978年第4期）

战后墨西哥的经济发展战略

墨西哥是拉丁美洲经济发展较快的国家之一。第二次世界大战前夕,墨西哥基本上还是一个以农、矿业生产为主的经济比较落后的国家,经过40年的发展,现已跻于第三世界工业比较发达、经济实力比较雄厚的国家之列。1980年,墨西哥的国民生产总值达到1670亿美元,其绝对值已经超过许多欧洲国家,在拉美地区仅次于巴西,居第二位。从它的经济增长速度来看,国内生产总值的年平均增长率1940—1954年为5.81%,1955—1961年为5.9%,1962—1970年达7.6%。[①] 70年代增长速度减慢,1970—1976年的年平均增长率为5.39%;1976年出现危机,增长率降到2.1%。经过短期的调整,最近3年,它的经济又开始高速发展,年平均增长率接近8%。由于墨西哥人口众多,长期以来按人口平均的国内生产总值不仅远远落后于工业发达的国家,而且也大大落后于阿根廷、委内瑞拉、乌拉圭等拉美国家,但是1960—1980年,墨西哥按人口平均的国内生产总值已由344美元猛增到1734美元,大大缩小了与上述国家的差距。

---

① 参见《今日墨西哥》,墨西哥21世纪出版社1979年版,第41页。

墨西哥经济的持续高速增长，引起了国际经济学界的广泛注意。本文拟就战后墨西哥的经济发展战略作些初步探讨。

墨西哥经济发展战略的思想基础

墨西哥的经济发展战略是以1910—1917年革命的基本思想为基础的。这次革命是一次比较深刻的、具有鲜明反帝色彩的资产阶级民主革命。它的基本思想已成为半个多世纪以来墨西哥政治经济发展的指导思想和历届政府制定内外政策的准绳。在经济发展方面，墨西哥革命确立的战略思想基本上属于经济民族主义，它主要包括以下几项基本原则：

第一，坚持经济独立自主的原则。历史上，墨西哥长期遭受帝国主义的侵略和压迫，人民具有光荣的革命传统和强烈的民族主义精神。1917年制定的宪法将墨西哥人民捍卫本国自然资源和独立自主发展民族经济的愿望用法律形式固定下来。宪法明确规定："只有墨西哥人或加入墨西哥国籍的人和墨西哥公司有权购置墨西哥的土地、水域及其附近的土地，或者获得使用矿藏、水域或矿物燃料的租让合同。"此后历届政府都把这部宪法作为奉行民族主义经济政策的法律依据，到20世纪30年代卡德纳斯执政时期，这一思想得到了新的发展，墨西哥石油工业和铁路国有化成为发展中国家推行民族主义经济政策的典范。战后，墨西哥为了加速经济发展，大量吸收外国资本和引进国外先进科学技术，但始终禁止外国资本进入国民经济的一些关键部门，规定外国资本应是本国资本的补充，外国投资的方向要服从墨西哥经济发展的需要。1973年颁布的《促进墨西哥投资和外国投资管理法》规定，外国资本份额不得超过企业资本的49%，并具体规定了引进外资的条件和要求，外国投资者在触犯墨西哥法律时，不得祈求本国政府的保护。因此，与拉美其他国家相比，墨西哥的经济发展战略具有更鲜明的民族主义色彩。

第二，注意将经济目标与社会目标结合起来。1910—1917年的资产阶级民主革命是一场波澜壮阔的群众性的革命战争。革命后，获得政权的资产阶级慑于广大工农群众的压力，不得不把反映劳动人民利益的一些条款列入宪法，例如进行土地改革、实行8小时工作制、工人有罢工权等等。执政的革命制度党在维护资产阶级利益的前提下，标榜其奋斗目标是实现"社会正义"和"全民福利"。在农村，政府为满足广大农民的土地要求，大规模地进行了土地改革，对获得土地的村社农民在资金、技术等方面给予资助；在城市，注意保护中小民族工商业者的利益，对大资产阶级垄断集团的活动作了一定的限制。因此，墨西哥的资产阶级政权带有比较明显的改良主义特点，在制定经济发展的战略和策略时比较注意协调社会各阶级和阶层的利益；在促进经济迅速发展的过程中，注意将经济目标与社会目标结合起来，以达到缓和社会矛盾、巩固政权的目的。

第三，强调国家对经济的领导作用。在发展中国家，政府广泛地干预经济和发展国有经济是极为普遍的现象，而在墨西哥则更加明显，这与墨西哥政治体制的特点和政局的长期稳定密切相关。1917年宪法赋予政府以广泛的经济职能，国家被宣布为土地、水域、矿藏以及一切自然资源的所有者，国家在任何时候都有权"为了公共利益"而限制私有财产。政府在调整国民收入分配、确定工人工资增长幅度等方面也拥有很大的权力。从30年代起，随着墨西哥国家资本主义经济的建立和壮大，国家成为经济发展的领导者，国有经济成为整个经济三大组成部分（国家资本、本国私人资本和外国资本）之一。国民经济的关键部门如石油、石油化学、电力、主要矿业以及大部分钢铁工业都属于国有企业。公共投资约占整个投资的一半。墨西哥银行、国家金融公司、全国农牧业银行、公共工程和服务业银行等官方银行形成了强大的公共信贷系统，成为调节整个经济的有力杠杆。此外，政府还通过税收系统、外贸管理、物价补贴等各种途径调节经济。因此，在墨西哥，国家资本、本国私人资本和外国资本有机地结合在一起，构成了所谓"混合经济"，其中私人资本仍占主导地位，但是国家对经济的发展始终发挥领导作用。这与一些以市场经济为主的国家在基本政策方面有很大差别。

上述基本战略思想贯穿在墨西哥经济发展的各个时期，形成了"墨西哥经济发展模式"的主要特点，使墨西哥历届政府的经济政策具有明显的继承性。战后经济发展的基本战略是：50年代中期到60年代末采取了"稳定发展"的战略；70年代出现危机，开始寻找新的发展模式；随着大规模石油资源的开发，现政府又提出了80年代经济发展的新战略，试图开创一个经济高速增长的新时期。

"稳定发展"战略及其危机

"稳定发展"战略是从1954年货币贬值以后开始提出的。当时，墨西哥经济发展处于转折关头。40年代，由于战争的影响，以进口替代为基础的工业化步伐大大加快，消费品生产大幅度增长。但这种增长主要是依靠延长劳动时间、增加劳动强度和大量发展设备简陋的中小工业企业来实现的。战后，发达国家恢复了生产，墨西哥的工业制成品在国内外市场上都因质量低、成本高而经不起竞争；许多小厂纷纷倒闭，经济增长速度减慢，

1953年国民生产总值的增长率仅为0.6%。同时，由于政府公共投资增长过快，预算连年赤字，通货膨胀进一步加剧：1940—1954年物价的上涨率达到10.6%①；1950年工人的实际工资仅为1939年的45%。② 为了进一步推进工业化进程，促进经济快速增长，缓和日益尖锐的社会矛盾，墨西哥政府提出了"稳定发展"战略。

这一战略的基本目标是：保持经济高速平衡增长，在进口替代的基础上逐步实现国家工业化和农业现代化；制止通货膨胀，实行稳定的财政政策。为了达到上述目标，政府采取了一系列措施：

第一，协调公共投资、本国私人投资和外国投资三者的关系，解决资金来源问题，促进经济快速增长。要实现工业现代化，国家必须拥有大量资金和外汇，以便进口新的技术设备，装备新建的工业部门，并对老的工业部门进行技术改造。而墨西哥是个实行低税率的国家，财政收入非常有限，必须充分调动本国私人资本的积极性和大量吸收外国资本才能解决资金来源问题。为了更广泛地吸引私人资本进行生产性投资，1955年，政府重新颁布了《促进新工业和必需工业法》，为私人投资提供了免税等优惠条件。在政府鼓励下，私人投资的增长率由1955—1961年的3.2%增至1962—1970年的11.3%。③ 墨西哥政府对本国私人资本提供的优惠条件同样适用于外国资本，因此，这一时期外国私人直接投资也急剧上升。60年代，美国在墨西哥直接投资的年增长率达到8.4%。外国私人直接投资总额由1954年的

---

① 参见《今日墨西哥》，墨西哥21世纪出版社1979年版，第41页。
② 〔墨西哥〕A. L. 罗梅罗：《墨西哥计划》，墨西哥经济文化基金出版社1958年版，第73页。
③ 参见《今日墨西哥》，墨西哥21世纪出版社1979年版，第81页。

8.34亿美元增至1970年的28.22亿美元。[①] 与此同时，国家主要在基础设施部门、投资量大而收效慢的基础工业部门和农业部门进行大量投资，以便为私人资本投资创造有利条件。私人资本和外国资本则主要集中在制造业、建筑业和商业等部门。

第二，进一步推行以进口替代为基础的工业化政策。墨西哥20世纪40年代的进口替代以直接消费品为主；在"稳定发展"时期则进一步实行耐用消费品、中间产品和部分生产资料的进口替代。为了保护本国工业品的国内销售市场，政府继续实行关税保护政策，禁止进口本国已能生产的工业品和奢侈品；而对工业化急需的各种技术设备和工业原料则征收很低的进口税，甚至免税。按照《促进新工业和必需工业法》的规定，政府对钢铁、金属加工、电力、化学、化肥等生产资料和中间产品的生产部门提供了最优惠的免税条件。从事工业原料、机器设备和交通运输工具等"一类产品"生产的企业，免税期长达10年。该法律还规定，凡是使用本国劳动力和原料、材料多的企业可以获得更多的减免税，并由政府保证其产品的销售。从1961年起，政府又给一些生产出口产品的工业以补贴。这些措施都有力地推动了工业化的进程，保护和扶植了本国中小民族工业。

第三，积极鼓励发展商品性农业，推广现代农业技术，促进农业资本主义的发展。20世纪50年代，政府在农业部门进行了大量投资，主要用于兴修水利、建设新的灌溉区、开垦荒地、扩大耕地面积、修筑公路、修建电站等等，政府发放的农业贷款也不断增加。这些措施同时也促进了私人资本对农业的投资，从1940—1960年平均每个农业人口的投资，村社社员提高了3倍，

[①] 参见〔墨西哥〕贝纳尔多·塞布尔韦达、安东尼奥·楚马塞洛《墨西哥的外国投资》，墨西哥经济文化基金出版社1973年版，第120页。

私有农户提高了 8 倍。① 为了提高农作物的单位面积产量，国内广泛开展了以培育优良品种、施用化肥和灌溉为主要内容的"绿色革命"。1961 年培育成功的矮秆高产小麦良种，亩产达 1870 斤，从而大大提高了全国的小麦产量。墨西哥在发展粮食作物、保证粮食自给的同时，还积极发展棉花、咖啡、水果、蔬菜等出口农产品的生产，以换取外汇支援工业化建设。

第四，严格控制货币流通量，使其不超过生产增长的需要，保持物价的稳定。1960—1970 年全部流通手段（纸币、硬币加上本国货币的支票存款）总额平均每年增长 11.2%，其中纸币和硬币平均每年仅增长 9.6%，略高于国内生产总值增长的速度。这样的货币政策既满足了生产增长的需要，又保证了 20 世纪 60 年代物价的长期稳定，而物价稳定又进一步促进了国内储蓄的增加。私人银行储蓄与国民生产总值的比例，1947—1956 年为 9.6%，1967—1971 年提高到 12.4%。②

表1　1940—1970 年国内生产总值和价格的年增长率　　（%）

	1940—1954 年	1955—1961 年	1962—1970 年
国内生产总值	5.8	5.9	7.6
按人口平均的产值	2.9	2.7	4.0
价格	10.6	5.3	3.6

资料来源：《今日墨西哥》，墨西哥 21 世纪出版社 1979 年版，第 41 页。

"稳定发展"模式的实施取得了很大的成就。1962—1970

---

① 参见〔墨西哥〕马丁·费雷尔《墨西哥 1975 年以前的农业政策》，《世界经济译丛》1979 年第 2 期。

② 参见墨西哥《经济研究》（季刊），1978 年 4—6 月号，第 188 页。

年，国内生产总值的年增长率达到7.6%。工业化速度大大加快，20世纪60年代，制造业平均每年增长9.1%。制造业在国民生产总值中所占的比重由1950年的18.4%增至1970年的23%。制造业已由过去主要生产非耐用消费品逐渐转向增加耐用消费品、中间产品和资本货的生产。一些新兴工业部门，例如化学工业、石油化学工业飞速发展。1960—1970年，非耐用消费品在制造业生产中所占的比例下降了9%，而耐用消费品的比例则提高了5%，耐用消费品比非耐用消费品的增长率高两倍（见表2）。

表2　　　　1960—1970年制造业生产的结构

项目	产值（百万比索）		比例（%）		增长（%）
	1960年	1970年	1960年	1970年	
非耐用消费品	20512	41980	71.0	62.0	7.4
耐用消费品	2047	8313	7.1	12.3	22.5
中间产品	4541	12000	15.7	17.7	10.2
资本货	1792	5387	6.2	8.0	11.6

资料来源：《今日墨西哥》，墨西哥21世纪出版社1979年版，第43页。

农业生产也有大幅度增长。20世纪50—60年代前半期，农业的年平均增长率达到5%。在北部和西北部灌溉区建立了现代化的商品性农业基地，集中生产出口农产品和为城市提供商品粮；中部和南部传统农业地区由于政府公共投资的增加，生产也有很大发展，现代农业技术的推广提高了单位面积产量；1940—1965年，全国玉米产量由平均每公顷491公斤提高到1028公斤，小麦由每公顷772公斤提高到2245公斤，菜豆由每公顷152公斤提高到432公斤。① 60年代,虽然墨西哥的人口增长率达3%,但是粮食却由进口变为出口。仅1960—1966年全国玉米的总产量即由542万吨猛增到927万吨。② 农产品在出口总值中所占的比重由1940年的25%增至1960年的51%。农业的迅速发展为国家的工业化提供了粮食、资金、外汇和劳动力。

在工农业生产高速发展的基础上,国家财政状况比较稳定。整个60年代,公共外债和内债在国民生产总值中所占的比例一直保持在3%左右;物价的年平均上涨率由1940—1956年的10.5%降至1962—1970年的3.6%。因此,货币长期保持稳定,1954—1976年美元与比索的汇率一直保持1∶12.5。进出口贸易也比较平衡。

"稳定发展"的模式虽然取得了显著的成绩,但是这一模式本身又产生了许多新的矛盾。到60年代末,这些矛盾日益尖锐,最后导致70年代的经济危机。

第一,"稳定发展"造成了经济结构的不平衡。政府为了刺激工业发展,加快资金积累和维持市场价格的稳定,对农产品长期实行低价政策,基本粮食的保证价格几乎10年没有变动。例如1962—1973年,玉米的保证价格一直保持每吨940比索,如按1960年不变价格计算,玉米的价格实际下降了将近30%。③ 粮食价格的下跌影响了农业资本家和广大小农的生产积极性;工农业产品价格的剪刀差导致农业部门积累的资金向工业部门转移,出口农产品获得的外汇也都用于工业发展。因此,60年代

---

① 参见〔墨西哥〕菲尔南多·帕斯·桑切斯《农业发展的问题和前景》,载《新庄园制与剥削》,墨西哥我们的时代出版社1976年版。
② 参见墨西哥《国际评论》1979年1—3月号,第427页。
③ 同上书,第428页。

后期工农业之间的不平衡日益明显,农业增长速度减慢,尤其是粮食产量不断下降。60年代末70年代初,墨西哥又逐渐从粮食出口国变成了纯粮食进口国。

在工业部门,实行进口替代工业化政策的结果虽然使消费品生产有了很大发展,但是并没有像原来设想的那样,建立起一个完整的、平衡发展的工业体系,工业内部结构仍然极不平衡。由于国内科学技术力量薄弱,缺乏现代化技术设备,生产资料的生产远远不能满足国内市场的需要。到60年代末,本国大工业企业仅能满足生产资料需求的30%①,因此,每年必须进口大量机器设备和工业原料、材料。政府鼓励进口技术设备的做法更限制了本国生产资料生产的发展。而消费品生产从60年代起又逐渐转向利润率较高的耐用消费品,这些产品的国内市场十分狭小,在国际市场上又缺乏竞争能力,因此,一些企业开始出现开工不足、设备闲置、投资减少的现象。生产日用消费品的传统工业部门由于受关税壁垒的保护,可以免受国外同类产品的竞争而获取高额利润,因此,陈旧落后的设备得不到更新换代。上述种种问题导致60年代末期生产性投资衰退,私人资本开始流往国外和商业、服务行业等非生产性部门,外国资本利润外流的现象也在加剧,这就造成了工业增长的结构性危机。

第二,国际收支状况日益恶化。20世纪60年代末期,农业衰退和进口替代工业化出现的弊端使出口能力减弱,出口额在国内生产总值中所占的比重由1960年的6.1%降至1970年的3.8%。而国家的工业化又不得不靠进口机器设备和工业原材料来维持,这就必然增加外贸逆差。1970年外贸赤字达到10亿多

---

① 〔苏联〕佩斯特科夫斯卡娅:《稳定发展时期墨西哥阶级结构的演变》,莫斯科科学出版社1979年版,第21页。

美元，而1960年仅为4.47亿美元。随着外国私人直接投资的剧增，每年汇往国外的利润也逐年上升，使国际收支赤字进一步扩大。为了保持经济的稳定，国家只能依靠增加公共外债来弥补赤字。1960年外债总额仅为8.24亿美元，1970年则增至29.42亿美元，而外债与国内生产总值的比例也由6.8%增至8.8%。①

第三，通货膨胀的压力开始加剧。农业生产停滞、工业中私人投资减少，造成了消费品供应紧张，这是通货膨胀的根本原因。同时，大量进口生产资料和工业原材料也受到了国际性通货膨胀的影响。物价开始上涨，财政稳定政策越来越难以维持。

为了克服"稳定发展"战略引起的种种矛盾，1970年开始执政的埃切维里亚政府试图寻找新的发展模式，把过去鼓励私人资本的政策改变为大力发展国家资本主义，加强政府对经济的干预。这届政府在私人资本减少生产性投资的情况下，力图通过大幅度增加公共投资来维持经济增长的速度，防止衰退。在对外经济关系方面，积极主张建立国际经济新秩序，发展拉美地区贸易，与欧洲以及第三世界各国建立广泛的经济联系，以减少对美国的依赖。1973年颁布的新外资法对外国投资进一步作了限制。为了振兴农业、缓和农村的阶级矛盾，政府重新分配土地，增加对农业的投资和贷款，推行村社合作化。

埃切维里亚政府的经济政策在减少对外国的依赖、依靠公共投资发展重工业、适应农民的土地要求、改善人民生活等方面有其进步意义，但是总的说来，未能取得预期的效果，反而造成了更大的经济发展不平衡。在国内储蓄增长缓慢的情况下，庞大的公共投资计划主要依靠政府预算拨款，因而出现了连年财政赤字

---

① 参见《墨西哥经济发展的三个阶段》，《世界经济译丛》1981年第8期，第65页。

和前所未有的通货膨胀。1971—1976 年，尽管政府财政收入增加了 4 倍，但财政赤字却从 13.85 亿美元猛增至 79 亿美元；合法增发的纸币几乎增加了 10 倍以上；1970—1976 年，公共外债已由 32 亿美元增至 200 亿美元[①]；物价的上涨率则由 1970 年的 4.5% 急剧上升到 1976 年的 22.2%，这一切酿成了 1976 年的货币贬值和经济危机。这是战后墨西哥首次爆发的最严重的一次经济危机。1976 年，国内生产总值的增长率降至 2.1%，大大低于人口的增长速度；私人资本纷纷外逃，失业人口成倍增加；经济危机同时也带来了社会的动荡。

1976 年 12 月洛佩斯·波蒂略执政后，面对经济危机造成的严重后果，果断地实行了紧缩政策：减少公共投资，降低行政费用，限制货币流通量，限制增加工资，制止恶性通货膨胀。同时，政府积极鼓励私人投资，对外资也采取比较开放的政策。经过两年调整、一年巩固，墨西哥经济迅速得到恢复。1976 年以来大规模石油资源的发现和开发为经济的恢复和发展提供了极为有利的条件。随着经济的恢复和石油工业的迅猛发展，政府开始制定新的经济发展战略，力图使 80 年代成为墨西哥"第二个经济起飞"的新时期。

20 世纪 80 年代经济发展的新战略及其前景

概括地说，当前经济发展的新战略就是以石油为基础，推动整个工业全面发展；改革农业体制，实现粮食自给；扩大就业，合理分配收入，适当改善人民生活，争取到 1990 年把墨西哥建

---

① 参见〔墨西哥〕弗朗西斯科·卡尔德隆《为了克服危机》，墨西哥《视界》周刊，1977 年 7 月 15 日。

设成为经济实力雄厚的现代化工业强国。这一战略主要体现在政府制定的《1980—1982年农业发展计划》、《1979—1990年工业发展计划》和《1980—1982年全面发展计划》等重要文件中。这些文件规定，80年代经济发展的基本战略目标是：（1）保持经济的高速增长，1980—1990年，经济的年平均增长率要达到8%—10%，工业的增长率达到11%—12%，其中资本货的增长率达到18%；（2）1980—1982年，农牧业的增长率最低应达到4%，争取在5年之内实现粮食自给；（3）1980—1982年，争取将人口增长率控制在2.5%，3年内为220万人提供就业机会，使就业增长率达到4.2%，争取到1990年全面解决失业问题；（4）合理分配收入，使居民得到基本的福利。

墨西哥政府之所以为80年代制定这样高速发展经济的战略，主要出于两方面的考虑：

其一，政府认为经济发展中长期积累起来的结构性问题只有通过经济高速增长才能解决。50—60年代的"稳定发展"和70年代的经济动荡，使墨西哥经济出现了一系列问题，例如：受固定价格压抑的农牧业和受保护的工业之间的不平衡，各地区之间发展的不平衡，工业内部结构的不平衡，生产增长的需求与资金有限的矛盾，产品的数量和质量与消费者需求的脱节，人口增长过速和提供就业机会有限的矛盾等等。政府认为，这些问题的解决固然要通过改革，但是归根结底还是要依靠经济的高速发展。波蒂略总统在1979年的国情咨文中指出："如果长期以来国民生产总值保持6.5%的增长率还不能解决问题的话，那么不可避免的结论就是进一步提高我们的经济增长速度。"1979年4月，财政和工业开发部副部长纳坦·沃曼也说："只有发展速度保持在10%左右，才能保持经济的稳定。"

其二，丰富的石油资源为经济高速度发展提供了有利条件。

70年代中期以来，从维拉克鲁斯到东南部恰帕斯和塔巴斯科州交界处数千平方公里"新黄金带"的开发，以及坎佩切海湾海上油田的发现，使墨西哥从一个石油进口国一跃而成为世界主要石油生产国。它的已探明的石油蕴藏量从1975年的63亿桶猛增到600多亿桶，仅次于沙特阿拉伯、苏联、科威特和伊朗，居世界第五位；1980年的石油日产量达到270万桶，居世界第四位，在拉美地区居第一位①；这一年，原油、天然气和石油产品的出口收入达100亿美元。

为了实现高速发展经济的战略目标，现政府的基本政策是：

第一，以石油工业为基础，推动基础工业、中小工业和其他工业的发展。当前，墨西哥的石油工业已成为整个国民经济的基础。1980年对石油工业的投资占国家总投资的34.8%，石油和石油产品出口占出口总额的66.2%。在国家经济恢复阶段，石油主要起平衡国家财政收支的作用；进入80年代以来，主要是支持国家经济从目前依赖石油的状况向工业的全面发展过渡。为保护本国石油资源，墨西哥政府实行有节制开采的政策。国家能源规划规定，在首先满足国内需求后，每天出口原油将不超过150万桶、天然气不超过3亿立方英尺，力求使石油出口收入不超过出口总收入的50%；同时，利用石油提供的资金，重点发展电力、钢铁、化学、石油化学和化肥等战略性工业部门。国家的工业发展计划还提出，钢材的需求量将从1979年的850万吨增加到1990年的2300万吨。国家能源计划规定80年代发电量每年将增长12%—13%。通过能源部门和原材料部门的发展，促进资本货以及整个工业的发展，实现中间产品和资本货的进口替代，以建立完整的工业体系，全面实现工业现代化。

---

① 参见墨西哥石油公司《1980年工作报告》。

第二,改革农业体制,加速农牧业发展,保证粮食自给。墨西哥的农业基本上由两部分组成:一部分是北部和西北部以资本主义方式经营的现代化农业,主要从事棉花、西红柿、水果等出口农副产品以及小麦、高粱等商品粮的生产;另一部分是中部和南部主要由村社农民经营的"传统"农业,主要种植玉米、菜豆等基本粮食作物。广大小农的贫困和破产成为粮食增长缓慢的根本原因。70年代以来,由于农业衰退和人口增长过快,粮食进口逐年增加,1980年进口粮食1050万吨,用去了全部外汇收入的16.2%。在这种情况下,洛佩斯·波蒂略政府把发展粮食生产、保证粮食自给作为一项战略任务来对待,认为这是坚持经济独立自主和保障人民生活的根本措施。为此,政府颁布了《墨西哥粮食体系》计划,鼓励私人对农业进行投资,扩大基本粮食作物的播种面积,国家有关部门将增加对玉米和菜豆生产者的补贴,并将为农民提供廉价化肥和良种。同时,政府认为,农业的出路在于以大规模现代化经营来替代传统的小农经济。为推进农业现代化进程,议会在1980年12月通过的《农牧业促进法》规定,私有小农、村社和公社,经农业部批准可以签订合同,自愿组成统一的农业单位,以利于大规模经营。

第三,实行"膨胀增长"的发展政策,放宽对物价的控制。为了保持8%的经济增长率,政府根据发展计划将继续增加公共投资,不断增加联邦政府的公共开支;货币流通量也将大幅度增加,预计80年代流通手段的年平均增长率将达到33%(70年代为25%,60年代仅为11.2%),这些因素决定了通货膨胀率将不断上升。1980年开始实行的增值税已使物价上涨的趋势进一步加剧。为了保证工业增长,墨西哥仍将大量进口技术设备,因此还将继续受到国外通货膨胀的影响。虽然墨西哥政府也认为"通货膨胀是险恶的敌人",提出把通货膨胀率控制在15%以内,但是又宣称"不会用放慢经济增长速度来控制通货膨胀","要学会在通货膨胀中前进"。1980年,墨西哥的通货膨胀率已达到29.8%,比预定指标高出1倍。

第四,对外国资本进一步实行开放政策。开发石油资源以及庞大的工业发展计划需要大量资金和国外先进技术设备。为此,墨西哥政府曾多次声明要对外国投资法作灵活的解释。根据国家经济发展的需要,外国在墨西哥企业的投资可以超过49%的限额,甚至可以达到100%。政府的这种开放政策和有利的投资条件使外国私人直接投资迅速增长:1980—1981年,美国在墨西哥的新投资达10亿美元;外国私人直接投资的累计额已由1978年的60亿美元增加到83亿美元。

从最近两年的情况来看,墨西哥80年代经济发展新战略的前景是令人鼓舞的。1980年,经济增长接近8%,工业增长8.7%,私人和公共投资增长14.8%;农业在1979年遇到灾荒减产后,1980年获得丰收,增长率超过了预定4%的指标,达到7%。① 随着经济的高速增长,1980年新就业70万人,就业率达到5%,超过了人口增长率。首都墨西哥城的失业率已明显下降。从总的方面来看,新的发展战略的主要目标有可能达到,一些政策也是行之有效的。展望整个80年代,墨西哥的经济有可能保持较高的增长速度,工业和农业的现代化也许会取得较大进展。

但是,正如其他石油生产国的发展模式一样,墨西哥的经济发展新战略也有其难以克服的矛盾。

第一,经济石油化的危险日益明显。洛佩斯·波蒂略总统曾一再申明,墨西哥绝不重蹈一些石油生产国的覆辙,一定要把石油作为杠杆来推动国民经济的全面发展,避免出现经济单纯依赖

---

① 参见墨西哥《一加一报》1981年7月31日。

石油的状况。但是事实上，在美国资本和国际金融公司的压力下，墨西哥石油产量和出口量一再突破原定指标，开采石油所得的收入主要用于石油工业本身的发展，石油部门的投资已占全部公共投资的 34.8%。因此，石油工业的发展能否带动其他工业的全面发展还是一个问题。实际上，一些工业部门已经由于资金不足和市场情况不佳而放慢了速度。牺牲业已比例失调的其他经济部门来发展石油工业、走向经济单纯依赖石油的这种"石油综合征"已经在墨西哥明显地表现出来。

第二，通货膨胀加剧使广大低工资阶层的实际收入不断下降，社会矛盾日趋尖锐。最近 3 年墨西哥的通货膨胀率急剧上升（1978 年为 16.2%，1980 年为 29.8%），而职工工资的提高远远赶不上物价的上涨（1980 年最低工资仅比 1979 年提高了 17.8%）。据拉美经委会估计，最近 4 年内，墨西哥社会购买力下降的累计指数达到 22%，这与资本家利润的成倍增长形成了鲜明的对照。贫富差别更加扩大，阶级矛盾日趋激化。

第三，在农业方面，政府推行的《全国粮食体系》计划以及其他鼓励措施的受益者主要是富有的私有农户，而广大无地少地的贫苦村社农民得益甚少。实施《农牧业促进法》，鼓励私有小农和村社、公社组成统一的农业生产单位，将加速农村的两极分化，导致村社解体。其结果必将是广大农民破产，农村阶级矛盾加剧，并且给粮食生产带来不利的影响。看来，在一个相当长的时期内，农业问题仍将是墨西哥经济发展中的一个难题。

综观战后墨西哥经济发展的战略，有成功的经验，也有失败的教训；有高速发展的成就，也有其难以克服的矛盾，这些都可以作为我们研究第三世界国家经济发展问题的参考。

（原载《拉丁美洲丛刊》1982 年第 2 期）

墨西哥经济危机和政府的政策

墨西哥经济经过1978—1981年的"石油繁荣"之后,自1982年4月开始陷入了深刻的危机。正像整个资本主义世界一样,这次危机的严重程度是空前的,至今仍未出现明显的复苏。墨西哥的经济增长率在连续4年超过8%之后,突然出现这样严重的危机,不仅引起了国内外的极大震惊,而且使一向稳定的政局动荡不安,广大人民对革命制度党的政治体制开始失去信心。德拉马德里政府执政近一年来,采取一系列措施试图扭转危局,并对原来的经济发展战略作了必要的调整,但是,要摆脱目前的困境,还需作艰苦的努力。

从一年多的经济形势来看,这次危机确实有与以往不同的特点:

第一,经济增长率降到了半个世纪以来的最低点。自20世纪30年代以来,墨西哥曾经历了7次危机。在1940、1953和1976年的3次大危机中,国内生产总值增长率分别降到1.4%、0.3%和1.7%,但是从未出现过负增长。然而,1982年国内生产总值增长率突然从1981年的8.1%降到-0.2%,除石油、天然气、电力和服务行业略有增长外,其他所有经济部门(包括制造业、农牧业、交通运输业、建筑业、商业、饮食业)的产值都低于 1981 年。其中资本货和耐用消费品的生产下降 11.8%,建筑业下降 4.2%;而 1981 年上述部门的增长率分别达到 10.4% 和 11.8%。1982 年,固定资产的投资下降 16.8%,公共投资和私人投资分别下降到 12.7% 和 20%。①

投资大幅度减少,经济增长率骤然下降带来了一系列严重的社会问题。全国失业和半失业人数已超过了 1000 万。1978—1981 年,由于经济高速增长,就业的增长率曾经高达 5.4%,大大超过人口的自然增长率,4 年之内新就业的人数达 400 万,使失业问题一度比较缓和。但是,1982 年不但新增加的就业机会极少,而且已经就业的工人因工厂大量倒闭又重新失去工作,据初步估计,农牧业减员 2.4%,制造业减员 3.1%,建筑业减员 4.2%,商业减员 1.4%。1982 年 1—11 月,仅建筑业被解雇的工人就达 50 多万。

1982 年通货膨胀率也达到了历史的最高峰。整个 70 年代,墨西哥消费品价格指数一般都在 20% 以下,1970—1972 年仅为 5% 左右,1976 年经济危机时达到 27.2%。但是,1982 年消费品价格的上涨率高达 98.8%,其中基本食品价格上涨 89.8%,房租、燃料费用上涨 98.5%,交通运输费用上涨 167.5%。而工人的实际收入大幅度下降,工厂倒闭、工人失业、物价上涨导致社会矛盾异常尖锐。

第二,对外经济关系极度恶化。50—60 年代,墨西哥的对外经济关系基本保持平衡,外贸逆差大致可以靠劳务收入和旅游业收入弥补。70 年代以来,外贸逆差逐年扩大。1976 年因比索贬值、资本外流,出现了金融危机,但是靠石油收入很快渡过了

---

① 《1982 年墨西哥经济的演变》,墨西哥《日报》1983 年 4 月 5—7 日。

难关。1977年以后，墨西哥为了开发石油和实现庞大的工业化计划，大量进口机器设备和原材料，商品进口额由1977年的58亿美元增至240亿美元，虽然石油收入急剧增加，但是外贸赤字还是大幅度上升。1977—1981年累计的外贸赤字达到164亿美元[①]，庞大的外贸赤字全靠外债来弥补。公共外债由1976年的196亿美元增至1981年的487亿美元，1982年达到630亿美元，其中短期外债所占比重明显上升，中短期外债利息高昂，外债的还本付息成了沉重的负担。1982年，公共部门外债的还本付息达170亿美元，而全年的石油出口收入仅146亿美元，从而出现了外汇枯竭、清偿拮据的严重局面。在这种情况下，墨西哥政府不得不请求展期偿还到期贷款，并要求国际货币基金组织提供紧急援助。

与此同时，由于通货膨胀加剧，比索严重失值。1981年，墨西哥的通货膨胀率为29%，美国为10.4%；1982年，墨西哥为98.8%，而美国为11%，两国通货膨胀之间的差距导致比索对美元长期失值，墨西哥商品在国际市场上缺乏竞争能力，资本大量外流。为改变这种不利状况，墨西哥政府在1982年内实行了比索三次大贬值，并实行双重汇率，美元与比索的比价由2月的1:22.5降到12月的1:150。货币兑换率的不稳定更加剧了资本外流，据非官方估计，1981—1982年两年内外逃的资本将近200亿美元。在国内资金奇缺的情况下，大量资本外逃严重地加深了金融危机，以致墨西哥政府不得不于1982年9月1日停止兑换外汇，实行私人银行国有化。

严重的金融危机迫使墨西哥政府削减公共开支，大大压缩公私企业的进口额。许多企业因缺乏进口原料而关门，许多工程因

[①]《1982年的危机》，墨西哥《日报》1983年4月3日。

无钱继续进口设备而下马。正如墨西哥一些经济学家指出的，这次经济危机的特征不是产品没有销路，而是资金不足。

第三，这次危机持续的时间比以往任何一次都长。从国际国内形势来看，墨西哥经济的复苏还有许多困难。国际上，美国等西方工业发达国家的经济复苏十分缓慢。发达国家的进口需求不可能有很大增长；它们对发展中国家的贸易保护主义政策更加严厉；墨西哥非石油出口产品的价格仍在下降；国际市场上石油供过于求的状况短期内不可能改变，1983年石油价格继续下跌，这些因素对墨西哥克服危机极为不利。从国内形势来看，60—70年代那种经济发展战略的种种弊端及其造成的经济结构不平衡问题在短期内难以克服。1976年经济危机以后，洛佩斯·波蒂略政府只是依靠大规模石油资源的开发刺激经济高速增长，对经济结构并未进行重大改革，原有的矛盾暂时被"石油繁荣"所掩盖，而经济的高增长又进一步加深了经济结构的失衡。因此，克服危机的条件比以往更加严峻，危机持续的时间也更长。据墨西哥财政部长席尔瓦·埃尔索格宣布，1983—1984年的经济增长率都将是零。

墨西哥拥有丰富的石油资源，每年出口石油的收入在100亿美元以上，而经济却陷入了如此严重的困境，这是一个值得深思的问题。美国等西方国家转嫁经济危机固然是一个重要因素，但是从墨西哥的经济政策来考虑，也确有一些值得吸取的教训：

第一，经济增长的速度超过了国力许可的限度。从某种意义上说，当前的危机是前几年经济高增长的必然结果。洛佩斯·波蒂略政府总的经济发展战略是以石油工业为中心，推动其他工业的全面高速发展，争取在较短的时间内实现工业现代化，解决社会就业问题。为此，政府制定了庞大的经济发展计划，规定经济增长率为8%—10%。在这一思想指导下，出现了单纯依靠石油，盲目追求高速度的情况。1978—1981年，公共部门和私人部门投资的增长率高达15%，许多大型项目一拥而上。单单墨西哥石油公司的投资在4年之内就达270亿美元。同时，20多个大型石油化工装置、耗资300亿美元的大型核电站、耗资300亿美元的4个现代化港口，以及大量非生产性建筑也一齐上马。纵然石油出口收入由1977年的10亿美元增至1981年的146亿美元，国家也无力应付如此庞大的开支。外贸赤字由1977年的14亿美元增至1981年的48亿美元。1982年，财政赤字突破万亿比索大关，占国内生产总值的15%。这些亏空全靠举借外债来填补。与此同时，许多私人垄断财团受"石油繁荣"的刺激，也靠借取外国贷款进行大规模投资。在石油涨价、外国银行乐于向墨西哥提供资金的条件下，许多矛盾尚能掩盖，一旦石油供过于求，石油收入锐减，国际贷款利率提高，这种超越国力的高增长所带来的严重后果就暴露无遗。

第二，经济增长过分依赖外资。洛佩斯·波蒂略执政期间，外国资本在墨西哥经济中的地位大大加强了。1977—1981年，新增加的外国私人直接投资达22.5亿美元，每年流入的外国新投资超过埃切维里亚执政时期的1倍。除私人直接投资外，外国贷款的增加更是达到惊人的地步。1976—1982年，公共外债总额由196亿美元猛增到630亿美元，私人外债由62亿美元增至将近200亿美元。外国贷款的利率越来越高，一年需要支付的利息将近120亿美元，几乎等于石油出口的全部收入。墨西哥在债务的泥潭中越陷越深，不能自拔。外国资本的急剧增加虽然加快了墨西哥的经济增长速度，但是这种增长并未减轻墨西哥对外依赖的程度。无论是外国私人直接投资，还是外国贷款，一般都附带向对方购买设备和原材料等条件。这几年墨西哥的工业以10%的速度增长，但是制造业的进口额从1977年的48亿美元增至202亿美元,而出口额仅从17亿美元增至34亿美元。① 这些事实说明,过分依靠外国资金发展经济,其结果是对外依赖日益加深,经济结构越来越不平衡。

第三,过分强调石油的作用,致使各个经济部门得不到平衡发展。洛佩斯·波蒂略政府一再声称,墨西哥经济不存在石油化的问题,因为石油产值仅占国内生产总值的7%。但是,事实上,墨西哥经济过分依赖石油的现象日益严重,1978年以来石油已成为墨西哥整个国民经济的支柱。国家投资的40%以上和国家所借的大部分外债都用于发展石油工业,墨西哥石油公司的外债达248亿美元,成为全国最大的负债单位。而国家的外汇收入也主要靠石油。1978年石油出口收入占全部商品出口收入的29.3%,1982年上升到78%,每天的原油出口量达130万桶。在石油价格连年上涨时,墨西哥政府把经济发展的希望全部寄托在石油出口上,但是最近两年,由于石油供过于求,价格连续下跌,墨西哥蒙受重大损失。1982年油价下跌,使墨西哥损失近70亿美元,导致整个经济发展计划受挫。

墨西哥政府这些政策的失误,在很大程度上加深了它原有的经济结构不平衡。当世界经济危机到来时,它已无力承受巨大的冲击。

1982年12月1日开始执政的德拉马德里政府,比较现实地估计了危机的严重性,采取了一系列紧急措施,试图扭转危局。新政府的经济政策主要体现在德拉马德里总统就职时宣布的《十点近期调整计划》,《1983年经济政策总原则》、《收入法动议》和《1983年联邦支出预算草案》以及《1983—1988年全国发展计划》等官方文件中。新政府经济政策的4个主要目标是:

---

① 《1982年的危机》,墨西哥《日报》1983年4月3日。

增加国内资金积累,减少财政赤字;稳定外汇兑换市场,改善对外经济关系;控制通货膨胀;增加就业,保障生产。

增加公共资金的积累,合理安排公共开支,减少财政赤字是当前克服危机的中心问题。德拉马德里政府曾确定,要把1983年的财政赤字争取由上年占国内生产总值的15%降至8.5%。为实现这个目标,政府提高了增值税,增加了对高收入阶层的税收。通过提高税率增加的收入将占国内生产总值的2.5%,同时,国有企业为增加赢利、减少亏损,将较大幅度地提高产品价格和税率,预计国有企业由此增加的积累也将相当于国内生产总值的2.5%。根据这项政策,政府于1982年12月对国内消费的石油价格、铁路和公路运费以及水电费等都相应作了调整。另一方面,德拉马德里政府准备大大削减公共开支,取消非必要的工程项目,削减公共部门的商品进口,节省行政开支,加强对公共开支的检查和监督,杜绝贪污和浪费。

为增加外汇收入,刺激资本回流,德拉马德里政府改变了严格控制外汇兑换的政策。它公布了新的兑换制度,恢复了从1982年9月1日起关闭的外汇兑换市场,并从1982年12月13日起实行自由兑换制度。洛佩斯·波蒂略政府自9月1日起下令禁止自由兑换以后,实际上银行得不到任何外汇,而边境地区的黑市却很猖獗。新政府否定了这种做法,重新实行自由兑换。这项措施虽然引起了比索再次大贬值,但是它为鼓励出口、保护对外贸易、增加旅游业收入创造了有利条件,对稳定对外经济关系、增加外汇收入具有重要意义。

新政府的另一项重要经济政策是控制通货膨胀。根据国际货币基金组织提出的要求,墨西哥政府要争取在1983年将通货膨胀率从上年的将近100%降到55%—60%。这方面的具体措施主要是减少公共部门的开支,减少货币的发行量,紧缩银根,提高银行利率，增加国内储蓄，以抑制物价上涨。

为稳定社会秩序，新政府把增加就业和维持工厂的生产水平作为一项重要政策。在安排就业方面，主要通过服务行业吸收一部分职工。在农村，则由农业部、水利资源部和交通部协同安排，通过兴修水利、修建基础设施、植树造林等项措施扩大就业。政府计划在1983年安排50万至70万人就业。

德拉马德里政府所采取的应急措施在一定程度上使经济形势有所缓和。由于国际货币基金组织提供紧急援助，国际金融界对到期债务进行了重新谈判，墨西哥的债务危机已得到了缓解。截至1983年3月，自1982年8月至1983年12月到期的外债已全部作了调整，所有短期外债都已改为中长期外债。通货膨胀的趋势与1982年相比略有控制，物价的上涨率1983年1月为10.9%，2月为5.4%，3月为4.8%，呈下降的趋势，与最低工资提高的幅度相仿（第一季度为18%）。公共部门的开支大大削减。1983年第一季度外贸结算出现了23.5亿美元的盈余。在比索贬值后，旅游业比较兴旺，1983年1月增长11%。这些情况都有利于墨西哥经济形势的好转。

在此基础上，德拉马德里政府制定了《1983—1988年全国发展计划》，计划的基本目标仍是克服危机、恢复经济增长能力。从整个计划的指导思想来看，德拉马德里政府改变了原来单纯追求经济高速增长的政策，准备放慢经济发展速度，控制通货膨胀，减少预算赤字，压缩巨额外债。计划规定，1984年国内生产总值增长率为0—2.5%；1985—1988年，年平均增长率为5%—6%。计划强调，今后的经济政策要注意使经济发展规模同可供支配的资金之间保持适当的平衡，严格保证优先项目的开支计划，取消一些非急需的项目，在解决发展资金问题时，尽量少用国外贷款，不发行过多的货币，加强对外债的管理，重新确定对外金融关系。计划提出的基本目标之一是要对国家的经济、政治和社会结构作必要的改革。为减少粮食进口、增加农产品的出口、解决农业长期落后的问题，德拉马德里政府把促进农村的全面发展作为经济发展的战略重点。发展计划在强调优先发展粮食和油料作物的同时，特别指出要进一步加强出口农产品的生产，促进农村工业的发展，并通过多种途径解决农村就业问题。面对当前国际市场上石油供过于求、原油价格不断下跌的局面，墨西哥现政府在石油工业的发展方面，强调扩大本国的炼油能力，以最快速度完成石油化工项目的建设，扩大输油管的铺设、扩大原油和精炼油的储存能力及港口设施，以便合理利用石油和天然气，有效地实现进口替代。

从当前形势来看，德拉马德里政府的紧缩政策不仅是必要的，而且也是唯一可能实行的政策。但是，紧缩政策本身必然使许多社会矛盾激化。首先是失业问题将会更加尖锐。墨西哥是个人口增长率很高的国家，每年都有80万青年要进入劳动市场。目前完全失业的人数超过200万，每年可找些零活干的半失业者有1000万。工业生产下降，经济增长率过低就无法解决如此严重的失业问题。其次，工资增长幅度仍然低于通货膨胀率，工人的实际生活水平下降。通货膨胀率能否降到政府预定的50%—60%的水平还是个大问题。

在对外经济关系方面，墨西哥面临的形势仍是十分严峻的。美国等西方工业发达国家的经济复苏十分缓慢，石油的供求状况在短期内不可能出现重大变化，发达国家对发展中国家的贸易保护主义仍在加剧，因此，非石油产品的出口也不可能有较大增长。而810亿美元外债的还本付息始终是一个沉重的包袱，墨西哥政府不得不靠借新外债来维持局面。为了防止更多的企业破产，估计墨西哥政府还将放宽对进口的限制。因此，如果石油价格进一步下降，墨西哥随时都可能爆发新的金融危机。看来，墨西哥的经济要得到完全恢复，还取决于整个资本主义世界经济的复苏和国内经济改革的成效。

(原载《拉丁美洲丛刊》1983年第5期)

墨西哥的经济特区政策

经济特区是我国对外开放过程中实行特殊经济政策和采取灵活措施的地区。从经营方式和采取的措施来看，我国经济特区与世界上其他国家的经济开放地区有许多相似之处。尽管这类地区开放的形式多种多样，名称也各不相同，但是，其目的大多是为了吸收外国投资，促进工业化进程，增加就业，扩大对外贸易，增加外汇收入，引进先进技术等等。为了便于进行比较研究，本文暂且将墨西哥这类经济开放地区，包括自由区、边境区、出口加工区等等，统称为经济特区。

经济特区的建立和发展

墨西哥是较早设立经济特区的国家。墨西哥紧靠美国，两国之间有长达3000公里不设防的边界；双方的8对边境城市遥相对应，公路、铁路相通，居民之间素有密切的往来，这些都为边境贸易的发展和跨国界生产体系的建立提供了十分有利的条件。

早在20世纪30年代，墨西哥政府就在边境地区设立了自由区。当时，从墨西哥到美国南部农场去做短工的人数日益增多，边境上的过往人员不断增加，边境地区的消费品几乎全部从美国进口。为适应这一形势，墨西哥政府于1933年11月4日颁布了新的海关法，将恩塞纳达、蒂华纳两个港口划为自由区，允许当地居民自由进口所需的消费品，不久，又将自由区扩大到下加利福尼亚州的整个北部地区。1934年5月，南部边境与伯利兹接壤的金塔纳罗奥地区也被划为自由区。1939年6月，自由区由下加利福尼亚州北部扩大到该州南部以及索诺拉州，从而形成了全国最大的西北部自由区，面积达78525平方公里，包括西北部边境最发达的5个市：恩塞纳达、墨西卡利、特卡特、蒂华纳、圣路易斯里奥科罗拉多。这个自由区一直保持至今。

战后，随着墨西哥国内外形势的发展，它的经济特区范围不断扩大，形式逐渐多样化，在国民经济中的地位和作用也有了很大变化。除了上述西北部自由区之外，奇瓦瓦州、科阿韦拉州、新莱昂州和塔毛利帕斯州的北部边境地区也逐渐开放，1948年和1951年，墨西哥政府分别将阿瓜普里塔市和诺加莱斯市划为自由区，之后又逐渐将华雷斯城、新拉雷多、马塔莫罗斯、彼德拉斯—内格腊斯等市镇划为自由区。同时，整个北部边境地区（离边界20公里以内）还被划为开放程度略小的边境区。

从60年代开始，墨西哥的经济特区逐渐成为边境贸易、出口加工工业和旅游业综合发展的地区。当时，由于世界经济国际化趋势的加剧，各国经济之间的相互渗透、相互依存不断加深，尤其是跨国公司的扩展使资本主义生产的社会化达到了空前的高度。规模庞大的跨国公司充分利用现代化交通运输和电讯设备条件，形成了一套高度集中的组织系统和灵活机动的管理体制。它们根据国外原料、劳动力和产品市场情况，对子公司的生产实行专业化分工，组成了跨越国界的生产线；以世界市场为目标，全面安排各分支机构和子公司的生产、销售、资金调拨和研究发展项目。在这种历史条件下,一些发展中国家纷纷设立出口加工区,以加快本国工业化进程。墨西哥也从这时开始把特区的发展作为整个经济发展计划的组成部分,力图发展出口加工工业和旅游业,以改变北部边境地区经济落后的面貌。1961年,国家颁布《全国边境发展计划》,增加公共投资,修建基础设施,为特区经济的发展创造了条件;1965年,公布《北部边境工业计划》,允许外国投资者在距离边界20公里以内的任何地点开设出口加工工厂;1971年末,埃切维里亚政府进一步放宽政策,允许商人在边境地区大批量地免税进口商品,并在一年多以后将商品进口的手续简化到最低限度,同时为边境区出口加工工厂原材料的临时性进口提供方便;1976年10月,政府又颁布《关于发展客户工业条例》,具体规定了边境地区发展出口加工工业的政策,并专门成立由财政公共信贷部、计划预算部、财产和工业发展部以及商业部共同组成的部际委员会,从组织上协调出口加工工业发展过程中的各种关系。洛佩斯·波蒂略政府基本上延续了埃切维里亚政府的特区政策,并进一步鼓励在内地发展客户工业,由国家资助在自由区建立大型贸易中心。

总之,战后以来,墨西哥特区经济获得了很大发展。其自由区的人口,从1950年的17.8万人(只占全国人口的0.69%)增至1980年的166万人(已占全国人口的2.46%);自由区商品进口额占全国商品进口总额的比重,1972年(最高年份)曾经达到15.3%。全国的客户工厂则从1966年的12家发展到1984年的606家,职工人数由3000增加到18万,1984年的创汇能力已达8.5亿美元。随着客户工业和旅游业的发展,边境地区的城市化进程大大加快,昔日的边境小镇现已成为全国著名城市。例如华雷斯城,1940年仅有5万人口,目前已是80万人口的全国第四大城市,成了北部边境地区的工商业中心。蒂华纳市

1940年仅是1.6万人的边防小镇,现在人口已过60万,有大小商店13000多家,成为墨西哥北部的贸易中心和世界著名的自由港。

目前,墨西哥政府仍把发展以客户工业、旅游业和边境贸易为主要内容的特区经济作为全国经济政策的一个重要组成部分。尤其是在1982年经济危机之后,面对石油产品出口不景气、债务负担沉重、外汇短缺、失业加剧的困难局面,德拉马德里政府力图通过发展特区经济扩大出口,利用客户工业减轻就业压力,增加外汇收入。《1983—1988年全国发展计划》、《1984—1988年全国工业发展和对外贸易计划》以及1985年公布的《全国对外贸易一体化计划》都对自由区和边境区的发展方针和政策作了规定,强调充分利用这些地区的潜力增加出口,提高本国产品在自由区市场上的竞争能力,促使客户工业多使用本国的原材料,加强自由区和边境区同全国经济一体化的进程。总的看来,特区经济在墨西哥整个国民经济中的地位和作用仍有不断加强的趋势。

经济特区的主要政策

墨西哥的经济特区政策是全国经济政策的一个组成部分,因此,它必然随着国家经济形势的变化而变化,随着整个经济政策的调整而调整,同时也受世界经济特别是美国经济形势的影响。墨西哥的经济特区政策主要包括以下两个方面。

一 边境贸易政策

墨西哥基本上实行两种边境贸易制度。一种是自由贸易区,也就是由政府划出一定的地区实行自由贸易,例如下加利福尼亚州和索诺拉州的西北部自由区、南部边境的金塔纳罗奥自由区以及北部奇瓦瓦等州的几个小自由区。这些自由区的性质基本上与世界其他自由贸易区相似，当地居民可以自由进口所需商品，不需要申请进口许可证，也不交纳进口税。另一种是所谓边境区"家庭消费品自由进口制"。这是 1951 年米格尔·阿莱曼政府规定的一种制度：根据海关法规定，居住在自由区以外其他边境地区的居民，可以在边境售货亭购买价值 1000 比索的家庭消费品；1972 年把上述限额提高到 3000 比索；1973 年又将非耐用消费品的限额提高到 10000 比索。边境居民在购买限额以内的进口家庭消费品时，只需出示证件，不再办理其他手续，也不纳税。最初，实行上述两种边境贸易制度都是为了满足当地居民对日用消费品的需要，后来，边境地区的居民逐渐利用自己享受的优惠政策将国内紧俏的商品贩运到内地。这种进口方式被称为"蚂蚁搬家"式的进口。

1971 年 12 月，埃切维里亚政府对传统的边境贸易制度实行改革，颁布了《边境贸易计划》。这项改革旨在加强国家对自由区和边境区的管理，防止进口商品过多地冲击民族工业，使边境地区的市场服务于民族经济的发展。墨西哥经过 50 年代和 60 年代的稳定发展，工业化取得了较大成就，国内的日用消费品（包括部分耐用消费品）已经基本上可以自给并有部分出口，但是由于本国产品质量较差而成本较高，它们仍在国内外市场上缺乏竞争能力。因此，埃切维里亚政府要通过边境贸易制度改革进一步促进边境地区的繁荣，同时又使民族资本和本国工业产品打入边境市场，实行替代进口。根据 1971 年颁布的《边境贸易计划》，国家不仅允许当地居民自由进口所需的外国商品，而且允许商人大批量地进口外国商品，免交进口税。但是，这些免税的进口商品仅限于在自由区和边境区销售，如由上述特区销往内地则必须申请许可证，并交纳进口税。自由区和边境区每年进口的各类商品总额由国家规定，即一般均由当地的经济促进委员会审定。1973年初，政府进一步放宽政策，将自由区和边境区的商品进口手续简化到最低限度：商人只需向海关当局提交一份购货申请书和当地相关部门的批准书即可。

与此同时，埃切维里亚政府还鼓励墨西哥人在边境地区投资，建立现代化大型贸易中心。国家对建设贸易中心所需的设备和材料给予价格优惠；对贸易中心在10年内进口的商品免征进口税。1975年又批准建立小型贸易中心，其优惠条件与大型贸易中心相仿。

政府的《边境贸易计划》尤其在政策上鼓励将本国商品投入边境区和自由区市场参加竞争。其一是对于将产品销往边境地区的本国企业，由政府给予财政补贴。其二是规定本国企业如有50%—59%的产品能在边境区或自由区销售，退税额可达50%；如果在上述特区的产品售销量占其总产量的60%以上，则可100%退税。其三是运往特区的本国工业产品，由国有铁路公司给予25%的运费优惠。实行这些政策逐步提高了本国产品在特区市场上所占的比重，例如，1971年边境地带的商品总销售额达2亿1490万比索，其中进口货仅为5200万比索。但是，到埃切维里亚执政后期，随着国内通货膨胀，比索失值，本国商品缺乏竞争能力，进口商品在特区市场上所占的比重又不断上升，1975年边境地带的商品总销售额为20亿零5680万比索，其中进口货占10亿零7850万比索。[1]

---

[1] 参见〔墨西哥〕赫苏斯·塔马约等《墨西哥—美国边境地区》，墨西哥经济研究和教育中心1983年版，第75页。

洛佩斯·波蒂略政府对上述边境贸易政策基本上未作大的变动，继续鼓励用本国产品在边境市场上替代进口货。但是这一届政府放宽对外国资本控制的经济政策，在边境贸易政策中也有所反映。例如，它允许进口商品的销售额可以达到边境地带商品总销售额的70%；允许外国资本可占自由区贸易中心全部资本的49%。

1982年，墨西哥发生经济危机。当年9月1日，国家宣布对外汇实行全面管制，关闭北部边境的外汇兑换市场，暂时取消了自由区的各种优惠和进口便利，这对边境贸易产生了很大影响。德拉马德里政府执政后，逐步放宽了对外汇的控制，边境地区的自由贸易又渐趋活跃起来。本届政府的经济特区政策之一仍是加强边境地区与内地的经济联系，增加本国产品在特区的销售量。1984年，政府宣布将自由区的期限延长15年。1985年4月颁布的《全国对外贸易一体化计划》提出，政府在边境区和自由区的政策将致力于促进这些地区与全国其他地区的经济一体化，做到基本上以国内产品供应当地的消费者，辅之以必要的进口；地方官员仅有权批准不超过5000万比索（1985年价格）的进口商品在当地贸易中心销售。

总的说来，墨西哥边境贸易的繁荣促进了边境地区整个经济的发展。特别是在1971年贸易制度改革以后，边境贸易在国民经济中的作用大大提高。1960—1977年，边境贸易收入增长了3倍、支出增长了4倍，贸易结算通常都是顺差。在"石油繁荣"以前，边境贸易几乎占全国外汇收入的四分之一。1981年是边境贸易额最高的年份：收入47亿7000万美元，支出45亿8000万美元，顺差1亿9000万美元。1982年经济危机以后，边境贸易额大幅度下降。1983年边境贸易收入16亿2000万美元，支出

14亿5000万美元。① 墨西哥的边境贸易主要集中在墨西卡利、蒂华纳、新拉雷多和华雷斯城，这4个城市的贸易额占边境贸易总额的30%以上。

二 客户工业政策

通过发展客户工业实现边境地区的工业化，并进一步促进整个国民经济的发展，是墨西哥经济特区政策的另一个重要组成部分。客户工业，又称出口加工工业，是一种跨越国界的生产组织形式。客户工厂从美国或其他国家临时进口原料或半成品，经过加工、组装，然后再出口。美国拥有雄厚的资本和先进的技术，而墨西哥拥有廉价劳动力和能源，美国企业可以利用客户工业降低生产成本、提高产品的竞争力，墨西哥方面则希望通过建立客户工业减轻就业压力，增加外汇收入，扩大出口，引进技术设备。

在60年代以前，墨西哥政府对这种经济合作方式基本上持否定态度，把它看做是经济依附的一种表现。1964年，墨西哥与美国签订的短工协议期满，失业问题十分严重；同时，由于出口不景气，国际收支逆差扩大。在这种情况下，墨西哥政府才决定利用美国关税条例中的某些规定，发展客户工业。1965年5月颁布了《北部边境工业计划》，允许在距离边界20公里以内的地区开设劳动密集型的客户工厂，免税临时进口原材料或半成品，经过加工，再出口到美国。1966年建立了第一批客户工厂，共12家，约有职工3000人。70年代，墨西哥政府进一步放宽条件，吸引外商前去设厂。在能源危机的冲击下，美国企业主也

---

① 参见墨西哥计划预算部《1984年统计手册》，墨西哥国家统计总局1984年版，第173页。

乐于到墨西哥开设客户工厂，以降低生产成本。因而在1973年以后，墨西哥的客户工业发展较快，全国客户工厂从1973年的257家增至1974年的455家，其职工总数则从64330人增加到75977人。在1979年和1980年第二次石油危机期间，墨西哥客户工业的发展再次出现高潮，1980年客户工厂总数达620家，职工约12万人，产值已达10亿美元。最近几年，由于经济危机的影响，客户工厂虽略有减少，但职工仍有增加。

墨西哥政府对客户工业的政策，一是提供优惠条件，鼓励客户工业发展；二是使其符合本国的利益，具体体现在对外国投资的管理、厂址的安排、使用国产原材料所占的比重和产品出口等许多方面。

国家对客户工业中的外国投资原则上不加控制，工厂股份可以100%属于外国资本，也可以100%属于本国资本。目前外资占绝对优势，1982年，在全国606家客户工业企业中，100%股份属于外资的有256家，50%以上股份属于外资的有95家，两者共占企业总数的58%；它们的股份资本共达19亿5000万比索，占企业股份资本总额的64.9%。[1] 其中，属美国资本的企业有339家，资本达17亿5000万比索，主要集中在电子和电器部门。[2]

关于客户工厂分布的地区：60年代，墨西哥只准在其北部边境20公里的范围之内设厂。1972年10月，埃切维里亚政府修改了海关法，除边境地区以外，允许在全国各地开办客户工厂。洛佩斯·波蒂略政府进一步采取措施，鼓励外国公司到内地不发达地区（例如杜兰哥州）开办客户工厂，以带动当地工业

---

[1] 参见〔墨西哥〕马努埃尔·鲁那《墨西哥，面向出口的增长和生产过程的分解，客户工业，1966—1982年》，墨西哥经济研究和教育中心1983年版。

[2] 同上。

的发展。尽管如此，1974年客户工业中，还有94.3%的企业、93.6%的职工、91.6%的产值集中在北部边境地区。到1982年，客户工业中仍有87.9%的企业、89.1%的职工、86.7%的产值集中在北部边境地区。主要原因是上述边境地区离美国近，交通便利，基础设施条件较好。

　　客户工厂使用的机器、设备和原材料基本上都从外国进口，因为原材料进口后经过加工必须再出口，所以称为临时进口。实际上，现在墨西哥客户工厂生产所需的原料和辅助材料、成套机器、设备、仪器、工具、零件、配件、包装物资、商标样品等均属临时进口之列，由财政公共信贷部海关总局根据原订计划予以批准。临时进口的物资可在墨西哥停留6个月，有些加工周期长的产品可以再延长6个月，加工后的成品必须全部出口。少数墨西哥国内不能生产或供不应求的产品，经批准也可以由客户工厂少量内销，但不得超过其产量的20%。为鼓励客户工厂多使用墨西哥的原材料，政府还根据企业使用多少国产原材料，批准其部分产品内销。不过，由于墨西哥某些原材料和半成品的成本较高、技术不过关、质量较差，外国公司开办的客户工厂一般不愿使用，1982年客户工厂使用的国产原材料仅占1.3%。但是，某些客户工业部门使用国产原材料的比重也在逐步增加，例如食品加工工业使用的国产原料已由1975年的1.5%上升到1982年的11.7%。

　　当前，墨西哥政府在这方面的政策重点是：进一步加强客户工业同内地的经济联系，促进全国经济的一体化。《1983—1988年全国发展计划》提出，将鼓励建立和发展为客户工业提供零部件的工厂，以便实行进口替代。对能够在本国生产的一些商品的临时进口，将实行控制并征收进口税。此外，还要求客户工业将其技术转让给国内的企业推广运用。通过这些途径，将在北部边境地区各州，为发展与全国经济密切联系的真正的出口工业打下基础。

经济特区面临的主要问题

边境贸易和客户工业虽然对墨西哥的经济发展具有一定的积极作用，但是也存在着某些问题。主要是：

第一，特区的经济结构比较单一，过分依赖美国，发展很不稳定。墨西哥的特区经济基本上由客户工业、商业和旅游业三大部分构成。客户工业经营的部门十分狭窄，电子、电器、服装三类工厂就占全部客户工厂的60％，占职工总数的72.7％；其中电子工业企业占企业总数的20.3％，占职工人数的41.2％。这些工厂生产的涨落完全受世界市场行情所左右，很不稳定。由于边境地区与内地交通不便而经济联系较少，对美国的依赖却很深，就连当地所需的消费品，大部分都要依靠从美国进口。因此，上述这种单一化的经济结构使特区经济十分脆弱，只要美国市场上的电子或纺织产品滞销，墨西哥的特区经济就会受到严重打击。正如《1983—1988年全国发展计划》所指出的："最近20年来，北部边境城市飞速发展，但是经济没有多样化，同全国经济缺乏联系。当前的危机显示出这种增长的脆弱性及其对全国的影响。因此，北部边境地区经济的多样化、加强它同全国市场的联系，乃是当务之急。"

第二，货币市场不稳，外汇投机猖獗，资本大量外流，直接影响着全国经济的发展。经济特区既是商品自由进出口的地区，也是货币自由兑换的地区，而墨西哥政府对特区的外汇兑换却没有进行任何控制。由于墨西哥和美国经济情况不同，物价上涨幅度往往相差很大，官方规定的汇率也往往不能客观地反映比索与美元的比价。尤其是1976年以来，墨西哥通货膨胀严重，比索不断贬值，边境地区就成了抢购外汇、进行黑市交易的场所。例如1982年8月经济危机时期，墨西哥官方的兑换牌价为69.5比索兑换1美元，而边境地区黑市的兑换率竟高达150比索甚至200比索换1美元。大量资金通过边境地区流往国外，不能不加重墨西哥的经济危机。目前，边境地区外汇投机、资金外流的问题仍然十分严重。仅1985年第二季度，北部边境外流的资本就达150万美元。可以说，边境地区进口的不断增加、私人投资萎缩、外汇兑换不受控制，都是导致墨西哥比索贬值的重要原因，而货币市场不稳定必然会直接影响整个国民经济的发展。

第三，工人缺乏劳动保险，他们的合法权益没有保障。墨西哥政府发展客户工业的初衷之一是想创造更多的就业机会，但实际上，客户工业并不能解决失业问题。客户工业吸收的大部分劳动力是女工，她们一般从14岁开始工作，到25岁左右就被解雇。据有关调查材料，在客户工业的职工中，女工占77.7%，26岁以下的工人占74.7%。这些工人文化程度很低，不掌握任何技术，只从事一些简单的体力劳动，一旦被解雇就很难找到其他工作。这些工人更不享受墨西哥联邦劳工法所规定的任何劳动保险待遇，客户工厂几乎不向他们提供任何劳动保险和医疗保健。据墨西哥北部边境研究中心在华雷斯城一家电子工厂所作的抽样调查，接受调查的工人之中有37%患职业病，有80%患贫血、神经质、尿道感染、头痛等慢性疾病。客户工厂的工人还不准组织工会，没有罢工权利，因而他们的合法权益得不到任何保障。

从墨西哥经济特区发展的经验教训中可以看出，在对外经济开放过程中设立特区具有一定的积极意义，但也会带来某些消极影响。趋利避害的关键在于政府采取恰当的政策，使经济特区的发展服从全国经济发展的总任务,符合本国发展民族经济、维护经济独立的根本利益。

(原载《拉丁美洲丛刊》1985年第6期)

墨西哥经济调整的前景

墨西哥自1982年爆发债务危机以来，已进行了3年多的经济调整。在调整过程中，德拉马德里政府采取了一系列严厉的紧缩措施，使危机局面得到了一定程度的缓和，1984年经济略有回升。但是，由于债务负担过重和国际市场石油价格大幅度下跌等不利因素的影响，墨西哥的经济调整未能完全达到预期目标，尤其是1985年下半年以来，经济形势日趋严峻。墨西哥经济调整的前景如何？摆脱困境的出路何在？这些问题已引起普遍的关注。

墨西哥经济面临的主要问题

目前，世界各种不同类型的国家虽然都在进行经济调整，但是各自面临的问题和要达到的目标并不完全相同。墨西哥的经济调整是在十分困难的条件下进行的，通过调整所要解决的问题也异常复杂。1982年墨西哥因无力偿还外债而成为世界债务危机的爆发点，然而，这不仅仅是一次债务危机，而且是一次深刻的结构性危机。它集中地反映了战后、尤其是20世纪70年代以来墨西哥经济发展过程中各种错综复杂的矛盾，要解决这些矛盾并非一蹴而就的事。这正是它当前经济调整任务的艰巨性所在。

那么，墨西哥经济面临的最紧迫问题是什么呢？简单说来，主要有以下几个方面：

第一，公共财政赤字庞大。50年代到60年代，墨西哥实行稳定的财政政策，力求保持财政收支平衡，财政赤字不大。但是到埃切维里亚执政时期，政府加强了对经济的干预，积极发展国有经济，把大幅度增加公共投资作为推动经济快速发展的重要手段。1965—1970年，公共投资的年平均增长率仅为4%；而1971—1976年，公共投资由250亿比索增加到1086亿比索，增长了3.8倍。虽然经过税收改革，财政收入有了较大增长，但是仍然入不敷出，财政赤字急剧增加。1970年，公共财政赤字为66亿比索，占国内生产总值的1.58%；1976年已猛增到611亿比索，占国内生产总值的8.9%；1977年，洛佩斯·波蒂略政府实行经济调整，财政赤字暂时有所下降；但从1979年开始，为了尽快开发石油，公共部门的投资再次大幅度增加，财政赤字也急剧上升。1982年，公共财政赤字高达16610亿比索，占国内生产总值的17.6%，这是造成外债急剧增加、通货膨胀失去控制、整个经济严重失调的重要因素。

第二，外贸逆差扩大，国际收支失去平衡。墨西哥的对外贸易以出口农、矿产品和进口机器、设备等工业制成品为特点。由于国际市场上工业制成品价格不断上涨，初级产品价格下跌，墨西哥的贸易逆差不断扩大。1971—1976年，外贸逆差由7亿美元扩大到36亿美元。1977年以后，为了开发海上油田和实现庞大的工业发展计划，大量进口机器设备和原材料，商品进口额由1977年的58亿美元猛增到1981年的239亿美元，虽然同期的石油出口收入已由10亿美元增加到140亿美元，但是外贸逆差仍在急剧上升。1977—1981 年，外贸累计赤字竟达 164 亿美元。如此庞大的外贸逆差，不能不引起国际收支的严重不平衡。

第三，外债急剧增加，还本付息负担沉重。1970 年，墨西哥外债总额仅为 37 亿美元。在埃切维里亚执政期间，庞大的财政赤字和大量外贸逆差导致外债急剧增加，1976 年，外债总额已猛增到 258 亿美元，其中公共外债达 196 亿美元。80 年代初，墨西哥为加紧开发石油，举借外债到了失去控制的程度，1979 年外债累计额为 397 亿美元，1981 年激增到 749 亿美元，1982 年达到 883 亿美元。[①] 由于美国实行高利率，墨西哥每年的外债还本付息额几乎占商品和劳务出口收入的 60%，每年的石油出口收入还不够支付债务利息。沉重的债务负担使墨西哥经济陷入了无力自拔的泥潭，不能不处于借新债还旧债的恶性循环之中。

第四，通货膨胀失去控制，比索大幅度贬值。50 年代到 60 年代，墨西哥严格控制货币流通量，通货膨胀率长期保持在较低的水平上。1976 年以后，政府为弥补财政赤字而大量发行纸币，通货膨胀空前加剧。1970 年消费品物价的上涨率为 4.7%，1976 年上升到 27.2%，1980 年上涨到 29.8%。1982 年，随着金融危机爆发，通货膨胀失去控制，消费品物价的上涨率高达 98.8%，其中基本食品价格上涨了 89.8%，交通运输费用上涨了 167.5%。物价上涨使工人实际购买力下降，1982 年的最低工资实际上只相当于 1976 年的 86.4%。物价上涨同时也导致比索大幅度贬值，汇率的不稳定更使银行系统本国货币的储蓄率不断下降，抢购美元成风，资金大量外流。

上述问题既反映了墨西哥政府在经济政策方面存在的失误，

---

① 联合国拉丁美洲经济委员会：《拉丁美洲和加勒比经济研究报告——墨西哥（1984 年）》，智利圣地亚哥，1985 年 6 月，第 42 页。

同时也反映出经济结构方面存在的重大不平衡，诸如产业结构的不平衡、各种经济成分之间的不平衡、资金积累和发展速度之间的不平衡、进出口贸易之间的不平衡，等等。为解决上述问题，既要进行政策性调整，也要进行结构性改革。

三年调整的基本内容和效果

面对这种严峻的形势，1982年12月1日开始执政的德拉马德里政府着手进行经济调整。德拉马德里总统在就职演说中指出："我们处在危急之中。局势已经到了无法忍受的地步，我们绝不能听任祖国毁于我们手中，我们要坚定果断地行动。"1982年底政府颁布了《十点近期调整计划》，提出了近期经济调整的目标和措施；1983年5月颁布了《1983—1988年全国发展计划》，提出了中期经济调整的基本目标和战略措施。

从这些官方文件来看，墨西哥经济调整的总方针是通过紧缩措施改善公共财政状况、抑制通货膨胀、保护就业、平衡国际收支，为经济重新持续、合理、有效地发展奠定基础。《1983—1988年全国发展计划》中规定，1985—1988年经济增长率恢复到5%—6%；同期制造业的年增长率达到6.7%—7.9%，农业达到3.5%—4.5%。公共财政赤字占国内生产总值的比重由1982年的17.6%下降到1986—1988年的4%左右。[①]

经济调整基本上通过两条途径来进行：一是为克服危机进行应急性的调整，如削减公共开支、抑制通货膨胀、调整汇率、进行债务重新谈判、保护就业等等；二是进行结构性的经济改革，

---

① 参见墨西哥计划预算部《1983—1988年全国发展计划》，墨西哥，1983年，第108—109页。

以便从根本上克服经济发展过程中存在的各种弊病，包括金融体制的改革、改善国有企业的经营管理、工业结构的改革、外贸体制的改革、经济布局的分散化、农村的综合发展，等等。

从1983—1985年3年的实际情况来看，墨西哥政府的注意力主要集中在应急性调整方面，同时也进行了一些结构性的改革。其主要措施有以下几点：

第一，紧缩政府开支，增加收入，减少财政赤字。墨西哥政府制定的近期调整计划以及它同国际货币基金组织签订的意向书，都把控制财政赤字作为经济调整的核心：规定公共财政赤字占国内生产总值的比重由1982年的17.6%降到1983年的8.5%，1984年降到5.5%，1985年降到3.5%。1983年政府削减开支主要靠压缩公共投资来实现，以1970年不变价格计算，1982年的公共投资为840亿比索，1983年减少到570亿比索，下降了32.5%。这就使许多大型工程被迫下马，国家只是有选择地维持一些急需的投资项目。为削减经常项目开支，政府不仅精简机构、裁减了行政人员，把联邦政府司局级机构由1982年的690个减少到1984年的503个，而且减少了各种行政补贴，结果使1983年联邦政府的经常项目支出比上年减少了16%。在削减开支的同时，政府还通过调整税率和提高国有企业产品价格增加了财政收入。上述措施取得了良好效果：1983年，公共部门财政赤字占国内生产总值的比重下降到8.9%，基本上达到了计划规定的指标；1984年，财政赤字虽然继续呈下降趋势，但是下降的幅度较小（仅下降到占国内生产总值比重的7.4%），未能实现计划指标。这是因为当年石油价格下降，墨西哥石油公司上缴利润减少，债务负担沉重，经济回升势头过猛所造成的。

第二，减少进口，增加非石油产品出口，力求外贸顺差，以偿还债务本息。这是缓和危机的一项重要措施。由于政府严格控制公共和私人部门的进口，墨西哥的商品和劳务进口额，已从1981年的239亿3000万美元减少到1983年的85亿8000万美元。1984年，由于经济开始复苏，私人部门的进口增长较快，商品进口总额比1983年有所上升，达112亿5000万美元，但仍低于1982年的水平，还不到1981年的一半。与此同时，为增加出口，政府不断调整汇率，提高本国工业品在国际市场上的竞争能力，特别是在国际石油市场不景气的情况下，积极鼓励非石油产品的出口。1984年，墨西哥的非石油产品出口额比上年增长了20%，机电产品的出口值几乎增长了一倍；金属制品、机器设备、汽车零件、化学制品等非传统出口产品在商品出口总值中所占的比重，从1982年的9.2%上升到1983年的12.1%，1984年增至17%（出口值达40亿美元）。在石油出口收入减少的情况下，这个国家的商品出口总值由1982年的220亿美元增加到1984年的240亿美元。通过奖出限入，自1982年开始连续4年保持外贸顺差。1983年顺差136亿7000万美元，1984年顺差128亿美元。

第三，通过重新谈判调整外债结构，减轻还本付息的压力。墨西哥是第三世界最大的负债国之一。1983年外债总额达921亿美元，当年的还本付息额达到162亿美元，仅支付利息就将近100亿美元；还本付息额占外贸出口收入的61.2%。[①] 因此，调整债务结构、减少短期债务、延缓偿债期限已成为燃眉之急。为减轻还本付息压力，墨西哥政府先后同国际金融机构进行了3轮谈判，1983年将短期债务全部转成中长期债务，1984年把即将到期的485亿美元公共外债的偿还期限推迟到1998年，新增加

---

① 联合国拉丁美洲经济委员会：《拉丁美洲和加勒比经济研究报告——墨西哥(1984年)》，智利圣地亚哥，1985年6月，第42页。

的外债每年均不超过 40 亿美元。

第四，控制通货膨胀，不断调整利率和汇率。这是保证经济稳定和社会安定的重要条件，墨西哥政府将其作为经济调整的首要任务来对待。按照国际货币基金组织的要求，墨西哥的通货膨胀率应由 1982 年的 98.8% 降到 1983 年的 55%—60%，1984 年降到 40%。为达到这一目标，政府严格控制了货币供应量。为加强银行对宏观经济的调节作用，政府继 1982 年 9 月 1 日实行银行国有化之后，进一步实行金融体系改革，将 60 家商业银行合并为 29 家多功能的综合银行。为增加银行的储蓄，还不断调整了国内存款利率。总的来说，从 1983 年以来，墨西哥的通货膨胀率呈下降趋势，1983 年降到 80%，1984 年降到 65%。在通货膨胀率大大高于其近邻美国的情况下，墨西哥不断调整汇率，实行货币贬值。1983—1985 年 3 年期间，外汇自由市场比索对美元的比价降低了 640% 以上。

总之，上述各项紧缩措施对于稳定墨西哥经济局势起到了积极的作用。债务结构的调整、财政赤字的减少、外贸连续几年顺差、通货膨胀得到抑制，都为经济回升和健康发展创造了一定条件。但是需要指出，取得这些进展也付出了巨大的社会代价。严厉的紧缩政策导致生产衰退、失业人数猛增。1983 年，墨西哥国内生产总值下降了 5.3%，制造业下降了 7.3%，建筑业下降了 18%。1981—1984 年，制造业部门的就业人数减少了 22 万，建筑业就业人数减少了 40 万。广大劳动人民的实际生活水平下降，工资占国民收入的比重由 1981 年的 38% 下降到 1984 年的 27%。

在 1983 年经济调整的基础上，政府为防止紧缩政策带来过多的消极影响，从 1984 年开始逐步放宽政策，促使经济回升，尤其是放松了对私人部门进口的限制，以鼓励私人资本在国内投资。1984 年的固定资产投资比 1983 年增长了 5.4%，其中私人投资增长了 8.8%。在政府的鼓励下，一些面向出口的工业部门出现了好的势头。在对外贸易中，非石油产品的出口额显著增长，即使在石油出口不景气的情况下，1984 年还取得了 128 亿美元的外贸顺差。这一年，墨西哥的经济增长率超过了预定 2.5% 的水平，达到 3.5%。

然而，墨西哥 1984 年经济复苏的势头未能保持。1985 年，金融、财政、对外经济关系等方面的不平衡现象重又加剧；9 月，首都墨西哥城又发生大地震，经济再次陷入困境；公共财政赤字不但没有按计划下降，反而上升到占国内生产总值的 9.4%；通货膨胀率比原计划高出 1 倍，超过 60%。由于私人部门投资增长过快，商品进口的压力增加，1985 年进口增长了 24%，其结果使贸易顺差比上年减少一半（约为 70 亿美元）。国际收支经常项目的逆差超过 10 亿美元。国内生产总值的年增长率仅为原计划的一半（3%），低于 1984 年。从下半年开始，由于经济出现不稳定，私人资本再次大量外流。国家的外汇储备从 1984 年 12 月的 81 亿 3000 万美元下降到 1985 年 12 月的 60 亿美元以下。

墨西哥的经济调整之所以出现新的反复，最根本的原因还在于债务负担过重。每年 160 亿美元的还本付息额几乎吞噬了全部石油出口的收入，除了还债，墨西哥几乎没有任何力量发展经济。而 1984 年，无论在投资还是在进口方面都出现了过急的增长势头，这就不能不引起新的不平衡。1985 年的实践说明，墨西哥面临的选择或是推迟还债，或是继续实行经济紧缩政策。看来，要想在偿还巨额外债的同时发展经济是难以做到的。

1986 年的经济调整和前景

面对新的困难，墨西哥政府在 1986 年不得不再次实行应急性调整，以保持财政和对外经济关系的平衡。1985年11月德拉马德里总统向议会提交的1986年预算报告，在实事求是地分析了当前形势之后提出，1985—1988年国内生产总值的年平均增长率已不可能达到《1983—1988年全国发展计划》规定的5%—6%，预计1986年的经济增长率为±1%，争取在1987—1988年达到4%的水平。① 总统在报告中提出了1986年的3项任务：第一，紧缩公共财政开支、抑制通货膨胀，重新恢复经济增长活力和改善社会福利；第二，实施地震后的重建计划；第三，将结构改革和经济改革的进程推向前进，提高公共部门的生产率，强调社会所有制的作用，实行工业企业的现代化和分散化。②

1986年经济调整的基本环节，仍然在于降低公共部门的赤字，并在减少赤字的基础上抑制通货膨胀，稳定经济形势。政府预算规定，1986年公共财政赤字占国内生产总值的比重将从1985年的9.4%下降到4.9%；其中的1.5%靠增加收入，2.4%靠削减预算开支。1986年是墨西哥紧缩财政的第四个年头，要达到上述目标是一项十分艰巨的任务。增加预算收入主要靠提高国有企业的经济效益、增加国有企业的收入，并适当提高所得税税率。由于3年来公共投资已压到最低水平，1986年削减开支将有68%通过压缩政府经常项目开支来实现；另32%要靠减少公共投资。

在对外贸易和国际收支政策方面，墨西哥将加快贸易自由化的步伐，以提高其工业产品在国际市场上的竞争能力。为了使贸易保护制度合理化，将逐步调整关税税率，并以关税来代替申请

---

① 参见墨西哥《对外贸易》1985年第12期，第1180—1188页。
② 同上。

进口许可证的制度。由于经济收缩，1986年公共部门的进口将比1985年减少，但私人部门的进口有可能因实行贸易自由化政策而上升；政府要求1986年的进口总额略少于1985年，争取全年能取得80亿美元的外贸顺差。墨西哥仍将继续实行灵活、现实的货币兑换政策；在控制财政赤字的基础上，政府规定1986年应将通货膨胀率控制在45%—50%以内。

1986年，在集中力量进行应急性经济调整的同时，墨西哥政府还要在3年调整与初步改革的基础上，将经济结构的改革推向前进。结构改革主要集中在3个方面：

第一，公共财政的结构改革。其核心是要从体制上解决公共财政赤字的问题。在财政收入体制方面，墨西哥政府力图通过税收制度的改革，使所得税以及其他各项税收更加合理，提高税收工作的效率，防止偷税、漏税。在财政支出方面，改革的注意力主要集中于提高公共部门的经济效益，政府准备适当限制公共经济部门的规模，对国有企业进行改造，提高它们的管理水平和经济效益，以减少国家的财政补贴；同时，准备继续将部分国有企业出售给私人，其中包括部分石油化工企业，以便将资金用于最急需的部门。此外，政府还准备改进基本食品的供应办法，以减少国家对基本食品贸易的补贴。

第二，调整工业体系，使工业产品面向国际市场。墨西哥的工业体系是在战后几十年内发展起来的，具有比较齐全的工业部门和一定的技术水平。但是，由于长期实行保护政策，同国际市场缺乏联系，它的工业产品不能适应国际市场的需要。当前，政府力图通过改革来调整工业结构，使其产品面向国际市场；同时，对传统工业进行技术改造，提高工业专业化的水平，以增强其产品在国际市场上的竞争能力。

第三，实行经济分散化。墨西哥的工业高度集中在首都墨西哥城、蒙特雷和瓜达拉哈拉三大城市。这种高度集中带来了许多弊端，如城市环境污染、水电供应困难、服务行业费用昂贵等等，因而实行经济生活分散化已成为举国一致的呼声。为此，政府将逐步通过工业部门的改造、工业布局的调整、农村综合发展和交通运输业的发展，来促进边远地区和中小城市的发展，减轻首都的人口压力，使全国经济布局更为协调。

从1986年上半年墨西哥的经济形势和国内外条件来看，它的经济情况是十分困难的。政府在1986年计划中提出的某些目标恐难实现。

第一，1986年1月以来，国际市场上石油价格暴跌。墨西哥原油的价格由1985年12月的每桶22美元下跌到每桶10美元，仅此一项，全年就要减少大约65亿美元的收入；再加上石油出口量减少，墨西哥1986年全年的石油出口收入将仅为1985年的一半，这就可能使墨西哥的外贸顺差大幅度减少，从而使它有可能出现无力支付外债利息的局面。

第二，债务问题仍然是影响当前经济发展的关键。截至1985年底，墨西哥外债总额已达970亿美元，预定1986年再借40亿美元贷款；因石油跌价遇到新的困难，墨西哥总统要求国际金融机构另外再向他的国家提供50亿美元追加性贷款。这样，到1986年底，墨西哥的外债总额将增至1060亿美元。1984年进行的第三轮谈判，虽然将墨西哥即将到期的485亿美元公共外债的偿还期推迟到1998年，但是支付利息仍然是个沉重的负担。1986年，墨西哥的外债还本付息额达110亿美元，而1985年其外债和国内公债的利息已占联邦政府支出的37%。在如此沉重的债务压力下，墨西哥的经济恢复无疑是十分困难的。围绕债务问题，政府内部的矛盾业已相当尖锐，1986年6月财政部长易人就是一个证明。墨西哥总统和财政部长多次指出，墨西哥只能根据其实际可能来偿还债务。目前，发达国家虽然也开始认识到债务危机给整个世界经济带来的消极影响，开始接受了债务国"以发展促还债"的主张，但是在行动上并未作出重要反应，尤其是在降低利率和放宽贸易条件方面始终未能作出让步。贝克计划虽然准备拿出290亿美元用来解决一些主要债务国的经济发展问题，而且墨西哥还将成为试点，但是，这点钱犹如杯水车薪，不可能解决什么问题。

第三，在控制通货膨胀方面，墨西哥1986年的形势比1985年更为严峻。按照年初的计划，1985年12月至1986年12月的通货膨胀率将控制在50%以内。实际上，1986年上半年的通货膨胀率已达40%；生活必需品价格的上涨率高达80%，其中面包涨价137%，玉米饼涨价77%，煤气涨价83%，牛奶涨价22%；而工人的实际工资却又下降了27%。

第四，墨西哥的3年紧缩政策已使公共开支压到最低水平，社会矛盾十分尖锐。在此基础上继续实行紧缩，其难度会比1983年更大。目前，墨西哥完全失业的人口已占经济自立人口的17%，再加上无固定工作的半失业人口，总共约占经济自立人口的一半。1986年6月，由于工厂倒闭和工业调整计划的实施，又有10万人被抛向街头。

第五，1985年9月墨西哥城的大地震，也给经济恢复增加了新的困难。1986年，政府用于地震后重建工程的预算拨款即达3000亿比索，这在人力、物力、财力上对整个经济调整无疑是一个很大的牵制。

综上所述，1986年是墨西哥经济调整的关键性一年，也是充满困难的一年。正如德拉马德里总统1986年7月接见工会领导人时所说："目前存在着危险。如果我们不及时和有效地采取措施克服这些困难,我们将进入一个经济衰退和出现大批失业的时期,此后要想继续发展将会非常困难。"

(原载《拉丁美洲丛刊》1986年第5期)

墨西哥经济发展模式的转换：成效与问题

拉丁美洲地区在经历了20世纪80年代的危机之后，90年代出现了转机，经济增长率连续3年超过3%，现已被人们看做是继东亚之后经济发展较有活力的地区。产生这一变化的主要原因之一是许多拉美国家认真地总结了经验教训，吸取了东亚模式的某些成功之处，适时地调整了发展战略，转换了经济发展模式。在这方面，智利走在了前面，取得了引人注目的成效。墨西哥是继智利之后第二个比较成功地实现了经济模式转换的拉美国家。

自80年代中期以来，墨西哥积极推行外向型经济发展模式，通过一系列重大的经济改革初步建立起一种以市场经济为依托、适宜参与国际竞争的、开放型的经济体系。这一体系虽然还有待于进一步完善，尤其在《北美自由贸易协定》签署后，各项政策法规尚需进行修正，但是，一些重大的经济改革措施基本已经到位，新的发展模式已经开始运行并带来了积极的效果。墨西哥在1982年爆发债务危机之后，在十分困难的条件下，经过不到10年的时间，在基本保持宏观经济稳定的条件下，顺利地完成了经济模式的转换，这不能不说是一种成功。其成效主要体现在以下几方面：

第一，通过外贸体制改革和外资政策的调整实现了经济的全方位开放，基本上改变了在进口替代模式下形成的封闭或半封闭的经济体制，建立起了被认为是世界上最开放的经济体制，从而为积极参与国际竞争和实现地区经济一体化创造了必要的条件。

战后40多年来，在经济民族主义思想指导下，墨西哥长期推行内向型的发展模式，实行贸易保护主义，形成了一个主要面向国内市场、缺乏竞争力的工业体系。1960—1983年，人均制成品的出口值，韩国从5美元上升到556美元，新加坡从44美元猛增到2415美元，而墨西哥仅从4美元增加到33美元。出口增长的缓慢和庞大的贸易赤字是导致1976年墨西哥严重经济危机的主要原因。此后，墨西哥依靠石油出口刺激经济发展，但是，随着国际市场油价下跌和利率猛升，墨西哥陷入了债务的泥潭。

自1983年起，墨西哥开始推行新的经济发展模式，由内向型的进口替代发展模式转为外向型的面向出口的发展模式。1986年，墨西哥以申请加入关贸总协定为动力，加快改革步伐，开放国内市场，引进竞争机制，以提高本国产品在国际国内市场的竞争力。为适应自由贸易的需要，政府修改了海关法和其他有关法规、取消了进口许可证制度、降低关税税率、简化商品进出口申报手续、改革外贸体制。1993年7月颁布了新的对外贸易法，同时，政府通过多种途径积极鼓励出口、尤其通过北部墨美边境地区的开发，大力发展出口加工工业，参与国际分工，促使工业部门由面向国内市场转为面向国际市场，制成品出口已成为当前经济增长的强大动力。1982—1992年，制成品的出口额由33亿美元增加到174.74亿美元，进出口贸易总额占国内生产总值的比重由1985年的12.3%上升到1992年的29.9%。国民经济过分依赖石油出口的现象已得到根本改变，石油在出口中的比重由

1982年的79%下降到1992年的26.9%，同期制成品在出口中的比重由17%上升到63.5%。

为保证本国产品对世界上最大的市场的占有，墨西哥与美国、加拿大签署了《北美自由贸易协定》，旨在15年内实现商品的自由流动。与此同时，墨西哥仍强调对外经济贸易关系的多样化，1991年与智利签订了自由贸易协定，1993年与委内瑞拉、哥伦比亚就签订三国集团自由贸易协定达成协议，1994年3月与哥斯达黎加签署了自由贸易协定。除积极开展与拉美国家的经济合作之外，墨西哥努力扩大与亚太地区的经济联系，加入了亚太经济合作组织。

墨西哥实行对外开放的另一个重要方面是不断放宽对外国资本的限制，为外国资本的大量流入创造了方便条件。1989年颁布了新的外国投资法，该法在最近几年又作了多次修改。根据新的外国投资法，外商在墨享有与当地人同样的待遇。现在148个经济部门中已有96个向外国投资者开放，包括金融、旅游、不动产以及部分矿业资源的开发。投资的审批手续已大大简化，凡投资额在1亿美元以下、投资者在头3年保持外汇平衡、投资地点在墨西哥三大城市之外的地区，这类投资可以不经外国投资委员会批准，只需到外资登记处登记即可。90年代金融市场的开放为大量证券投资的流入敞开了大门。1988—1993年，墨西哥累计吸收的外资达340亿美元，成为拉美地区吸收外资最多的国家。大量外资的流入为经济的恢复和发展增添了新的活力。

第二，比较顺利地完成了国有经济的改造和政府经济职能的转变，强化了市场机制在宏观调控中的作用。由于长期推行进口替代工业化模式，强调国家对经济的干预，在墨西哥形成了比较庞大的国有经济成分和由国家高度控制的经济管理体制。为转换经济发展模式，一项重要的任务就是减少政府对经济的直接干预、发挥市场机制的作用。为此，墨西哥政府一方面将非战略性的国有企业实行了私有化，另一方面对具有战略意义的国有企业进行了整顿。1982年全国共有国有企业1155家，到1993年底，仅剩下209家，其余的均根据不同情况实行了关、停、并、转。大约还有100家企业在1994年将继续实行私有化。1990—1993年，国家从私有化过程中获得的资金达557亿新比索，这些资金主要用于支付债务利息和发展社会公益事业。

与此同时，墨西哥政府对具有战略意义的国有大中型企业进行了改组，以提高其经济效益。1992年6月对全国最大的国有企业墨西哥石油公司进行了改组，将其分为国家具有独立经营权的4家公司：石油勘探和开采公司、石油炼制公司、天然气和基础石油化学公司以及二次石油化工产品公司。每个公司都具有法人地位，独立经营、自负盈亏。二次石油化工产品公司允许本国和外国私人资本参股投资。为降低生产成本，提高工作效率，墨西哥石油公司的总人数由21.2万人减少到15万人。1993年，政府对第二家大型国有企业联邦电力委员会进行了改组，允许私人资本在电力生产部门进行投资。私人生产的电力由联邦电力委员会统一销售。

无论是私有化也好，还是大型国有企业的改造也好，都是在比较平稳的气氛中进行，没有引起生产的下降和社会的动荡。这与俄罗斯以及东欧国家的私有化相比，形成鲜明的对照。

为强化市场机制在宏观调控中的作用，政府对金融体制进行了重大改革。过去，墨西哥是实行财政和金融统一管理的国家，由财政和公共信贷部实行集中统一管理。1982年实行了商业银行国有化之后，由中央银行统一规定全国的利率，商业银行的存款有一半交中央银行统一支配，政府对金融系统过多的行政干预影响了金融系统在宏观调控中发挥其应有的作用。为改变这种状况，1992年，萨利纳斯政府对商业银行重新实行了私有化，并允许这些银行建立财团。1993年，政府修改了宪法第28条、73条和123条，确认了中央银行的独立性和职业性，规定其首要任务是稳定本国货币的购买力，任何一届政府都不得要求中央银行为行政目的而增发货币。为确保中央银行的独立性，政府制定了一套新的银行官员任免制度。在此之前，还取消了法定准备金制度和由中央银行统一规定利率的制度。

在改组银行体系的同时，政府大力促进证券市场的发展。1988年以来，国家证券管理委员会采取了一系列措施，减少证券市场中介机构的风险，防止利益冲突，提高证券交易的效率，加快证券市场国际化进程。1990年，政府颁布了证券市场法，由国家证券委员会管理、检查和监督全国的证券交易，促进证券市场的健康发展。目前，墨西哥证券市场已成为拉美地区最发达的市场。

通过上述各项改革，政府的经济职能发生了重大变化，政府已由经济的直接经营者和管理者转变为国家经济生活的协调者和支持者。这项改革将有利于市场经济的发育，有利于提高企业的效益和产品在国际市场上的竞争力。

第三，通过财政和税收制度的改革消除了通货膨胀，为物价、汇率、利率的相对稳定奠定了基础。保持宏观经济的稳定始终是墨西哥经济发展模式追求的重要目标。早在50年代中至60年代末，墨西哥就推行过稳定发展战略，把平衡财政收支、稳定物价、稳定汇率作为经济发展战略的主要目标，从而使墨西哥经济在将近20年的时间内始终保持稳定，消费品价格的年平均增长率为3.5%。70年代中期，因公共开支庞大、财政赤字严重，通货膨胀日益严重。80年代，在沉重的外债压力下，宏观经济严重失调，1987年通货膨胀率达到战后的最高水平——160%，实际消费品物价的上涨率达到200%。此后，墨西哥政府采取了各种措施,对经济进行综合治理,同时通过由工人、农民、企业家和政府四方共同签署《经济团结契约》的形式,共同分担责任,抑制通货膨胀。到1993年,通货膨胀率已稳步下降到9%左右,计划在1994年降到5%,接近其主要贸易伙伴美国和加拿大的水平。在稳定货币和利率的同时,保持汇率的相对稳定,1990—1992年,比索与美元的比价仅从2.8∶1贬值为3.3∶1。

墨西哥消除通货膨胀、维持物价稳定的根本途径是保持公共财政收支的平衡,一方面,通过税制改革,扩大纳税人的数量,增加财政收入;另一方面,通过国有企业私有化、削减公共债务、精简机构、节约开支等手段使政府开支大幅度下降。1988年财政赤字占国内生产总值的12.5%,1992年已扭亏为盈,1993年上半年财政盈余达130亿新比索。财政收支的平衡,货币、汇率、利率的稳定为经济的开放和改革创造了良好的环境,也为社会的安定提供了必要的条件。自1988年以来,墨西哥经济没有出现大起大落或剧烈的波动,这与政府推行的稳定战略是分不开的。

第四,在恢复经济增长的同时注重社会的发展。为缓和社会财富分配不公、贫富悬殊的矛盾,政府制定了《全国团结互助计划》(Programa Nacional de Solidaridad,又称扶贫计划),由政府和社会各界共同出资,帮助社会最贫困的阶层解决就业、住房、供水、供电、教育等各种问题,提高生活水平。最近5年,政府用于扶贫计划的投资达370亿新比索,全国成立了15万个团结互助委员会从事这项工作。这项计划已取得了明显的成效,如74000所学校的校舍得到重建和修缮,有1200万儿童搬进了新教室,1993年有75万低收入家庭的儿童得以入学,享受卫生设施的人增加了40%。

萨利纳斯政府十分重视教育的发展，5年间，全国教育经费的开支累计增加了90%，公共和私人部门用于教育的经费由1988年占国民生产总值的3.5%上升到1993年的5.7%；教师的待遇得到较大改善，5年内教师的工资累计实际增长了70%。

此外，政府对城市规划、住房建设、环境保护等方面也投入了大量资金，以便使经济增长与社会发展相协调。

因此，从总的方面来看，墨西哥在宏观经济基本稳定的条件下比较顺利地完成了从内向型发展模式向外向型发展模式的转换，并产生了积极的效果。但是，同时也必须指出，墨西哥模式基本上是以新自由主义为思想支柱，本身具有明显的缺陷，原有的模式所遗留下来的问题也不是短期内所能解决的。这就使新的模式在推行过程中遇到严峻的挑战。

第一，农业发展的缓慢和农村的贫穷落后成为影响经济持续发展和危及社会安定的重要因素。自70年代以来，墨西哥农业始终处于停滞状态。80年代受债务危机影响，农业投资大幅度减少，农产品价格过低，农业危机进一步加深。在当前的经济改革过程中，政府对农业的补贴明显减少，廉价的外国农产品的涌入使生产率很低的墨西哥粮食生产者的处境更加困难，政府制定的农村改革计划暂时还难以产生积极效应。相反，像允许村社土地可以租赁、买卖等做法加剧了农村两极分化，使300多万贫苦农民更加难以生存。这是1994年1月恰巴斯州爆发农民暴动的根本原因。农业的落后也使墨西哥经济与美国和加拿大经济接轨增加了难度。

第二，经济增长速度的相对缓慢和部门发展的不平衡导致失业问题十分严重，成为影响社会稳定的重大隐患。墨西哥经济自1988年走出危机、恢复增长以来，面临着两难的选择，或追求高速度或保持低通货膨胀率。墨西哥政府选择了后者，1992年和1993年的经济增长率仅为2.6%和2.2%，这就使就业的压力明显加重，而且产业结构的调整还带来了严重的结构性失业问题。一些劳动密集型的传统产业部门日趋萎缩，大批中小企业濒临破产，大批工人被抛入失业大军，而新发展起来的出口加工工业从80年代末开始逐渐从劳动密集型转向技术密集型，吸收的劳动力有限。虽然政府正式公布的全国36个大城市的公开失业率仅为3.4%，但据有关人士估计，全国失业和半失业的人数约占劳动力的三分之一以上。失业人数的增加使居民的贫富差距进一步扩大，使许多大城市的"非正规经济"过度膨胀，贩毒、抢劫、凶杀等社会治安问题日趋严重。

第三，收入分配不公、贫富悬殊进一步扩大，社会矛盾十分尖锐。80年代，由于通货膨胀严重，工人工资的购买力下降了将近一半；90年代，通货膨胀得到控制，实际工资也有所提高，但是仍不能补偿10年来的损失。在当前的改革过程中得益最多的是那些面向出口的企业主和从事证券投资的经纪商，他们利用政府提供的各种优惠发了财，在国有企业私有化过程中以极为低廉的代价将大批国有资产占为己有。5年间，这些暴发户建立了一批大金融集团和企业集团，这些集团与外国资本具有密切的联系，它们通过各种合法或非法的手段将社会财富集中到自己手中。而依靠工资收入的广大工人、职员、教师、科技工作者以及其他自由职业者的实际生活水平大幅度下降。由于失业问题严重，许多人都在非正规的经济部门工作，他们的收入和生活条件得不到保障，许多人的工资都低于国家规定的最低工资。贫富悬殊的扩大引起了社会的不满，并进一步影响政治的稳定。

综上所述，可以看到，在墨西哥，新的经济发展模式已经建立并带来了一些积极的效果，但是仍面临一些亟待解决的问题，如果这些问题得不到妥善解决，有可能影响社会的安定。而政局和社会的稳定是任何经济模式取得成效的必要条件。

（原载《世界经济与政治》1994年第8期）

从墨西哥经济改革看第三世界的战略调整

20世纪90年代,世界经济格局正在发生深刻的变化。这种变化对广大第三世界国家将产生何种影响,第三世界将采取哪些对策,这是值得探索的重要问题。本文拟以当前墨西哥进行的经济改革为例,分析第三世界面临的挑战和抉择。

一 实行战略调整是摆脱危机的根本出路

墨西哥是第三世界中经济发展水平较高的国家,战后在工业化和农业现代化方面都取得了重大进展。但是,从70年代开始,经济发展速度放慢,贸易不平衡加剧,债务不断增加,通货膨胀持续上升,1982年终于爆发了震惊世界的债务危机。这次危机成为整个拉美地区经济危机的先导,债务危机的爆发至今已整整10年。在10年期间,拉美地区的人均国民生产总值下降了9.6%,通货膨胀率曾一度由56%上升到1200%,拉美国家以偿付外债形式向工业国转移的资金达2500亿美元。10年衰退的惨痛教训使墨西哥以及其他拉美国家认识到,这场危机绝非某项政策失误引起的扭曲，而是具有深刻的国际国内原因。

从外部因素来看，这次危机反映了在新技术革命条件下南北经济关系出现的新的不平衡和广大发展中国家原有的经济结构与新的国际经济形势的不适应。战后，尤其是60年代以来，科学技术的蓬勃发展有力地推动了生产力的突飞猛进。新科技成果的广泛应用引起物质生产领域全面而深刻的变化；各种新兴材料的广泛使用使西方工业化国家对发展中国家初级产品的依赖不断减轻；国际贸易、国际投资和技术转移主要在发达国家相互之间进行；传统国际分工条件下形成的相互依赖关系不断削弱。拉美国家在长期的历史过程中形成的以初级产品出口为特征的经济结构越来越难以适应新的国际经济形势，发达国家对拉美地区初级产品需求的减少和国际市场初级产品价格的持续下降使拉美国家、其中包括墨西哥的贸易条件不断恶化，国际资本的流向集中于发达国家，使拉美国家资金短缺的现象日益严重。这些不利的国际因素导致拉美地区以至多数发展中国家的经济出现边缘化的趋势，它们越来越远离技术发达的中心，在国际贸易中所占比重日益缩小。

从内部因素来看，拉美地区的危机反映了战后30多年来推行进口替代工业化发展模式以及在这种模式指导下形成的经济结构已经过时。战后，墨西哥以及所有拉美国家基本上都是遵循发展主义的理论，推行进口替代工业化发展战略，其基本思想是通过工业化减少经济上的对外依赖，达到独立自主地发展民族经济的目的。在这种战略指导下，工业化成为整个经济发展的中心环节，而农业等经济部门则被忽视。在经济力量有限的情况下，增加公共投资修建基础设施，发展基础工业并通过财政、金融等手段为私人资本在工业部门投资创造有利条件。为了保护幼小的民族工业免受国外同类产品的竞争，拉美国家对工业消费品的进口长期实行保护主义，而对发展工业所需的机器、设备和原材料的进口则提供免税优惠。这一战略的实施在一定时期内有力地促进了拉美各国民族工业的发展，增强了经济自主性。然而这种经济发展战略本身具有许多弊病，随着国际经济形势的变化，这种战略对拉美经济的消极影响越来越明显。这种战略指导下形成的经济结构存在的突出问题是：（1）长期不加区分地实行保护主义使本国工业体系与国外市场脱节，因而造成技术更新换代迟缓，产品成本高、质量差、缺乏竞争力，本国工业体系结构畸形，资本货和中间产品生产部门长期处于落后状态，因此，工业设备和原材料严重依赖进口。（2）国家对经济干预过多和国有企业管理不善造成整个经济效率低下，结构扭曲。公共投资日益增多使财政开支过度膨胀造成严重赤字，引起通货膨胀。（3）过分内向的经济结构使出口能力萎缩，外汇短缺，资金过分依赖外债。因此，80年代的危机从本质上来说是原有发展模式已不能适应新的国际经济形势而造成的危机。摆脱危机的根本出路在于调整战略，调整经济结构，调整政策措施。在这方面，墨西哥走在了拉美国家的前列。它在这方面取得的成效进一步证明，对于长期以争取经济独立为主要目标、实行内向工业化战略的广大发展中国家来说，在新的国际经济形势下，从根本上调整战略是摆脱困境的出路所在。

二 经济改革的核心是谋求与世界市场更紧密的结合及提高产品竞争力

墨西哥的经济改革实际上从1983年就开始了，但当时由于形势严峻，许多改革措施难以实施。1988年萨利纳斯上台执政以来，各项经济改革全面展开并取得了显著的成绩。墨西哥经济改革的基本思路是开放国内市场，引进竞争机制，减少国家干预，谋求与国际市场更紧密的结合。萨利纳斯总统在1991年的国情咨文中对其改革思想作了比较充分的阐述，提出了所谓的"新民族主义"的概念，他指出："在今天的世界上，今天的墨西哥，如何给我们的政治和经济独立下定义？在人类历史的这一时刻如何服务于墨西哥人民的最高利益？总之，在当今世界上民族利益要求什么？在历史上，推行民族主义是对外部挑战的回答。今天，这种挑战在于被置于世界新的一体化进程之外、被置于贸易和资金的巨大潮流之外的危险。这意味着削弱自己和屈从。""我们将不会为了在一个相互依赖的世界上保持更多的经济独立而关上大门，不顾外面的一切。"[1] 由此可以看出萨利纳斯标榜的所谓"新民族主义"实质上是对战后几十年推行的经济民族主义的一种扬弃，为经济的全面开放奠定理论基础。

墨西哥的经济改革首先从改革外贸体制开始。1983年墨西哥政府即已提出要以自由贸易政策替代保护主义政策，追求出口的增长和多样化，以关税替代进口许可证制度，并降低关税税率，简化进出口手续。1986年，墨西哥决定加入关贸总协定，这在很大程度上加快了外贸体制改革的进程。到1989年这项改革基本完成，关税的最高税率由100%降到20%，平均税率由27%降到6%，免税商品已占全部进口商品的54%，关税税率在0—15%的商品占进口商品的82%。[2] 在降低进口关税和取消进口许可证制度的同时，墨西哥政府大力促进制成品出口，通过银行贷款和放松外汇管制，实行货币贬值等鼓励出口。

外贸体制的改革有力地促进了墨西哥产业结构的调整和出口

---

[1] 墨西哥萨利纳斯总统第三个国情咨文，墨西哥《日报》1991年11月1日。
[2] 参见墨西哥外贸银行《1989年度工作报告》，墨西哥城，1989年12月公布。

商品的多样化。1987—1990年，制成品出口的年平均增长率达到20％，而石油出口由于油价下跌，平均每年下降7％。石油占出口总额的比重由1982年的74％降到1990年的33％，而制成品占出口总额的比重同期由16％上升到55％。国民经济石油化的趋势得到根本改观，工业制成品在国际市场上的竞争力有了较大提高。

墨西哥经济改革的另一个重要方面是减少国家对经济的干预，充分发挥市场机制的作用，提高企业的效益。墨西哥是个政府对经济干预较多的国家，国有经济在整个国民经济中占有重要的地位，石油、电力、铁路、钢铁、石油化工、特种矿产、邮电通讯等关键部门都掌握在政府手中。此外，政府通过经济计划、财政补贴、物价管理、外汇控制、公共信贷等各种手段全面干预经济生活。1982年，政府对59家私人商业银行实行了国有化，财政部对整个金融系统实行直接控制。长期以来，政府对国有企业的财政补贴成为财政赤字的重要因素。国家对经济直接干预过多带来了许多弊病，因此，减少政府对经济的干预，增强企业活力和整顿国有企业成为经济改革的重要方面。开始时，为减少国有企业的亏损，改革先从调整国有企业产品和收费价格入手，如较大幅度地提高了国内石油产品的价格，提高了电费和铁路运输费，但这些措施收效甚微。能源和运输费用的上涨反而增加了工业产品成本，引起物价的全面上涨。从80年代后期开始，改革的重点转向国有企业的私有化，对经济效益差、不具有战略意义的国有企业实行关、停、并、转。到1991年为止，全国1171家国有企业已有近800家转让给国内外的私人企业家，其中包括世界十大铜矿企业之一卡纳内亚矿业公司、墨西哥最大的钢铁企业拉萨罗·卡德纳斯钢铁公司、墨西哥航空公司、墨西哥电话公司等等。1991年，政府又将国有化的商业银行重新实行私有化，现已有 8 家出售给私人。据官方统计，因转让国有企业，政府获得了 100 多亿美元的收入，减少了 65 亿美元的内债。

为了减少政府对经济的直接干预、充分发挥市场调节的作用，墨西哥政府在价格管理制度、税收制度、金融体制等各方面都进行了重大改革。过去农产品的价格都由政府控制，10 种主要农产品都由国有人民生活必需品公司按照政府预先规定的保证价格统一收购，然后再按低价销售给城镇居民，为此，政府每年都要补贴几十亿比索。1989 年农产品价格管理制度改革后，除玉米和菜豆两种最重要的粮食仍由该公司按保证价格收购以外，其他农产品的收购价格一律放开，由市场调节。1989 年 5 月，政府取消了中央银行统一规定利率的权力，允许商业银行自行规定利率，并鼓励银行和证券交易所、保险公司等非银行金融机构之间开展竞争，以增加国内储蓄。在税收制度方面，政府降低了所得税和增值税的税率，减轻了企业负担。为减少政府财政支出，尽量以银行贷款代替财政拨款。

上述改革措施的实施对于改善国家财政状况、增强企业的经济效益、克服经济生活中的各种扭曲现象起到了十分重要的作用。

经济改革的第三个重要方面是放宽对外资的限制，为外国投资创造宽松的环境。资金问题是目前墨西哥经济发展面临的最紧迫的问题之一。从过去的教训来看，借债并不是个好办法，而且由于旧债未还，难以借到新债。因此，墨西哥重又把吸收外国直接投资作为解决资金问题的重要方式。为了吸引外资，萨利纳斯政府对 70 年代制定的外资法作了重大修改。1973 年颁布的《促进墨西哥投资和外国投资管理法》对外国投资的股份比例、经营范围都作了比较严格的限制。而 1984 年和 1989 年墨西哥政府两次修改外国投资法的有关条文，1989 年 5 月颁布的新的外国投资法规定，除了石油、电力、铁路、铀矿开采、货币铸造等具有战略意义的部门之外，外资可以进入一切部门，其股权比例可达到100%。新的外国投资法还特别鼓励外资经营中小企业，以加快工业现代化的步伐。客户工业是目前墨西哥引进外资的重要方式。1983和1986年，墨西哥颁布和修改了《客户工业发展和经营法》，允许客户工业的产品有20%可以内销。新的外资政策的实施使外资的流入量逐年增加，1980年新增外国投资16.2亿美元，1988年达到31.57亿美元。

墨西哥的经济改革正在进行之中，从最近3年的情况来看，其效果是显著的。尤其与巴西等南美国家相比，墨西哥显然已走在拉美国家恢复和振兴的前列。1989—1991年，连续3年经济增长率超过了人口增长率，1991年达到5%；通货膨胀率已从1987年的160%稳步下降到1991年的19.5%；财政状况明显改善，国际储备创历史最高纪录。许多拉美国家从墨西哥的经济改革中看到了希望，阿根廷、委内瑞拉、哥伦比亚、哥斯达黎加等许多国家正在加快经济改革的步伐。

三 改善南北经济关系是促进第三世界国家经济稳定发展的必要条件

墨西哥经济改革虽然取得了重大进展，但是仍面临严峻的挑战。墨西哥单方面降低关税和非关税壁垒并未得到其贸易伙伴的响应。发达国家的贸易保护主义仍然是发展中国家增加出口的重要障碍。美国的平均关税虽然比墨西哥低，但是美国对某些商品进口实行高关税和名目繁多的非关税壁垒使墨西哥对美出口受到很大影响，严重地阻碍了墨西哥钢铁、纺织品、服装、化学制品以及农产品的出口。由于美国的保护主义措施，墨西哥1988

年因出口减少而遭受的损失达26.9亿美元。墨西哥在实行贸易开放以后，进口日益增加，近两年来，贸易赤字不断上升，1991年达100亿美元。因此，在当今越来越相互依赖的世界中，加强南北经济合作，改善外部环境是发展中国家求得经济稳定增长的必要条件。为此，墨西哥正在与美国和加拿大进行三国自由贸易的谈判，力图通过建立北美自由贸易区取得与美国进行"平等贸易"的地位，利用广阔的北美市场促进墨西哥经济的现代化进程。

布什的"美洲倡议"在一定程度上也反映了发达国家调整与南方国家经济关系的需要。在1992年2月召开的联合国第八届贸发会议上，不论是工业国家的代表还是发展中国家的代表，都纷纷要求建立一个公正合理的国际经济新秩序，以确保世界经济的稳步发展。联合国秘书长加利在开幕式上的讲话中强调，要制定具体的措施来促进南北合作，推动世界经济，特别是发展中国家经济的发展。他指出："工业化国家的长远利益是建立在支持世界较不发达国家的经济进步、社会条件改善和政治稳定基础上的。"因此，发达国家应为发展中国家的经济发展创造良好的外部环境，积极减免债务，向发展中国家开放市场，提供资金和技术，谋求共同发展。当然，要做到这一点是不容易的。但是，南北共同发展是世界经济发展和人类进步的客观要求。

（原载《世界经济》1992年第9期）

从墨西哥经济发展战略的调整看南北经济关系的新特点

面对世界政治、经济局势的深刻变化,许多发展中国家都在进行战略调整。这种调整对今后南北经济关系的发展必将带来深远的影响。20世纪80年代以来,墨西哥经济发展战略的调整及其成效是引人注目的,其调整方向在一定程度上反映了南北关系中的某些新特点。本文拟就这一问题作些探讨。

一

墨西哥经济发展战略的调整从1983年就开始了,1985年以后步伐进一步加快,到90年代初,基本上已实现了从内向型发展战略向外向型发展战略的转移。这种转变突出地表现在以下几方面:

第一,决策思想由传统的民族主义转为谋求对世界市场的参与和地区经济一体化。战后几十年来,经济民族主义思想在发展中国家具有深远的影响。对于历史上饱受创伤的墨西哥来说,民族主义在经济决策中具有更为重要的意义。墨西哥宪法对捍卫主权和经济独立，保护本国资源等问题作了明确的规定。70年代，墨西哥政府推行对外经济关系多元化，力图减轻对美国经济上的高度依赖。1960—1980年，美国在墨西哥进出口贸易中的比重由72.1%下降到62%。1973年的外资法对外国资本的投资范围和股权比例都作了比较严格的限制，重要的自然资源和具有战略意义的经济部门都由国家垄断。为扶植民族工业，长期实行保护主义的贸易政策。

但是，到80年代，随着国际国内形势的巨大变化，墨西哥政府对其经济决策思想作了根本性的调整。它把扩大对外开放、推行自由贸易政策、积极参与国际市场的竞争和推进地区经济一体化进程视做捍卫民族利益的最佳途径。萨利纳斯总统在1991年的国情咨文中提出了90年代"新民族主义"的概念，对其决策思想的转变作了较好的说明。他指出："在历史上推行民族主义是对外部挑战的回答。今天，这种挑战在于被置于世界新的一体化进程之外、被置于贸易和资金的巨大潮流之外的危险。"①为了确保和加强对世界市场的参与，墨西哥把经济发展的新模式建立在国际竞争的基础上。为此，墨西哥政府于1985年颁布了北部边境地区工业化计划，大力发展客户工业；1987年加入了关税与贸易总协定，实行自由贸易政策；1990年决定与美国进行《北美自由贸易协定》的谈判，从而把自己置于世界竞争的大潮之中，并把加强与美国的经济贸易关系和建立北美自由贸易区作为未来建设的主要基础。墨西哥力图通过北美自由贸易区的建立确保墨西哥产品更多、更自由地进入美国市场并获得更多的外国投资和新技术。墨西哥经济决策思想上的这种重大转折对于90年代墨西哥经济和社会发展的方向具有决定性的意义。

---

① 墨西哥萨利纳斯总统第三个国情咨文，墨西哥《日报》1991年11月1日。

第二，发展模式由进口替代模式转为出口导向模式，这是墨西哥经济发展战略调整的核心。战后30多年来，墨西哥和其他拉美国家一样，长期推行进口替代工业化发展模式。这种模式在一定时期内曾有力地推动了工业化进程，保证了经济的高速增长。但是，其明显的缺陷是忽视了贸易对经济增长的巨大作用。战后，在世界范围内，贸易一直以比生产更快的速度增长。日本和东亚新兴工业化国家与地区更是通过贸易的迅速扩大实现了经济的高增长。但是，在墨西哥和整个拉美地区出现的却是完全相反的趋势，出口的增长远远落后于生产的增长，从而导致拉美国家在国际贸易中地位的急剧下降。1950年，拉美地区占世界出口的八分之一，1980年降到十分之一，1988年降到二十五分之一。当世界贸易结构发生重大变化、制成品贸易在世界贸易中已占主导地位时，拉美国家的出口仍以初级产品为主。其重要原因是长期推行进口替代发展模式，形成了一个过分内向的、其产品在国际市场上缺乏竞争力的工业体系。

为了摆脱危机，适应新的世界经济形势，墨西哥在拉美率先实行了经济发展模式的转换。首先，墨西哥对外贸体制作了重大改革，降低了关税和非关税壁垒，开放国内市场，引进竞争机制，以提高本国企业的竞争力。1982年，墨西哥1.1万种进口商品中有8100种需要申请进口许可证，到1989年，98%的商品已实行自由进口，同时，大大降低了关税税率，最高税率由100%降到20%，平均税率由27%降到9%。在开放国内市场的同时，政府通过调整汇率、发放贷款、鼓励发展客户工业等各种措施促进制成品出口。外贸体制的改革有力地促进了经济结构的变化，改变了国民经济过分依赖石油的现象。石油在出口中的比重由1982年的74%降到1991年的30%，制成品在出口中的比重同期由16%上升到58.9%。1986—1990年，非石油产品的出口额从97亿美元增加到167亿美元,制成品出口成为当前经济增长的强大动力。

与此同时,墨西哥积极引进外资,为外国投资创造良好的环境。萨利纳斯政府对1973年的外国投资法作了重大修改,取消了对外资股权比例和投资领域上的严格限制。1989年5月新颁布的外国投资法允许外商在墨享受与墨西哥人同样的待遇。墨西哥政府划分的148个部门中有96个部门对外国投资者开放,包括金融、旅游、不动产。1991年颁布的《出口加工工业法》,允许外资企业在外汇平衡的条件下可向国内市场出售50%的产品。新的外国投资政策的实施,使外资的流入量成倍增长,1980年外国的新投资仅为16.2亿美元,1991年达到123亿美元。

发展模式的转换使其工业由面向国内市场逐渐转为面向国际市场,从而扩大了需求,刺激了经济的恢复和增长。

第三,经济体制由强化国家的经济职能转为加强市场的调节机制。这是墨西哥推行外向型发展战略在体制上的保证。战后,墨西哥和许多拉美国家一样,为推行进口替代工业化战略,竭力强化国家的经济职能,扩大公共投资,发展国有企业,政府对市场价格、汇率、利率都实行严格的管制。在这种体制下,经济生活中出现了许多扭曲现象,如农产品价格的扭曲、国有企业缺乏效益并长期亏损、庞大的财政补贴引起公共财政赤字不断上升、通货膨胀加剧和外债失控。80年代爆发危机之后,减少财政赤字、抑制通货膨胀成为稳定经济、恢复投资者信心的关键。削减公共投资和开支、减少国家对经济生活的直接干预、实行非战略性国有企业的私有化、改革财政和金融体制成为当前墨西哥经济改革的主要内容。1982年,墨西哥共有国有企业1171家,到1991年为止,已有800多家转让给私人企业主,其中包括墨西哥航空公司、卡纳内亚铜矿公司、墨西哥电话公司、拉萨罗·卡德纳斯拉斯特卢恰斯钢铁公司等大型企业。1982年被国有化的商业银行于1991年重新实行私有化。通过拍卖国有企业,政府获得了100多亿美元的收入,减少了65亿美元的内债。1989年,政府着手改革金融体制,取消了中央银行规定统一利率的权力,允许商业银行自行确定存款和贷款利率。为减轻财政负担,政府取消了农产品保证价格制度,除玉米和菜豆两种主要粮食以外,其他农产品的价格均由市场调节。政府职能的转变和国有企业的私有化使国家的财政负担大为减轻,1991年实现了财政盈余,通货膨胀率由1987年的160%降到1991年的20%。1989—1991年,连续3年经济增长率超过了人口增长率,外流的资本开始回流,国际储备大大增加,货币稳定,这些都为90年代经济的重新崛起创造了条件。

二

墨西哥经济的开放和战略调整并不是一种孤立的现象,它代表了90年代拉美国家经济调整的方向,在一定程度上吸收了东亚模式的某些成功之处,与东欧以及其他地区的改革也有相似之处。透过这一改革大潮,我们可以看到南北经济关系中出现的某些新变化。

第一,世界经济全球趋势的日益加剧使发展中国家与发达国家经济的相互依赖进一步加深,世界工业生产专业化、协作化趋势的迅速发展使发展中国家参与国际分工的形式正在发生深刻的变化。随着发达国家产业结构的调整和将部分工业部门向发展中国家转移,多数发展中国家都在谋求从作为垂直型国际分工结构中原料生产基地的地位中挣脱出来,积极参与世界工业的分工体系。这种新的国际分工形式由发达国家之间向发展中国家迅速扩展,这是越来越多的发展中国家实行对外开放和发展外向型经济的客观条件。如果说,70年代初,东亚"四小龙"通过发展外向型经济实现了经济起飞尚被人们看做是特殊现象的话,那么,到90年代的今天,广泛利用外国资本和发达国家的技术、充分发挥本国廉价劳动力和资源优势、发展面向国际市场的出口加工工业在发展中国家已成为一种普遍的趋势,这种趋势有利于加快发展中国家经济现代化的步伐。扩大出口使有关国家把资金投向国民经济中最具优势的领域,通过出口扩大了需求,得到了规模经济的利益。继东亚"四小龙"之后,中国、印度等人口众多的东方大国经济开放,墨西哥、智利、阿根廷、巴西等拉美国家经济发展战略的调整以及东欧国家的改革都有力地推进了世界经济全球化进程,使发达国家与发展中国家之间在资金、技术、市场等方面的相互依赖关系进一步加深。

第二,受世界经济区域集团化趋势的驱动,地区性的南北经济合作正在增强。两极世界结束之后,美、日、欧之间的经济竞争更加激烈。它们为增强自己的实力地位,正在利用地缘政治或地缘经济关系,加强同自己所在地区发展中国家的经济关系。布什政府在与墨西哥、加拿大谈判建立北美自由贸易区的同时,提出了"美洲倡议",以便改善同整个拉美地区的经济关系,使拉美国家成为自己的外围。欧共体不仅在向东欧地区扩展势力,而且通过"洛美协定"加强与非、加、太地区发展中国家的经济关系。亚洲虽然还没有正式形成一个贸易集团,但是,日本依靠其强大的资本和技术控制了包括韩国、新加坡、马来西亚、泰国、印度尼西亚以及中国台湾地区在内的商业势力范围。从发展中国家方面来说,80年代经历了严重的经济危机之后,目前仍面临资金短缺、债台高筑、初级产品价格低廉、发达国家的贸易保护主义等种种问题。扩大出口和争取外国投资是发展中国家克服困难、重振经济的关键。为此，发展中国家也希望利用地理位置的优势和历史上长期形成的比较密切的经济贸易关系向本地区的经济大国靠拢。墨西哥与美国、加拿大建立北美自由贸易区就是最好的例证。虽然美国在行动上并没有为实施"美洲倡议"做太多实事，但大多数拉美国家对倡议仍表示欢迎。在过去的两年里，这个地区的5个国家已加入关贸总协定，29个国家与美国签订了贸易协定，以促进与华盛顿的贸易。1991年11月27—29日在加拉加斯举行的15国首脑会议在重申要加强南南合作的同时，提出要在国际贸易和发展经济方面寻求同工业化国家接近的办法，尽一切努力加强南北经济合作。1992年7月，中美洲各国和美国南部各州领导人会晤，发表了《夏洛茨维尔声明》，寻求中美洲各国和美国经济合作的新途径。在东亚地区，各种形式的区域性经济合作也在悄悄地进行。1991年3月马来西亚总统马哈蒂尔提出的建立东亚经济集团的设想虽然未必能实现，但也反映出亚太地区国家希望加强地区经济合作的愿望。因此，在乌拉圭回合谈判失败、多边自由贸易体系受阻的情况下，加强地区性南北经济合作成为一种明显的趋势。

第三，发展中国家之间经济发展的不平衡更加突出，各国在经济利益要求和经济发展目标等方面的差异日益扩大，各国在处理南北经济关系时更加注重其本身的利益和当前迫切要求解决的问题。在这种情况下，南北对话的注意力逐渐由要求建立国际经济新秩序等战略性问题转到诸如环境保护、生态平衡、人口增长、反毒、反恐怖主义等全球性问题。到90年代，发展中国家实际上可以分为三大类：第一类国家由于已经部分地参与新的国际分工，从而取得了快速发展，如亚洲新兴工业化国家和地区，其人均收入已接近发达国家。第二类是尚未进行产业结构调整、债务负担沉重、在国际贸易中仍处于不利地位的国家，主要是拉美国家。对于这类国家来说,迫切的是要改善国际经济环境,增加资金流入和改善贸易状况。第三类国家由于受许多经济和非经济因素的影响(如政治腐败、种族矛盾、体制结构以及文化素质等各种因素)而越来越贫困。对于这些国家来说,面临的紧迫问题是生存和争取经济外援。当前国际环境的变化对三类不同的发展中国家产生的影响是截然不同的,因此,第三世界内部的差别正在进一步扩大。

三

上述南北经济关系的新变化究竟将给发展中国家带来什么?笔者认为不能一概而论,应进行具体分析。一方面,世界经济全球化趋势和发达国家产业结构的调整、南北经济地区合作的新趋势将为部分发展中国家提供新的机遇,使这些国家有可能通过战略调整和内部改革积极参与国际竞争,加快经济现代化的步伐。但另一方面,必须看到,这种机遇对各类发展中国家是极不相同的,多数发展中国家由于各种政治和社会原因难以进行重大的经济结构改革。例如秘鲁出现的动荡就是最好的例证。因此,发展中国家经济边缘化的趋势仍在加剧,人均产值只有205美元的最不发达国家的数目从70年代的36个增加到90年代的46个;第三世界越来越多的人生活在贫困线以下,其收入不足以支付食物和其他基本必需品的最低需要。

正在进行调整和改革的发展中国家在参与国际竞争过程中仍面临巨大的风险和困难。当前的国际经济秩序仍是以工业大国的利益为基础的,发达国家与发展中国家在经济实力、技术水平和经营管理水平方面的差距并不是短时间内所能缩小的。因此,它们之间的竞争很难谈得上真正公平的竞争,它们之间的合作也难以是完全平等的合作。世界经济全球化和地区经济一体化进程并不能消除各国之间的利害冲突，因此，发展中国家在与发达国家的经济合作中不能不重视自身的经济安全和国家利益。当前，许多发展中国家正在进行的调整和改革是一种客观形势所趋，但是，调整能否取得成功和改革周期的长短还决定于国内各种社会、政治、经济因素。

此外，对于广大发展中国家来说，普遍都面临着一个紧迫的问题，即社会发展问题，收入分配的严重不均、农村的贫穷落后、文盲的普遍存在和社会文化教育水平的低下、城市失业率的上升、住房和医疗卫生设施的短缺、环境污染等种种问题直接威胁到社会的安宁和政治的稳定。而新自由主义模式的推行、国有企业的私有化可能使收入分配更加不公，社会的贫富两极分化进一步加剧。因此，发展中国家在实行经济战略调整时，必须特别重视改善收入分配和发展社会福利事业，使经济增长与社会发展同步进行。而在这一过程中，国家的调节作用是不容忽视的。

（原载《国外社会科学情况》1994年第1期）

墨西哥现代化进程中的地区发展问题

地区发展不平衡一直是墨西哥现代化进程中一个突出的问题。长期以来，全国的人口和经济活动高度集中在以首都为中心的几个大城市及其周围。不同地区的经济发展速度和社会经济发展水平差别很大，发达地区和不发达地区居民收入水平悬殊。为改变这种状况，墨西哥政府曾采取多项地区发展政策，以促进全国各地区经济和社会的均衡发展。但是，总的来说，收效并不显著。20世纪80年代后期以来，随着国内外形势的深刻变化和国家宏观经济政策的重大调整，墨西哥出现了工业布局和就业人口分散化的趋势，地区发展呈现出一些新的特点，人们有关地区发展的观念也发生了变化，政府的地区政策面临一系列新问题。本文拟对墨西哥的地区发展状况和政府有关政策的演变作一简要评述。

一 墨西哥地区发展的历史进程和政府政策

地区发展是一个长期复杂的历史进程，它反映了经济、政治、社会、环境、资源、技术和文化教育等各个领域的综合变化。这种变化与生产发展、技术进步、政治权力的分配、收入分配、资源的可持续利用以及地区的社会组织状况等众多问题紧密结合在一起，因此，它是各种自然因素和社会因素相互作用的结果，其中国家的有关政策也起着重要作用。

根据不同的地理条件和历史条件，墨西哥大致可分为5个地区：中部、北部、西北部、南部和墨西哥湾地区。历史上，以墨西哥河谷为中心的中部地区始终是国家的政治经济中心，其他地区的发展相对比较缓慢，尤其南部的恰帕斯、格雷罗、瓦哈卡、尤卡坦等州始终处于十分落后的状态。战后，随着工业化的进展，地区发展的不平衡更加突出。南部落后地区的农村人口大量向首都等少数几个大城市转移，人口和经济活动的地区集中现象进一步加剧。为了促进全国各地区的平衡发展，政府在各个时期推行了多项地区发展政策和地区发展计划。

最早的地区开发计划始于20世纪30—40年代。当时，卡德纳斯政府为推动农业现代化进程，在北部和西北部地区实行大规模的地区开发计划。一方面，在拉古纳地区、索诺拉州的亚基河谷、勃拉沃河下游和墨希卡利谷地广泛进行了土地改革，把土地分配给无地农民，并推行"集体村社制度"，以利于土地的大面积耕作；另一方面，由国家提供大量公共投资，加强基础设施建设，在太平洋沿岸修建新的铁路和公路干线，修建大型水库和灌溉工程，开辟大面积灌溉区，建立现代化的商品农业基地。

这种以公共投资为动力、以农业为主体的地区开发政策在当时取得了明显的成效。当时国际市场上棉花需求量较大，行情看好，国内市场上粮食短缺，而这一地区广袤的土地及新建的现代化灌溉设施为大规模种植棉花和小麦提供了良好的条件，于是，本国和外国私人资本开始向这一地区的农业部门大量投资，发展面向国际和国内市场的商品农业。昔日人烟稀少的半干旱荒漠变成了现代化的农业生产基地,索诺拉州被誉为"墨西哥的粮仓",墨希卡利、拉古纳等地区成为著名的棉花生产和出口基地。现代农业的迅速崛起使这一地区的社会经济状况发生了巨大变化,居民生活水平有了很大提高。在全国32个州社会经济发展水平的排名表上,索诺拉州由1940年的第6位上升到1960年的第4位,锡那罗亚州由第13位上升到第10位。①

但是,这种以农业为主体的地区开发政策有其局限性。从60年代开始,随着国际市场农产品价格的下跌,农业部门的利润不断减少,私人部门的投资逐渐由农业转到制造业。农业的不景气使北部地区的发展失去了活力,此外,灌溉农业需要靠丰富的水资源来维持。然而,北部和西北部地区雨量稀少,水资源不足成为该地区发展的严重障碍。水源不足还引起土地盐碱化,生态环境日益恶化。于是,60年代这一地区经济发展速度开始减慢。

60—70年代,墨西哥的替代进口工业化进程快速发展。由于大多数工业企业都被安置在首都墨西哥城以及蒙特雷和瓜达拉哈拉等几个大都市及其周围,全国的人口和经济活动便向这一狭长的"工业走廊"集中,城市化的速度空前加快,人口的分布和地区发展的不平衡进一步加剧。1930年墨西哥城的人口仅100万,1960年增加到500万,1970年猛增到910万,1980年达到1300万,约占全国人口的20%—22%。与此相适应,墨西哥城的工业产值在全国工业产值中的比重1960年达到46%,1980年上升到48%。墨西哥城、蒙特雷、瓜达拉哈拉和普埃布拉四大

---

① 参见〔墨西哥〕萨尔瓦多·罗德里格斯主编《墨西哥的地区发展》,墨西哥区域发展科学协会1998年版,第293页。

都市的工业产值占全国工业产值的68%。[1] 人口和经济活动的过度集中和地区发展的不平衡引发了一系列问题。如墨西哥城因人口过多和工业企业增长过快而造成环境状况急剧恶化，南部贫困地区因资金短缺、青壮年劳力大量外流而出现土地荒芜和经济凋敝现象。为解决这些矛盾，从70年代起，墨西哥政府开始推行"分散化"战略。其主要内容包括：地区分散化，即鼓励企业和城市居民向三大都市以外的地区分散；市场分散化，即促进较落后地区市场的发育；行政管理分散化，即把过度集中于联邦政府的权限适当下放给州和市两级地方政府。

分散化战略首次由埃切维利亚政府于1971年提出。政府规定，凡是在墨西哥城、瓜达拉哈拉和蒙特雷三大城市以外的地区开办企业都可以得到政府补贴和享受政策优惠。此外，为推动落后地区的开发，1975年，在总统府下面设立了全国地区发展委员会和地区发展办公室；在各州成立促进地区发展委员会，负责制定和实施地区发展规划。

1976年洛佩斯·波蒂略政府上台后，继续推行分散化战略，通过"生产联盟"计划，建立新的工业园区。为推动地区发展，《1976—1982年全国发展计划》规定：对联邦、州和市3级政府的权限和职能进行重新调整，适当加强地方政府的作用；引导企业向中等城市转移，以实现全国生产活动的重新配置；在州与州之间建立交通、通讯、仓储和商业的横向联系网络，以便实现地区市场的一体化。1978年，政府颁布了第一个《全国城市发展计划》，其主要目的在于实现各地区之间福利水平的均衡化。

分散化战略的实施在一定程度上扼制了经济活动过度集中的

---

[1] 参见［墨西哥］鲍利斯·格拉斯博尔特等《1980—1993年墨西哥的地区—部门重组》，墨西哥《对外贸易》1999年第4期。

趋势，使发达地区和不发达地区之间的差距有所缩小。1970 年，墨西哥发达地区的人均产值为不发达地区的 5.2 倍，1980 年缩小到 4.6 倍。①

但是，必须看到，这一时期墨西哥的地区发展政策是在替代进口工业化模式的总框架内制定的。在这种体制下，公共部门资金的支配权高度集中在联邦政府手中，国家的行政管理权也高度集中，地区发展计划的实施主要依靠联邦政府的专项拨款以及特殊的优惠政策。分散化战略虽然起了一定的作用，但是，在高度集中的体制下，不可能从根本上改变经济过度集中的问题。尤其80 年代初爆发了债务危机，联邦政府出现财政拮据，无力为贫困地区的发展提供资金，许多地区的发展规划实际上只是纸上谈兵。

二 20 世纪 80 年代后期以来地区发展的新特点和有关地区发展的新理念

1988—1994 年，萨利纳斯政府全面推行新自由主义经济改革，实行对外开放，鼓励外国投资，减少政府对经济的干预，强化市场机制，实行国有企业的私有化。随着经济发展模式的转换，萨利纳斯政府放弃了原有的以政府为主体的地区发展政策，转为主要依靠市场力量来推动不同地区社会经济的发展。政府地区政策的特点是：取消对不同地区区别对待的政策，主张各地区面对市场实行所谓的公平竞争。为此，政府取消了为落后地区的发展提供的补贴和优惠政策；模糊社会政策与地区开发政策之间

---

① 参见［墨西哥］萨尔瓦多·罗德里格斯主编《墨西哥的地区发展》，墨西哥区域发展科学协会 1998 年版，第 296 页。

的差别，以社会政策等同或替代地区开发政策。① 萨利纳斯政府主要通过《全国团结互助计划》（Programa Nacional de Solidaridad）为贫困地区提供资金，发展教育和医疗保健事业，修建交通和通信等设施。地区发展目标主要通过建立市一级的团结互助基金来实现。由于其主要目标是扶贫，所以在推动地区发展方面的作用较小。

然而，这一时期国际国内形势的巨大变化和宏观经济政策的重大调整使墨西哥的地区发展呈现出一系列新特点。

第一，全国工业布局发生重大变化，国家工业发展重心向北部和中北部地区转移，北部成为全国工业发展最快的地区。这主要得益于客户工业和《北美自由贸易协定》的签署。外国资本的大量进入和对美国出口的急剧增长成为该地区经济发展的巨大动力，1985—1993年，北部地区制造业部门就业人数的年均增长率达到9%，而中部地区为 -2%。北部边境7个州的制造业部门就业人数占全国制造业部门就业人数的比重已由1985年的17.4%上升到1993年的30.1%。② 以北部中等城市为中心形成了12个新的工业区，这些工业区正在向纵深发展。

第二，中部地区在全国经济中的比重明显下降，首都以及整个中部地区出现了非工业化和第三产业化的趋势。由于经济的开放和宏观经济政策的调整，中部地区的传统工业部门面临国外进口产品的激烈竞争，处境困难，许多企业在经济危机过程中纷纷倒闭，工业企业的总数由55000家减少到51000家，在国内生产总值中的比重由1980年的40.9%下降到1988年的36.5%，

---

① 有的学者把萨利纳斯执政时期称为地区政策的空白时期（etapa de politica regional vacia）。参见萨尔瓦多·罗德里格斯主编《墨西哥的地区发展》，墨西哥区域发展科学协会1998年版，第291页。

② 同上书，第239页

1993年进一步下降到34.7%。中部地区的就业人数在全国就业总人数中所占的比重也相对下降,由1980年的48%下降到1993年的37.6%;中部地区就业人员工资收入在全国就业人员工资收入中的比重由1980年的55.6%下降到1993年的46.2%。[1] 这一地区制造业和商业部门的人均劳动生产率也呈下降趋势,只有服务业增长迅速。这说明,在新形势下,中部地区正面临产业结构的重大调整。

第三,南部经济不发达地区边缘化趋势进一步加剧,发达地区和不发达地区居民收入的差距更加扩大。20世纪90年代以来,墨西哥经济的增长主要依靠出口带动,而远离国际市场的贫困地区不仅不能从中受益,反而因大量农产品的进口而受到打击。同时,政府推行新自由主义政策,取消了各种补贴和优惠政策,落后地区的处境更加困难。一方面,财富越来越向发达地区集中。全国最贫困的4个州(恰帕斯、瓦哈卡、伊达尔戈和尤卡坦)在全国国民收入中占的份额越来越小,恰帕斯州40%的就业人员的收入低于法定最低工资,伊达尔戈和尤卡坦30%的从业人员的收入低于法定最低工资。发达地区和不发达地区人均产值的差距由1980年的4.6倍扩大到1993年的6.4倍。另一方面,全国储蓄和信贷银行吸收资金的77%、投资银行吸收资金的95%来自联邦区、哈利斯科、新莱昂、维拉克鲁斯和塔毛利帕斯等5个州。[2] 贫富差别的扩大和落后地区的进一步边缘化导致社会矛盾空前激化,1994年恰帕斯州爆发农民暴动就是例证。

在这种新的形势下,地区发展问题在墨西哥引起了全社会的

---

[1] 参见鲍利斯·格拉斯博尔特等《1980—1993年墨西哥的地区—部门重组》,墨西哥《对外贸易》,1999年第4期,第328页。

[2] 同上书,第329—330页。

广泛关注，不同地区和不同阶层的人士对此提出了不同的要求和看法，政府的政策也作了一定的调整。

首先，在一些地区出现了新地方主义的思潮（regionalismos emergentes）。随着北部新工业区的形成及其经济实力的壮大，北部各州要求在政治、行政管理和财政等方面拥有更大的自治权。经济全球化和北美洲地区经济一体化驱使与美国相邻的墨西哥北部地区各州要求摆脱中央集权的体制，更大程度地加强与美国经济的联系。在这方面，不仅地方政府要求实行行政权力的分散化，而且私人企业集团以及各社会团体（包括村社）也都要求联邦政府放松对地方事务的管制，以适应经济全球化的新形势。有的人甚至提出了实行跨国界的地区发展战略的设想。例如，题为《索诺拉—亚利桑那地区经济发展战略构想》的计划把墨西哥的索诺拉州和美国的亚利桑那州看做是经济上统一的地区。为了在国际上更具竞争力，两个州准备采取统一行动，对经济发展进行统一安排。这种跨国界的地区行动计划的提出使墨西哥北部地区与内陆地区各州之间在吸引投资、扩大出口等方面的竞争更加激烈，矛盾也日趋尖锐。

此外，在南部落后地区以及传统的农业区，尤其是印第安人聚居地区，新地方主义也逐渐抬头，它们要求拥有更多的地方自治权，以摆脱当前的困境。例如，恰帕斯州农民组织萨帕塔民族解放军向联邦政府提出的谈判条件中不仅包括了要求改善当地居民生活水平的内容，而且提出了实行地方自治、行政管理分散化等要求。索诺拉州一些以农业为主的地区重新陷入了贫困化的境地，当地居民尤其是一些少数民族居民出于对现状的不满，要求实行地方自治。

这些新地方主义的思潮对国内政局的稳定和经济的持续发展是一个严峻的挑战，因此，必须妥善加以解决。

其次，面对地区发展中出现的许多新情况和新问题，墨西哥学术界展开了广泛的讨论，并提出了许多新的见解。

第一，强调新技术革命和经济全球化对国内地区发展的重大影响。许多学者指出，80—90年代，新兴技术尤其是信息技术的迅猛发展对社会生活的各个方面都产生了广泛的影响，改变了国际劳动分工的格局，推动了经济全球化的进程。国内各个地区的发展不能脱离这一大的背景，必须寻求与国际市场的连接。与传统工业相比，新兴工业的空间布局有许多新的特点，从而改变了过去传统经济体制下的地区经济结构，在地区之间和各城市之间正在形成复杂的网络体系。在新的条件下，作为地区经济结构变化的依据（即资本和劳动力的转移）也出现了新的特点。如果说50—70年代墨西哥的资本和劳力主要从农业向制造业转移的话，那么80—90年代，墨西哥也像一些发达国家一样，其资本和劳力正在从第一、第二产业向第三产业转移。科技革命带来的这些新变化正在使墨西哥的地区发展问题具有许多新的内容，出现新的格局。

第二，强调当地社会各界的广泛参与对地区发展的重要意义。长期以来，在地区发展理论中，自上而下发展的理论一直占据上风。80年代初，美国学者S.沃尔特和F.泰勒在《自上还是自下发展，发展中国家地区计划的辩证法》一书中提出了相反的观点，主张自下而上地发展[1]，并提出了发展地方经济的新理念。他们认为，地区发展的动力应是当地社会的内源发展。90年代以来，随着经济发展模式的转换和政府经济职能的变化，许

---

[1] [美] Stohr Walter and Fraser Taylor, *Development from Above or Below? The Dialectics of Regional Planning in Devetoping Countries*, John Wiley and Sons, Chichesler, 1981. 转引自 [墨西哥] 萨尔瓦多·罗德里格斯主编《墨西哥的地区发展》，墨西哥区域发展科学协会1998年版，第76页。

多墨西哥学者强调私人部门和民间社团参与的重要性,认为地区发展的决策应该是多元的、可变化的,认为"国家不应是地区发展的唯一角色",只有在当地社会各界广泛参与决策的情况下,地区发展计划才能取得较好效果。当然,这并不意味着否定国家在地区发展中所发挥的重要作用。

第三,强调环境因素对地区发展的重要性,主张实行可持续发展。这一思潮的兴起主要有两个原因:一是现代工业的发展对环境造成越来越严重的破坏;二是传统的地区发展理论未能解决根除贫困的问题,而贫困对环境和自然资源的合理利用产生巨大的压力。这双重因素的影响使环境问题成为地区发展中面临的严重问题。墨西哥国立自治大学教授哈维尔·德尔加迪略在《地区发展和国土的可持续性》一文中指出,当前实行可持续发展的主要障碍是:(1)人口的高度集中。人口集中的程度和速度超过了地区自然生态系统的承受能力。(2)贫困。由于贫困,居民为了生存,过度开发利用土地、水、森林等自然资源,造成贫困→破坏环境→贫困恶性循环。(3)追逐利润。一些企业为了取得高额利润,往往以破坏环境和浪费资源为代价,采取短期行为,不顾长远利益。[①] 为了实行可持续发展,各界人士要求政府加强立法,并严格执法,坚决制止破坏环境的行为。同时,各地区的发展应根据本身的自然条件,量力而行,并采取切实可行的防治污染及保护环境和资源的措施。

面对日益尖锐的地区问题和人们对萨利纳斯地区政策的批评,塞迪略政府对地区发展政策作了相应的调整,重新强调地区发展和分散化的重要性,寻求各地区之间更大程度的一体化和均

---

① 参见[墨西哥]萨尔瓦多·罗德里格斯主编《墨西哥的地区发展》,墨西哥区域发展科学协会1998年版,第689—694页。

衡发展，加快南部等欠发达地区经济发展的步伐。

塞迪略政府的地区发展政策主要体现在《1995—2000年全国发展计划》之中。该计划总的目标是要推动经济的稳定增长和可持续发展。在经济方面，塞迪略政府主要通过生产环节的一体化，加强全国各地区经济之间的联系，以带动一些欠发达地区的发展。为全面提高企业的国际竞争力，政府鼓励企业实行跨地区和跨行业的兼并，吸收更多的中小企业参与企业集团化进程。为加强和改善交通和通信基础设施建设，政府取消了对私人部门参与铁路、长途电话和卫星通信服务的限制。同时，政府推行技术现代化计划，以便在全国范围内形成技术创新网络体系。这些政策都有助于地区经济的现代化。

《1995—2000年全国发展计划》还提出了"新联邦制"的主张，提出将在联邦政府、州政府和市政府之间确立新的关系，更加有效和合理地分配资金，以促进地区的发展。为促进全国各地区的平衡发展，联邦政府将对某些欠发达地区采取补偿性措施，支持不同地区与国际市场接轨，发挥各个地区的比较优势。

塞迪略政府的地区政策还体现在医疗卫生服务的分散化、普及教育以及交通通信等基础设施建设方面。1996年8月20日，卫生部与各州政府签署了医疗服务分散化协议，在31个州建立独立的卫生服务机构。1997年，各州将增强在基础教育方面的权限。同时，联邦政府还与27个州就加强农村公路建设等问题签订专门协议，将74000多公里的农村公路的建设和养护权交给地方。

四　几点启示

墨西哥政府几十年来一直强调地区发展的均衡化，但是，全国各地区发展的不平衡依然严重。政府推行的分散化战略既有成功之处，也有失败的教训，其中有些问题值得思考。

第一，在经济现代化过程中，地区发展问题是一个十分复杂的问题，它与地理条件、资源状况、人文历史特点等多种因素都有密切关系。有的地区（如尤卡坦半岛和南部地区）曾是玛雅文明的发源地，现在却成了最落后的地区。有的地区一度开发、发展较快，之后又重新贫困化。因此，在考虑地区开发时，必须充分研究和考察各地的地理、资源、人力等各种条件，作出科学决策，既要考虑眼前的需要，更要考虑长远发展的可能性。各个地区完全均衡发展是很难做到的，尤其发展中国家更是如此。但是，像墨西哥工业化过程中所产生的那种经济活动和人口过度集中的现象是应该可以避免的。当前墨西哥政府提出的以中小城市为中心，推动地区经济的发展，以实现全国经济分散化的目标，应该说是一个合理的选择。在这个过程中，政府的公共投资的分配和政策引导起着重要作用。同时，宏观经济政策对地区发展也具有重大的影响。

第二，在当前科学技术发达、经济全球化迅猛发展的时代，地区发展的根本途径是使全国不同的地区在经济、政治、文化、社会等各方面都能更紧密地联系在一起，并融为一体。因此，在实行对外开放的同时，国内各地区之间必须实行相互开放。由于不同地区在国际国内市场上占据的地位不同，因此，相互之间在吸引资金、扩展市场等各方面的竞争还相当激烈。为此，给贫困地区提供一些资金和技术支持是必不可少的，但与此同时，拆除相互之间的各种壁垒，克服地方保护主义，以促进全国经济的一体化，这是达到各地区均衡发展的重要途径。

第三，地区经济的现代化应与社会文化发展以及政治民主化结合起来。经济的现代化与人的素质、居民受教育的水平密不可分。没有文化教育的发展，一个地区的现代化是难以取得进展的。此外，一些地方寡头势力的统治及其所产生的腐败往往是某些地区长期处于落后状态的重要原因。因此，实行政治生活的民主化，充分调动社会各界的积极性，扩大社会力量参与决策，对地区发展具有重要意义。

第四，在地区开发过程中，怎样解决好经济发展和保护生态环境及自然资源之间的矛盾是世界上许多国家普遍存在的问题。在口头上承认保护环境和自然资源的重要性是不难做到的，然而要付诸实施并不容易。其中最根本的问题是要处理好眼前利益与长远利益、个人或局部利益与国家和社会整体利益的关系。在这方面，既要加强立法和执法力度，更要从资金、技术等各方面为当地企业和群众解决一些实际问题，使保护环境和资源成为人们自觉的行动。

（原载《拉丁美洲研究》2000年第5期）

墨西哥的金融危机、通货膨胀及自由贸易区问题

墨西哥金融危机的缘由与教训

1994年末1995年初，墨西哥因本国货币大幅度贬值爆发了一场严重的金融危机。它不仅给墨西哥经济造成了严重的后果，而且给国际金融市场带来了巨大的冲击。墨西哥自1982年爆发债务危机之后，已进行了广泛的经济调整和改革，近几年来，经济一直保持稳定增长，被许多拉美国家视做典范，为何又突然爆发如此严重的金融危机呢？其中一些教训是值得注意的。

一 危机爆发的经过

1994年12月19日深夜，墨西哥财政部长突然通过电台和电视台宣布本国货币贬值15%。在国内外金融界事先对此一无所知的情况下，这一消息引起了社会上极大的恐慌，人们纷纷抢购美元，比索汇率急剧下降，金融市场出现混乱。次日，政府又宣布中央银行不再干预外汇市场，比索与美元实行汇率自由浮动，从而引起金融市场更大的动荡。3天之内，比索对美元比价由3.47比索兑换1美元降到6比索兑换1美元。各股票交易所的股市行情狂跌。12月20日一天之内，墨西哥股票交易所的收盘价下跌了6.26%。外国资本纷纷外逃，国际储备大量流失，由1994年11月的170亿美元陡然下降到1995年1月6日的55.46亿美元，月余时间减少了100多亿美元。因比索贬值与物价上涨互相攀升，市场商品价格大幅度上涨，人民生活受到影响。到1995年1月上旬，金融危机对工业企业的冲击已逐渐显露，80000家加工工业企业中已有20000家因受危机影响面临资金短缺、清偿困难等问题。此外，1995年将有290亿美元的国库券（用美元支付）到期，其中有170亿掌握在外国投资者手中，需要支付本息，墨西哥政府即将面临公共债务的清偿危机，形势十分严峻。

为控制事态，刚上任不久的塞迪略总统提出了一项紧急经济计划，决定紧缩公共开支5.2%，并与社会各界签署协议，控制工资上涨幅度，以制止通货膨胀，并通过设立特别基金，争取在最短时间内恢复金融市场的稳定。

为帮助墨西哥渡过难关，美国政府和国际货币基金组织等国际金融机构决定提供巨额贷款，支持墨西哥的稳定计划。克林顿总统提出向墨提供400亿美元贷款保证的一揽子计划在国会讨论时受挫，之后，克林顿决定使用特别权力，从"外汇平准基金"中拿出200亿美元作为美国的贷款保证金。此外，国际货币基金组织已决定向墨提供175亿美元贷款，这是它成立51年以来提供数额最大的一笔贷款。国际清算银行也将投入100亿美元。至此，墨西哥将能得到500亿美元的国际援助。

在国际社会的大力援助下，墨西哥金融形势渐趋平静，自1995年1月12日起，股票市场收盘价已连日回升，外汇市场汇率已反弹到5比索兑换1美元。但是，总的经济形势尚难很快恢复正常。

二 危机爆发的原因

造成这次危机的原因是多方面的，其中包括实行货币贬值时操作上的某些失误，但根源还在于当前经济发展中存在一些严重的隐患。必须承认，近10年来，墨西哥经济调整和改革取得了重大进展，自1988年起恢复了稳定增长；国家财政状况明显好转，连续4年保持财政盈余，通货膨胀率从1987年的170%稳步降到1994年的7%；制成品出口大幅度增加，经济已打破了相对封闭的状态，实现了从内向型经济发展模式向外向型发展模式的转变。然而，这种种事实并不能掩盖墨西哥经济发展中存在的严重问题。这些问题正是导致金融危机的原因。

第一，在经济调整和改革过程中未能很好地协调各阶层的利益，收入分配不公和贫富悬殊现象日益严重，社会矛盾空前尖锐，政局动荡不稳。这是外国投资者对墨西哥经济前景缺乏信心，纷纷将资金抽走，导致国家外汇储备减少的主要原因。当前，危及社会安定的最突出的问题，一是由于农业的持续衰退、政府对农业的补贴减少和外国农产品大量进口造成数百万农民破产，其直接后果是1994年1月恰帕斯州印第安农民发动武装暴动。二是因中小企业破产和国有企业私有化以后大量裁员，失业人数越来越多，公开失业人数达350万，半失业人数几乎占经济自立人口的一半，这些人的基本生活得不到保障，成为社会不安定的因素。三是工资购买力不断下降，人民群众不满情绪增加。这些尖锐的社会问题使连续执政已半个多世纪的革命制度党受到挑战，1994年，该党总统候选人科洛西奥和总书记鲁伊斯先后被刺身亡。1994年12月中旬，新总统塞迪略就职不久，萨帕塔民族解放军宣布结束停火，封锁公路、占领城镇，使恰帕斯州的形势再度紧张。这在外国投资者中引起很大的不安,外资停止流入甚至撤走,造成外汇储备急剧减少。

第二,国内市场开放过度,进口增长太快,而工业部门的出口能力有限,从而导致贸易赤字扩大,国际收支严重不平衡。自1986年加入关税及贸易总协定以来,墨西哥推行外贸体制改革,降低贸易壁垒,实行自由贸易化,实现了从内向型发展模式向外向型发展模式的转变。这对墨西哥经济来说,无疑是一项重要的战略转变。但是,墨西哥作为一个发展中国家,在强大的贸易对手面前如何保护自己,仍是一个不可忽视的问题。随着《北美自由贸易协定》的生效,墨西哥市场开放的力度进一步加大,进口增长速度大大超过出口。除了生产资料和原材料大量进口以外,一般消费品尤其是奢侈品的进口也大幅度增加。贸易逆差由1991年的110亿美元猛增到1993年的230亿美元,1994年达到280亿美元。连年巨额逆差只能靠大量引进外资来弥补。当发达国家经济衰退、利率较低时,墨西哥尚能靠高利率吸引外资、维持国际收支的平衡,而当国际金融市场利率提高或因政治原因外资停止流入时,外汇的匮乏直接影响经济的稳定,这是造成此次危机的重要原因。

第三,外资流入过分集中,其中证券投资占的比重过大,这类投资很不稳定,一旦发生逆转对经济造成巨大冲击。1988年以来,墨西哥由于经济比较稳定,对外资提供的条件比较优惠,成为拉美地区吸引外资最多的国家。1989—1994年,墨西哥共吸收外资500多亿美元,外资累计总额目前已达到730亿美元。1989年以前,外国投资以直接投资为主,证券投资占的比重很小。此后,随着金融市场的开放和国有企业的私有化,许多国有企业的股票通过证券市场上市,证券投资成为墨西哥吸收外资的主要方式。1992年,证券投资在当年吸收外资中的比重达到

71.64%，1993年上升到76.8%。这类投资投机性大，主要靠高利率来维持，一旦国际金融市场利率提高，立即就能抽走。自1994年2月起，美国联邦储备委员会多次提高利率，墨西哥资金外流现象日益加重。据估计，1994年被抽走的资金达180亿美元。墨西哥政府不得不动用国际储备，应付支出。

第四，国内银行利率相对较高，企业投资环境较差，产业结构调整缓慢，劳动生产率提高不快，产品在国内外市场缺乏竞争力。萨利纳斯总统上台后面临的首要任务是治理通货膨胀，为此，不得不保持较高的利率，以增加国内储蓄，吸引外部资金。1990—1992年，国内的实际利率高达20%—25%，1993年略有下降，但仍在13.6%左右。企业贷款利率实际比这还高，多数企业由于生产率低下，经济效益较差，难以承受。因此，1993年以来，制造业部门出现生产性投资滑坡，而商品流通领域和金融领域的资金过度膨胀，投机活动猖獗，形成表面虚假的繁荣，经济的脆弱性明显增加。

第五，比索长期定值过高，汇率调整不够及时，引起出口受阻，进口猛增。墨西哥本国货币比索与美元早已挂钩，实行自由浮动。政府主要靠手中持有大量美元储备，随时入市买进比索，以保持本国货币的稳定。自1992年起，政府对汇率实行小贬值政策，即每天贬值0.0004—0.0006新比索。但是，两国货币的实际差价大大超过这一幅度。上届政府早已发现本国货币定值过高，但是为了抑制通货膨胀，保证外国投资的安全，始终未采取必要的措施。到1994年上半年，比索币值比实际价值已高出30%左右，当时有关部门曾建议提高日贬值幅度，但也未付之行动。新总统上任后，由于国际储备急剧减少，到1994年12月中旬只剩65亿美元，已不足以保持本国货币的稳定，于是匆忙宣布比索一次性贬值，结果引发了这场危机。

三 危机造成的影响

就目前情况来看,在美国政府和国际金融机构的援助下,事态趋于平静,估计这次危机不至于像1982年的债务危机那样在整个拉美地区或全球引起一场金融危机。但是,不可否认,无论对墨西哥经济还是对拉美地区经济,其影响是十分巨大的。

首先,对墨西哥来说,它意味着近年来的改革成果被部分抵消,债务负担再度加重,资金流入大幅度减少,通货膨胀重新上扬,经济增长速度被迫放慢,社会、政治矛盾更加尖锐。在经受了1982年的债务危机之后,外国投资者对在拉美地区投资一直心有余悸,在这次危机中,外国投资者蒙受了巨大损失,据有关人士估计,美国投资者的损失在100亿美元以上。经受了沉重的打击之后,外国投资者对墨西哥市场的信心一时难以恢复,因此,估计在相当长一段时间内,外国投资将停止流入或数量很少,政府又不得不靠大量借债渡过难关。目前,墨西哥的外债仍有1400亿美元。危机后,墨政府准备接受的贷款达510亿美元,除去部分短期债务转为长期债务,1995年外债总额将达到1640—1700亿美元,相当于出口收入的2倍。债务危机的幽灵在墨西哥再次出现。

为了实行紧急经济计划,墨政府将紧缩信贷、提高利率,企业将承受资金不足、成本提高的巨大压力。1995年的经济增长率由计划中的4%降到1.5%,但估计这一目标仍难以实现。

因货币贬值与物价螺旋式上升,通货膨胀率重新升到两位数。国际货币基金组织为其确定的指标为19%,估计有突破的危险;而工资增长率按规定不得超过7%,因此,人民生活水平将明显下降,社会矛盾将随之加剧。

此外，塞迪略总统为了获得贷款和稳定财政状况，不得不触动一些政治敏感问题，如以石油出口作为获得美国贷款的担保，出售国有铁路系统，以取得必要的资金。这必将在议会和反对党中间引起很大的争议，政治上的动荡有可能加剧。

其次，这次危机对拉美地区也带来了很大的影响，1994年12月20日以后，拉美股市出现暴跌风潮。阿根廷等国也出现金融市场资金短缺、资金外逃等现象，各国正在采取防范措施，以抵制墨西哥金融危机的冲击波。拉美国家的经济与墨西哥有许多共同之处，外国投资者从墨西哥金融危机中感到在拉美其他国家投资同样也不安全，于是引起股市暴跌。危机爆发以来，从巴西抽走的资本达12.26亿美元，相当于外资在巴西投资总额的10%，到1995年1月中旬，巴西股市累计已下跌36%。巴西政府为抑制通货膨胀而实施的雷亚尔计划虽然取得了实效，但与墨西哥所奉行的政策十分相似，坚挺的汇率和放松进口使巴西商品失去竞争力，在连续多年取得外贸顺差之后，1994年11月和12月接连出现外贸逆差。90年代以来，外国在巴西的投资多数也是证券投资，因此，这次危机在巴西引起极大的不安。当然，目前巴西外汇储备雄厚，还不至于发生类似墨西哥的事件，但是，为了避免重蹈墨西哥的覆辙，巴西政府正在调整政策，放慢市场开放的速度，大力鼓励出口，采取新的反通货膨胀措施，以减少经济的不稳定性。

阿根廷受这次危机的冲击也较大。布宜诺斯艾利斯交易所主要公司的股票到1995年1月24日已累计下跌18点。阿根廷的金融市场也出现了资金匮乏的现象。秘鲁股市行情也出现暴跌。

从总的形势来看，拉美国家在80年代末、90年代初经济改革都取得进展，因此对这次危机具有一定的抵御能力。但是相关国家能否顶住这股冲击波、保持经济的稳定，还要看其对突发事件的应变能力。重要的是拉美国家应从墨西哥事件中吸取教训，及时调整政策，消除隐患。

除了拉美地区以外，这次危机对亚太地区的"新兴市场"以及意大利、西班牙、加拿大等国的金融市场也带来了一定的影响。投资者因墨西哥危机而对某些新兴股市的前景缺乏信心；在美国、德国等发达国家利率有可能进一步提高的情况下，国际金融市场的资金流向有可能发生逆转。

四　从危机中可吸取的教训

墨西哥在经过了 10 年的改革与开放，经济已多年稳定的情况下，突然又爆发这场危机，这对许多正在进行战略调整的发展中国家来说，有许多可吸取的教训。

第一，保障社会公正、保持社会和政治的稳定是经济稳定发展的基本条件。墨西哥是个长期以政治稳定著称的国家。革命制度党一党执政半个多世纪，除 1968 年发生过学生运动之外，国内从未发生过重大政治事件。但是，新自由主义的经济改革所造成的收入分配不公和贫富差距的扩大导致 1994 年政治事件迭起，社会矛盾激化。城市中抢劫、绑架、暗杀等暴力活动猖獗，农村中武装暴动难以平息。这说明，在任何国家，在改革过程中都必须十分重视解决收入分配不合理和保障社会公正等问题，如果长期对一些严重的社会问题视而不见或缺乏得力的措施，必将产生社会动荡，到那时，经济的高速增长也就难以为继了。

第二，开放国内市场、开展自由贸易必须以推动本国经济发展、维护本民族的利益为前提。在经济全球化迅速发展的今天，任何国家实行闭关自守政策都是没有出路的。墨西哥这次金融危机并不能否定它在前几年经济开放中所取得的成就，而且这一进程也不会逆转。但是，像墨西哥这样的发展中国家在参与国际竞争时，毕竟难以与发达国家实行平等竞争。在拉美地区，墨西哥是一个工业基础较强的国家，早在60年代，工业制品的自给率已达到90%以上。在实行经济转轨过程中，如何使原有的工业企业提高经济效益，提高产品的竞争力，在激烈的国际竞争中能生存下去并发展壮大，应该是政府经济政策中的一个重大课题。而目前墨西哥经济中面向出口的主要是外资企业，原有的民族工业在进口产品大量涌入的情况下日益衰落，这必然会削弱国家的经济实力，加深对外资的依赖。

第三，对大量涌入的外国资本必须加强管理，使其服从本国经济发展的需要。对于国内资金缺乏的发展中国家来说，大量外国资本的流入对促进经济发展无疑具有重要的意义，然而，巨额资本的流入也会带来危险。尤其在发达国家利率较低、国际市场资金充足时，投资者往往会涌向一些较有吸引力的"新兴市场"，墨西哥就是其中之一。但是，一些流动性较大的短期投资稳定性较差，一旦发生逆转必将带来高昂的代价。在这方面，智利的做法似乎是值得重视的。它虽然也大量引进外资，但在做法上比较谨慎，从90年代开始，对外资进行了适当的限制，增加国内储蓄，鼓励出口，保持了本国经济的长期稳定，并逐步减轻对外资的依赖，成为当前拉美地区经济实力最强也最稳定的国家。

第四，在金融市场全球化、数以万亿计的资金在全球流动的新形势下，政府必须提高应变能力，学会在复杂多变的国际经济环境中保护自己。当超级计算机已在金融领域普遍应用的情况下，资本市场变得比过去任何时候更为有效，也更具有风险。一个国家的利率或汇率发生变化，立即会对其他国家甚至全球资金的流动产生影响。1994年下半年墨西哥资金流入的减少与美国利率的提高直接相关。而在这种形势下,墨西哥政府的反应是比较迟钝的,以至于错过了时机,爆发了危机。这与墨西哥的政治体制有密切关系。在那里,许多事情往往由总统一人决策,缺乏民主体制。因此,在经济改革过程中及时进行国家政治体制的改革,使其适应新形势的需要,是许多发展中国家面临的共同问题。

(原载《世界经济与政治》1995年第4期)

金融危机和经济政策调整

1994年对墨西哥来说是不寻常的一年。在这期间发生了一系列重大事件：其一，萨利纳斯总统任期届满，执政党内部矛盾加剧，新总统塞迪略受命于危难之中；其二，恰帕斯州农民发动武装暴动，国内政局动荡不定；其三，1月1日，北美自由贸易协定正式生效，它既给墨西哥经济带来机遇，也使广大民族企业面临新的挑战；其四，12月，因比索贬值引发了震惊世界的金融危机。这一切都使墨西哥经济面临一场严峻的考验。

20世纪90年代以来，由于国内市场开放过快和对本国货币长期高估，墨西哥进口增长速度大大超过出口，外贸赤字日益扩大，由1991年的110亿美元猛增到1993年的230亿美元，1994年达到280亿美元，占国内生产总值的8%。巨额贸易赤字只能靠大量引进外资来弥补，这种靠高利率吸引来的外部资金中有很大一部分是投机性极强的短期证券投资。1994年，墨西哥国内政局动荡，再加上美国利率屡次上调，引起大量资金外流，全年外流的资金达234亿美元。在外贸出现巨额赤字和资本大量外流的双重压力下，墨西哥外汇储备急剧下降，金融市场出现动荡。新上台的塞迪略政府为控制局面，于12月19日宣布比索贬值15%，以遏止资金外流，刺激出口，改善国际收支状况。然而，由于投资者对墨西哥局势缺乏信心，大量收购美元，将资金汇往国外，从而引起汇率和股市的剧烈动荡，爆发了一场金融危机。从12月下旬到1995年1月中旬，不到一个月的时间内，比索对美元贬值60%，股市跌幅达42%，外流资金达100亿美元，国家外汇储备从170亿美元急剧减少到55亿美元，最少时一度只剩35亿美元。比索贬值和物价上涨相互攀升。由于资金短缺，企业陷入困境。企业的呆、坏账又导致银行危机。此外，1995年将有290亿美元的国库券（用美元支付）到期，其中有170亿美元掌握在外国投资者手中，需要支付本息。墨西哥政府面临公共债务的清偿危机，形势十分严峻。

为克服危机，墨西哥政府采取了一系列紧急措施：削减公共开支、控制信贷规模、提高银行利率和增值税税率、提高燃料等国有企业产品价格、限制工资增长幅度、压缩进口、促进出口，等等。这些严厉的紧缩性措施对抑制通货膨胀、稳定汇率和整个金融形势起到了积极作用。同时，美国和国际货币基金组织向墨西哥提供了将近500亿美元的紧急援助。到1995年底，墨西哥金融市场趋于平稳，外逃的资本开始重新回流，月通货膨胀率不断回落，国际储备已由年初的不足50亿美元增加到年底的150亿美元。这次金融危机使墨西哥人付出了高昂的代价。紧缩措施引起的需求下降导致经济严重滑坡，失业人数空前增加，银行体系坏账严重。国内生产总值增长率由1994年的4.6%下降到1995年的-6.2%，这是战后以来的最低点。城市失业率由1994年的3.7%上升到1995年的6.8%。通货膨胀率同期由7%急剧上升到52.1%。全国约有10000多家企业倒闭。① 危机造成的损失总计超过 700 亿美元。

面对这种形势,墨西哥政府一方面继续努力保持经济的稳定,巩固经济改革的成果,恢复投资者的信心;另一方面,对原来的经济政策进行修正,进一步深化经济结构改革,建立防范新的金融风险的机制,以争取在 2000 年以前为经济的稳定增长奠定基础。其主要政策措施是:

一 深化银行体制改革,加强金融监管

墨西哥金融危机中暴露出来的一个重要问题是金融监管体制不健全,银行体系运行不良,呆、坏账严重。为了吸取教训,防范新的金融风险,政府将完善金融监管体制放在经济政策的首位。1995 年,政府将原来的银行委员会和证券委员会合并成为全国银行证券委员会,负责对全国 40 多家银行和 500 多家非银行金融机构进行监管。该委员会隶属财政部,董事会由财政部长、中央银行行长等组成。其监管目标是:避免金融体系危机,促进公众对金融机构的信任感。在金融机构出现不良现象时,全国银行证券委员会可采取行政手段,对其资产重组进行干预,对经营不善的,可撤销其主要领导者的职务;对无力继续维持经营的,可作出予以拍卖的处理。1998 年,为加强中央银行的集中统一领导,将全国银行和证券委员会的隶属关系由财政部划归中央银行。根据新的法规,该委员会拥有更大的自主权,依法强化对金融体系的监管力度,以确保金融体系的正常运行和安全稳定。

---

① 参见墨西哥政府《1996 年经济政策总则》,墨西哥《对外贸易》1995 年第 12 期。

针对银行系统呆、坏账严重的状况，自1995—1998年初，政府已投入近650亿美元的资金提供紧急信贷支持。1995年，政府采用一种与通货膨胀挂钩的指数化计量单位，重新核算银行的贷款，以减少通货膨胀和汇率变动给银行带来的损失。政府以长期债券的方式购买银行的部分不良资产，以使银行资产得到改善。对一些濒临破产、无法挽救的银行，由全国银行和证券委员会组织拍卖，或联系与其他银行合并。同时，严格金融纪律，对到期和逾期贷款作出严格规定。银行对客户的资产及经营状况将建立评议制度，以便及时发现掌握发放出去的贷款可能产生的风险。从1997年开始，墨西哥实行一种与国际接轨的新的会计制度，以利于正确评估银行资产的实际价值和确定其中的不良资产比例。通过上述各项措施，墨西哥的金融体系大大增强了抗风险的能力。

二 实行浮动汇率制，并改善汇率政策的管理机制

1994年末墨西哥的金融危机和后来的亚洲金融危机都表明，在金融全球化的形势下，实行灵活的汇率政策对于宏观经济的稳定具有十分重要的意义。自1994年12月起，墨西哥实行浮动汇率制，比索对美元的汇率随市场变化自由浮动。这一灵活的政策对应付国际金融市场的动荡起到了关键的作用。1994年爆发金融危机之后，为了稳定比索的汇率，成立了由财政部长和中央银行行长等组成的汇率委员会，以建立两个部门之间必要的协调关系。有关国际储备的水平、对汇率的干预办法、避免本币大幅度波动的措施、如何保证在国际金融市场的支付能力等重大问题，均由汇率委员会讨论决定。汇率委员会的根本目的在于建立和完善汇率稳定的自我调节机制。亚洲金融危机爆发后，墨西哥进一步完善汇率管理机制。1998年3

月，政府向国会提交了《墨西哥银行法》和《联邦公共行政组织法》两个法律修正案，进一步扩大中央银行的权限，原由财政部管辖的汇兑和汇率政策转为由中央银行统一管理。中央银行将成为制定和实施货币、利率和汇率政策的唯一职能机构。以上新体制将从2000年起正式实施。

三 实施适度从紧的财政和货币政策，抑制通货膨胀

1994年末爆发金融危机之后，通货膨胀率重新回升。因此，抑制通货膨胀，保持国内物价的稳定又成为经济政策的重要方面。为此，政府实行从紧的财政政策，限制公共开支，严格财政纪律，保持公共财政收支的平衡，使公共财政成为货币稳定的基础。政府一再重申，经济增长必须以不增加通货膨胀压力为前提。公共财政赤字占国内生产总值的比重1996年为0.1%；1997年为0.4%；1998年因石油价格下跌，财政收入实际下降了1%，财政赤字占国内生产总值的比重上升到1.4%。

为了达到抑制通货膨胀这一中心目标，货币政策也趋于紧缩。中央银行尽量使其国内贷款的数量服从预定的目标，使货币的扩张勉强能满足公共资金运行的需要。由于私人部门过度负债和实际利率较高，私人部门的信贷需求很低。1997年，中央银行曾适当降低利率，刺激经济的复苏。

这种从紧的财政和货币政策保证了墨西哥的通货膨胀率逐步下降，由1995年的52%下降到1996年的27.7%，1997年降到15.7%。[1]

---

[1] 参见联合国拉丁美洲经济委员会《拉丁美洲与加勒比经济概况（1998年）》，智利圣地亚哥，1998年，第65页。

四　强调增加国内储蓄，减轻对外部资金的依赖

墨西哥政府和经济学界认为，墨西哥爆发金融危机的一个重要原因是国内储蓄率太低，经济增长对外部资金的依赖太重。东亚国家和地区的国内储蓄率达到30%—40%，而墨西哥的国内储蓄率却由1988年的22%下降到1994年的16%。墨西哥政府认为，在影响国内储蓄的因素中，最重要的一项是实际汇率不稳定，本币币值的高估过度刺激了消费、抑制了储蓄。为从根本上改变这种状况，必须把增加国内资本积累作为一项长期政策。《1996年经济政策总则》指出："必须将经济增长建立在国内储蓄和经济结构改革的基础之上，这是通过经济增长来提高人民生活的唯一方法。"[①]《1995—2000年全国发展计划》规定，在今后5年内将国内储蓄率提高6个百分点，即由16%提高到22%，来自国外的资金仅占国内生产总值的3%。为达到这一目标采取的主要措施是：（1）通过完善税收制度等手段，增加公共收入，使公共部门成为增加国内储蓄的重要方面；（2）改善企业经营状况，强化企业内部积累机制；（3）保持和提高银行实际利率，保障国内储蓄者的实际利益；（4）借鉴智利社会保障制度的经验，改革社会保障制度，使社会保险成为增加国内储蓄的有效手段。由于上述各项措施，墨西哥的国内储蓄率已由1994年的16%提高到1997年的24.6%。

---

① 墨西哥政府：《1996年经济政策总则》，墨西哥《对外贸易》，1995年第12期。

五 深化结构改革，提高生产部门的活力

墨西哥实行经济改革以来的一个突出问题是忽视改革微观经济状况，部门经济的调整不够及时。金融危机以后，塞迪略政府将深化经济结构改革作为经济政策的重要方面。除了继续实行国有企业的私有化之外，政府积极调整产业政策。为改变农业发展长期滞后的状态，政府大幅度增加对农业的投资，1997年，政府用于农牧业的资金提高到占农牧业产值的21%。政府还拨专款对纳入扶贫计划的贫困农户购置拖拉机和灌溉设备分别给予20%和35%的补贴，以便在5年之内提高500万公顷土地的机耕能力，扩大100万公顷的灌溉面积。此外，政府和金融部门还共同拿出39亿美元的资金来缓解农民的债务负担。

1996年5月，墨西哥政府颁布了《工业政策和对外贸易计划》，旨在提高本国工业企业的经济效益，加快生产设备的现代化，提高本国产品在国内外市场的竞争力。为此，政府进一步减少对生产的直接干预，鼓励私有经济成分的积极性，允许私人资本参与铁路、电话、卫星通讯、港口、机场和仓储等基础设施的投资，以便建立一个高效率、现代化的交通通讯系统和基础设施体系；通过专项资金和专门的扶持手段加快工业技术设备的改造，同时，修改税收管理办法，减轻中小企业的负担，改善中小企业的经营管理状况，以提高其产品的质量和竞争力。此外，政府还修改了有关法律程序，简化申办新企业的手续，以利于企业转产和进行产业结构的调整，降低商业流通成本，使生产厂家获得更多的实惠。

上述各项政策的实施，使墨西哥较快地走出了金融危机，使宏观经济状况保持稳定，经济逐步恢复增长。1997—1998年，

墨西哥顶住了亚洲金融危机和国际市场石油降价的压力，保持了经济稳定。1996年国内生产总值的增长率达到5.5%；1997年上升到7%；1998年虽然受亚洲金融危机和石油价格猛跌的影响，经济增长率未能达到预定的5.2%的目标，但仍达到了4.5%。通货膨胀率持续下降，1996年为27.7%，1997年为15.7%，1998年为17.4%。国内消费和私人投资都保持了良好的增长势头，同时，出口继续保持旺盛，这是推动墨西哥经济增长的强大动力。

（原载苏振兴主编《拉丁美洲的经济发展》，经济管理出版社2000年版）

墨西哥经济改革中的物价问题

墨西哥自1982年爆发危机以来，已进行了5年经济调整和改革。在这过程中，物价问题始终是政府经济政策的一项中心内容。1983—1984年，政府的紧缩政策曾在一定程度上平抑了物价，但是自1986年起，情况又急剧恶化，1987年全国消费品价格上涨率达到150%，创历史最高纪录。物价问题成为危及墨西哥社会安定的重要因素。

墨西哥恶性通货膨胀的由来和现状

过去，在拉美地区，墨西哥长期以物价稳定著称。从20世纪50年代中期到60年代末，消费品价格的年平均上涨率仅为3.5%左右。这在当时的拉丁美洲是比较低的。物价的稳定保障了工人工资的购买力，保持了汇率的稳定，增加了银行的储蓄，从而促进了经济的快速增长。70年代，因公共开支庞大，财政赤字激增，政府靠大量发行货币弥补亏空，通货膨胀日益严重。1970年全国消费品价格的上涨率为4.5%，1976年上升到31%。

80年代初，由于宏观经济失调，财政赤字庞大，大量外债流入，货币发行量增长过度，比索大幅度贬值等原因，市场物价失去控制。1982年全国消费品价格的上涨率达到98.8%，其中食品价格上涨89.8%，房租、燃料费用上涨95.6%，交通运输费用上涨167.5%。物价的失控使1982年爆发的经济危机具有更大的破坏性。

自1983年起，德拉马德里政府实行经济调整和改革，根据国际货币基金组织提出的条件，规定1983年的通货膨胀率降到55%—60%，1984—1985年降到40%。这主要通过削减公共开支、增加税收、减少货币发行量、控制工资增长幅度等紧缩性措施来实现。通过这些措施，墨西哥财政赤字占国内生产总值的比例由1982年的17.1%下降到1983年的8.9%，1984年进一步降到7.7%，货币发行量也得到控制。1982年货币增长率为78.7%，1983年下降到34.5%。同时，银行提高存款利率，吸收国内储蓄，国家还通过官方工会限制工人工资增长幅度。其结果，1983年全国消费品价格的上涨率降到80.8%，1984年继续下降，达到59.2%，1985年为63.7%。①

1986年以来，因国际市场石油价格暴跌，墨西哥财政收入减少，财政赤字再度上升，通货膨胀也随之加剧。同时，随着经济改革的进行，国家放宽对物价的管制，国有企业产品大幅度提价，引起物价的全面上涨。1986年，消费品价格上涨率第一次达到3位数，为105.7%；1987年形势进一步恶化，达到150%；1988年第一季度，政府、工人、农民和企业家共同达成协议，同时冻结工资和物价，但这只能是一种临时性措施，不能解决问题。据有关人士估计，1988年物价上涨率可能达到200%。这种

---

① 参见联合国拉丁美洲经济委员会《拉丁美洲和加勒比经济研究报告——墨西哥（1985年）》，智利圣地亚哥，1986年，第37页。

恶性通货膨胀已成为当前墨西哥经济改革和社会安定的重大障碍。

物价飞涨的主要原因

墨西哥政府每年都把反通货膨胀放在经济政策的首位，但为什么问题却越来越严重呢？笔者认为，主要原因有以下5点：

第一，巨大的财政赤字仍靠增发货币弥补。自1983年以来，墨西哥政府尽可能压缩公共投资、节省行政开支，以减少财政赤字。但是在债务的重负下，墨西哥财政状况并未得到根本好转。1985年首都地震和1986年国际市场石油价格暴跌使财政状况进一步恶化，财政赤字总额由1983年的15210亿比索猛增至1986年的126850亿比索，占国内生产总值的比例由8.9%上升到16.3%。巨大的赤字仍靠滥发纸币弥补，货币的增长率由1983年的34.5%上升到1986年的76.6%，再加上国库券、石油债券、商业债券等各种有价证券的发行，货币的流通量极度膨胀，这是1986—1987年物价飞涨的根本原因。

第二，国有企业产品和服务的价格调整幅度太大，引起物价全面上涨。长期以来，墨西哥为创造良好的投资环境和保持社会安定，一直将国有企业许多产品的价格维持在很低的水平，例如国内消费的石油、电力、化肥的价格及交通运输、电话等公用事业的费用都十分低廉，国家每年要拿出几千亿比索补贴国有企业的亏损，这也是造成财政赤字的一个重要原因。因而经济改革的一项重要内容就是调整国有企业产品和服务的价格，提高国有企业的经济效益，减少亏损和补贴。为此，政府已连续5年大幅度提高国有企业产品和服务的价格，1983年全年平均提价116.2%，1984年为71.8%，1986年为81.2%，其中以汽油、柴油提价幅度最大,国内汽油价格如以1980年为100,1983年12月则为881.5。能源、交通费用的大幅度上涨几乎使所有产品的成本提高,从而引起物价的普遍上涨。而物价的全面上涨又抵消了国有企业产品提价的作用,使国有企业仍然处于不利地位,于是,国有企业就再提价,形成恶性循环。

第三,农产品收购价格调整引起基本食品价格上涨。20世纪60—70年代,墨西哥农产品的收购价格较低,严重影响了农民的生产积极性,抑制了私人资本对农业的投资,结果造成粮食匮乏,国家每年花费大量外汇进口粮食。80年代以来,国家为促进农业发展,实现粮食自给的目标,大幅度提高了粮食收购的保证价格,1983年农产品收购保证价格的提高幅度为78.7%,1984年为97.4%。虽然国家对城市食品销售价格进行限制,但仍然不能避免食品的普遍涨价。另外,汽油、化肥、农药等产品过去靠国家补贴,低价供应给农民,但是近两年来,由于国有企业产品价格调整,农民生产粮食的成本大大提高,先前农民因粮食提价所得实惠很快化为乌有,于是,农民又不得不继续提高粮价。食品价格的螺旋式上升成为当前墨西哥物价调整中的又一个难题。

第四,汇率不稳、比索定值过低进一步加剧了物价上涨趋势。在债务重负之下,经济调整的一项重要措施是刺激出口,保持国际收支顺差。为提高本国产品在国际市场上的竞争力,政府实行比索小幅贬值,并使汇率下浮。将1986年墨西哥与美国的物价作比较,美元与比索的实际比价应为1∶463.63,但实际汇率是1∶618.87。汇率实际下浮虽然有利于出口,但是,进口原材料和设备成本的提高,引起了制成品价格的上涨。政府为避免比索大幅度贬值对经济的冲击,自1983年6月起实行小幅贬值,根据国内物价上涨的幅度,汇率每天自动下滑。

但实际上,每天小幅贬值仍未能防止每年发生大幅度贬值,而每次比索大幅贬值都必然引起国内物价的大幅度上涨。例如1987年11月,因受股市暴跌影响,人们竞相抢购美元,一天之内美元与比索的汇率由1∶1700跌到1∶2700。与此相适应,1987年12月,全国物价的上涨率高达14.8%。国内物价上涨引起比索贬值,而比索贬值和汇率不稳定又进一步加剧通货膨胀,形成另一个恶性循环。

第五,政府为减少财政补贴,取消或放宽对许多商品价格的管制。长期以来,墨西哥政府为保证城市低收入阶层居民的生活水平,对基本食品和其他人民生活必需品实行限价,由政府给予商业部门补贴。从1983年起,国家为减少财政赤字,紧缩开支,取消了对5000多种商品价格的控制,除了面包、玉米饼、药品等少数生活必需品的价格由政府控制之外,其他商品价格一律随市场的需求浮动,这就导致许多紧缺商品涨价。

物价上涨带来的社会经济影响

通货膨胀带来的后果是十分严重的,主要有以下几方面:

第一,给经济改革造成巨大障碍。政府原来准备把价格调整作为部门结构调整的重要手段,如通过提高农产品收购价格鼓励农民生产粮食,调整工农业结构,通过国有企业产品提价改善财政状况。事实上,由于在改革过程中未能从总体上控制住物价上涨的幅度,农产品提价和国有企业产品提价产生的积极效应很快就消失了,农民和国有企业都未从改革中得到多少实际好处。国家希望加强的经济部门得不到加强,改革遇到较大的阻力。

第二,投机活动猖獗,少数中间商牟取暴利,广大消费者的利益受到损害。中间商人利用物价的波动和某些紧俏商品的短缺，大搞囤积居奇，投机倒把，哄抬物价。他们往往从国有企业手中低价买进，然后再高价卖给消费者。这样，通过流通领域，大量财富落入中间商的腰包，而生产者和消费者都蒙受其害。这种不合理的分配方式使社会贫富悬殊进一步扩大，在很大程度上影响了人们的生产积极性和社会的安定。

第三，物价上涨过快引起汇率不稳和资金大量外流。由于比索不断贬值，人们为避免损失，不愿将本国货币存入银行，千方百计把比索兑换成美元，存入外国银行，或到美国去购买房地产，因而抢购美元成风，外汇黑市猖獗，墨美边境成了外汇黑市交易场所。墨西哥政府虽然不断提高银行利率，仍难以防止资金外流，这在很大程度上影响到当前墨西哥经济的恢复。

第四，人民生活水平下降，社会矛盾日益激化。根据拉美经委会的材料，墨西哥全国城市的实际最低工资如以1980年为100，1987年仅为55.9，说明工人的实际购买力7年之内下降了将近一半。由于人民生活水平下降，劳资冲突加剧。工人、农民的生产积极性低落，纪律松弛，消极怠工现象普遍。1986年发生全国性罢工189起，1987年为120起，社会刑事犯罪案件日益增加，抢劫银行的事件不断发生。1987年首都的犯罪率比1986年上升了14%，司法部门在首都地区查办的犯罪案件达16.7万件之多。

当前，墨西哥政府正在积极采取措施，克服通货膨胀带来的消极影响。一方面，政府根据工会的要求，及时调整工资，使人民生活水平不至于下降太多；另一方面，进一步削减公共投资和行政开支，加快国有企业私有化进程，以减轻通货膨胀压力。1987年，根据全国物价上涨的幅度，全国曾5次普遍提高工资，全国名义工资的增长率达到143%。1988年1月，最低工资又增加20%。及时调整工资对于缓和社会矛盾起了重要作用。1987

年12月，墨西哥政府与工人、农民和企业家代表共同签署一项《经济团结契约》，四方达成协议，同时控制工资和物价。该契约要求工人提高工作效率，降低对工资的要求；农民应提高农产品产量、降低生产成本，将农产品价格保持在政府规定的水平；企业家应提高生产效率，增加国内供应，控制价格上涨；政府将继续削减公共开支，减少财政赤字，限制物价上涨，上述措施虽然在一段时间内控制了物价，但是据许多人估计，政府一旦取消限价，物价上涨幅度将更大。

几点启示

从墨西哥的现实我们可以看到，物价问题是一个不容忽视的重大问题。

第一，通货膨胀并不是一种孤立现象，而是宏观经济失调的重要反映。80年代初，洛佩斯·波蒂略政府对物价问题没有给予足够的重视，更没有透过物价问题去发现经济发展中潜伏的危机，盲目追求经济增长速度，提出"要在通货膨胀中前进"，"不能用放慢经济增长速度来控制通货膨胀"等等，实行赤字财政，结果爆发了有史以来最严重的经济危机。至今，墨西哥人民仍在承受危机造成的恶果。因此，解决物价问题必须从调整宏观经济政策着手，即控制经济增长速度，控制公共财政赤字，控制货币流通量，等等。

第二，经济改革的成败与能否及时控制住通货膨胀是密切相关的。墨西哥是实行混合经济体制的国家，长期以来，国家对经济活动的直接干预较多，尤其在物价方面，国家长期对多种商品的价格进行控制。这种干预带来许多弊端，如国有企业效率不高，农产品收购和销售价格倒挂，财政补贴负担过重，等等。因此，当前墨西哥政府希望通过改革调整价格结构，以便从根本上解决价格不合理和财政补贴过重的问题，也就是减少或取消国家对物价的控制，依靠市场机制调节物价。应该说，这种改革是合理的，问题是如何实现这两种机制的转换。事实证明，单靠放宽对流通领域的管理，或提高部分产品的价格是达不到调整结构目的的，它只能引起轮番涨价，恶性循环。一定的价格体系是一定经济体制的产物。长期实行国家干预的体制使各社会集团的利益通过特定的方式进行协调，财政补贴成为国民收入再分配的一种方式，现在要改变这种体制，必须通过生产、交换、分配各个环节的配套措施，使各个社会集团的利益达到新的平衡。否则，通货膨胀带来的消极影响实际上就会抵消改革的积极效果。因此，价格体系的改革切不可操之过急。

第三，物价涉及千家万户的切身利益，它是影响社会安定的最重要的因素。因为当人们看到自己靠血汗挣来的微薄工资因物价上涨而变得一钱不值，而中间商、投机倒把分子却大发横财时，他们对政府的政策就会失去信心，一些人消极怠工，一些人铤而走险，走上犯罪道路。因此，对物价问题既要从经济角度考虑，又要从社会安宁和政治稳定的角度去考虑。墨西哥等拉美国家在通货膨胀很高的情况下之所以没有发生特别大的政治动荡，与它们及时采取补救措施，如及时普遍提高工资，将工资与物价挂钩，对基本生活必需品实行控制价格、提高银行利率等等有密切关系。只有当绝大多数人的合法利益得到保障时社会才会安定，而社会安定是经济发展的重要条件。

（原载《拉丁美洲研究》1988年第4期）

评墨西哥的反通货膨胀战略措施
——《经济团结契约》

20世纪80年代以来，通货膨胀已成为拉美国家面临的最严重的经济和社会问题之一。1985年，全地区的通货膨胀率平均达到275%。从这时起，一些拉美国家纷纷抛出稳定计划，寻找医治这一痼疾的良方。1985年6月，阿根廷实行奥斯特拉尔计划；同年8月，秘鲁提出因蒂计划；1986年2月，巴西又开始实施克鲁扎多计划。这些计划虽然在一段时间内制止了通货膨胀，但是由于未能从根本上解决宏观经济的失调问题，都以失败而告终。例如，巴西克鲁扎多计划实施一年之后，通货膨胀率猛增到423.6%；秘鲁的通货膨胀率由1986年的62.9%上升到1987年的104.8%，1988年有可能达到2000%。

过去，墨西哥是个通货膨胀率很低的国家。从70年代中期开始，通货膨胀逐渐加剧，1976年达到31%。80年代，由于宏观经济失调，财政赤字严重，比索大幅度贬值，债务压力沉重等种种原因，1982年通货膨胀率达到98.8%。1986年，因石油价格暴跌，经济形势进一步恶化，通货膨胀率随之急剧上升，1986年为105%，1987年达到150%。面对这一局势，墨西哥政府采取非常措施，与工人、农民和企业家代表反复谈判、协商，终于在1987年12月15日由四方共同签署了《经济团结契约》（Pacto de solidaridad economica），签约各方共同承担责任，为抑制通货膨胀、创造良好的经济环境而努力。这一契约实施至今已整整一年，其效果如何？有何经验教训？本文试图对此作一简短的分析。

一 《经济团结契约》产生的背景

墨西哥的反通货膨胀斗争实际上从1983年就开始了。当时，墨西哥政府根据国际货币基金组织提出的条件，实行紧缩政策，按照正统的办法，削减公共投资和政府开支，减少货币发行量，控制工资增长幅度、压缩银行贷款，等等。这些措施产生了明显的效果，1984年通货膨胀率降到59.2%。然而，墨西哥为此付出了沉重的社会代价，严厉的紧缩措施导致经济的严重衰退。1983年，墨西哥国内生产总值的增长率降到-5.2%，按人口平均的国内生产总值的增长率为-7.5%，制造业下降了7.3%，建筑业下降了18%。[①] 同时，失业人数急剧增加。这时，墨西哥政府在如何处理经济增长和物价上涨的关系上面临着选择：或是继续实行紧缩政策，将通货膨胀压到预定的指标（1985年降到30%），或是放宽政策，适当增加公共和私人投资，以谋求经济的适度增长，缓和社会矛盾。墨西哥政府选择了后者。1984年固定资产投资比1983年增长了5.4%，其中私人投资增长了8.8%，国民生产总值的年增长率超过了预定的2.5%的水平，

[①] 参见联合国拉丁美洲经济委员会《拉丁美洲和加勒比经济研究报告——墨西哥（1985年）》，智利圣地亚哥，1986年，第2页。

达到3.5%。但是，在债务负担十分沉重的条件下，需求增长过猛引起财政、金融、国际收支等方面新的不平衡，这种不平衡又进一步导致通货膨胀的重新加剧。1985年下半年开始，经济出现新的动荡。1986年初，国际市场石油价格暴跌，对墨西哥经济犹如雪上加霜。在债务压力沉重、资金短缺、国内市场萧条的情况下，1986年墨西哥经济出现滞胀的局面，一方面，经济增长率降到-3.8%，国内总投资下降14%，几乎所有经济部门的产值都大幅度下降；另一方面，通货膨胀率创历史最高纪录，达到105%。[①]

面对这种严重局面，德拉马德里政府重新调整战略，由原来的紧缩政策转为"适度增长"的政策。1986年6月，政府颁布了《经济振兴与增长计划》，选择了促进经济增长的道路。一方面，政府通过与国际金融界谈判，争取获得新的资金；另一方面，在国内促进私人投资，并加快改革的步伐，实行对外贸易的自由化和国有经济部门的整顿。这一政策使1987年墨西哥经济得到了一定的恢复，经济增长率为1.4%，但是付出的代价是通货膨胀失控，在股市暴跌的影响下，第四季度通货膨胀如脱缰之马，无法驾驭。1987年全年通货膨胀率达到160%，超过1986年。这就迫使墨西哥政府再一次放弃促进经济增长的计划，把反通货膨胀作为经济调整的首要目标，签订了《经济团结契约》。

墨西哥政府之所以在这一时刻果断地采取新的紧缩措施去抑制通货膨胀，主要有以下几方面考虑：

第一，从政治上考虑。1988年是总统大选之年，连续执政60年的革命制度党由于受经济危机的影响，威信明显下降。而

---

① 参见联合国拉丁美洲经济委员会《拉丁美洲和加勒比经济研究报告——墨西哥（1984年）》，智利圣地亚哥，1985年，第33页。

通货膨胀是引起群众不满的重要因素，德拉马德里政府为了保住革命制度党的政治地位，确保该党候选人当选，力图通过强有力的反通货膨胀措施，平抑人民的不满，缓和社会矛盾。

第二，从经济上考虑。墨西哥自1982年陷入危机以来，经济一蹶不振。1984年略有恢复，但是受石油降价和股市暴跌的影响，形势动荡不定，尤其在1987年下半年由于比索贬值，资本再次大量外逃，通货膨胀的失控成为危及整个国民经济稳定的关键，为使刚刚开始恢复的经济有一个坚实的基础，必须坚决控制通货膨胀。

第三，从改革角度考虑。由于公共部门产品价格上涨赶不上其他商品价格上涨的速度，改革的成效化为乌有，公共部门的亏损又加重了财政压力，因此，为把经济结构的改革进行下去，必须有一个稳定的、良好的经济环境。

二 《经济团结契约》的主要内容和实施情况

正如墨西哥计划预算部长所说，《经济团结契约》是政府与社会不同阶层紧张对话的结果，它既承认必须采取传统的反通货膨胀措施，又通过非传统的方式，由社会各方签约，共同承担义务，动员全社会的力量来抑制通货膨胀，从而为经济的恢复奠定坚实的基础。具体做法分为两步：第一步是在1987年底和1988年1—2月对工资、公共部门产品价格和利率作一次总的调整，以消除由前几个月物价急剧上涨所造成的不平衡现象；第二步是从1988年3月起同时冻结工资、物价和利率，并通过紧缩公共财政和信贷，为消除通货膨胀创造条件。具体措施包括：

1. 公共部门的收入和支出政策

从1987年12月16日起，公共部门对产品和服务的价格作一次性的调整，以便补偿前几个月物价普遍上涨给公共部门所带来的损失，调价所增加的收入约占国内生产总值的1%左右。在这次调整以后，公共部门产品价格将暂时冻结。与此同时，压缩财政支出，将联邦政府支出由原计划占国内生产总值的22%削减到占20.5%。① 为此，政府将实行部分国有企业私有化，削减办公费用和差旅费，减少或取消部分财政补贴。

2. 工资政策

由于1987年下半年工资增长大大落后于物价上涨，因此，《经济团结契约》规定，由全国最低工资委员会提议，各生产部门立即将现工资普遍提高15%，1988年1月，再将最低工资提高20%。从3月起，工资将按月根据基本食品价格指数作小的调整。

3. 控制价格、保障供给

为了保证1988年基本消费品价格的稳定，同时又使生产者不受损失，《经济团结契约》规定在1987年12月根据公共部门产品价格上涨幅度和工资提高所增加的成本，对商品价格作一次性调整。在此以后，将严格控制"菜篮子"价格上涨。与此同时，政府将尽量组织货源，保证供应，适当进口一些国内短缺的商品，以防止出现缺货或定量供应的现象，基本农产品收购的保证价格将保持1987年的实际水平。

4. 对外贸易政策

为取得反通货膨胀斗争的成功，一个重要的因素是降低外贸的壁垒。最近几年，在改善关税结构和以关税替代进口许可证方面取得了重大进展，今后这一改革将进一步深化，使出口补贴进一步合理化，以便对公共财政产生积极影响。

---

① 参见《经济团结契约》，墨西哥《日报》1987年12月16日。

5. 汇率政策

汇率应控制在既有利于减轻通货膨胀的压力，又使本国企业保持竞争力和使国际收支保持平衡。及时调整汇率和降低关税相配合将对出口产生双重的积极影响，在稳定货币和利率的同时，稳定汇率。

6. 货币和信贷政策

在通货膨胀迅速下降过程中，很重要的是要执行相应的利率政策，在不同阶段应根据情况采取不同的利率政策。开始时，由于汇率的调整、工资和物价的暂时提高，名义利率可以适当提高，但不要使实际利率再升高。以后，随着公共部门资金需求的下降和通货膨胀率的下降，利率也逐渐下降。为配合反通货膨胀战略的实施，商业银行和开发银行将采取紧缩性的贷款政策。

上述各项措施的实施迅速取得了积极的效果，通货膨胀率由1988年1月的15%降到3月的3%，财政收支状况得到改善。1988年3月27日，《经济团结契约》签约四方根据形势的发展，经过协商，决定将契约的期限延长到5月。5月22日，政府与工人、农民和企业家代表又一次签订新的协定，将契约再延期至8月底。在执行契约期间，政府不得提高公共部门产品和服务的价格；金融部门在8月31日以前保持比索对美元的固定汇率；工人和企业主双方同意在这期间不增加工资；商业和工业发展部不批准任何受其控制的商品涨价；农产品收购的保障价格仍保持1987年的实际水平，政府主要通过提供充足的低息贷款支持农业生产，而不再把提高收购价格作为鼓励农民生产粮食的手段。

从墨西哥《经济团结契约》的基本内容和实施情况来说，这一稳定计划既具有正统的反通货膨胀的思想，又根据墨西哥政治制度的特点，采取非正统的做法，动员工会、农民组织和企业家组织的力量使全社会统一步调，共同为反通货膨胀作出贡献。

也就是说，一方面，政府承担了主要的责任，遵循正统的关于通货膨胀的理论，通过压缩公共开支、增加财政收入、减少财政赤字、限制贷款、减少货币供应量、控制汇率、维持对外经济关系的平衡等措施减轻通货膨胀压力；另一方面，它又采用非正统的手段，用同时冻结工资、物价、利率的办法达到迅速控制物价的目的。墨西哥计划预算部长佩德罗·阿斯佩指出："墨西哥的稳定计划与迄今为止在其他国家采用的同类战略相比，其不同之处在于，冻结物价和工资的决定不是国家滥用职权、强加于人的命令，而是由参加生产的各方共同提出的要求，出自各种力量自身的信念。"

财政部长古斯塔沃·佩特利西奥在全国经济学家协会举办的关于通货膨胀问题的讨论会上指出："人们在讨论这一计划的性质时问道，它具有多大的正统性？我认为，不管我们给它定什么性、挂什么牌，重要的在于我们的信条已经取得成功，并将继续取得成功。"① "除了其他稳定计划的条件之外，这一计划还具有一些根本性的条件，如加强公共财政，增加财政初算的盈余额，抑制货币贷款，根据利率和贸易开放等其他因素调节汇率，国内经济结构的改革等等，这些条件都使我们对这一计划的成功抱有信心。"②

从将近一年的情况来看，应该说，《经济团结契约》是比较成功的。墨西哥的月通货膨胀率从1988年1月的15%降到5月的2%，8月降到0.9%。公共部门产品价格和工资基本保持稳定。1988年以来，墨西哥比索与美元的汇率一直保持在2280:1，

---

① 《通货膨胀的政治经济学》，墨西哥，全国经济学家协会，1988年，第10页。
② 同上。

外流的资本开始回流，财政初算盈余超过了年初的计划。这与1987年底物价失去控制、比索不断贬值、资本大量外逃的状况相比，形成鲜明的对照。反通货膨胀的成功也对革命制度党总统候选人的当选起到积极的作用。

三 《经济团结契约》面临的挑战

但是同时也必须看到，《经济团结契约》在实行一年之后，目前已面临严峻的挑战。正如任何反通货膨胀计划一样，它只能在一段时期内发挥作用，而要从根本上消除通货膨胀，必须依靠经济的综合治理。通货膨胀是宏观经济失调的一种综合反映，在总的经济形势没有得到根本改善时，局部性的反通货膨胀计划在持续一段时间之后往往带来另一些严重的社会问题。当前面临的主要矛盾是，《经济团结契约》作为一项紧缩性的计划必然对经济增长带来消极影响，虽然在1988年上半年这种影响还不十分明显，但是到第三、第四季度，经济停滞的迹象越来越明显，失业问题十分严重。因此，1988年12月1日开始执政的萨利纳斯政府仍将面临两难的选择：如果继续同通货膨胀斗争，经济将出现新的衰退；而如果采取促进经济增长的措施，物价有可能再次失控。因此，《经济团结契约》还能持续多久？一旦放开会出现何种状况？这是人们都在预测的问题。

目前，各种矛盾正在加剧，由于部分商品供应不足，价格扶摇直上，黑市猖獗，如部分蔬菜和水果的价格在最近几个月几乎上涨了1倍。一些国家控制的商品的价格受惯性的推动仍在上涨。因此，公共部门和工资实际上已承受很大的压力。工会领导人早已提出，希望从1988年9月起提高工资25%。因为自1月以来工资仅增加了3%，而累计的通货膨胀率超过30%，工人的工资购买力仍在不断下降。

比索对美元汇率的坚挺在一定程度上影响了出口并增加了进口开支，因此，出口商希望比索尽快贬值，以有利于贸易开放政策的实行。《一加一报》不久前在分析墨西哥困境时评论说："物价的上涨仍然高于工资的提高、利率仍高于物价的上涨，这样只有利于企业和金融部门的收入集中。"

从种种迹象来看，《经济团结契约》已很难再延续下去。如果一旦放开，在墨西哥有可能又会出现物价竞相上涨、工资提高、货币贬值的状况。这时，政府能否控制局面还取决于整个经济形势改善的程度。

墨西哥《经济团结契约》取得的成功及其局限性说明，通货膨胀不是一种孤立的现象，而是多种经济因素造成的综合病症，医治的方法也不是靠某一种万能的药方，而是应该根据具体情况修订政策，对经济环境进行综合治理。正如墨西哥银行行长米格尔·曼塞尔所说："消除通货膨胀不应是经济政策的最终目的，但是为了取得令人满意的发展，消除通货膨胀是一个必要的条件。"

（原载《国家体改委国外经济体制司研究报告》1988年第3号）

对墨西哥通货膨胀问题的几点思考

通货膨胀是当前中国经济发展中面临的一个突出问题。李鹏总理强调,要把抑制通货膨胀作为今年宏观调控的首要任务。然而,无论是中国学术界还是实际工作部门,对通胀的认识还存在很大差异。多数人认为,1994年中国的通胀率已达到21.7%,这是宏观经济失调的综合反映,必须引起高度重视,并采取切实有效的措施加以解决。但也有人认为,通胀是发展中国家经济发展过程中难以避免的现象,只要控制在一定限度内,即可无害。有人则认为,目前抑制通胀固然重要,但更重要的是保持较高的经济增长率,以减轻就业压力。

在国际上,有关通货膨胀与经济增长关系的争论由来已久,实质上反映了凯恩斯主义与货币主义两种观点和主张的争论。西方国家在饱尝了经济"滞胀"之苦后,目前,几乎无一不把通胀视为洪水猛兽。拉美国家则长期走膨胀增长的经济发展道路,但在经受了20世纪80年代达3位数甚至4位数的恶性通胀与经济严重衰退之后,它们对通胀的危害性也有了比较清醒的认识,90年代普遍采取了比较有效的措施加以治理,并取得了显著的效果。本文仅以墨西哥为例,对通胀问题谈几点看法。

一 对通货膨胀的危害性必须要有客观清醒的认识

墨西哥在通胀问题上走过一段曲折的路程。战后相当长一段时间内,墨西哥实行"稳定发展战略",在争取经济高增长的同时,严格保持财政收支的平衡,控制货币流通量,实行比索与美元的固定汇率,从而保持了国内物价的长期稳定。1960—1970年,经济的年均增长率高达6.9%,而年通胀率仅为3.5%。

20世纪70年代,墨西哥经济出现了一系列结构性问题:农业日益衰落,出口增长缓慢,外贸赤字扩大,经济增长乏力。在经济结构失调愈益严重的形势下,墨西哥政府为了保持较高的经济增长速度,大幅度增加公共投资,大量举借外债,人为地扩大需求,刺激经济增长。结果,年通胀率由1970年的4.5%急剧上升到1976年的27.2%,比索与美元的汇率在保持了22年固定不变之后,不得不大幅度贬值,从而引起资本大量外逃,经济陷入危机。1977年,洛佩斯·波蒂略总统为稳定形势虽然采取了一些应急性的紧缩措施,但是,其基本指导思想仍是实现经济的高增长,在许多结构性问题并未得到解决的情况下,依靠大量借债开发石油,盲目追求高增长率。为此,他多年实行赤字预算,提出"要在通货膨胀中前进"、"不能用放慢经济增长速度来控制通货膨胀"等口号,结果造成宏观经济严重失调,财政赤字空前增加。1982年,墨西哥的财政赤字已占国内生产总值的18%。滥发货币成为填补亏空的主要手段,1982年的货币供应量比上年增加了75%,比索对美元的汇率1年之内贬值了500%。货币贬值反过来又推动国内物价的上涨,当年全国消费品价格的上涨率达到98.8%,接近3位数。

自1983年起，墨西哥政府开始实行经济调整，抑制通胀成为其主要目标。然而，在债务压力沉重、通胀率已高达3位数、经济严重衰退的情况下，墨西哥陷入了两难的境地。1984年，在国际货币基金组织的要求下，德拉马德里政府实行严厉的紧缩政策，使通胀率降到65%。但是过度紧缩又引起经济全面衰退，1985年政府不得不放松银根，结果宏观经济形势再度恶化，通胀率重新上升，1987年创历史最高纪录，达170%。由于通胀连续多年居高不下，工资、物价、利率、汇率轮番攀升，形成恶性循环。正常的市场竞争机制遭到破坏，相对价格的扭曲更加严重；经济部门间发展的不平衡进一步加剧，农业持续衰退；工资购买力的急剧下降和少数暴发户利用通胀大发横财，造成收入分配更加不公。

面对这一形势，1988年12月萨利纳斯总统上台后，将治理通胀、恢复经济稳定放在经济工作的首位，一方面加快改革与开放的步伐，对严重失调的经济结构进行综合治理，为从根本上消除通胀创造条件；另一方面，适当放慢经济增长速度，为改革开放创造一个较为宽松的环境。经济决策思想的转变使墨西哥的反通胀计划真正产生了效果。

从墨西哥所走过的曲折道路可以看到，在经济发展过程中注意保持宏观经济的平衡是至关重要的。否则，即使在一段时间内取得了经济的增长，但由此而造成的经济扭曲现象需要付出高昂的代价才能纠正。一般来说，通货膨胀在刚出现或处于低水平时易于消除，一旦达到较高的水平，形成惯性，则较难治理。要想从根本上解决通胀问题，必须从决策思想上认识到通胀对经济和社会发展的危害性，痛下决心，抑制过度的需求，切实做到将治理通胀放在经济工作的首位，这是1988—1994年期间墨西哥通胀率之所以能稳步下降的前提。

二 抑制通货膨胀必须注意政策配套，对失调的宏观经济进行综合治理

通货膨胀是宏观经济失调的综合反映，是多种因素作用的结果。因此，要消除通胀必须运用财政、货币、汇率、工资、物价等方面的多项政策，并使各项政策相互配套，对经济实行综合治理。自1988年以来，墨西哥所采取的主要政策措施是：

1. 增收节支，实现财政收支平衡

巨额财政赤字是墨西哥通胀失控的重要原因。1988年，联邦政府财政赤字占国内生产总值的比重高达12.5%。为纠正这种局面，政府一方面改革税收制度，增加财政收入；另一方面节约开支，减少公共支出。

过去，墨西哥的税收制度很不健全，税收种类繁多，税率档次过多，不便于操作；管理权限分散，中央和地方政府往往重复征税；由于管理不善，偷税漏税现象十分严重。针对这一状况，政府对税收制度进行了重大改革，扩大税基，降低税率，简化手续，加强管理，防止偷税漏税。通过此项改革，全国实际的纳税人数由1988年的176万增加到1994年的560万，联邦政府的实际收入增加了32%。[①]

在增加收入的同时，政府尽量压缩公共开支。主要措施是减少公共债务，取消不必要的财政补贴，精简政府机构，压缩行政开支，减少国有企业的亏损。由于外债结构的调整和财政状况的好转，政府用于支付公共债务利息的开支由1988年占国内生产

---

① 萨利纳斯总统第六个国情咨文，墨西哥《日报》1994年11月1日。

总值的18%减少到1994年占2.5%。① 为了甩掉企业亏损补贴这一沉重的包袱，墨西哥政府对国有企业进行了整顿，对非战略性国有企业实行了私有化，用拍卖企业所得收入建立专项基金，用于发展社会公益事业和支付公共债务利息。同时，政府对墨西哥石油公司、联邦电力委员会等具有战略意义的国有企业进行整顿和改组，使其提高经济效益。

上述各项政策措施使国家财政状况有了根本好转，持续了20年的财政赤字被消除，自1992年起已连续3年保持国家财政的盈余。这为墨西哥有效地控制通胀奠定了基础。

2. 控制货币供应量

控制货币供应量、实现总需求和总供给的相对平衡是消除通胀的根本途径。为此，萨利纳斯政府实行了货币改革，按1000∶1折算，以旧比索换新比索，将过量发行的旧比索逐步回收，并严格控制新比索的发行量。墨西哥参照德国等西欧国家的做法，给中央银行以更大的独立性，使其在调节货币流通量和资金融通方面发挥重要作用，以达到保持货币购买力稳定的目的。1993年，墨西哥议会通过专门决议，确认了墨西哥银行的首要任务是保证本国货币的稳定，任何政府部门，包括总统在内，都不得要求中央银行为了行政目的而增发货币。这样，就从制度上杜绝了滥发货币的现象。

此外，为了紧缩国内信贷规模，墨西哥大幅度提高了银行利率，以增加国内储蓄，吸引外部资金。1988年国内银行利率曾高达52.3%，以后，随着通胀率的下降，银行利率也逐年有所下降。但总的来说，利率还是维持在较高的水平上。如1993年通胀率为9%，银行利率为13.6%。

---

① 萨利纳斯总统第六个国情咨文，墨西哥《日报》1994年11月1日。

3. 实行比索微调政策，以保持外汇市场的稳定

墨西哥实行开放经济，汇率对整个经济的稳定具有特别重要的意义。为了使汇率政策有利于抑制通胀，萨利纳斯政府取消了双轨制，实行比索对美元的自由浮动，为避免一次性大幅度贬值给经济带来冲击，允许比索每天以 0.0004%—0.0006% 的幅度实行小幅贬值。同时，政府靠手中掌握一定数量的外汇储备，保持本国货币的币值。这一做法在经常项目盈余、外汇储备较充裕的情况下，对国内通胀起到了抑制作用；但是当日贬值幅度较小、货币定值过高，而外汇储备又不足时，则会造成较大的消极影响。1994 年底的金融危机就是这一政策造成的后果。

从墨西哥反通胀的成效来看，在治理通胀过程中，各项政策必须配套，其中最根本的是要消除财政赤字和控制货币发行量，实行总需求与总供给的相对平衡。此外，像墨西哥这样的发展中国家，宏观经济的失衡往往与经济体制方面的缺陷以及市场发育的不充分分不开，因此，在实行宏观经济调控时，必须适时地进行经济体制改革，如通过税收制度改革和国有企业的改造，从根本上改善财政收支状况；通过金融体制改革，改善国内信贷状况，等等。

三 治理通货膨胀必须从全局出发，注意协调好社会各阶层的利益

通胀的加剧不仅造成各个经济部门之间以及不同企业之间利益分配的不平衡，而且也使不同社会阶层收入分配不均的现象更加严重。在通胀加剧的情况下，价格的急剧变动，一方面使广大工薪阶层的工资购买力下降，实际收入减少；另一方面也使一些垄断集团、中间商或金融寡头大发横财。他们利用通胀所造成

的不正常状态，囤积紧俏商品，进行投机倒把，牟取暴利。而治理通胀必然要触及各社会集团的利益，会遇到各种阻力。人人都说要抑制通胀，但是一旦要采取行动时，不同的社会利益集团则很难形成一致的意见。如何动员全社会的力量，共同承担责任，为治理通胀作出必要的牺牲，这是反通胀计划成败的关键。在这一过程中，必须协调好各社会利益集团的关系。因为，把通胀造成的损失过多地转嫁到任何一个社会利益集团身上都会带来不良的后果。如果过分限制工资增长的幅度，使人民生活水平普遍下降，必然使社会矛盾加剧，工资购买力的下降必将引起总的消费水平的下降，最终导致市场的萧条；而利率过高、企业负担过重，又会影响投资者的积极性，造成生产的滑坡。墨西哥在这方面取得了较好的经验，即通过社会契约的形式，由政府、企业界代表、工会和农民组织共同协商，确定当年的通货膨胀率以及工资、物价、利率、汇率上涨的幅度，使各方面承担责任，相互监督、相互制约。

此类契约最早于 1987 年底由政府、企业界、工人和农民 4 方代表共同签署，名为《经济团结契约》，于 1988 年 1 月付诸实施。契约规定，政府应承担责任，实行严格的财政纪律，并控制能源、交通、公共服务等国有企业产品以及服务的价格和收费标准。企业主承担义务，将商品价格限制在契约规定的幅度之内；工会则同意当年工资增长幅度不超过通胀率；农民组织则根据全国物价的形势，接受政府确定的基本农产品收购的保证价格。

契约的签署和实施产生了明显的效果。自 1988 年 1 月契约生效之日起，月通胀率迅速回落，由 1 月的 15% 降到 8 月的 0.9%。市场商品价格和工资基本保持稳定，外汇市场也保持了相对稳定。这在很大程度上增强了人们对反通胀的信心。此后，契约每年修订一次,并根据经济形势的变化增加了有关促进经济增长的内容,名称也略有变动,改为"经济稳定与增长契约",但基本内容大同小异。通过这类契约,政府、企业主和工人之间建立了一种相互制约的机制,各自承担应负的责任,以保证稳定计划的实施。

这类社会契约之所以能在墨西哥奏效,连续签订7年,而未成为一纸空文,首先是由于政府本身能够认真严肃地对待此事,严格执行契约规定的各项指标,履行自己的诺言。其次,墨西哥具有强大的与政府关系十分密切的工会组织。这些组织在全国工人中有极大的号召力。工会组织能从大局出发,将工资增长幅度限制在一定范围之内,这对于稳定计划的实施具有重要的意义。对于工人来说,长期冻结工资意味着降低实际生活水平。工会领导人既要考虑到工人的实际利益,又要照顾到整个经济形势的稳定。1993年在修订契约时,在工会代表的强烈要求下,适当提高了工资的增长幅度,除按照当年的通胀率普遍提高工资之外,还可以根据全国企业平均劳动生产率提高的水平提高工资。对于最低工资收入者,由政府通过财政拨款提供补贴。因此,工会领导人通过与政府和企业主代表协商的办法,在一定程度上满足了工人的要求,同时又保证了整个经济形势的稳定。再次,多数企业主由于饱尝高利率和高通胀之苦,也希望有一个良好的投资环境,因此也愿意承担责任,与政府和工会合作,同共作出努力,控制物价的上涨。

墨西哥前财政部长佩德罗·阿斯佩在谈到反通胀的特点时指出:"墨西哥的稳定计划与迄今为止在其他国家采用的同类战略相比,其不同之处在于,冻结物价和工资的决定不是国家滥用职权、强加于人的命令,而是由参加生产的各方共同提出的要求,出自各种力量自身的信念。"契约尽管不是正式法律,但对签约各方都具有约束力，如有违反，将遭到制裁和舆论谴责。例如，1994年9月，墨西哥城数百辆私营公共汽车把票价从50生他伏涨到1比索，显然违反了契约规定，在公众舆论的压力下，第二天就恢复了原价。

通过签订社会契约的方式来抑制通胀虽然是墨西哥特有的做法，但是，动员全社会的力量、由社会各界共同承担责任来实现经济稳定这一经验，有其普遍意义，现已被许多国家所采用。因为，任何反通胀计划只有得到全社会的理解和支持，才可能有效实施，而要做到这一点，必须使社会各阶层合理分担通胀所造成的损失。

四　反通胀没有万全之策，也不可能一劳永逸，关键在于保持经济的健康发展

墨西哥在1988—1994年期间虽在反通胀方面取得了令人瞩目的成绩，但紧缩性的稳定政策对经济也带来一定的消极影响。

首先，紧缩性的稳定计划使墨西哥的经济增长率始终处于较低水平，1988—1994年国内生产总值的年均增长率仅为2.9%。经济增长的缓慢又造成另一些问题，如失业问题十分严重。目前，全国公开失业人数达350万，半失业人数几乎占经济自立人口的一半。这些人的生活得不到保障，成为影响社会安定的因素。

其次，由于长期冻结工资，收入分配不合理的问题越来越突出。"经济稳定与增长契约"虽然规定物价与工资利率同步增长，但事实上，各种商品价格上涨的幅度并不完全一样，人民生活必需品的价格上涨幅度高于总的物价指数。工人工资的增长远远落后于物价的上涨，结果造成工人实际生活水平下降，社会财

富进一步向商业和金融部门集中。

再次，为了抑制通胀，政府对汇率长期未作大的调整，而且贬值幅度又太小，不足以纠正比索与美元之间的实际差价，结果造成本国货币一直处于高估的状态。比索的坚挺在很大程度上影响了出口的增长，刺激了进口，从而导致贸易逆差日益扩大。1991年墨西哥的贸易逆差为110亿美元，1994年已猛增到280亿美元。在国家不得不依靠大量引进外资来弥补经常项目赤字的情况下，一旦国际金融市场利率提高或因政治原因外资停止流入时，外汇短缺就会直接威胁本国货币的稳定。

上述问题由于未能得到及时妥善的解决，到1994年下半年已直接影响到宏观经济的稳定。当时，比索币值已高估将近30%。由于美国利率的提高，墨西哥出现资金外流现象。萨利纳斯所采用的以短期资金弥补经常项目赤字的做法导致了一场金融危机。1994年12月19日，由于国际储备急剧减少，新总统被迫匆忙宣布比索贬值，结果引起美元抢购风，汇率一跌再跌，股市狂泻，整个金融市场陷入混乱。比索对美元的汇率由危机前的3.47比索兑换1美元降到1995年3月的7.4比索兑换1美元。本国货币的大幅度贬值和资本的大量外逃必然引起物价的急剧上涨，通胀率重新升到两位数，1995年3月已达到30%，据有关人士估计，1995年全年将达到42%。与此同时，经济增长率将大幅度下降。虽然克林顿政府和国际货币基金组织答应提供500多亿美元的援助，但是到目前为止，事态尚未得到控制。

这次危机使前几年反通胀的成果在一定程度上被抵消。塞迪略政府不得不实行新的紧急紧缩计划，以防通胀再次失控。

墨西哥的教训说明，任何成功的反通胀计划都不可能一劳永逸，如果不注意及时调整宏观经济政策，消除经济发展中存在的各种隐患，通胀就像恶魔一样，随时都可能出现，并对经济造成极大的损失；而要从根本上消除通货膨胀，只有不断发现并及时纠正经济发展中的失调现象，使国民经济沿着健康的轨道前进。

(原载《拉丁美洲研究》1995年第3期)

《北美自由贸易协定》的签署及其对拉美的影响

经过14个月紧张而艰苦的谈判,美国、墨西哥、加拿大3国于1992年8月12日就签署《北美自由贸易协定》达成协议。同年12月17日,3国总统在各自首都分别在协定上签字。在签约各方议会批准后,协定将于1994年1月1日生效。这个被布什誉为"标志北美大陆一个新时代开始"的"历史性"协定不仅对3个成员国的经济发展具有重要意义,而且对世界经济格局的变化将产生长远的影响。

一 协定顺利签署的原因

自1991年6月12日谈判开始以来,国际上许多人对谈判的结局并不持乐观态度。其理由是,美、加、墨3国经济发展水平悬殊,相互之间的矛盾难以协调。墨西哥的国民生产总值仅为美国的二十五分之一,人均国民生产总值为美国的十分之一,这种差异给谈判带来许多棘手的问题。然而,经过1年多的谈判,《北美自由贸易协定》终于按原定计划顺利签署,其中的原因是多方面的。

首先,建立北美自由贸易区是美国、加拿大、墨西哥3国战略上的共同需要。

20世纪80年代以来,美国经济实力相对衰落,作为世界第一经济大国的地位受到日本和西欧的严峻挑战。由于其劳动生产率增长缓慢,产品成本不断提高,美国不仅在汽车、普通电器、机器制造、钢铁等传统产业部门丧失了原先的优势,而且在许多高技术产业部门退居日本之后。即使在美国一向占统治地位的半导体和计算机领域,日本也已占据领先地位。自1984年以来,美国每年的贸易赤字达1000亿美元之巨,这不能不是美国产品竞争力相对削弱的标志。在国际金融领域,美国也丧失了过去的领导地位。1990年起,世界10大银行中美国银行已榜上无名,而日本银行在1990年和1991年都占8家。世界两极格局的终结加快了欧洲经济一体化进程。1991年10月22日,欧洲经济共同体与欧洲自由贸易联盟签署欧洲经济区协定。该协定1993年生效后,一个包括18个国家在内的欧洲统一市场,即北起冰岛、南至希腊,包括3.8亿人口、占世界贸易43%的自由贸易区将正式形成。欧洲统一市场的建立,成员国之间商品、资本、劳务和人员的自由流动将使其经济实力显著增强。亚太地区虽然尚未正式建立地区经济集团,但地区内各国的相互贸易和投资迅速增加,经济上的相互依赖日益加深。一旦欧洲和亚太两大经济圈形成,美国经济的外部环境将更加严峻。为对付西欧和日本的挑战,美国重新调整其对外经济战略,把建立"美洲经济圈"作为新全球战略的一部分。1990年6月,布什提出"美洲倡议",谋求建立一个从北美阿拉斯加湾的安克雷奇港到南美南端火地岛的美洲大市场,而建立北美自由贸易区是美国实现这一战略目标的第一步。

从墨西哥方面来说，经历了 80 年代危机之后，目前正在进行经济发展战略的调整。它把扩大对外开放、进一步参与国际市场竞争作为加强经济现代化的根本途径，通过贸易自由化政策推动商品出口，提高本国产品的竞争力，同时通过各种途径吸收更多的外国资金和技术。因此，墨西哥希望尽快建立北美自由贸易区，加强同美国的经济贸易联系，保证本国商品进入北美市场并取得必要的外部资金，加快本国经济的发展。

从加拿大方面来看，面对世界经济集团化趋势的加剧，它深感自己难以与欧洲和日本竞争，因此它把稳定占领美国市场作为重要的战略目标。当美国将自由贸易区扩大到墨西哥时，加拿大担心本国的战略利益受到损害，而对谈判采取积极态度。

显然，从战略上考虑，3 国都希望通过地区经济合作增强整体经济实力，保持或提高自己在世界经济中的地位。

其次，3 国在经济上有较大的互补性，实行自由贸易使各方都能得益。

由于美、加、墨 3 国在地理上接壤或接近，3 国的经济有较高的相互依存性，它们通过对外贸易和外国投资实现经济互补。1990 年，三边贸易额达到 2368 亿美元，其中美、加贸易额为 1753 亿美元，美、墨贸易额为 590 亿美元。同年，美、加相互投资额达 1040 亿美元。美在加投资 710 亿美元，占加拿大吸收外资总额的 70%。美在墨投资 270 亿美元，占墨西哥吸收外资总额的 63%。加拿大是美国第一大贸易伙伴，美国出口商品的 21% 销往加拿大，18% 的进口来自加拿大。墨西哥是美国第三大贸易伙伴，仅次于加拿大和日本，双边贸易额占美国对外贸易总额的 6.5%。自 1987 年墨西哥实行自由贸易政策以来，美国对墨出口大幅度增加，从当年的 124 亿美元增加到 1991 年的 333 亿美元。目前，美、墨之间尚有较高的贸易壁垒，实行自由贸易后，双方都可得益。

对美国来说，如果墨西哥取消关税，美国农产品出口每年可增加 20 亿美元。墨西哥对汽车和汽车零部件进口设有较高的关税，并规定数量限制，一旦开放市场，美国的汽车、轻型卡车和汽车零部件的出口将大幅度增加。协定中的原产地规则实际上是限制日本、德国和韩国等国对墨西哥、加拿大市场的占领。据美国国际经济研究所预测，协定生效后由于出口增加，美国将新增加 17.5 万个就业机会。况且墨西哥的工资仅为美国的十分之一，美国企业可以通过扩大对墨投资和把部分劳动密集型企业转移到墨西哥，大大提高产品的综合竞争力。虽然《北美自由贸易协定》远非解决美国一切经济问题的灵丹妙药，但是，它对当时处于衰退中的美国经济来说，确是一支兴奋剂。

《北美自由贸易协定》的签署对墨西哥具有更加重要的意义。1991 年墨西哥出口商品的 70% 输往美国，它的国民生产总值每增加 1 美元，就有 15 美分用于从美国进口。目前，墨西哥商品进入美国和加拿大的平均关税率分别为 3.8% 和 5%，而进入美国市场的农产品的平均税率在 10% 以上，美国的许多非关税壁垒仍严重地阻碍墨西哥商品进入美国市场。因此，一旦美国对墨开放市场，墨西哥的出口有可能大幅度增加。据有关人士估计，到 1995 年，墨、美贸易额有可能增加 1 倍。商品的自由流动也将使墨西哥生产资料和原材料的进口成本降低，企业的竞争力提高。同时，《北美自由贸易协定》的签署将有力地促进外国对墨投资，美国的工厂将因墨西哥工资偏低而率先大量迁往墨西哥。在自由贸易谈判的刺激下，1991 年外国在墨投资达 123 亿美元，1992 年上半年达 55.2 亿美元。墨西哥企业更大程度地参与国际分工，实行专业化生产，有利于发挥规模经济效益，降低生产成本，引进先进技术，加快经济现代化步伐。

对于加拿大来说，美国和加拿大签署的双边自由贸易协定《美加自由贸易协定》自 1989 年开始实施以来，加拿大已得到一定的好处。1991 年加拿大对美出口比协定前的 1988 年增加 57 亿加元，3 年间新吸收的直接投资达 151 亿加元，比协定前的 5 年增长 50%。美、加、墨三边自由贸易协定的签署将使加拿大商品更自由地进入墨西哥市场，墨西哥的廉价劳动力对加拿大资本也有很大的吸引力。

再次，出于国内政治斗争的需要，3 国政府都主张尽量加快谈判进程。

鉴于 1992 和 1993 两年美国和加拿大都举行大选，墨西哥国内也面临复杂的政治经济改革，《北美自由贸易协定》的签署和批准问题就成为国内各派政治力量斗争的焦点。在美国总统竞选期间，许多人因不满布什的经济政策而支持民主党候选人克林顿。而布什为在大选中赢得更多的选票，企图以《北美自由贸易协定》的签署来平息人们因经济衰退产生的不满情绪。因此，布什一再敦促谈判代表加快谈判进程，力争在大选以前把这项协定提交国会。

在墨西哥，萨利纳斯总统的经济结构改革取得了显著成效，但是仍面临许多困难。而建立北美自由贸易区可以从体制上保证经济改革的继续进行。墨西哥国内反对自由贸易协定的势力相当强大，萨利纳斯担心政治形势的变化使谈判受挫，在谈判期间多次同布什直接会晤，就重要的问题进行磋商，尽一切努力解决有争议的问题，争取协定顺利签署。

加拿大总理马尔罗尼也希望在 1993 年大选以前签署协定。因为国内两大反对党都竭力反对此项协定，他们有可能在大选中利用国内某些政治集团对自由贸易政策的不满抨击执政的保守党。协定能在大选之前签署并提交国会批准，对执政党是有利的。

正因如此，3国政府对一些争议较大的问题都作出必要的让步。

二　协定谈判涉及的主要问题

北美自由贸易区的最大特点在于它是由经济发展水平悬殊的国家组成的贸易集团，成员国间在经济上虽有较大的互补性和相互依存性，但又有明显的不对称性。这给协定的谈判增加了很大的难度，既要服从战略需要，又要照顾各方利益，而弱国与强国之间的经济利益很难在短期内取得一致，因此，整个谈判是一个不断讨价还价和相互妥协的过程。

《北美自由贸易协定》的目的在于消除贸易壁垒、倡导公平竞争、增加投资机会、提供知识产权保护、为解决争端建立有效的程序、推动地区和多边合作。谈判主要涉及市场准入、贸易规则、投资、知识产权、服务业、解决争端机制等6个方面的18个问题。由3方共同组成18个工作小组分别对各个具体问题进行磋商。此外，3方还就国内反映较大的非贸易问题——环境问题和劳工问题举行平行会谈。谈判中分歧较大的有以下7个问题：

（一）取消关税与非关税壁垒问题

《北美自由贸易协定》遵循关贸总协定的基本原则，规定缔约国之间应逐步取消关税和其他贸易壁垒。但是，美、墨、加3国由于经济实力和发展水平悬殊，相互之间的贸易很不平衡、很不对称，不可能立即开放3国市场。墨西哥大部分企业的劳动生产率无法与美国和加拿大相比。据墨西哥私人部门研究中心对

261家不同规模的企业所作的调查,其中73%的企业因技术落后、资金短缺、生产规模太小等各种原因,无力与美、加同类企业竞争。况且,墨西哥农业生产水平十分落后,墨、美两国政府对农产品补贴的标准不一,如双方立即取消对农产品的关税,墨西哥的农业势必受到严重打击,几百万农民将濒临破产。因此,谈判集中在要求各方承认实际存在的巨大差距,制定一个切合实际的、3方都能接受的减税日程表;逐步取消3国间现行的配额限制、进口许可证制度以及其他一切阻碍出口的非关税壁垒,经过一段过渡期之后,最终实现成员国之间商品完全自由流动的目标。经过磋商,协定规定了较长的过渡期,大部分商品在5—10年之内逐步取消关税,某些较敏感的商品在15年之内取消关税。考虑到发展程度上存在的差别,在关税减免期限上给予墨西哥一定的优惠。协定生效后,墨西哥出口产品的70%将自由进入美国和加拿大市场,而美、加两国向墨西哥出口的产品只有40%可以自由进入墨西哥市场。墨西哥现行的退税制度①可延续到2001年1月1日。根据美、加协定,加拿大的退税制到1998年1月1日废除。除上述一般原则外,对纺织品、农产品、汽车产品、能源和石油化工产品专门作了规定。

(二) 原产地规则

自由贸易协定与关税同盟不同,它没有一个共同的关税来抵御来自非成员国的进口,因此需要制定原产地规则以阻止非成员国生产的商品免税进入自由贸易区。但面对生产过程日益国际化的趋势,无法避免生产过程有一定的跨地区成分。为此,原产地

---

① 退税制是指一国所进口的原料,如果用于生产立即向他国出口的商品,对这类原料的进口实行免税或退税的制度。

规则必须规定产品的区外附加值含量,以识别商品的地区属性。显然,美国希望通过严格的原产地规则阻止日本、欧共体和其他国家利用墨西哥为跳板,把它们的产品打入美国市场。但是,墨西哥却企图以美国市场为诱饵,大量吸收日本、欧洲、韩国以及其他国家的投资,发展出口加工工业。因此,原产地规则就成为谈判的焦点之一。如在汽车原产地问题上,美国为向墨西哥多出口汽车零部件,要求产品的原产地(北美)比重达到75%,而墨西哥的目标是50%。最后,双方作了让步,规定为62.5%,这大大高于美、加双边自由贸易协定的50%的比重。

(三) 汽车产品问题

这是北美自由贸易谈判中的难点,也是最后达成协议的部分。80年代,世界汽车工业生产体系进行了重大调整,生产过程的跨国化和专业化程度越来越高,国际市场上的竞争十分激烈。汽车工业在美、加、墨3国经济中都占有重要地位。1990年3国汽车产量达920万辆,其中美国占80%,加拿大占11%,墨西哥占9%。谈判各方虽然都希望通过北美自由贸易区的建立,发挥规模经济效益,实行专业化生产,运用区内资源的互补性来提高本地区汽车产品的竞争力。但是,鉴于汽车工业的规模、结构、创汇对就业具有直接影响,对其他工业部门也有带动作用,3国从各自的利益考虑,在减税期限、取消进口限额和投资等问题上存在较大分歧:美国要求墨西哥立即全面开放汽车行业,实行生产一体化;而墨西哥则强调发展水平的差异,要求有15—20年的过渡期。谈判结果,双方妥协,决定在10年内取消对小汽车、轻型卡车、大轿车和汽车零部件的一切贸易壁垒,并取消对这一部门投资的一切限制。具体来说,美国将立即取消从墨西哥进口小汽车和大部分汽车零部件的关税。墨西哥对来自加拿大和美国进口的小汽车、轻型卡车立即减税50%，对大部分汽车零部件立即实行免税，并立即取消对汽车产品进口的许可证制度。

墨西哥的汽车装配业大多数由外国资本经营。70年代，由于外资企业大量进口零部件，而产品又面向墨西哥市场，汽车工业成为墨西哥外贸赤字最大的部门。此后，墨西哥政府对企业提出了"贸易平衡"的要求，即增加零部件国产化的比重，产品应大部分供出口。在谈判中，美国要求墨西哥立即取消上述规定。墨西哥在这一问题上作了较大让步，同意降低产品国产化的比重，降低对出口的要求；同时，允许外国资本对墨西哥资本占统治地位的汽车零部件生产部门进行投资，其比重可达到100%。

(四) 纺织品和服装问题

纺织品和服装贸易无论在国际上还是在北美地区都是一个比较敏感的问题。纺织品和服装是墨西哥重要的工业部门，其产值占制造业产值的12%，就业人数达100万。由于工资低，墨西哥的纺织品和服装在美国市场有较大的竞争力。美国为限制进口，对墨西哥纺织品征收20%—40%的关税，并对70%的纺织品实行配额管制。而美、加之间纺织品贸易的关税只有6%—7%。因此，墨西哥要求美国立即降低关税，取消配额。谈判结果，美国同意在条约生效后立即取消对墨西哥出口的纺织品和服装的限制，在6年内取消对在墨西哥加工的同类产品对美出口的限制；3国立即或逐步（10年内）取消在北美地区生产的纺织品和服装的关税。

(五) 农产品问题

农产品贸易一向是美、墨贸易中的难题。美国为向墨西哥倾销谷物，一直对墨西哥施加压力，要求墨西哥放宽对粮食进口的限制。同时，美国为保护本国农业生产者的利益，对墨西哥的糖、柑橘汁、新鲜蔬菜和水果的出口设置了许多贸易壁垒,如季节性关税、植物检疫以及其他限制。而墨西哥(如前所述)则必须顾及开放市场对农民生计的影响。因此,从政治稳定和就业考虑,双方都不可能立即开放市场。由于问题的复杂性,农业问题采取墨西哥与加拿大、墨西哥与美国分别进行双边谈判的方式解决。墨、美之间的农产品贸易将立即取消非关税壁垒,代之以关税—配额制或关税制度,税率逐年下降,在10—15年内降到0。协定生效后,墨、美将对许多农产品进口实行免税,其价值相当于双边农产品贸易的一半。大多数农产品将在10年内取消关税,几种敏感产品如玉米和菜豆对墨西哥,柑橘汁和糖对美国,将在15年内取消关税。加拿大与墨西哥之间,除乳品、禽蛋和糖之外,将取消农产品贸易的关税和非关税壁垒,在5—10年内逐步全部取消关税。

(六) 石油问题

石油问题历来是墨、美关系中的敏感问题。美国每天平均需要进口570万桶原油,其中四分之一来自中东。为减少对动荡不定的中东地区的石油依赖,美国希望墨西哥成为其可靠的能源供应地。但是,80年代以来,墨西哥石油公司由于缺乏资金和技术,已无力扩大生产规模。在谈判中,美国和加拿大希望获得墨西哥石油的开采权,采用风险合同的形式参与勘探,并在协定中列入保证石油稳定供应比例的条款。但对墨西哥来说,保护石油资源是维护国家主权和民族尊严的象征。1917年宪法规定,外国资本不得染指墨西哥的石油勘探、开采和提炼。因此,墨西哥断然拒绝将石油问题列入谈判日程,也不同意外国资本进入墨西哥的炼油业和原油及石油产品的跨边境输送,并拒绝美国在墨设立加油站的要求。但是,墨西哥石油公司迫切需要资金更新设备,所以,墨西哥同意外国资本在石油化工部门投资。

(七) 金融服务业问题

美国由于其巨额贸易赤字和财政赤字,在国际金融市场上逐渐失去优势,所以希望通过北美自由贸易区的建立,加强其在美洲金融市场的地位。为此,美国要求墨西哥尽快开放金融市场。而墨西哥则对此忧心忡忡,担心因实力悬殊,其弱小的银行业和金融体系将被鲸吞。墨西哥银行家卡洛斯·阿培特洛普指出:与外国相比,墨西哥的银行业是弱小的,其全部股份仅为900亿美元。世界25家大银行中任何一家的资产都超过它2—5倍。[①] 墨西哥全国25家证券交易所的资本总额为12.46亿美元,仅占美国同类资本的2.5%。墨西哥的金融市场是一个相对封闭的市场,不允许外国银行在墨设立分行,一旦金融市场放开,资本自由流动必将对墨西哥经济产生巨大冲击。

经过谈判,双方作了妥协。协定规定,缔约国可以在其成员国开展银行、保险、证券以及其他金融服务业务。对墨西哥则给予6年的过渡期。在过渡期内,外国资本对墨西哥银行业的参与比重由8%逐渐增加到15%,外国资本证券企业的参与比重由10%增加到20%。美国和加拿大保险商可以与墨西哥资本合资的形式参与墨西哥保险公司,其参股比重1994年可达到30%,1998年可达到51%,2000年可达到100%。

三 协定的签署对拉丁美洲的影响

协定的签署在拉美地区引起较大的反响。有的拉美国家认为,北美自由贸易区的建立不仅对3个成员国有利,而且对整个拉美

---

① 参见墨西哥《发展问题》1992年1—3月号,第15页。

地区也有利，它将为拉美地区贸易和经济发展提供新的可能性。也有些国家认为，墨西哥从协定中得到很多优惠，其产品可以自由进入美国，而自己则可能因此失去某些优势，面临更加困难的外部环境。笔者认为，北美自由贸易区的建立将带动国与国之间商品、劳务和农产品贸易的自由化，其积极影响将大于消极影响。

首先，建立北美自由贸易区只是美国实现其拉丁美洲新战略的第一步，美国将通过北美经济集团化进一步改善美拉经济贸易关系，推进整个西半球的贸易自由化进程。美国为了对付一个统一的欧洲和强大的日本的挑战，不仅需要与墨西哥、加拿大结成联盟，而且需要建立一个北起安克雷奇港、南至火地岛的包括整个美洲地区的美洲自由贸易区。因此，协定对拉美国家并不采取排斥态度。自由贸易协定中还包括允许其他拉美国家陆续分享自由市场好处的条文，这意味着，美国在与墨西哥达成协议的同时，也考虑与其他符合条件的拉美国家签署类似的协定。广大拉美国家面对西欧日益加强的贸易保护主义和来自亚洲的激烈竞争，迫切期望改善和加强与美国的经济贸易关系，以推动经济的恢复和增长。为此，拉美国家正竞相降低关税和非关税壁垒、调整汇率、鼓励出口，以各种形式吸引外国投资，实行由内向型发展战略向外向型发展战略的转变。《北美自由贸易协定》的签署将促使许多拉美国家进一步向北美市场靠拢，争取分享与墨西哥同样的待遇。智利总统艾尔文认为，协定的签署为智利打开了它同华盛顿谈判的大门。哥斯达黎加、洪都拉斯、萨尔瓦多等中美洲国家正在降低关税，实行经济开放，争取与美国达成框架协定。虽然在近期内美国不可能与大多数拉美国家谈判自由贸易协定，建立美洲大市场仍是一个难以实现的构想，但是，在《北美自由贸易协定》的推动下，美拉经济贸易关系将得到加强，这对拉美经济的恢复和振兴有着积极意义。

其次，协定的签署使其成员国墨西哥——这个拉美经济大国成为联结北美与中南美经济的纽带。墨西哥在与美国结成经济联盟的同时，继续奉行其对外经济多元化的方针，把发展与拉美地区的经济关系放在重要地位，积极谋求同一些拉美国家谈判签署自由贸易协定。1991年9月22日，墨西哥同智利签订拉美第一个双边自由贸易协定，制定一项逐步减税的计划，争取到1996年双方对90%的进口商品实行免税，1998年对全部商品实行免税。这项协定将使两国的贸易额由1991年的1.5亿美元增加到1995年的5亿美元。中美洲和加勒比地区一向是墨西哥产品的天然市场，中美洲各国也希望通过墨西哥同北美自由贸易区连在一起。1992年2月6日，中美洲各国和墨西哥在萨尔瓦多举行部长级会议，同意最迟到1996年12月31日成立一个自由贸易区。目前，由哥伦比亚、委内瑞拉和墨西哥组成的3国集团正努力扩大相互间的贸易和投资，筹备建立3国自由贸易区。1993年2月11—12日，3国集团和中美洲6国（巴拿马除外）的总统在加拉加斯举行会议，决定自1994年1月起建立哥、委、墨3国自由贸易区，中美洲和加勒比地区各国亦可加入。墨西哥正在成为连接北美洲和中南美洲经济的桥梁。

再次，在北美经济集团化的影响下，拉美经济一体化将向更加务实和形式多样化的方向发展。1990年布什提出"美洲倡议"之后，在拉美地区实际上存在两种一体化趋势：一是以"美洲倡议"为基本框架，谋求建立以美国为中心的西半球自由贸易区；二是加强拉美国家相互之间的经济合作，推进拉美地区一体化进程。这两种趋势看起来似乎是相互矛盾和相互排斥的，但实际上是相互交错和相互促进的。几十年来，拉美一体化运动走过了曲折的道路。80年代末至90年代初，面对世界经济全球化和区域集团化的新形势，拉美经济一体化运动开始重新活跃起来，并具有一些新的特点，它已不再局限于通过建立地区一体化组织解决国内市场狭小的问题，而是力图通过区内外的自由贸易，争取在更大程度上参与国际经济竞争。北美自由贸易区的建立使拉美各国面临更加严峻的外部环境，为迎接这一新的挑战，拉美国家必将加快相互之间正在进行的双边或多边自由贸易谈判和筹建小地区自由贸易区的进程，以加强自身参与国际贸易谈判的地位。同时，各小地区集团将通过各种方式向北美自由贸易区靠拢，以对付西欧和亚洲的地区集团化趋势。例如，中美洲和加勒比地区国家正在通过内部的贸易自由化为加入美洲经济一体化的新浪潮作准备。南方共同市场自1991年签署《亚松森条约》以来，4国间的贸易往来明显增多，为促进同美国之间的贸易和投资，准备同美国签署四加一条约。因此，《北美自由贸易协定》的签署在一定程度上加快了拉美经济一体化的步伐，并使它以更加灵活的方式向务实的方向发展。

当然，《北美自由贸易协定》的签署无论对墨西哥还是对其他拉美国家并不都是福音。至少在近期内，贸易的开放有可能使墨西哥的进口过度增加，从而引起贸易赤字的扩大。据有关人士的估计，在10年之内，墨西哥难以消灭贸易赤字，墨西哥的外债可能因此继续高居在600—1000亿美元的水平；墨西哥许多中小企业有可能因经不起竞争而倒闭；金融市场的开放有可能引起新的投机之风，从而导致新的资本外流。

总的来说，美国的战略重点仍在于与欧洲和日本争夺霸权地位。因此，它可能提供给拉美地区的资本是十分有限的。一部分拉美国家有可能继墨西哥之后，进一步加强与美国的经济贸易关系，但许多拉美国家很可能因为对美国来说无足轻重而被抛在一边。

（原载《拉丁美洲研究》1993年第2期）

《北美自由贸易协定》的实施及其面临的问题

一

《北美自由贸易协定》自1994年1月1日正式生效至今已两年多，它的启动在全球引起了较大反响。关于该协定的作用和影响，无论在成员国内部，还是在其他国家都存在不同的看法。一些人认为，该协定的实施将有力地促进美国、加拿大、墨西哥之间的经济合作，使签约各方都能得益，并推动世界贸易向自由化的方向发展。另一些人则认为，它是一个"失败"，它增加美国的失业、加深墨西哥的社会矛盾，引起中小企业的破产……对于北美自由贸易区的前景也存在不同的估计，有的认为它将向南扩展，形成西半球自由贸易区，有的则认为前景黯淡，尤其在墨西哥金融危机之后，许多人对组建美洲自由贸易区的前景持怀疑态度。究竟应该如何看待《北美自由贸易协定》实施后的影响及其面临的问题，本文仅作些初步的探讨。

从协定生效两年的情况来看，美国、加拿大和墨西哥3国政府基本上都以认真的态度来对待协定的实施。虽然受墨西哥金融危机的影响，协定实施的速度有所放慢，某些条款暂时搁浅，但是，绝大部分条款都按期得到执行，并产生了较大的影响。

首先，贸易壁垒的取消有力地推动了地区贸易的增长。协定规定，成员国应在10—15年内逐步取消相互之间的贸易壁垒，实现地区贸易的自由化。自1994年1月1日起，3国贸易所涉及的9000多种商品中，已有65%立即取消了关税，15%的商品在今后5年逐步取消关税，只有少部分商品在10年以后才实行免税。由于关税的大幅度减免和非关税壁垒的取消，最近两年，北美地区内部的贸易增幅空前。1994年美国对墨西哥的出口增长了22.3%，这是美国对其他国家出口增长速度的3倍；同年，墨西哥对美国的出口增长了24%，超过了它从美国进口的增长速度。墨西哥对美国的贸易逆差逐年缩小，由1992年的52.8亿美元下降到1994年的13.4亿美元。1994年，因墨西哥比索贬值，美国对墨出口有所下降，但是墨西哥对美出口有较大幅度增长，因此，两国间的进出口贸易总额继续上升，墨西哥方面出现贸易顺差。

过去，墨西哥与加拿大之间的贸易额很小。在《北美自由贸易协定》的推动下，墨西哥对加拿大的出口明显增加。1995年，墨西哥在加拿大对外贸易中的地位已由1991年的第9位上升到第6位，已超过亚洲"四小龙"。加拿大在墨西哥对外贸易中的地位已仅次于美国，正取代日本，占据第2位。

美、加之间的贸易也有新的发展。例如，美、加农产品贸易总额，1993年为将近99亿美元，1995年达到114亿美元。

其次，协定的生效使成员国经济上的相互依赖进一步加深。根据协定规定，墨西哥将允许美国和加拿大资本逐步进入银行、保险、证券投资等金融领域以及汽车零部件生产、渔业、石油化工等过去禁止外国资本进入的领域。墨西哥的工资仅为美国的十分之一，廉价的劳动力正在吸引越来越多的美国和加拿大企业迁往墨西哥。尤其是汽车公司，为降低生产成本，纷纷将装配厂从美国迁往墨西哥。例如，克莱斯勒汽车公司在墨西哥北部的萨尔蒂略城修建了一座大型汽车装配厂，准备在那里建立新的汽车生产基地，有人称其为"未来墨西哥的底特律"。

随着地区内贸易和投资的快速发展，成员国经济上的相互依赖日益加深。尤其美、墨两国相邻各州经济的一体化进程十分明显。例如，美国的得克萨斯州、加利福尼亚州是最近两年美国经济中最具有活力的地区，主要得益于对墨西哥的出口，加利福尼亚州的经济增长约有五分之四是靠对墨贸易。至于在墨西哥一侧，下加利福尼亚州、新莱昂、奇瓦瓦、塔毛利帕斯等州成为国内经济发展最快的地区，经济增长的主要动力来自面向美国市场的出口加工工业和边境贸易。

同时，墨西哥作为北美自由贸易区的成员国，其政治和经济的稳定对美国具有直接影响。如1994年底墨西哥爆发的金融危机给美国投资者造成的损失在100亿美元以上，为此，克林顿政府不得不动用"外汇平准基金"，给墨西哥提供200亿美元的紧急贷款，以帮助墨西哥政府平息事态。这可以说是北美自由贸易协定生效以来遇到的第一场大风波。美国、加拿大以及国际货币基金组织等国际金融机构的援助对于平息这场危机起了重要的作用，北美自由贸易区也经受住了考验，稳住了阵脚。

再次，通过区域集团化，北美3国增强了各自在国际竞争中的战略地位。建立北美自由贸易区是美国全球战略的一部分，美国企图以北美自由贸易区为基点，向南扩展，建立包括整个西半球的自由贸易区，并以此为依托，面向两洋，把《北美自由贸易协定》的原则过渡到亚太地区。同时，与欧盟对话，酝酿建立大西洋自由贸易区。在美国的倡议下,1994年12月,在迈阿密召开了有34国参加的美洲国家首脑会议,并通过了"原则宣言"和"行动计划",确定在2005年以前建立一个拥有8.5亿人口、13万亿美元产值、包括所有美洲国家的西半球自由贸易区。1995年,北美自由贸易集团与欧盟之间不断接触,酝酿在两大集团之间达成某种协议。1995年6月2日,美国国务卿克里斯托弗在马德里发表重要讲话,正式提出了组建泛大西洋自由贸易区的建议。在亚太地区,《北美自由贸易协定》的成员国都加入了美国对亚太地区事务的参与。因此,从总体上来看,美国利用北美自由贸易集团增强了抗衡欧盟和日本的实力,为实现其全球战略目标获得了一个筹码。

墨西哥通过《北美自由贸易协定》也大大提高了自己的国际地位。1994年4月,墨西哥作为一个发展中国家,加入了"富国俱乐部"——经济合作与发展组织。1993年11月,墨西哥被接纳加入了亚太经济合作组织,成为该组织的第一个拉美国家。同时,墨西哥既是《北美自由贸易协定》的成员国,又是拉美经济大国,成为联结北美与中、南美洲的纽带,在拉美地区的地位明显增强。

总的来说,《北美自由贸易协定》还是取得了一定的成效,促进了地区贸易的发展,加强了区域合作,推动了全球贸易自由化的进程。

二

《北美自由贸易协定》作为南北经济一体化的一种尝试,由于成员国之间经济发展水平过分悬殊,相互之间的利益较难协调,因此,它的实施必然遇到许多问题和困难。

第一，美、墨之间对部分条款的实施存在严重分歧，贸易争端不断掀起。首先，墨、美两国在农产品贸易方面的利害冲突较为突出。墨西哥农业的劳动生产率十分低下，与美国的现代化大农业无法竞争，美国廉价农产品的进口必然导致数十万农民的破产。为了保护本国农民的利益，墨西哥政府不得不对农产品进口实行一定的数量限制。1995年，墨西哥对美国的玉米、大麦、土豆、橘子汁等14种产品实行进口数量限制，限量之外的部分征收高额关税。由于墨西哥的劳动力便宜，因此，蔬菜、水果的生产成本相对较低。美国为了保护本国生产者的利益，1995年对墨西哥的西红柿、洋葱、花生、西瓜等13种商品的进口实行限制，如花生的年进口量限制在3478吨以下，并征收8.1%的关税，超过这个限额的进口，关税将激增到161%。为了限制墨西哥西红柿进口，美国众议院不顾世界贸易组织和《北美自由贸易协定》对"本国产品"含义的明确规定，提出要审议"本国产品"的定义，以达到实行贸易保护主义的目的，证明墨西哥向美国"倾销"西红柿。为此，墨西哥政府向世界贸易组织投诉，指控美国实行霸权主义，明目张胆地违反《北美自由贸易协定》和世界贸易协定。

除农产品问题之外，在有关运输条款问题上，两国之间也存在严重分歧。1995年，美国政府单方面决定推迟实施两国货车可以自由出入两国边境的条款，禁止墨西哥运货卡车自由进入美国。连续不断发生的贸易摩擦给《北美自由贸易协定》的前景蒙上阴影。

第二，《北美自由贸易协定》在给成员国带来一定实际利益的同时，也带来了明显的消极影响。尤其墨西哥作为一个发展中国家，经济相对落后，许多产业部门缺乏竞争力，实行自由贸易之后，立即向世界上最发达的国家敞开大门，在条件极不对称的情况下开展竞争，不可能不付出代价。长期以来，墨西哥为了保护民族工业，对消费品的进口实行严格限制。但是，自1986年加入关贸总协定之后，开放国内市场，消费品进口猛增。《北美自由贸易协定》的签署更刺激了进口的增长，结果导致贸易逆差逐年上升，国际收支主要靠大量吸收外资来平衡。《北美自由贸易协定》的签署和生效使墨西哥成为对外资有吸引力的国家，但是，外资的大量涌入尤其是短期证券投资的大量涌入成为墨西哥经济不稳定的重要因素，这些因素酿成了1994年底爆发的金融危机，导致墨西哥经济非但没有按原计划达到5%—6%的年增长率，反而重新陷入困境，1995年的经济增长率骤然降到－7%。人们透过这场危机看到了《北美自由贸易协定》的负面影响，因此，无论是墨西哥政府还是企业界，对《北美自由贸易协定》的实施采取更为谨慎的态度。

从美国方面来说，扩大对墨的出口和投资虽然给美国带来了一定的利益，但同样也有不少消极影响。如墨西哥金融危机导致比索大幅度贬值和金融市场的动荡不定对美元的国际地位也造成了冲击；一些劳动密集型产业南迁造成某些部门失业人数增加；1995年墨西哥进口的大幅度减少使美国在双边贸易中出现逆差，这种种因素使美国国会内反对《北美自由贸易协定》的势力抬头。

上述问题和变化使《北美自由贸易协定》的实施遇到较大的阻力。

第三，受墨西哥金融危机的影响，拉美国家对加入《北美自由贸易协定》的热情减弱，拉美各国努力加快拉美地区一体化的步伐，并积极推行对外经济多元化的政策。按照克林顿政府原来的设想，在《北美自由贸易协定》生效之后，将逐个吸收符合条件的拉美国家加盟《北美自由贸易协定》。在迈阿密美洲国家首脑会议上，智利被确定为第一个被吸收的对象。其他拉美国家，如哥伦比亚、玻利维亚、阿根廷等也纷纷要求加入。但是，在墨西哥金融危机爆发之后，由于美国国内反对扩大北美自由贸易区的力量增强，美国国会在近期内不可能授予克林顿总统"快速处理权"。智利加入《北美自由贸易协定》的事一再拖延，拉美国家也从墨西哥金融危机中看到了南北经济一体化面临的困难，它们进一步加强相互之间的联合和团结，积极促进拉美地区的一体化进程，并努力与欧盟和亚太地区发展经济关系。由此可知，《北美自由贸易协定》向南扩展的计划还面临不少问题。

综上所述，可以看出，北美自由贸易区作为世界三大区域经济集团之一，它的建立无论对成员国的经济还是对世界经济和贸易都产生了不可忽视的影响。这一协定签署本身反映了在世界经济全球化的形势下，发达国家和发展中国家经济上的相互依赖日益加深，南北经济的地区一体化成为大势所趋，但是，像《北美自由贸易协定》这样的以发达国家为核心的区域经济集团并不能解决根深蒂固的南北经济矛盾。因此，在协定实施过程中，发展中国家仍需为维护本民族的利益坚持不懈地斗争。

（原载《新视野》1996年第4期）

墨西哥的农业与农村发展

墨西哥农业概况

一 墨西哥概况

墨西哥全称墨西哥合众国,地处北美洲西南部,北邻美国,东南端接危地马拉和伯利兹,东濒墨西哥湾和加勒比海,西临太平洋。国土面积接近197.3万平方公里(比11个广东省还大些),居世界第14位。1994年全国总人口约9300万,人口密度为每平方公里47人。全国分31个州和1个联邦区。

首都墨西哥城为海拔2238米的高原城市,是全国政治、经济、文化中心,人口(包括卫星城居民)达2000万,大致占全国总人口的四分之一。全国第二大城市为瓜达拉哈拉,它是西部的商业、工业和金融中心。蒙特雷是北方最大的城市和重工业中心。官方语言为西班牙语。

墨西哥是经济较发达的拉丁美洲国家。20世纪80年代曾爆发严重的债务危机,整个经济陷入困境。自1985年以来,墨西哥实行经济改革,开放国内市场,大量引进外资,推行市场经济体制,经济恢复增长。1994年12月墨西哥又爆发金融危机,经济再次陷入衰退，经过一年多的调整，现已走向恢复。美元与墨西哥比索实行自由兑换。1995年人均国民生产总值为2778美元。1996年10月，1美元兑换7.53比索。

墨西哥是个多山的高原之国，大部分地区在海拔1000米以上。全国耕地面积约2700万公顷，占国土面积的14%。北部地区地势平坦，土地肥沃，是主要的商品粮基地和出口农产品生产基地。中部土地贫瘠，为坡度较大的山谷地带，水土流失严重，但人口稠密，是主要的传统粮食生产地区。东、西海岸有狭窄的平原，大多为经济作物区，盛产咖啡、可可、甘蔗、香蕉。墨西哥地处热带和亚热带，境内气候差别较大，全年平均温度为20℃。有雨季和旱季之分，雨季从6月持续到10月中旬，集中了全年75%的降水量。雨量分布很不平均，北部常年干旱少雨，农田主要依靠人工灌溉；南部湿热，适合于发展热带和亚热带作物。

二 农业发展的特点

在战后的几十年里，墨西哥农业发展经历了一个曲折的过程。其主要特点是：

1. 农业在国民经济中占有重要地位

墨西哥号称"玉米之乡"，是传统的农业国，农业在国民经济中曾具有举足轻重的地位。战后初期，农业曾是推动经济调整和增长的强大动力。20世纪40—60年代，由于政府高度重视，农业取得了高速发展。政府通过大规模公共投资，开发北部和西北部荒漠，在那里修建了大型水利灌溉工程和其他现代基础设施，为私人资本开办现代化大农场创造了良好条件。北部和西北部地区现代化农业基地的建立使粮食产量大幅度上升,农产品出口迅速增长。中部和南部传统农业区的广大小农也得益于政府的大量公共贷款和农产品价格补贴,生产有了较大发展。1945—1965年,农牧业的年平均增长率达到5.5%。农业的高速发展不仅为社会提供了充足的食品和原料,而且为国家工业化积累了必要的资金和外汇,因而成为推动整个国民经济高速增长的重要因素。当时,墨西哥曾被誉为第三世界农业发展的典范。

2. 过分强调工业化使农业从高速发展到长期停滞

随着工业化的进展,农业在国民经济中的地位不断下降,农业产值占国民生产总值的比重由60年代的15%下降到1995年的7.7%,农村人口占全国总人口的27%。80年代,因受债务危机影响,经济出现严重衰退。政府为渡过危机,实行了紧缩财政、大幅度压缩公共开支的政策,农业因而受到沉重打击。由于国家过分强调工业化,忽视农业发展,1983—1988年,农业部门的公共投资减少了三分之一。农产品价格过低,农业增长速度明显减慢,年平均增长率仅为1%左右,有的年份为负增长,这导致墨西哥粮食进口逐年增加,又变成粮食净进口国。1989年以来,政府对农业政策作了一定的调整,但成效不大,至今农业仍未摆脱停滞的状态。

3. 农村经济存在二元结构,地区发展极不平衡

墨西哥的农业明显分为两种类型。在靠近美国的北部、西北部地区有较发达的现代化商品农业,实行大面积耕作,灌溉系统和基础设施较好,机械化程度也较高。大农场主与银行界、商业界有紧密联系,实行产、供、销综合经营。这些现代化大农场主要从事小麦、水稻、高粱等商品粮的生产和蔬菜、水果、花卉等出口农产品的生产,产品的商品率非常高,或直接销往国外,或供给大型食品加工厂。这类大农场约占全国农

业生产单位的3%，其种植面积约占全国耕地面积的20%，但产值却超过全国农业产值的50%。而中部和南部则以传统的小农经济占优势，农民的经营规模小得多，平均每个农户占有的土地不到5公顷。他们世世代代沿用落后的工具和生产方式，从事玉米、菜豆等的自给性生产，单产很低。这类农户约占全国农业生产单位的75%，其耕地面积占全国耕地面积的28%，而产值仅占全国农业产值的20%多。政府各项鼓励农业发展的措施往往只是使现代化大农场和部分中等农场得益，而广大贫苦小农很少得到财政上的支持。因此，贫困山区的经济长期得不到发展，城乡差别和地区差异十分突出，农村贫困化程度相当严重。

4. 村社土地制度固有的局限性不利于农业的现代化

墨西哥农村经济的二元结构与其独有的村社制度密切相关。20世纪30年代，墨西哥进行过大规模的土地改革。土改法要求取消大庄园制，将没收大庄园的土地分配给无地农民。在土改中分得土地的农民，按照古老的传统，以20户为单位的居民点建立村社（ejido，又译"合作农场"）。土地属村社所有，耕地分配给社员使用，森林、牧场和公共用地属村社集体使用。村社社员对土地只有使用权，没有产权，可以世袭相传，但不得买卖、转让或出租。村社土地制度在当时对废除封建大庄园制、满足无地农民的土地要求具有进步意义。但是，由于人口的自然增长，每户社员拥有的土地越来越少，地块越分越小。经过几十年的社会变迁，这种土地制度已不能适应现代农业发展的需要，成为墨西哥农业现代化的障碍。目前，村社社员约占全国农村人口的60%，每户拥有的土地大多在5公顷以下。由于耕地面积所限，无法实行规模经营，生产率十分低下，村社社员成为农村最贫困和落后的阶层。

三 农业生产结构和对外贸易

墨西哥农业以种植业为主，耕地中水浇地面积为600万公顷，农业以旱作为主。畜牧业也比较发达。在农业产值中，种植业约占60%，畜牧业占37.3%，林业只占2.7%。

1. 种植业

墨西哥的种植业以10种基本粮油作物为主：玉米、小麦、高粱、水稻、菜豆、大麦、大豆、芝麻、棉花、红花（油料作物）。这10种基本作物占全国播种面积的70%以上。玉米几乎在全国各地都有种植，主要产地集中在中央高原和太平洋沿岸。玉米是墨西哥人最主要的食品，其消费量约占粮食总消费量的四分之三。1994年，全国玉米播种面积达937.1万公顷，占全国播种面积的44%，产量为2257万吨。小麦是城市居民的主要粮食，1994年的播种面积为102.2万公顷，产量为416万吨。小麦生产大多实行规模经营，单产较高，产地集中在北太平洋灌溉区。索诺拉州是全国著名的"麦仓"。水稻种植在墨西哥有400多年的历史，但产量较少。80年代以来，随着北太平洋灌溉区的开发，水稻种植面积不断扩大，墨西哥海滨沼泽地也适宜水稻种植。1994年水稻的种植面积为9.66万公顷，产量为37.4万吨。高粱全部用做饲料，过去种植面积很小，70年代以来播种面积逐年扩大，1994年的播种面积为56万公顷，产量达578万吨，主要由灌溉区的大农场经营，良种普及率达90%，单位面积产量较高。

菜豆也是墨西哥人的主要食品，1994年的播种面积为210万公顷，主要分布在中央高原和东部非灌溉农业区，由小农小面积分散种植，技术落后，单产较低，良种的普及率仅9%。

除了上述粮油作物以外，咖啡、甘蔗、棉花、烟草等经济作物也占有重要地位。上述经济作物的播种面积约占全国播种面积的11%。由于国际市场价格波动较大，咖啡和糖的产量很不稳定。1995—1996年度，墨西哥糖的产量将取得450万吨的创纪录水平。

此外，近年来，由于美国市场对蔬菜和水果的需求量迅速增长，促使墨西哥番茄、黄瓜、草莓、西瓜等的出口量迅速增长，刺激了蔬菜和水果作物的种植面积不断扩大。蔬菜、水果的种植面积现约占墨西哥全国播种面积的6%，1994年，其产值已占农业总产值的23%。

2. 畜牧业

墨西哥的畜牧业也比较发达。全国有终年牧场1亿公顷，另有1300万公顷季节性牧场。根据自然条件的不同，全国分为5个牧区。其中，北部牧区面积最大，是菜牛、马和山羊的主要养殖区；墨西哥湾牧区地处热带，牧草繁茂，一些集约化的大牲畜养殖场发展迅速；中部牧区主要饲养绵羊和猪；南太平洋牧区大多是山坡牧场，以山羊和小牲畜养殖为主。墨西哥现在的牲畜存栏数，牛2330万头、猪1030万头、山羊680万只、绵羊390万只。80年代以来，随着城市人口的增长，牛奶消费量不断上升，奶牛养殖业发展迅速，养鸡业也在迅速发展。畜牧业产值中，牛肉占32%、牛奶占24%、鸡肉占15%、猪肉占14%，其他畜产品占15%。

墨西哥也是世界主要的蜂蜜生产国。生蜂蜜产量仅次于中国，居世界第2位，年产蜂蜜约5万吨。养蜂业最发达的地区是格雷罗、哈利斯科、米却肯和莫雷洛斯州。

3. 林业和渔业

墨西哥森林资源相当丰富，森林面积约6100万公顷，森林覆盖率约22%，但林业在农业产值中占的比例不大。墨西哥毁林现象十分严重，每年平均损失40万公顷，由于乱砍滥伐，南部的热带雨林遭到破坏。墨西哥城4公里以内的能见度已从80%下降到15%，恶劣的环境条件严重危害着人们的生活。

墨西哥渔业近年来有较大发展。全国海岸线长10150公里，专属经济区海域271.5万平方公里。海洋渔业在渔业中占主导地位，盛产海虾、大牡蛎、金枪鱼等食用水产品和海马尾鱼等工业用鱼。海虾是主要出口产品。为改变渔业部门资金不足和海洋捕捞设备陈旧的问题，在90年代经济改革中，政府允许外国资本对渔业进行投资。在发展海洋渔业的同时，淡水养鱼业也开始发展。

4. 对外贸易

农产品在墨西哥进出口贸易中一直占有较大比重，但是墨西哥现在是农产品的净进口国。主要的出口产品有咖啡、糖、番茄、橙汁、牛肉、海虾等。90年代，随着工业制品出口的快速增长，农产品出口在出口总值中的比重明显下降。1995年，农牧渔业产品出口仅占出口总值的5.05%。主要出口产品有新鲜蔬菜、咖啡豆、牛肉、海虾、水果等；主要进口农产品是大豆、高粱、玉米、棉籽、小麦、菜豆、奶粉、禽肉等。由于80年代以来国内粮食生产增长缓慢，粮食进口量逐年增加，1994年达1000万吨。1994年，农业部门的出口为26.78万美元，进口为33.71亿美元，逆差为6.93亿美元。80%以上的农产品贸易是与美国进行的。

四 农业科学技术

墨西哥农业科学技术的研究和推广在发展中国家中处于较先

进的水平。全国农林牧技术研究所（INIFAP）是全国最高的官方农业科研机构，直属农业部领导，每年预算拨款3.09亿比索，下设81个试验站，现有1384名科研人员，其中10%有博士学位，64%有硕士学位，26%为大学本科。此外，查平戈大学、安东尼奥·那罗农业自治大学和农业研究生院是政府直属的农业高等院校，它们与全国农林牧技术研究所一起形成墨西哥官方农业科研和教学的四大支柱。

墨西哥还设有国家果树栽培委员会（CONAFRUT）、国立奶牛研究所、国立绵羊和羊毛研究所、生物资源研究所和生态研究中心等研究机构，在番茄、柑橘栽培和巨形藻、螺旋藻养殖等方面都有许多可取之处；在肉牛和奶牛的育种改良方面富有成效；从植物中提取药品的技术近年来也有一些突破；在生物防治技术方面，墨西哥已经取得了较大进展，全国31个州已有17个州建立了益虫繁育中心，用生物防治虫害的技术目前已在玉米、棉花、小麦、高粱、大豆、水稻、马铃薯、果树等各种作物上普遍使用，并取得了成效。

国际玉米及小麦改良中心（CIMMYT）于1946年建在墨西哥的埃尔巴丹。该中心在培育玉米和小麦新品种方面具有世界领先水平，取得了丰硕成果。驰名世界的"矮秆墨西哥小麦"品种具有高产、抗锈病、耐高肥、抗倒伏及适应温带和热带气候等优点。玉米和小麦优良品种的推广对墨西哥粮食增产起了十分重要的作用。

五　农业发展的经验教训

墨西哥农业发展走过了曲折的道路，既有成功的经验，又有失败的教训，目前正在进行经济改革。

1. 重视农业投入，加强基础设施建设

20世纪40—60年代，墨西哥农业取得了高速增长，不仅粮食自给有余，而且农产品出口大幅度增加，为国家工业化提供了大量外汇。之所以能取得如此大的成就，其根本原因在于墨西哥政府通过对基础设施的大规模投资，开发肥沃但干旱的北部高原，建立拥有现代化配套设施的灌溉区，鼓励国内外私人资本进行投资，从而成功地建立了具有较高经济效益的现代化农业区。现代化农业区占全国耕地面积的比例虽然并不高，但其产值却占全国农业产值的一半以上，为全国提供了大量的商品粮和出口农产品，成为全国农业的支柱。

2. 改革村社制度，鼓励私人投资，促进农业的现代化

自70年代起，墨西哥政府减少了对农业基础设施的投入，农业现代化进程未能在全国范围内进一步推广，农村经济的二元结构影响了农业的发展，这是一个深刻的教训。目前，墨西哥政府农村发展战略的着眼点放在改造落后的传统农业上面。为此，必须有计划有步骤地改造传统的小农经济，实行适度的规模经营，推行先进的农业技术，降低生产成本，提高经济效益。1993年，政府修改了宪法第27条，允许村社社员自行出租、转让、出售村社土地，鼓励土地合并，发展规模经营，以创造一个有利于私人部门投资农业的环境，允许私人资本对水利灌溉设施和农田基本建设以及其他农村基础设施进行投资。这一改革对于改造传统的村社土地所有制、促进农业现代化具有重要意义，其目的是进一步推进农业现代化。

3. 完善农村信贷体系，实行农业资金来源的多元化

过去，农业发展的资金主要由国家农业银行提供优惠贷款。由于公共信贷资金不足，影响了农业发展。在当前的改革过程中，墨西哥根据各类农户不同的情况，实行农业发展资金的多元

化。现代化大农场的资金由商业银行、保险公司、国家外贸银行、全国金融公司提供，主要用于农产品贸易的资金周转和农业投资。具有一定生产潜力的中等农场或农户的资金来源主要靠国家农业银行提供优惠贷款，用于购买农业机械、化肥、农药和农产品贸易的资金周转；生产特别落后、没有条件获得正常银行贷款的贫困地区或贫困户，由政府通过专门的基金会提供低息或无息贷款，支持其发展生产、保障生活。在中央银行内还设立各种支持农业的信托基金会，农民可以根据个人的需要向有关基金会申请贷款。此外，增加了开发银行对农业基础设施建设、技术服务、农产品加工、扩大销售渠道和出口市场等项目的扶持。

4. 利用比较优势发展外向型农业，扩大农产品出口

墨西哥是人多地少的国家，粮食需要进口。随着人口的增长，粮食进口量逐年增加，农产品贸易出现逆差。80 年代后期以来，墨西哥利用地区经济一体化的趋势，大力发展出口创汇农业，以弥补农产品贸易的逆差。墨西哥紧靠美国，在地理条件、劳动力价格、气候等方面具有绝对优势，墨西哥的番茄、黄瓜以及草莓、香蕉、橙子、菠萝、芒果等蔬菜和水果在美国市场上具有较强的竞争力。在经济高度国际化的情况下，以具有优势的出口农产品换取美国比较便宜的粮食，是比较合理的。《北美自由贸易协定》生效后，墨西哥将在 15 年内逐步取消农产品的关税。为适应新的形势，墨西哥政府正发展面向国际市场的蔬菜、水果、糖、咖啡的生产，充分利用地区经济一体化机制，扩大农产品出口。为此，政府正在对农产品出口的管理体制进行改革，允许生产者在产品出口方面拥有更大自主权，鼓励私人和社会部门更多地参与农产品出口活动。

5. 发挥国家的优势，实施"扶农计划"

墨西哥政府为了消除农村贫困、提高生产率，自 1994 年末

开始实施"扶农计划"。政府力图通过国家的力量,改善农村社会财富的分配状况,使广大小农能增加收入,发展生产。该计划为期15年,以扶持生产为重点,以公开、透明、直接的方式,以中下层农民为主要对象进行帮助,以利于稳定农民,增加长期投入。根据该计划,政府以财政补贴的方式对生产玉米、小麦、水稻、大豆、高粱、菜豆、棉花等作物的农民提供直接资助。具体做法是按上述作物最近3年内的种植面积提供补贴,以增加农民的收入。政府补贴以现金方式支付,前10年实际金额保持不变,后5年逐步减少。这笔费用列入政府财政预算,而不以其他方式把负担转嫁给消费者。此外,中央政府在各州还成立"农牧业基金"或"农牧业信托基金",对农业生产者购买农机设备和其他农用物资给予补贴。

6. 健全法制,转变政府职能

墨西哥的法制相对健全,近来还修订或制定了《植物卫生法》、《水法》、《森林法》、《种子法》、《化肥法》、《官方质量标准》等有关法律和制度。墨西哥政府传统上通过价格补贴对农业部门进行扶持,即政府以高于国际市场的价格收购主要粮油作物,又以低于国际市场的价格卖给消费者。其弊端是政府财政负担加重,补贴没有体现在生产环节,农民未能直接受益,保护价不能真实反映市场的实际状况,导致价格信号的扭曲。为改变这一状况,自90年代起,墨政府放开了大多数农产品(但玉米和菜豆除外)的价格,并成立了一个专门支持和服务于农产品销售的组织,减少对农用生产资料和粮食购销等的直接干预。中央政府将许多管理和运作方面的职能和权限下放到州政府、农民组织及生产者本身,同时加强了在法规建设、政策制定、监督、控制、评估、服务方面的作用。政府减少干预,引入竞争机制,同时简化程序,提高工作效率。随着《官方质量标准》的公布,取消了农产品进出口的审批手续，简化了种子生产、检验的程序，放宽了化肥等的进口限制。

六 结束语

中、墨农业合作与交流起步较早，两国在品种资源、耕作技术、农田水利、生产体制、淡水和海水养殖等领域都有过卓有成效的合作。目前，墨西哥奉行经济开放政策，农牧渔业领域均在开放之列，这为中、墨两国进一步扩大农业领域的合作创造了有利条件。

建议：

1. 用多种方式推进农业合作多样化

在合作方式上，不必再拘泥于传统的科技交流和技术劳务输出方式，应努力推动向墨出口各种农业机械和农业技术。墨西哥是传统的农业国，地域辽阔，资源丰富，发展农业的潜力很大，但农业部门相对落后，缺乏资金和技术设备，大部分地区对应用型技术和中小型农机设备需求迫切，这为中国出口农业技术和设备提供了条件。

2. 有选择地对墨西哥进行投资，开办生产和加工基地

投资的方式可视具体情况由中方独资或同墨方合资。在项目选择上，首先应考虑能发挥中方技术、设备优势和墨方的资源及市场优势；其次可考虑中国长期紧缺而需要大量进口的农产品项目，以满足国内市场的需求。

3. 中央和地方并举，多渠道推进合作

在合作步骤上，要认真组织中央和地方的农业部门对有合作前景的农业项目进行可行性考察和论证，特别要发挥有实力、有合作诚意的企业的积极性。应当广开渠道，官民并举，不但要发

挥政府部门的积极性，还要促进私人企业之间的合作，形成多种渠道并举的局面。

4. 进一步加强科技领域的交流与合作

墨西哥在良种培育、农产品加工、肉牛和奶牛育种等研究领域处于较先进的水平，富有成果。中国与墨西哥的农业科技部门具有较好的合作关系，今后应进一步扩大这种合作关系，以促进中国有关领域的研究与开发工作。

(原载刘从梦主编《各国农业概况（二）》，中国农业出版社1997年版)

墨西哥农业的兴衰及前景分析

石油和农业是当前墨西哥经济发展中的两大关键。丰富的石油资源为墨西哥的民族经济展示了美好的前景，然而，农业生产的停滞和人口增长过速却造成粮食匮乏，不得不花费巨额外汇进口粮食，拖了整个经济的后腿。墨西哥自1910年革命至今，人口已增长了5倍，达到6500万，每年仍以3.5%的速度增长。20世纪70年代以来，粮食生产增长的速度远远落后于人口的增长。

二次大战后的高速发展

墨西哥在过去不仅工矿业比较发达，也是传统的农产品出口国。它气候温和，适宜各种农作物生长，既有咖啡、橡胶、剑麻、甘蔗等热带作物，又有棉花、小麦、大豆、高粱等温带作物。墨西哥人民的主要食品——玉米遍及全国各地，传说远在公元前5000年，古代印第安人就已开始种植玉米。墨西哥素有"玉米的故乡"之称。

第二次世界大战以后，墨西哥的农业曾经历过一个高速发展的时期。从20世纪40年代到60年代中期，农产品的平均年增长率超过5%，1967年的农业产量相当于1940年的6倍，而人口仅增加1倍。1940年，农业的人均产值为1410比索，1967年增加到2448比索（按1950年价格计算）。1940—1960年，农产品出口平均每年递增10%，在全部商品出口中的比重由1940年的25%上升到1960年的51%。60年代初，除了棉花、咖啡、剑麻、糖等传统出口产品以外，主要供国内消费的玉米、小麦等粮食作物也自给有余，并销往国外。1960—1966年，玉米的产量由542万吨猛增到927万吨，1967年玉米的出口量达到125万吨。[①] 农业的高速发展推动了工业以至整个经济的高速发展，墨西哥学者曾说"墨西哥奇迹"的支柱正是农业的成就。

在这期间，农业生产如此大幅度增长的原因是：

第一，进行了资产阶级的土地改革。1934—1940年，政府将封建大庄园的土地分成小块，分配给无地农民，并按照印第安人的传统习惯，将分得土地的农民组成村社。6年中分配的土地将近1800万公顷，获得土地的农民达77万户。在北部农业较发达的地区，将外国帝国主义占有的农场没收以后组成了许多集体经营的村社，同时增加公共投资、兴办农业信贷机构，大力资助刚刚获得土地的村社农民和广大私有小农。这些措施有力地打击了农村封建大庄园的势力，解放了农村生产力，促进了农村资本主义生产关系的建立，为农业的发展创造了有利的前提。

第二，实行鼓励农业发展的政策。政府在农业方面的投资不断增加，1947—1952年，农牧业的投资在联邦公共投资中的比例高达20%，绝大部分用于兴修水利、建设新的灌溉区、扩大

[①] 参见［墨西哥］辛西亚·休特伊·阿尔坎塔拉《1940—1970年墨西哥农业现代化》，墨西哥21世纪出版社1980年版，第100页。

耕地面积、修筑公路和电站等。政府发放的农业贷款也不断增加，成立了全国农牧业贷款银行。政府还对多种作物实行保障价格，通过国有人民生活必需品公司由政府给予补贴。政府这些措施也促进了私人资本对农业的投资，1950—1955年，私人在农业的投资平均每年增长12.2%；1940—1960年，平均每个农业人口的投资，村社社员提高了3倍，私有农户提高了8倍，这是农业发展的重要条件。

第三，广泛开展了以培育优良品种，施用化肥、农药和实行灌溉为主要内容的"绿色革命"，大幅度提高了玉米、小麦、棉花等主要作物的单位面积产量。早在1943年，墨西哥就进行作物改良工作。1960年成立了墨西哥全国农业研究所。1961年，墨西哥国际玉米和小麦改良中心育成了高产的"矮秆墨西哥小麦"，茎高仅40—50公分，最高亩产达到1870斤。1961年以来在全国推广的玉米优良品种有40多种，并建立了全国玉米种子公司，有比较完善的良种繁育体系。根据墨西哥大部分地区气候干燥、水源不足的情况，科研人员在研制和推广先进的灌溉设备方面也取得了显著的成绩。先进农业技术的推广大幅度地提高了单位面积的产量，1940—1965年，全国玉米的单位面积产量由平均每公顷491公斤提高到1158公斤，小麦由每公顷772公斤提高到2144公斤，菜豆由每公顷152公斤提高到432公斤。①

第四，20世纪40—50年代，国际市场上对农产品的需求增加，墨西哥的主要出口产品（棉花、咖啡、糖、烟草、西红柿等）都保持了较好的价格。同时，国内以农产品为原料的加工

---

① 参见［墨西哥］辛西亚·休特伊·阿尔坎塔拉《1940—1970年墨西哥农业现代化》，墨西哥21世纪出版社1980年版，第104—105页。

制造业也蓬勃发展。这些都刺激了私人资本向农业投资，出现了高度商品化的资本主义现代化农业区，专门从事出口作物和其他经济作物的生产。一些农业资本家和新庄园主开始对大面积土地进行高效率耕作。现代化农业区域为农业机械的使用和先进农业技术的推广创造了条件，提高了农业生产的效率。

上述各种因素导致战后墨西哥农业的高速发展。

农业危机的出现

墨西哥农业高速发展的"奇迹"未能持续太久。从60年代中期开始，农业增长速度逐年下降，到70年代甚至出现停滞和衰退。1940—1960年20年间，按人口平均计算，农产品每年递增2.3%，1965—1970年则每年减少2.1%，1970—1973年每年减少3.9%。全国的播种面积也逐年减少，1968年全国收获面积为1500万公顷，1972年为1450万公顷。

农业停滞的直接后果首先是粮食不能自给，开始大量进口。玉米进口量由1972年的20万吨增加到1975年的260万吨，小麦的进口1974年也达110万吨。虽然1977年收成较好，但是1978年进口粮食花费的外汇仍超过8亿美元。农产品的匮乏加剧了通货膨胀，即使国有人民生活必需品公司给予巨额补贴，食品价格的上涨仍然遥遥领先。

60年代后期开始出现的农业危机是国际、国内形势变化的产物。随着农村中资本主义生产关系的发展，农业的两极分化日趋严重。到60年代，墨西哥的农业已很明显地分化为两个部分：一是集中在北部、西北部和东北部灌溉区的资本主义的商品性农业；二是集中在中部、南部和东南部的以村社小农和私有小农的自然经济为主的农业。资本主义的商品性大农业集中了较好的土地、大部分水利灌溉设施和农业机械,大量施用化肥、农药、除草剂等化学制品,推广优良品种,以极少的人力创造较高的劳动生产效率,主要种植供出口的棉花、西红柿、水果、小麦等作物,严重依赖国际市场,产品的收购、初步加工销售受到外国公司的严密控制。60年代以来,由于合成纤维的广泛使用和非洲一些国家农产品产量的增长,国际市场上棉花、咖啡、糖等农产品处于饱和状态,价格不断跌落。相应的,墨西哥的许多出口作物的种植面积也不断减少,1969—1970年,墨西哥棉花和咖啡的种植面积降到了战后的最低水平。私人在农牧业中的投资也由1960年的37.72亿比索减少到1965年的29.14亿比索。国内市场上由于粮食保障价格多年不变,实际收购价格下降,导致资本主义农业区粮食作物的播种面积大幅度减少。而中部和南部以传统粮食生产为主的小农经济部分,由于人口迅速增长,农民拥有的土地越来越少,许多小农的土地甚至不到半公顷,只能以"行"来计算,几乎不足以糊口。这里土壤侵蚀十分严重,没有灌溉,由于缺少资金,极少使用农业机械,很少施肥,生产效率非常低。约占全国农户52%的勉强维持生计的小农,1968年平均每户拥有的资本只有6000比索,每人每年平均农业收入仅489比索;而占农户总数7%的现代化农业,每户平均拥有11万比索以上的资本,每人每年平均收入超过1万比索,相当于小农的20倍以上。许多小农由于无法维持简单再生产,被迫出租、出卖甚至抛弃小块土地,外出当临时工,流入城市或者离乡背井,到美国去当苦工,每年由农村流入城市的人口达100万以上。广大农民破产是粮食生产增长缓慢甚至下降的根本原因,农业危机正是农村中深刻的社会危机的具体反映。

当前的农业政策

面对历时10年的农业停滞和衰退，墨西哥政府提出从推动农业的发展着手解决国家的经济问题，把农牧业部门放在最优先发展的地位，制定了农牧业发展五年规划（1978—1982年）。五年规划规定，农牧业平均每年递增5.5%，主要依靠扩大播种面积，计划全国的播种面积每年增加3.1%，主要用于扩大基本粮食作物的生产。预计到1982年基本上达到粮食自给，措施是：

第一，把传统的土地政策改为积极鼓励发展资本主义的大型商品性农业。墨西哥的土地改革进行了已有半个多世纪，中心内容都是将土地分成小块，分配给无地农民。可是由于土改不彻底和人口增长，全国无地农民还有300多万，他们要求分配土地的呼声越来越强烈，而获得几公顷土地的村社农民也难于维持生计，现政府基本上停止了分配土地的工作，认为把可利用的土地进行简单分配解决不了农民合法占地的要求，提出要确立新的土地改革概念，即通过各种不同的生产者和国家之间的多种联合方式，重新划分土地，重建和组织新的大面积的生产单位，以提高劳动生产效率，并用法律手段来解决土地问题，为此颁布了"闲地法"，即征购闲置土地，实行大面积耕种。政府积极鼓励占有优质土地的小地产主建立联合农场以便于使用机械，提高农业生产效率。

第二，增加公共投资和公共贷款。近10年来，由于农产品收购价格低廉，农业工人工资微薄，农产品出口的外汇被其他部门侵吞等多种原因，平均每年从农业部门流向其他部门的资金达50亿比索，靠农业本身的积累无法实现资本化。因此，在吸引私人资本的同时，增加公共投资和贷款，尤其对村社社员和私有小农发放贷款是当前发展农业的重要措施。从1974—1975年开始，政府对农业的投资已增加到占整个联邦预算的20%，1977年达到23.9%。政府的投资主要用于兴修水利，开发闲置土地以扩大耕地面积，特别是扩大灌溉面积。1978年，为在全国兴建2700项水利工程（包括打深水井和利用地面水）共投资140亿比索，受益面积达116万公顷。1979年，仅塔巴斯科等6个州开发的闲置土地就达300万公顷。

1978年通过全国农牧业贷款银行发放的贷款达280亿比索，1979年将超过375亿比索，接受贷款者将达121.9万人，其中108.5万人是村社社员。此外，墨西哥银行在1979年通过农业基金会（即政府利用私人银行资金为农村提供中、长期贷款的机构）为农村提供240亿比索的投资，比1978年增加30%，其中70%是为小农和村社社员提供的中、长期贷款。

第三，加强农业科学技术的研究，推广新的研究成果。政府给全国农业研究所的拨款1974年为1540万美元，1978年增加到3520万美元，1979年预计达到4220万美元。农业科研人员的人数也不断增加。墨西哥的农业科研人员在培育小麦、玉米、菜豆的良种方面取得新的成就，例如不久以前培育成以农民英雄潘乔·比利亚命名的超矮秆玉米，亩产达到2400斤，在国际上享有很高的声望。政府积极促进科研成果的推广，全国种子生产协会作为官方机构，负责在全国范围调节种子市场，良种的年产量已超过10万吨。墨西哥重视生物防治农作物病虫害，全国有16个益虫繁殖中心，主要用来控制玉米、蔬菜、棉花、小麦、甘蔗等作物的虫害。

第四，为了把发展农业的重点转移到基本粮食的生产上来，近两年来政府较大幅度地提高了粮食收购的保障价格。例如玉米的保障价格由1974年每吨940比索提高到1979年的2900比索，

1977—1978 年大麦的价格提高了 6.9%，小麦提高了 15%，菜豆提高了 25%。价格的提高大大刺激了生产，使最近两年粮食的产量有了明显的增长。

第五，广开门路，扩大就业。为解决农村劳动力的就业问题，政府一方面鼓励私人资本在农村开办食品加工企业，另一方面要求村社农民联合起来，创办集体经营的农工综合体，以创造更多的就业机会，减少农村人口流向城市的压力。

上述鼓励农业发展的政策在一定程度上促进了农业生产的发展。

农业发展的前景

从最近两年的情况看，墨西哥农业的状况已开始好转。农业生产 1977 年增长了 4%，1978 年增长 3.5%。尤其粮食生产发展较快，10 种主要粮食和油料作物的生产，1978 年比 1977 年增长了 5.7%，其中玉米增长了将近 10%，产量创造了历史最高水平，达到 1090 万吨，菜豆增长了 23%，小麦增长了 8%。总的看来，墨西哥的农业正在摆脱前 10 年停滞的趋势，并开始逐步向前发展，预计到 1982 年即使达不到粮食自给的目标，也将大大减少粮食的进口。这对于墨西哥民族经济的发展和社会安定来说都具有重要的意义。

但是，同时必须看到，墨西哥农业问题的解决与农村尖锐复杂的社会矛盾紧密联系在一起。政府的农业政策仅仅是为解决粮食不足采取了一些应急的措施，而未能触及农村的根本问题：社会产品分配的不公正，农民的无地状况，小农的破产和贫困化等等。政府的投资和贷款主要满足了少数农业资本家和小业主的利益，而 600 万失业和半失业的农民仍然处于饥贫交加的境地，建立小地产主的联合农场将使无地农民不断抗议的行动激化。当前，无地农民要求得到土地的呼声仍很强烈，而这些田地却在争执不休的讨论中被荒废。墨西哥著名的土地问题专家鲁道夫·斯达文哈根指出："一项不考虑农民的特点和需要的农业发展策略只不过是一项不完全的、片面的和不适当的政策，这种政策不可避免地将加深国内已经存在的社会不平衡、不平等和矛盾。"墨西哥一些经济学家认为，只有通过多种方式对农民经济进行改组，促使农民经济得到恢复，满足广大贫苦农民对土地、贷款、种子和其他生产资料的要求，依靠最大多数农民生产者，才能为解决粮食自给，稳定高速地发展农业开辟广阔的前景。

(原载《农业经济问题》1980年第6期)

墨西哥农村产业结构和劳动力转移

墨西哥是拉丁美洲经济比较发达的大国，农业在国民经济中始终占有重要的地位。20世纪40—60年代，农业发展迅速，年平均增长率达5.5%。农业的高速增长有力地促进了国家工业化的进程和整个国民经济的发展，同时也使农村产业结构发生了巨大的变化。随着农业生产率的提高，农村人口大量向城市转移。从60年代末开始，农业增长速度减慢，农村人口外流的趋势加剧。政府为了减轻农村人口流向城市特别是流向大城市的压力，开始重视农村的综合发展，提倡多种经营，力图通过建立比较合理的农村产业结构来解决农村劳动力的就业问题。

一　农村产业结构的演变

(一) 二元化农业结构的形成

从16世纪到18世纪末西班牙殖民时期，墨西哥的农业基本上以封建大庄园为主体，主要生产供殖民地消费的粮食产品，部分庄园种植甘蔗、烟草、咖啡等出口作物，广大印第安农民仍然采用原始方式生产供自己消费的玉米和菜豆。独立战争以后，墨西哥农业发展十分缓慢，农村产业结构未发生重大变化。

19世纪后半叶，外国资本开始大量渗入，墨西哥国民经济结构发生了巨大变化。迪亚斯独裁政府以调查荒地、丈量土地为名大肆掠夺印第安村社的土地，将其转让给大庄园主。到1910年，全国97%的土地被835个家族所控制。同时，迪亚斯政府允许外国资本家大量购置土地，开办种植园。封建大庄园和外国种植园大量种植供出口的咖啡、烟草、甘蔗、橡胶、剑麻等经济作物。1900年，农村人口约占全国人口的71%，从事农牧业的劳动力占全国劳动力的65.9%，其中56%从事种植业。农牧业产值占国内生产总值的30%，种植业结构从以生产粮食为主转向以生产出口产品为主。畜牧业也主要面向出口，由于采取粗放的自然放牧，使用劳动力极少。[1]

1910—1917年，墨西哥发生了资产阶级民主革命，沉重地打击了封建大庄园和帝国主义在墨西哥的势力。革命以后，历届政府在不同程度上进行了土改，先后分配各类土地近9000万公顷，受益农民300多万户。其中，以卡德纳斯执政期间（1934—1940年）土改的规模最大，6年间约有100万户农民分得近2000万公顷土地。分得土地的农民按印第安人的传统组成了15000多个村社。1940年，村社的耕地面积占全国耕地面积的47.4%，产值占全国农业总产值的50%。

土地改革促进了封建大庄园的解体，加快了农村资本主义生产关系的发展，也使农村产业结构发生了巨大变化。土改后，被征收了部分土地的大庄园保存了大部分好地，变成了受法律保护

---

[1] 参见［美］克拉克·雷诺兹《20世纪的墨西哥经济，其结构与增长》，墨西哥经济文化基金出版社1973年版，第31页。

的"私人小地产"。"私人小地产"逐渐采取大规模集约化的经营方式，生产供出口的农畜产品。而土改中分得土地的村社社员，主要种植供自己消费的玉米、菜豆等粮食作物，仍然采取落后的耕作方式。村社经济实质上是一种自给自足的小农经济。这样，墨西哥农村就形成了比较典型的二元化的农业结构。

在这期间，农牧业内部的产业结构也发生了变化。因部分牧场在土改后改种粮食，畜牧业的比例开始下降，种植业在国内生产总值中的比例由 1910 年的 11.4% 上升到 1940 年的 12.6%，畜牧业由 12.8% 下降到 10.4%。种植业中粮食作物的比例有所上升。[1]

(二) 农业的高速发展，促使农村产业结构发生了变化

20 世纪 40—60 年代是墨西哥经济高速发展时期，也是农业快速增长阶段。1940—1970 年，农牧业产值年平均增长 5.5%。其中，1946—1956 年，国内生产总值年平均增长率为 6.1%，而种植业的年平均增长速度高达 7.6%，畜牧业为 4.2%。按农业人口平均的产值由 1940 年的 1410 比索增加到 1967 年的 2448 比索（按 1950 年不变价格计算）。主要农产品的产量大幅度上升，1945—1965 年 20 年间，玉米产量由 218 万吨增加到 893 万吨，小麦由 34 万吨增加到 165 万吨，棉花由 9.7 万吨增加到 57.7 万吨，咖啡由 5.4 万吨增加到 16 万吨。农业的高速发展使墨西哥从缺粮国一跃成为粮食出口国，同时经济作物的产量也大幅度增长。1950—1954 年，玉米、小麦、菜豆、大米 4 种主要粮食产品的进口量平均每年为 46 万吨，而到 1965—1969 年则平均每年出口 133 万吨。农产品出口占全部商品出口值的比重由 1940 年

---

[1] 《统计摘要》，墨西哥国家统计总局，1941 年，第 57 页。

的25%上升到1960年的50%。① 农业的高速发展给国家的工业化提供了充足的粮食，积累了资金，换取了外汇。

这一时期农业发展的重要原因是公共和私人投资大幅度增加。1940—1957年，政府对农业部门的投资平均占政府总投资的20%，绝大部分用于兴修水利，开垦荒地，建设新的灌溉区，修筑公路，以及建设电站等。由于政府的巨额投资，在北部和西北部干旱地区建立了适宜大面积现代化耕作的灌溉区。新灌溉区的开发和国际、国内市场农产品价格的上涨，促使私人资本对农业大量投资。1943—1968年，私人银行为农业提供的投资平均每年增长11.3%。1947年私人银行提供的农业贷款仅占其贷款总量的7.4%，1964年则上升到29.3%。国有全国农业信贷银行自1942—1950年发放的长期贷款增加了800%。农业投资的增长，加快了农业现代化的速度。

这一时期墨西哥农业迅速发展的另一个原因，是先进农业技术的推广，使农作物单位面积产量大幅度提高。40年代以后，墨西哥广泛开展了以培育和推广优良品种，施用化肥和进行人工灌溉为主要内容的"绿色革命"。1940—1965年，玉米单位面积产量由每公顷491公斤增加到每公顷1158公斤，小麦由每公顷772公斤增加到每公顷2144公斤，菜豆由每公顷152公斤增加到每公顷432公斤。②

农业生产的迅速发展使农村的社会经济结构和产业结构都发生了重大变化。从社会经济结构看，土改后形成的二元化农业结构向两极发展，集中在北部、西北部和东北部灌溉区的现代化大农业逐

---

① 参见［墨西哥］辛西亚·休特伊·阿尔坎塔拉《1940—1970年墨西哥农业现代化》，墨西哥21世纪出版社1980年版，第104—105页。
② 同上。

渐占主导地位。过去的大庄园改变了经营方式,成为资本主义的农牧场。此外,许多农业资本家通过向国家购买水浇地或者租赁贫苦村社社员、小农的土地的方式,实行新的土地兼并,发展现代化大农业,从事棉花、烟草、蔬菜、水果、高粱等出口产品和小麦、芝麻、大豆等城市商品粮油作物的生产。1970年,资本主义现代化大农场约占全国农户总数的12%,拥有的耕地占全国耕地面积的50%,投资占全国农业总投资的48%,拥有的农业机械占全国农机台数的73%,其产值占全国农牧业总产值的49%。

而分布在中部、东部和东南部等传统农业区的村社社员和小私有农户日趋破产。这类农户占全国总农户的88%,拥有的耕地仅占全国耕地总面积的50%,每户的耕地平均不超过10公顷,大多数在5公顷以下。这些农户的生产效率很低,土地贫瘠,缺乏灌溉,很少施肥,主要种植玉米和菜豆等传统作物,供自己消费。由于人口增长过快,农民拥有的土地越来越少,许多劳动力外出当季节工、流入城市或到美国去谋生。

从产业和劳动力结构看,也发生了很大变化。在这期间,虽然农牧业发展迅速,但因制造业、电力、石油、建筑等部门每年平均以7%—8%的速度增长,农牧业在国内生产总值中的比重下降较大:1940年农牧业占国内生产总值的24.3%,1950年为22.5%,1960年为15.9%,1970年仅为11.6%(详见表1)。由于农村人口迅速转向城市,农村人口在全国人口中所占比重,由1940年的64.9%下降到1960年的49.3%,1970年为41.4%。从事农牧业的劳动力在全国劳动力中所占比重,由1940年的65.4%下降到1970年的39.4%。[①]

---

① 参见[墨西哥]米歇尔·古特曼《墨西哥的资本主义和土地改革》,墨西哥时代出版社1974年版,第104—105页。

表1　　　　　　农牧业在国内生产总值中的比重　　　　　　（%）

项　目	1940年	1950年	1960年	1965年	1970年
国内生产总值	100	100	100	100	100
农牧业	24.3	22.5	15.9	14.3	11.6
种植业	12.6	14.6	9.8	9.4	7.1
畜牧业	10.4	7.1	5.3	4.3	4.0
林业	1.2	0.6	0.6	0.4	0.4
渔业	0.1	0.2	0.2	0.2	0.1

资料来源：参见墨西哥计划预算部《全面发展计划1980—1982年》，墨西哥，1980年，第511页。

在农牧业内部，种植业所占比重明显上升，畜牧业比重不断下降，林业和渔业占的比重很有限。

从农牧业的产值结构看，1940年，农、牧、林3个部门的产值总计为90亿比索（按1960年价格计算），其中种植业为46.7亿比索（占52%），畜牧业为37亿比索（占41.5%），林业为6.3亿比索（占6%）；到1965年，农牧林业部门的总产值增加到298.6亿比索，其中种植业为199.2亿比索（占66.7%），畜牧业为90亿比索（占29.8%），林业为9.4亿比索（占3.1%）。[①]

产生这一变化的主要原因是从事出口农产品和城市商品粮的专业化生产迅速发展，部分牧场改种粮食或出口作物，因此，耕地面积扩大了将近一倍，农作物的单位面积产量大大提高，而畜牧业的增长速度较慢。

[①] 参见［墨西哥］安东尼奥·马丁内斯·德坎波《农业的变迁和发展的新选择》，载诺拉·卢斯蒂克主编《墨西哥经济状况和前景》，墨西哥学院，1980年版，第56—57页。

在种植业内部，40—50年代初以发展出口农产品为主。当时国际市场对墨西哥棉花、咖啡、剑麻等农产品的需求量增加，一些大型农场和私人小地产都以种植出口作物为主。1954年以后，政府为解决国内粮食严重不足的问题，采取一系列措施，从贷款、粮食收购价格、水利设施等各方面鼓励生产粮食，所以，在新开发的灌溉区，开始大量种植小麦、玉米、水稻、大豆等粮油作物。1955—1965年，粮食作物的增长速度超过了出口作物。

除了农牧业本身的发展变化外，在这期间，农产品加工工业迅速发展，重视农产品的收购、储存和销售，农业信贷、保险等商业和服务行业在现代化商品农业区开始兴起。由于跨国公司的大量投资，农产品加工工业成为50—60年代制造业中发展最快的部门之一。1960年，全国共有农工企业61600家，职工人数50万，1970年增加到82924家，职工人数达78万，其产值约占国内生产总值的11%，占工业部门产值的40%。蔬菜和水果的脱水、包装，牲畜的屠宰、冷冻和包装，谷物的加工、磨面、轧棉，剑麻加工，酿酒等许多企业大多设在农村，实行就地加工。

(三) 农业发展速度减慢

1965年以后，墨西哥农业的发展速度开始减慢，到70年代，几乎处于停滞状态。1970—1976年，农牧业的年平均增长率仅为0.9%，大大低于人口的增长率。1965—1975年，全国种植面积从1500万公顷减少到1400万公顷左右，粮食播种面积下降到占全部种植面积的60.7%，许多灌溉地改种蔬菜、水果、西红柿等出口农产品和紫花苜蓿、燕麦、高粱等饲料作物。农业的衰退造成粮食严重不足，1972—1980年进口谷物3700万吨，占国内粮食消费总量的16%—20%。

农业衰退的原因是多方面的。60年代后期，墨西哥政府为加快工业化的速度，不断降低农业投资在联邦公共投资中的比例，使这一比例从40年代的25%下降到60年代末的9%左右，国家银行对村社社员和小私有农户的贷款几乎停止。在农产品价格方面，政府为保持市场价格稳定，冻结收购粮食的保证价格达10年之久。1962—1973年，玉米的保证价格一直为940比索1吨，实际下降了30%。工农业产品的剪刀差导致广大小农破产和私人资本从农业部门向非农业部门转移。国际市场上农产品价格下降，更加深了墨西哥的农业危机。

70年代，埃切维利亚政府为扭转农业衰退的局面，增加了农业投资，提高了农产品价格，鼓励农民组成生产合作社开展多种经营，重视渔业和林业的发展。但是，由于整个国民经济结构失调，私人资本外流，农业衰退的局面未能扭转，农村失业和半失业问题日趋严重。

二 当前农村产业结构的现状

目前，墨西哥农业在国内生产总值中的比重仍然呈下降趋势。政府虽然采取了一系列鼓励农业发展的措施，1977—1981年，农牧业的年平均增长率达4.3%，其中1980年和1981年分别达7%和8.5%，但是，因石油、石油化工、电力等部门高速增长，农牧业在国内生产总值中的比例由1977年的11.6%下降到1981年的8.8%。农业发展的速度落后于其他经济部门和农业在国民经济中的地位下降，是当前墨西哥整个经济结构不平衡的一个重要方面。农业的落后状态使墨西哥每年仍要进口大量粮食，1980年粮食进口达到720万吨，而农产品在出口商品中的比重则不断下降，1981年占7.6%，1982年占5.8%，而60年代曾高达50%。

但是，农村人口在全国总人口中仍占相当大的比例。1982年全国人口为 7300 万，其中城市人口占 66%，农村人口占 34%。全国经济自立人口为 2360 万，其中从事农业的经济自立人口约占 37.6%，即 800 万左右。

墨西哥农村产业结构主要包括六大类：种植业、畜牧业、渔业、林业、农产品加工业和农村商业。

(一) 种植业

墨西哥拥有可耕地 3500 万公顷，耕地面积 2322 万公顷，其中旱地 1812 万公顷，水浇地面积 510 万公顷。种植业是农牧业生产结构中最重要的部门，1980 年，其产值占农牧业生产总值的 60.8%，从业人口占农业经济自立人口的 90% 以上。墨西哥的种植业主要包括粮食作物以及经济作物、饲料、水果等出口作物。[①]

粮食作物在种植业中所占比重较大，其种植面积占全国种植总面积的 60% 以上。主要作物有玉米、小麦、菜豆等。其中玉米面积约占全国种植总面积的 50% 左右，但产值仅占种植业总产值的五分之一。从事玉米生产的农户大多是村社社员和小私有农户，平均每户耕地不足 10 公顷，大多数为 5 公顷左右。他们资金不足，经营方式落后，因而单产不高，平均每公顷 1300 公斤。玉米是墨西哥人的主要粮食之一，国内消费的玉米占总产量的 60%，从事玉米生产的劳动力约 300 多万个。因此，玉米生产对墨西哥粮食供应和农村就业起着重要作用。

战后，随着农村二元化经济结构的形成，出口作物种植的比

---

① 参见联合国拉丁美洲经济委员会《拉丁美洲经济研究报告——墨西哥 (1981 年)》，智利圣地亚哥，1982 年，第 10—11 页。

重日益上升，出口作物包括经济作物、饲料、水果和蔬菜等。经济作物主要包括棉花、咖啡、甘蔗、剑麻和油料等。1978年，经济作物面积占种植总面积的18.2%，产值占种植业总产值的24.8%。饲料作物以高粱为主，60年代以后，随着跨国公司饲料工业的发展，高粱种植面积迅速扩大，1960—1981年，由3.7万公顷增加到176.7万公顷，20年间，高粱面积在总播种面积中的比重由0.35%上升到11.5%。①70年代以来，水果和蔬菜的出口因美国需求上升有了明显增长。1977年，水果的（包括鲜花）种植面积占全国种植总面积的9.9%，产值占种植业总产值的13.1%。出口作物种植主要由资本主义大中农场经营，这类农场资金充足，集约化程度高，使用的劳动力比粮食作物少。从业的农场主及有关人员约30万，常年农业工人70万，提供长期就业岗位约100万。此外，许多作物如咖啡、棉花、甘蔗、西红柿等收割季节需要大批短工，据估计，每年提供的短期就业岗位约70万。

（二）畜牧业

墨西哥拥有的草原和牧场总面积为7450万公顷，占世界草原和牧场总面积的2.4%，居世界第八位。因地形和气候差异，全国分为五大畜牧区：北太平洋牧区、南太平洋牧区、墨西哥湾牧区、中部牧区和北部牧区。畜牧业在墨西哥农村经济中占有重要地位，1980年畜牧业产值占全国农牧业总产值的30.8%，主要的牲畜有牛、马、骡、驴、羊、猪，还有家禽等。牛在养殖业中占有突出地位，1980年，牛在大牲畜存栏总数中占71%。畜产品一直是墨西哥传统出口产品，1970年占出口总值的9.9%，

---

① 墨西哥《日报》1978年12月13日。

近年来，由于石油出口增加，畜产品出口比重相对下降。墨西哥的畜牧业多由大牧场主经营，规模大的牧场占地5000公顷以上，部分牧场集约化程度高，大部分牧场实行粗放的自然放牧，所用劳动力较少，全国平均每个大型牧场吸收的固定工人不超过10人，中等牧场5人，小型牧场5人以下。因此，畜牧业在农牧业总产值结构中所占比例虽然较高，但吸收的劳动力有限，估计从业人口仅占农村经济自立人口的4%左右。

(三) 林业

墨西哥森林资源丰富，森林覆盖面积为4400万公顷，占领土总面积的五分之一。据1978年统计，全国木材蓄积量约为32.59亿立方米。

森林主要分布在东马德雷山、西马德雷山和恰巴斯等各大山系，这些地区大多为印第安人居住区。大部分森林都被分配给印第安村社，由村社集体经营。由于缺乏资金和技术，经营方式落后，采伐能力低，成本昂贵。据统计，墨西哥每年可开采的木材为1700多万立方米，但目前实际开采的仅占50%，因此，国内木材消费仍需依靠进口，1978年进口木材占国内木材消费量的15%。70年代以来，林业发展速度加快，1972—1979年，年平均增长5.1%。但是，林业产值在农牧业生产总值中的比重不大，1960年仅占1.84%，1980年上升到4.3%。[①] 墨西哥森林工业综合开发水平低，就业人口有限。全国从事林业的人口仅占农牧业经济自立人口的1.5%左右。

---

① 参见［墨西哥］迭戈·洛佩斯·罗萨多《墨西哥经济问题》，墨西哥国立自治大学出版社1979年版，第64页。

(四) 渔业

墨西哥海岸线长达 9903 公里，大陆架面积 45 万平方公里，内陆水域为 49512 平方公里。海洋渔业在渔业中占主导地位，淡水养殖处于开发阶段。

海洋渔业主要由沿海地区村社社员和小私有农户经营，经营方式分合作社集体捕捞和个体捕捞两种。由于资金匮乏，技术落后，远洋捕捞不发达。目前，全国拥有各类渔船 28000 艘，其中 90% 渔船的净负荷量都不超过 10 吨，机械动力仅占 60%。70 年代中期以来，政府加快渔业发展，捕捞量年平均增长 20%，1981 年捕捞量为 130 万吨。但是，渔业产值在农牧业生产总值中的比重有限，1960 年仅占 0.69%，目前增加到 3.2%。[①]

渔业产品主要供出口，出口量占捕捞量的 60%，出口值占商品出口总值的 5%。由于渔业综合加工工业不发达，淡水养殖落后，从事渔业生产的劳动力仅占全国农牧业总劳动力的 2.5%。

(五) 农产品加工业

除了农牧业本身以外，农产品加工业是当前农村中的一个重要经济部门。农产品加工工业主要于 50—60 年代发展起来，1960—1978 年，农产品加工工业的年平均增长率达到 6.1%，1975—1978 年为 5.1%；1975 年农产品加工工业占国内生产总值的 11.2%，占工业总产值的 31.1%。根据最近一次工业调查资料，1975 年全国共有农工企业 82621 家，就业人数约 79 万。其中，食

---

① 参见 [墨西哥] 迭戈·洛佩斯·罗萨多《墨西哥经济问题》，墨西哥国立自治大学出版社 1979 年版，第 277、101 页。

品加工企业的产值约占 54.6%，非食品的农产品加工企业产值占 46.4%。许多农工企业都设在农村，据估算，全国农村拥有的农产品加工企业约有 5 万多家，就业人口约有 40 万。[①]

农产品加工企业大致可分为两大类：一类是以跨国公司的分公司（如美国的安德逊·克莱顿公司、通用食品公司等）为主的大型企业和某些大农场、牧场开设的中型企业。这类大中型企业，全国共有 1558 家，占农工企业总数的 1.89%，但产值却占同行业总产值的 75.2%，就业人员占 50%，固定资本占 85.5%，工资占 72.2%。另一类是小型企业。其数量占企业总数的 98.1%，平均每个企业人数仅 5 人，其产值仅占全国农产品加工业总产值的 24%，资本占 14.5%。这些企业大多以手工劳动为主，有的是村社社员的合作企业，许多劳动者都是不脱产的农民。

（六）农村商业

墨西哥农村商业，主要由大型贸易公司经营出口农产品的收购、储存、运输和销售。国内销费的基本粮食的收购由国有人民生活必需品公司垄断经营，按照国家统一规定的价格收购。这家公司在全国各地设有分店 6000 多家。农村中一般的商业网点较少，集市贸易在不少地区仍然是重要的商品流通渠道。

三 农村劳动力的转移

战后，墨西哥农村产业结构的上述变化，引起了城乡就业结

[①] 参见《农产品加工工业和墨西哥经济》，载墨西哥全国农产品加工工业发展委员会《1980—1982 年全国农产品加工工业发展计划》（1980 年）。

构的变化和劳动力的转移。1940—1980 年，农村人口在全国总人口中的比例由 64.9% 下降到 34%；从事农业的经济自立人口由占全国经济自立人口的 65.4% 下降到 37.6%。农村劳动力向城市转移，这是经济发展过程中的一种必然现象。转移的规模和速度，一方面决定于工业发展的水平，城市所能吸收劳动力之多少；另一方面决定于农业生产率的提高，每个农业劳动力生产的农产品能够养活多少人。墨西哥作为一个发展中国家，其农村劳动力向城市转移的速度与发达国家相比要慢得多。而且由于人口自然增长率过高，农村人口的绝对数由 1940 年的 1275 万人增加到 1980 年的 2291 万人，农村劳动力由 383 万个增加到 738 万个，但是可耕地有限，因此，目前农村的就业问题仍然是一个严重的社会问题（见表 2、表 3）。

表 2　　　　　　全国人口变化（1930—1980 年）　　　　单位：万人

年份	全国人口总数	农村人口总数	农村人口占全国总人口的比例（%）
1930	1655	1101	66.5
1940	1965	1275	64.9
1950	2579	1480	57.4
1960	3492	1722	49.2
1970	4822	1991	41.3
1980	6740	2291	34.0

资料来源：第 6、7、8、9、10 次人口普查资料。
参见墨西哥计划预算部《1981 年统计手册》，国家统计总局 1981 年版，第 60 页。

墨西哥农村人口向城市转移是从 20 世纪 40 年代开始的，60—70 年代转移的速度加快。引起农村人口和劳动力转移的主要原因有：

（一）民族工业蓬勃发展

从 40 年代开始，墨西哥大力推行进口替代工业化，民族工业蓬勃发展，制造业部门大量开办设备简陋的中小企业。这类企业使用的劳动力多，大量吸收了来自农村的廉价非熟练工人。同时，建筑业、公路、电站等建设工程也需要大量劳动力。1936—1956 年工业部门劳动力年平均增长 4.2%，1957—1967 年达到 6.3%，交通、运输部门上述指数分别为 4% 和 6.5%，建筑业为 6.8% 和 6.7%，而全国劳动力平均增长率分别为 2.9% 和 3.7%，这就需求农村提供大量劳动力补充工业部门劳动力的不足。①

表3　　　经济自立人口变化（1930—1980 年）　　单位：万人

年份	全国经济自立人口	从事农业的经济人口	农业经济自立人口占全国经济自立人口的比例（%）
1930	512	366	71.5
1940	586	383	65.4
1950	827	482	58.3
1960	1125	608	54.0
1970	1295	510	39.4
1980	1965	738	37.6

资料来源：第 6、7、8、9、10 次人口普查资料。
参见墨西哥计划预算部《1981 年统计手册》，国家统计总局 1981 年版，第 60 页。

---

① 参见莱奥波尔多·索利斯《墨西哥经济现状：回顾与展望》，墨西哥 21 世纪出版社 1980 年版，第 244 页。

（二）现代化大农业逐渐占据重要地位

土地改革以后，农村资本主义迅速发展，现代化大农业在农村中逐渐占据重要地位。资本主义现代农业的发展，使农业机械化的程度大大提高，1940—1960 年全国农业机械的价值增长了 6.5 倍。先进农业技术的推广使单位面积产量大幅度提高，农业生产率的提高使大批农村劳动力得到解放，例如，1960—1980 年，高粱种植面积增长了 500%，而需求的劳动力却减少了 8.8%；苜蓿种植面积增长了 290%，劳动力却减少了 102%；就以生产集约化程度最低的玉米，同期内种植面积增长了 22%，需求的劳动力仅增长 6%。①

（三）农村人口的自然增长率明显提高

20 世纪 40 年代开始，墨西哥人口自然增长率明显提高。从 30 年代后期起，国内政治生活安定，人民生活水平逐步提高，农民在土改中分得土地后，有了较安定的生活，因此，人口的自然增长率明显上升，由 1900—1940 年的平均每年增长 0.9% 上升到 1940—1970 年的平均每年增长 3.5%。全国经济自立人口由 585 万人增加到 1295 万人。按这样的速度，每 10 年农村的劳动力就要增加近 200 万人。而墨西哥耕地有限，农业无力吸收如此众多的劳动力，无地和少地农民的数量激增。许多占地不到 5 公顷的村社社员和贫苦小农无法依靠小块土地维持生活，家中多余的劳动力都外出谋生。

---

① 墨西哥《日报》1984 年 4 月 4 日。

(四) 城乡居民收入差距大

城乡居民收入的差距扩大，以及美国与墨西哥的工资差别悬殊，促使许多农民出租、出卖甚至抛弃土地，外出谋生。据统计，1963年全国城市家庭每月的平均收入为1980比索，而农村仅为808比索。实际上，农村中许多大农场的收入很高，一般贫苦小农一年的收入往往不到1000比索。而美国农业工人的工资，相当于墨西哥农业工人工资的5—6倍。因此，大多数贫苦农民家庭的青壮劳动力，都到北部地区或美国去当季节工，以弥补家庭收入之不足。

(五) 近10年来农业萧条

60年代后期，政府为加快工业化的进程，减少对农业的投资，并压低粮食和其他一些农产品的价格，造成农业长期萧条，许多小农面临破产，被迫抛弃土地，盲目流入城市。一些资本主义农场也将资本转移到其他经济部门，农场使用的劳动力减少。将近10年农业的停滞和衰退，引起农村劳力大规模外流。

据估计，1940—1960年，平均每年从农业部门流入非农业部门的劳动力在10万人以上；1960—1970年，劳动力的转移达到高峰，10年之内转移的数目达190万人之多，约占农村劳动力总数的三分之一。当前，每年从农村流入城市的劳动力约为20—30万人，约占农村劳动力总数的2.5%—3.5%。

70年代以前，转移的劳动力主要被工业部门吸收。据统计，1965年在蒙特雷城的工人中，43%的非熟练工人和28%的熟练工人来自农村。70年代以来，农村转移的劳动力主要流向建筑业、商业和服务行业（见表4）。

表4　　　　　经济自立人口就业的年平均增长率　　　　　（%）

年份 部门	1970— 1975	1977— 1978	1978— 1979	1979— 1980	1980— 1981	1981— 1982
农业	0.2	0.0	0.6	0.4	0.5	0.6
工业	3.3	3.1	4.1	4.0	4.4	5.3
商业、服务业	5.3	3.4	4.6	5.4	6.9	8.4
合计	2.8	2.2	3.1	3.4	4.1	5.1

资料来源：墨西哥计划预算部《1979—1982年全国工业发展计划》，1979年，第111页。

参见《墨西哥的经济和社会发展趋势》，莫斯科，科学出版社1983年版，第164页。

据分析，墨西哥农村劳动力的主要流向是：

（一）首都墨西哥城、瓜达拉哈拉、蒙特雷等少数大城市

墨西哥经济发展极不平衡，工商业主要集中在少数大城市，首都及其周围的卫星城的工业产值约占全国工业产值的一半，因此，农民到这些大城市谋生比较容易。目前，墨西哥城每年增加的人口约60万，其中26万均为外来的农民。

（二）墨、美边境地区的小城镇

墨、美边境设有特区，外国资本经营的来料加工工业发展迅速，可吸收大量非熟练工人。同时，由于来自美国的旅游者日益增多，边境城市的服务行业发展迅速。因此，像华雷斯城、蒂华纳、马塔莫洛斯、梅西卡里等中小城镇的人口，60年代以来增长了10倍，甚至20倍，人口来源主要是农民。

（三）美国

墨、美之间有长达3000多公里不设防的边界。由于两国间工资差别很大，美国农场主乐于雇用墨西哥人去干一些重活、苦活，尤其在农忙季节需要雇用大量季节工采摘棉花、西红柿。因此，偷越国境，到美国去当苦工已成为墨西哥农民谋生的主要出路之一。目前，在美国的墨西哥无证件移民约有300—400万人，其中大部分人干3—4个月之后就回国。每年净流入美国的无证件移民约30万。

（四）从中部人口稠密的传统农业区流向北部现代化的商品农业区

在西北部和北部地区，一些资本主义大农场因机械化程度很高，雇用的常年农业工人不多，而到收摘棉花、西红柿、水果的季节，需要大量季节工；中部地区人多地少，土地贫瘠，许多人外出谋生，估计每年流迁往返的季节工有100多万人，其中62%到西北地区，12%到南太平洋热带作物区。这些人一般在农村仍保留小块土地，只是在农忙季节到外地当季节工，全家搬迁的极少，因此，劳动力虽然外流，但农户总数并未减少。

总的来说，战后墨西哥农村劳动力的大量转移反映了城乡经济的发展，人口的流动适应了经济发展的需要。但是，在农村劳动力转移的过程中，也出现了一些问题。

第一，从农村外流的人口过分集中地流向首都等四大城市，造成城市规模过分庞大，人口增长太快，交通拥挤，住房困难。

第二，由于人口增长过速，每年投入劳动市场的青年近70—80万人，在城市本身就业就很困难的情况下，又有大批农村劳动力流入从而加剧了城市失业的严重性。目前，墨西哥失业和半失业人口约占经济自立人口的40%。

第三，60年代末至70年代初，政府重工轻农的政策造成农业长期衰退，农村人口外流，耕地面积减少，粮食产量下降。这种因政策失误而引起的劳动力外流，给农业生产以至整个经济带来极为不利的影响。

当前，墨西哥农村劳动力过剩的现象仍然十分严重，将近800万农村劳动力中，约有300万人处于失业和半失业状态。他们占有的小块土地不足以糊口，每年都需靠当3个月至半年的短工才能弥补农业收入之不足。政府为了缓和农村这一尖锐的社会矛盾，提出了发展农村工业，加强农村综合发展的方针，试图通过改善农村产业结构来解决就业问题。

四 农村综合发展的方针和措施

20世纪70年代以来，墨西哥政府在许多计划和报告中都提出了农村综合发展的方针，以解决人多地少、就业不足、地区发展不平衡等问题。洛佩斯·波蒂略政府曾先后制定过《农村综合发展计划》、《1980—1982年全国农产品加工工业发展计划》，现政府在《1983—1988年全国发展计划》中，再次提出了农村综合发展的方针。这些计划强调要通过发展农村的工业、商业、交通运输业和教育、卫生事业，改善农民生活，扩大农村就业机会。德拉马德里政府在《1983—1988年全国发展计划》中提出，要在农村发展包括农、牧、林、渔、手工业、工业、矿业、旅游业等各业的多种经营。但是，在发展多种经营时仍要以农牧业为主，种植业中仍以粮食生产为主。政府把发展农村工业作为综合发展的重要环节，提出要通过农工企业有效地将农、牧、林业生产与工业、商业和服务行业结合起来，以保证农村经济的有效增长和逐渐多样化。

（一）农村综合发展的基本方针

墨西哥政府在农村综合发展方面的基本方针，是让农牧业生产者直接参加农产品的加工、运输和销售。由国家提供贷款，帮助村社社员和私有小农户从经济上联合起来，建立各种类型的经济合作组织，以克服小农在资金、技术、劳力等方面的局限性，开展农工商综合经营。1983年，政府批准推行农业生产组织化的方针，责成37个政府部门协同合作，帮助农民组成经济发展合作组织。其长远目标是在全国建立6万个农村经济发展合作组织。近期内，政府和有关部门拟投资100亿比索，帮助100万农民组成3000个农村经济发展合作组织，并巩固已有的一些合作组织，包括254个村社联盟，11个农村集体利益协会和600多个由农村妇女经营的农村工业企业。[①]

同时，政府将进一步发挥国有企业人民生活必需品公司的作用，由该公司统筹规划农村工业的发展，为农民发展多种经营提供信息，开拓资源，疏通流通渠道，提供资助。

墨西哥农村综合发展的计划，从制定到实际推行还有一个相当大的距离，其效果如何还难以预计，尤其在当前国家经济状况十分困难的情况下，许多计划可能难以完全兑现。

（二）地区发展的不平衡性

从当前墨西哥农村的实际情况看，农村综合发展的水平还比较低，各个地区也很不平衡。在北部和西北部商品化农业区，以跨国公司为主体的农工商综合体已较普遍，而广大小农经济地区

---

① 参见墨西哥《一加一报》1983年11月29日。

基本上仍处于单一经营粮食生产的状态。

在北部和西北部现代化商品农业区，农工商的综合发展，在50年代就已开始，大多是由跨国公司联合经营农产品的收购、加工、销售和出口。本国的大农场主或牧场主，也逐渐开办农产品加工厂，把农场或牧场发展成为农工商综合体。例如，全国700家大型养鸡厂，拥有自己的大型饲料加工厂、孵化厂、肉鸡和蛋品加工厂、运输工具和销售店。近年来，随着水果和蔬菜出口的迅速增加，草莓、菠萝等加工厂迅速发展，草莓冷冻加工厂由1967年的8家增加到1980年的20家，冷冻加工的草莓出口值已达1500—3000万美元。

在小农经济地区，由于农民缺乏资金，种植的又都是玉米、菜豆等粮食作物，主要供自己消费，因此农工商综合发展进展缓慢。70年代以来，政府采取国家贷款和鼓励农民集资兴办的方针，扶植广大农民发展多种经营。在政府的帮助下，不少地区的村社社员和私有小农户采取共同集资、自愿组成农牧业综合发展合作社和农村集体利益协会等合作发展形式的经济组织。目前，全国共有450个村社联盟，85个农村集体利益协会，4450个专业生产联盟，4000个农牧业生产合作社和20000个信贷合作社，参加的农民有100多万。但是，其中大多数合作组织结构松散，经济效益偏低，实际起作用的只有1800多个。[①] 从发展趋势看，农村集体利益协会和农牧业综合发展合作社可能较有发展前途。

（三）农村综合发展措施

农牧业综合发展合作社，大都由村社社员组成。参加者将土地、水源、资金和劳力入股，采取每月领取工资，年终按股分红

---

① 参见墨西哥《一加一报》1984年3月20日。

的分配方式。这类合作社除从事农牧业外，还经营小型农牧产品加工工业和旅游业。

农村集体利益协会，是 80 年代初在小农经济地区发展起来的一种合作组织。其规模比农牧业合作社大得多，参加者有村社社员和小私有农。这种经济实体采取分散经营农牧业和集体发展农村工业的形式，每个协会包括不同类型的生产联盟和基层生产单位。经营的范围，主要是工业和商业。例如，位于索诺拉州卡波尔卡地区的阿里昂萨农村集体利益协会，成立于 1981 年，由两个生产联盟组成，参加者有 3600 人，主要从事葡萄和橄榄的加工及销售。初期以产品销售为主，3 年后逐渐发展成为一个以葡萄种植和加工为主的综合发展组织。目前，这一生产联合体生产的葡萄占全国葡萄总产量的 36%，固定资产达到 6 亿比索，为初创时期的 6 倍，拥有的企业有葡萄酒厂、葡萄干加工包装厂、橄榄油厂、橄榄制品厂、面粉厂、面包厂、良种处理厂等。

墨西哥农村综合发展的部门很多，除了原有的农、牧、林业和农产品加工工业部门外，近年来发展较快的部门有——

水果和蔬菜的种植及加工：蔬菜和水果是种植业中发展最快的，主要产品有柠檬、香蕉、草莓、菠萝和西红柿等。随着果树种植和水果加工的综合发展，就业人口迅速增加。例如，墨西哥北部地区，草莓种植面积仅 7000 公顷左右，但由于开设加工厂，草莓业共吸收劳动力近 16 万人。目前，全国果树面积有 82 万公顷，果树栽培和果品加工投入的劳动力约有 1 亿个劳动日。

养鸡业：50 年代墨西哥的养鸡业还很落后，1956 年，政府制定了发展养鸡业计划。30 多年来，养鸡业平均增长 10%，养鸡业已发展成为畜牧业中的重要部门。目前，养鸡业产值已占全国畜牧业总产值的 15%。全国共有 35000 个养鸡场，其中 700 个为大型集约化养鸡厂，其余是养鸡专业户，从业劳动力约10万人。①

养蜂业：墨西哥植被丰富多样，适于养蜂业发展，蜂蜜是墨西哥传统的出口农产品。近年来，政府大力加强养蜂研究，推广新技术，促进了养蜂业的发展。目前，全国养蜂专业户约有40000户（有少数农户兼营农牧业），1980年以来，蜂蜜出口量一直居世界前列。

农村旅游业：墨西哥是世界四大旅游国之一。70年代以来，政府开始重视农村旅游业的发展。1978年，政府制定了援助农村村社旅游业发展计划，投资20亿比索，帮助西北沿海4个州的农村地区发展旅游业。据统计，全国农村约有5000个村社具有发展旅游业的自然条件，直接或间接从事农村旅游业的劳动力有数十万。

五 值得中国借鉴的方面

中国和墨西哥都是人口众多的发展中国家，农业在国民经济中都占有重要的地位，两国农村产业结构也有许多相似之处。从墨西哥农村产业结构的演变来看，有些方面是值得中国借鉴的。

第一，大力加强现代化、专业化农业区的开发和建设。墨西哥土改后，政府一方面通过贷款等方式扶植传统的小农经济，另一方面把主要力量放在开发和建设现代化、专业化的商品农业区。政府在西北部人口稀少、气候干燥的荒漠地区，修建了大型现代化的水利灌溉工程和各种必要的基础设施，为开辟新的现代化商品性农业区创造了条件。经过几十年的发展，中部的传统农

---

① 参见墨西哥《一加一报》1984年3月20日。

业区和西北部、北部灌溉农区的发展，已形成明显的对照。1979年，灌溉农区现代化大农场的收获面积约占全国总收获面积的20%，其产值却占农牧业总产值的68.9%。出口农产品主要靠这些专业化的大农场生产，很大一部分城市商品粮和经济作物也靠这些现代化大农场提供。这些地区，农产品加工工业发达，基本上实行农工商综合经营，除安排本地区的劳动力就业外，还大量吸收来自全国各地的劳动力。但是，传统农业区的小农经济日趋破产，因缺乏肥料，地力耗尽，产量不断下降，粮食甚至不能自给，人口外流严重。现代化商品农业区的建立，对墨西哥农业发展具有战略意义，它在60年代使墨西哥从缺粮国变为余粮国，使出口农产品占商品出口总值的近一半。

中国是10亿人口的大国，自然资源丰富。从农业发展战略考虑，除鼓励现有的农民个体经济发展外，开发和建设一些大型现代化的商品性专业农业区是十分必要的。我们可以在东北等地多人少的地区，采用国家建设基础设施、个人或集体创办专业化大农场的办法，逐步建立出口农产品、重要经济作物或商品粮基地。这对中国农村经济的发展，将产生深远的影响。

第二，调整农业结构，提高畜牧业和林业的比重。墨西哥的自然条件与中国相似，耕地较少，但墨西哥能较好地利用各种资源，实行农、林、牧多种经营，尤其是畜牧业和种植业的发展，基本上保持了适当的比例。1940—1980年，墨西哥农、牧、林业的构成（按产值）基本上保持如下比例：种植业占55%—65%，畜牧业占30%—40%，林业占3%—6%。70年代以来，由于奶牛业、养鸡业、养猪业、养蜂业的发展，畜牧业的增长速度较快，墨西哥的畜产品一直是重要的出口产品。而中国的畜牧业产值仅占农业总产值的14%，林业占2.8%。这种产业结构，同国民经济的发展和城乡人民生活的需要不相适应。我们应在发展种植业的基础上,充分利用各种自然条件,加快畜牧业的发展。

第三,发展以食品工业为中心的农产品加工工业是农村综合发展的关键。就全国范围来说,墨西哥农村尚未做到综合发展,但是在西北部、北部和南太平洋等商品农业区已建立起农工商综合发展的体系。墨西哥的农产品加工工业包括7大部类,30多个行业,其中食品加工工业的产值约占55%,非食品加工工业的产值占45%,农产品加工工业的产值约占国内生产总值的11.2%,就业人口约79万。目前,蔬菜和水果的保鲜、储存、包装,牲畜的屠宰、冷冻、包装,牛奶的加工,罐头食品,粮食和油料的加工,以及酿酒等基本上都在农村就地发展。这样,既增加了农村就业,又减少了农产品的损耗,提高了农产品的使用价值和价值。中国的食品工业很不发达,粮食、蔬菜、水果、肉类等都是以初级产品形态运往城市,损耗很大。随着城乡人民生活水平的提高,对食品的要求越来越高,因此,发展农产品加工企业有很大潜力。农村工业应以本地的农产品为原料,以附近的城镇为市场,实行农工商综合发展。

第四,加强中小城镇建设,防止农村人口过分集中地涌向首都等大城市。在这方面,墨西哥是有深刻教训的。随着农业生产率的提高,农村劳动力向非农业部门转移是一种必然趋势。从40—70年代末,墨西哥的农村劳动力转向非农业部门的约有300多万人,占全部农村劳动力的约三分之一。农业的经济自立人口占全国经济自立人口的比例,由65.4%下降到37.6%。由于地区发展的不平衡,工业过分集中于几个大城市,农村多余劳动力主要流向墨西哥城等四大城市,造成城市过分庞大,人口过分集中(目前集中了近三分之一的全国人口)。为了改变这种局面,墨西哥已开始重视落后地区的开发和中小城镇的建设,在洛佩斯·波蒂略时期（1976—1982年）就提出了经济分散发展的方针。中国有10亿人口，8亿农民，随着农业的发展，必将有大批农村人口和劳动力从农业中解放出来。加强中小城镇的建设，努力发展农产品加工业，是就地转移农村剩余劳力的唯一出路。

（与杨茂春合作，本人主笔，原载《农牧情报研究》1985年第5期，《国外农村产业结构调整和农村劳动力转移的研究》专辑（下））

墨西哥农村发展两极化和落后地区开发

墨西哥农村发展的一个重要特点是两极化：北部和西北部地区的资本主义大农业迅速发展，而中部和南部地区传统的小农经济则长期停滞不前。这种两极化几乎反映在农村社会经济发展的一切方面，传统农业区的生产力长期得不到提高，贫苦小农日益破产已成为一个严重的社会经济问题。因此，在墨西哥，无论是政界还是学术界，都在探索改造传统农业和开发落后地区的途径。这对于某些发展中国家进行农村发展研究，无疑具有一定的参考意义。

墨西哥农村发展的两极化

战后，墨西哥的农业现代化取得了显著成绩。20 世纪 40—60 年代，墨西哥农业的高速发展曾举世瞩目。1940—1965 年，这个国家农牧业产值的年平均增长率高达 7.3%，全国农业收获面积由 660 万公顷猛增到 1450 万公顷，主要农作物的单位面积产量成倍增长[①]，

[①] 参见联合国拉丁美洲经济委员会《墨西哥农业发展的方式和政策》，智利圣地亚哥，1983 年，第 9 页。

北部和西北部地区建立起以出口农业为主的现代化商品农业经济区。然而，这一切并不意味着全国农村的面貌有了根本改变，广大传统农业区的经济结构并未发生重大变化，仍然处于未开发的落后状态，在国家工业化和农业现代化的巨大潮流中，小农经济日益衰落。墨西哥作为一个发展中国家，其工业部门无力吸收大量破产农民，因而广大小农不得不留在小块土地上从事传统的耕作。贫苦小农由于占地少、土质差、缺乏资金和技术，生产水平十分低下，大部分产品只供自己消费。

根据墨西哥学院经济和社会研究中心所作的调查，全国农村大致可分为8类地区。我们从这8类地区的有关统计资料中，可以清楚地看到墨西哥农村发展两极化的趋势。根据调查报告，一、二类地区属于发达的资本主义现代化农业区；三、四、五类地区为发展水平较低的商品性农业区；六、七、八类地区是落后的传统农业区。

一、二类地区的耕地面积还不到全国农用土地面积的三分之一（29.5%），却集中了全国水浇地的71%，农业机械的64.2%，农业投入开支的64.7%。[①] 这类发达的资本主义农业区主要分布在北部和西北部的下加利福尼亚、索诺拉、锡那罗亚、奇瓦瓦、新莱昂和塔毛利帕斯等州，以及中部和南部某些专业作物区，主要从事棉花、蔬菜、水果等出口农产品和小麦、水稻等商品粮的生产。在这些地区，土地的使用十分集中，采用大面积机械化的耕作方式，使用的劳动力很少，但产值很高。在最发达的一类地区，耕地面积仅占全国耕地面积的13.5%，私人农业生产单位共5.7万家（占全国农业生产单位

[①] 参见基尔斯顿·阿彭蒂尼《墨西哥农业的两极化》，载《墨西哥经济》年刊1983年《农牧业专集》，第192页。

的5.8%），使用的劳动力只占全国农村劳动力的9.3%，但是所提供的产品却占全国农产品销售总额的36.2%。[①] 二类地区可以说是一类地区的延伸，虽然其农场经营的规模、农业机械化的程度都低于一类地区，但是基本上也属于发达的商品农业区。这两类地区的产品占全国农产品销售总额的51.4%。在这些地区，外国资本具有很大的影响。法国学者勒内·杜蒙在考察了墨西哥最富庶的农业区——巴希欧之后，很形象地描述了外国资本在这一地区的影响。他在《拉丁美洲的病态发展》一书中写道，"当你穿过巴希欧时，你就像在美国的加利福尼亚谷地旅行一般"，在那里，"德尔·蒙特、坎贝尔斯和通用食品公司3个多国公司正在把果品装箱，福特公司和约翰·迪尔公司的拖拉机在耕种土地，拜尔的杀虫剂在控制病虫害，而牲畜吃的是罗尔斯顿·普列那和安德森·克莱顿公司的浓缩饲料"。外国公司从贷款、技术、产品加工和销售等多种途径影响着这些地区的生产。

与一、二类地区截然相反，六、七、八类地区是落后的传统农业经济区。这三类地区的耕地占全国农用土地面积的51.6%，人口占全国农村人口的58.7%，但是提供的农产品仅占全国农产品销售总额的26.4%。[②] 这类传统农业区主要分布在中部高原的特拉斯卡拉、圣路易斯波托西、普韦布拉、格雷罗、伊达尔戈、克雷塔罗、墨西哥等州，以及南部的瓦哈卡、恰帕斯等州。这些地区土地贫瘠，水土流失严重，多山坡地，水浇地面积仅占全国水浇地总面积的16.2%。由于人多地少，土地占有非常分

---

① 参见基尔斯顿·阿彭蒂尼《墨西哥农业的两极化》，载《墨西哥经济》年刊1983年《农牧业专集》，第192页。
② 同上。

散，这类传统农业区约有80%的农户占地不到5公顷。在特拉斯卡拉州，63%的农户占地不到1公顷；在伊达尔戈州、墨西哥州南部，也有将近一半的农户占地不到1公顷（而全国农村平均每户占地数量为178公顷）。这些占地极少的贫苦小农缺乏资金、技术和设备，不得不继续使用锄、犁等落后的农具，按照原始的耕作方式，主要种植供自己消费的玉米和菜豆；农业机械化水平很低，仅有3.3%的农户使用农业机械；绝大多数农民在播种以后，既不施肥料、不洒农药，也没有灌溉设施可以利用，基本上是"靠天吃饭"，因此，农业生产投入的开支大大低于全国平均水平。以占地不到5公顷的小农在1970年平均每公顷的生产投入为例：全国为3009比索；而传统农业区只有739比索，最贫穷的圣路易斯波托西州仅有290比索，格雷罗州仅有152比索。从整个农业投资情况来看，在全国，占地5公顷以下的小农平均每公顷的投资为13101比索，而在传统农业区，这类小农平均每公顷的投资仅为4773比索，只有全国平均水平的三分之一。由于生产落后，传统农业区的粮食产量特别低下。以玉米为例，全国每公顷的平均产量达913公斤，而瓜那华托州仅为622公斤。据墨西哥农村发展研究中心调查，占全国土地面积13.2%的最贫困农业区集中了全国30%的农村劳动力，但仅能创造5.7%的农业产值。[1]

综上所述，我们可以清楚地看到墨西哥农村的二元化经济结构及其造成的地区发展不平衡。一方面，少数发达地区的资本主义大农场依靠大量投资、使用现代技术、用极少的人力创造了全国一半以上的农业产值；另一方面，将近一半的农村人口聚居在

---

[1] 参见［墨西哥］瓜达卢佩·桑切斯《墨西哥主要的农民经济区》，墨西哥经济研究和教育中心1980年版，第94—95页。

中部和南部贫瘠的土地上，依靠 1 公顷或半公顷土地，用落后的传统生产方式生产仅够养活自己的粮食。这种两极化的发展，是 60 年代末以来墨西哥农业不能持续增长、国内粮食匮乏的根本原因。

传统农业区长期落后的原因

一个地区的农业发展状况如何，受着多种因素的制约，既受地理条件、自然资源、生态环境等客观因素的局限，也是历史文化传统作用的结果；既受土地所有制等社会因素的限制，也受农业政策的影响。从墨西哥的历史与现实来分析，传统农业区之所以长期得不到改造，不能向现代化农业区转变，主要受下列因素的影响：

第一，土地贫瘠，自然条件较差，不易开发。中部地区，如普韦布拉、特拉斯卡拉、伊达尔戈等州都是传统的农业区，早在西班牙殖民以前古代印第安人就聚居在这一带。几个世纪以来，由于沿用落后的耕作方式（如刀耕火种），森林被大量砍伐，生产环境遭到破坏。由于人口稠密，土地使用过度，水土流失严重，尤其是一些丘陵和缓坡地，土层越来越薄，地力不足。例如，特拉斯卡拉州已有 50% 的土壤受到侵蚀；圣路易斯波托西州北部和伊达尔戈州北部，大多是干旱的半沙漠地区，仙人掌丛生；而格雷罗州、瓦哈卡州等亚热带地区大多是 2 度以上的山坡地，较难进行开发；南部一些丛林地带虽然土地肥沃，但是交通不便，需要大量基础设施投资才能进行开发。在这种情况下，私人资本不愿投资，国家也因工程艰巨、耗费太多而迟迟未能开发，只有世世代代在那里繁衍生息的小农从事耕作。

第二，土地改革的局限性未能给农业现代化创造必要条件。

墨西哥是实行大规模土改的少数拉美国家之一。1910年资产阶级民主革命以后，尤其是30年代卡德纳斯执政时期，政府没收了封建大庄园的土地分配给无地农民。战后，分配土地的数量已大大减少，但每届政府仍根据无地农民的申请，陆续分配给他们一些荒地。60多年来，墨西哥反复进行土改，已累计分配土地近9000万公顷，受益农户累计达1000万户。这种土改大大分散了墨西哥的土地占有状况，从而使小农经济重新得到巩固。但是，资产阶级的土改具有很大局限性。在土改中，农民获得的土地很少，大多都是贫瘠的山坡地，而大庄园主却利用各种方式把水浇地和好地留给自己；获得土地的农民由于缺乏资金和技术无力发展生产，而政府提供的少量贷款又多被村社管理人员和少数富裕农户所侵吞；随着人口的迅速增长，农民占有的土地越来越少，有的甚至还不到半公顷，他们依靠小块土地的收获越来越难以养活家庭，不得不出租、出卖甚至抛弃土地，外出去当短工。因此，在一定时期内，土地改革虽然在某种程度上满足了广大农民的愿望，使小农经济得到了巩固，但是它并未能给传统的农民经济向现代化农业过渡创造必要的条件。相反，土地占有的过度分散和广大农民的贫困，成为传统农业地区长期得不到发展的重要原因。

第三，政府的农业现代化政策片面地面向少数人口稀少、易于开发的地区。40—60年代，墨西哥政府为推动农业现代化进程，向农村提供了大量投资和贷款。但是，这些资金主要用于北部墨美边境地区、西北部加利福尼亚半岛和索诺拉等沿海地区。这些地区的土地较为平坦，土质比较肥沃，只要解决水利灌溉问题便可进行大面积的现代化耕作。因此，国家在这些地区修建了大型水利灌溉工程，为私人资本开垦荒地，建立棉花、小麦和水稻等生产专业区创造了十分优越的条件。这些现代化农业区的建立,对墨西哥农业的发展无疑具有决定性的意义。然而,国家却长期忽视对传统农业区的改造,没有给予必要的资助。中部地区人多地少、水土流失严重,国家并没有为开发水源、扩大水浇地面积、保持水土而投入必要的资金。对于传统农业区生产的玉米、菜豆等主要农产品,国家的收购价格又长期偏低,致使农民收入十分微薄,无力扩大再生产。有些地区交通不便,当地居民与外界联系较少,处于很闭塞的状态,而国家的基础设施投资也没有投入这些地区。

第四,城乡居民收入差距扩大,农村劳动力盲目外流,农村发展缺乏活力。50—60年代,墨西哥工业化取得较大进展,全国物价比较稳定,城市居民的生活水平有所提高。国家为了保证城市低收入居民的生活水平,维持着基本生活必需品的低价;农民却因农产品收购价格长期冻结而受到很大损失,收入相对下降,这就导致城乡居民的收入差距进一步扩大。据统计,在70年代,墨西哥传统农业区有89%的农户年平均收入在5000比索以下,而城市家庭每月的平均收入在2000比索以上。在这种情况下,一些贫苦农民依靠小块土地更难以养家,家中的青壮劳动力只得纷纷外出挣钱,有的到城里去当临时工,有的到北部的大农场去当季节工或越过国界到美国当劳工。据报道,圣路易斯波托西地区约有70%的农村劳动力外出挣钱;在中部地区伊达尔戈等州,每到农忙季节,大部分农村青壮劳动力都去北部当季节工,有的甚至携家外出,扔下土地无人耕种;目前,每天有2000多人流入首都墨西哥城,其中绝大多数是周围农村破产的农民。如此大批青壮劳动力外流,已使墨西哥农村经济失去了活力。农民对于小块土地经营和家乡的发展毫无信心,而把希望寄托在家人从美国或外地寄钱回来,甚至连自己消费的粮食也要依靠从外面挣钱来购买。

落后地区的开发

传统农业的落后状态对墨西哥整个经济发展产生了严重影响。首先，传统农业区的农业衰退导致粮食生产下降。到 60 年代末，墨西哥国内的粮食产量，尤其是玉米、菜豆等基本粮食的产量越来越满足不了需求。1972—1981 年，墨西哥进口粮食达 3700 万吨，占国内粮食消费量的 16%—20%，每年花费大量外汇进口粮食已成为国家的沉重负担。其次，大量小农破产也加剧了农村的社会矛盾。破产农民抢占好地、袭击富裕庄园的事件时有发生。面对日益严重的粮食问题和社会问题，墨西哥政府从 70 年代开始把落后地区的开发工作提上了重要的议事日程。

埃切维里亚执政期间，对农村发展政策作了较大的调整，把农村发展工作重点由过去支持北部和西北部现代化农业区转向扶植和开发落后地区；把农村发展的目标由单纯提高农产品产量转向农村综合发展和提高农民生活水平。为此，埃切维里亚政府在 1970 年制定了《农村发展公共投资计划》，为全国农村特别是落后地区的发展作了总体规划。1978 年以后，洛佩斯·波蒂略政府利用当时的巨额石油收入大力支持干旱地区发展农业，以减少粮食进口，实现粮食自给的目标。1980 年，洛佩斯·波蒂略政府制定了《墨西哥粮食体系》计划，把开发落后地区作为解决本国粮食问题的主要途径。10 多年来，墨西哥政府为促进传统农业区的发展，主要采取了下列措施：

第一，增加农业投资，加强农村基础设施建设，为落后地区的发展创造必要条件。70 年代以来，农业部门投资在公共投资总额中所占的比重大幅度上升，从 60 年代末的 10.7% 上升到 1975 年的 20%。1982 年以后，因石油价格下跌，公共部门投资有所下降，但国家仍尽量保证最必须的农业投资项目，把农业作为优先发展部门来对待。在国家的农业投资中，约有72%用于水利建设和水土保持工程。关于水利建设的资金分配，70年代与60年代的不同之处是把70%的资金用于落后地区，原有的8个灌溉区仅占30%；新建水利工程则由过去适合于大面积灌溉的大型工程改为中小型工程，并且在干旱地区打深井，开发水源。据统计，1970—1976年，水利工程建设的受益面积达111万公顷，灌溉面积增加了66万公顷。① 此外，为改善落后地区的土质，国家对水土保持工程也进行了大量投资，受益面积达33.6万公顷。按1970—1976年《农村发展公共投资计划》，墨西哥政府还对农村的交通、电力、仓库等基础设施建设提供了大量投资。全国公路总长度由1970年的71000公里增加到1976年的20万公里，其中75000公里是乡村公路。80年代，根据《墨西哥粮食体系》计划，波蒂略政府对农村基础设施，尤其是对农村电力的发展投入了巨额资金，修建了大量小水电站和火电站，使全国三分之二的农村都用上了电。这些都为农村落后地区的发展创造了必要条件。

第二，国家从贷款、保险、产品收购价格等方面提供优惠，扶植农民经济。从70年代开始，墨西哥政府增加了农业贷款的数量，并且扩大了农业贷款的发放范围。1970年获得官方贷款的种植面积占全部收获面积的12.5%，1975年建立全国农业信贷银行及其各地分行，1976年获得官方贷款的种植面积增加到全部收获面积的29.5%。80年代，按照《墨西哥粮食体系》计划，国家以贷款的方式优先向种植玉米、菜豆等粮食作物的小农

---

① 参见联合国拉丁美洲经济委员会《墨西哥农业发展的方式和政策》，智利圣地亚哥，1983年，第53页。

提供良种、化肥和农药，贷款的利率也由16%下降到12%。1980—1982年，玉米和菜豆两种作物使用贷款的面积分别扩大了74%和17%。在农业保险方面，国家过去主要为现代化农业区提供保险，落后的传统农业区遇到灾荒，农民只得在饥饿线上挣扎。80年代，国家将农业保险工作转向落后地区，农民交纳的保险金由原来的9%降到3%。《墨西哥粮食体系》计划规定，政府对10个贫穷旱地农业区的30万公顷土地实行分担风险的政策，遇到灾荒或歉收时，政府补偿一定的损失。此外，国家还以优惠价格向农民提供良种、化肥和农药，玉米和菜豆良种的价格比一般市场价格低75%，化肥和农药价格分别比市场价格低30%和20%。在粮食收购价格方面，1973年以前，墨西哥政府一直实行低价收购政策，1979年对粮食收购的保证价格向上作了大幅度调整，每吨玉米收购价由1974年的940比索提高到1979年的2900比索；此后，每年根据物价上涨的幅度，不断提高粮食收购价格，以保障农民的合理收入。通过上述各项措施，落后地区以种植粮食作物为主的农民得到了一定实惠，从而提高了生产积极性。

第三，开展合作运动，发挥集体力量，克服小农势单力薄的局限性，推动农村经济的发展。墨西哥的农业合作运动具有一定传统，早在30年代，卡德纳斯政府就建立了一批集体村社。后因经营不善或缺乏资助，多数集体村社都自行消亡了。埃切维里亚政府为防止小农破产、促进落后地区的发展，重新兴起合作化运动，计划在全国建立11000个集体村社，由于经费困难而未能完全实现。但是，在政府的资助下，不少地区的村社社员和私有小农仍建立了各种形式的合作组织，如农牧业综合发展合作社、农村集体利益协会、由几个村社联合组成的村社联盟、信贷合作社等等。通过这些形式，农民依靠集体的力量，开办农产品加工企业、购买农业机械、提供短期贷款、开发自然资源，促进了农村的综合发展。1982—1985年，全国有6000多个村庄建立了农村发展联盟。目前，全国约有农牧业生产合作社4000个、信贷合作社20000多个，参加的农民在100万以上。这些合作组织大多得到官方的资助，对发展落后地区的经济起到了促进作用。

第四，发展多种经营，促进商品经济的发展。墨西哥传统农业区社会经济长期得不到发展的一个重要原因，是单一生产玉米和菜豆等基本粮食，加之粮食价格很低，农民收入很少。在这种情况下，开发落后地区的重要途径之一，就是因地制宜，利用当地资源，发展多种经营，将农民经济纳入商品经济的轨道。为此，从80年代开始，墨西哥政府采取多种措施鼓励贫困地区的农民养牛、养猪、养蜂，开办农产品加工厂。例如，哈利斯科州的农民大力发展奶牛养殖业，并制作奶酪、奶粉供应城市，使某些贫穷地区改变了面貌。

开发的成效和存在的问题

开发农村落后地区既是一个经济问题，又是一个复杂的社会问题。这显然是一项长期而艰巨的任务，因而评价其成效也必须从长远的角度来考虑。

总起来看，70年代以来墨西哥政府在农村落后地区的开发方面作出很大努力，取得了一定成绩，但付出的代价很高。其主要成效是全国水浇地面积不断扩大，从1972年的423万公顷增加到1982年的550万公顷。随着交通便利和电力发展，落后地区的商品经济也在不断加强，部分富裕农户已逐渐摆脱了传统的生产和经营方式，依靠施用化肥和农药使粮食产量大幅度提高，并逐渐卷入了商品经济巨流。因此，在一些落后地区内部已开始出现经济比较发达的村庄或区域，落后地区的总面积正在不断缩小。

80年代以来，随着《墨西哥粮食体系》计划的实施，基本粮食的产量有了较大增长。1980年和1981年，10种基本粮食作物的种植面积分别扩大了10.8%和15%，产量分别增加了28.8%和21.8%。全国玉米产量由1975年的844.9万公斤增加到1984年的1349.7万公斤。1983年以来，墨西哥的粮食进口数量已有所减少，这在当前经济十分困难的条件下，不能不说是一个很大的成绩。

但是，墨西哥在开发落后地区方面也存在不少问题。其中突出的问题是主管部门官僚主义严重，资金利用效率差，政府的一些计划往往与农民的实际需要相脱节。表面上看，墨西哥历届政府都把土地问题和农业发展问题作为头等大事来抓，但是主管土地和农业的部门人浮于事、高高在上，不进行深入的调查研究，制定的计划往往停留在一般号召上。掌握官方投资和贷款的银行与有关机构只是热衷于把钱发放到比较富裕的农业地区，以利于收回，有的职员甚至从发放的贷款中扣留10%归己。一些水利工程和基础设施工程大多由外国专家或在外国培养的专家进行设计，而专家们住在豪华的办公大楼里养尊处优，拥有决定一切的权力，却不了解当地实际情况，不负任何经济责任。因此，国家虽然为落后地区的发展提供了大量资金，但是许多计划都没有落实，收效并不很大。

同时，由于土地占有制度不合理，落后地区农业生产率的提高也受到限制。墨西哥土地法规定：私有农户拥有的水浇地不得超过100公顷、旱地不得超过200公顷，但是大牧场主可以保留饲养500头大牲畜的牧场。迄今，在传统农业区，仍有许多地势平坦、宜于耕种的好地被牧场主占据，长期闲置；而农民拥有的土地很少，无法进行大面积机械化耕作，一些先进农业技术也很难推广应用。这种历史形成的状况在短期内是难以改变的。

当前墨西哥经济形势还比较困难。它的对外贸易条件严峻，债务负担沉重，财政连年赤字，政府为改善经济状况而不断压缩公共投资。因此，在较长一段时期之内，国家很难为落后地区开发提供较多的资金。一般的估计是，在可预见的将来，墨西哥农村落后地区的开发工作，将由于严重缺乏资金而较难取得大的进展。

(原载《拉丁美洲研究》1987年第6期)

当前墨西哥的农业危机和政府的对策

20世纪40—60年代,墨西哥农业曾以高速增长闻名于世。1947—1965年农业的年平均增长率达到6.1%。农业的迅速发展为国家工业化提供了良好的条件。从60年代后期开始,农业增长速度明显减慢,粮食由自给有余变为进口。80年代随着债务危机的爆发,整个国民经济陷入困境,农业的增长率持续下降。1982—1987年农业的年平均增长率仅为0.7%,最近几年,几乎都是负增长,1986年为-4.2%,1987年为0.8%,1988年为-4.5%,1989年为-2%。粮食的对外依赖进一步加深,1983—1987年平均每年进口粮食690万吨,比70年代增加2倍。目前,粮食进口量约占国内粮食消费量的五分之一。农业危机的加深还反映在农产品出口在外贸中的地位不断下降,1980年农产品在商品出口额中的比重为12.5%,1989年仅为6.7%。农业的持续衰退导致农村大批青壮劳力盲目流向城市,农村经济失去了活力,同时也增加了大城市的就业压力。

80年代墨西哥农业危机的加深与这一时期总的经济形势密不可分,连续多年的紧缩政策对农业产生了深刻的影响,同时,这一危机也反映出政府在农业政策上的某些偏差。危机加深的原因主要有以下几方面：

第一，政府对农业的投资和公共贷款大幅度减少，农村出现严重的资金短缺现象。1982年爆发债务危机之后，政府为稳定经济形势，把压缩公共投资作为减少财政赤字、抑制通货膨胀的一项重要措施。农业部门又是压缩投资最多的部门，1980年联邦政府公共开支中用于农村发展的支出占8.1%，而到1986年则下降到3.5%；农牧业投资在公共部门总投资中的比例，1977年占18.1%，1980年占16.6%，1986年降到9.2%；官方银行给农牧业部门的贷款也大大减少，农业贷款占全部银行贷款的比例由1980年的14%降到1988年的6%。

农业投资和贷款的急剧下降使农村出现严重的资金不足现象。公共投资的减少使农村基础设施越来越落后于社会经济发展的需要，一些大型水利工程被迫停建，许多50年代修建的大型灌溉区因设备陈旧、长年失修而出现缺水现象。水土保持工程也进展缓慢，1982年以来全国耕地面积基本上没有增加，大型灌溉区的种植面积由1982年的347.7万公顷减少到341.5万公顷。

第二，农产品价格的倾斜导致农业部门的利润率下降，私人资本从农业部门转移到其他部门，广大农民因无利可图而缺乏生产积极性。60年代以来，农产品价格的不合理一直是影响农业发展的重要因素之一。1977—1982年期间，墨西哥政府曾较大幅度提高农产品收购的保证价格，从而使工农产品的比价趋向合理，有力地刺激了农业的增长。但是，从1983年起，国内通货膨胀严重，政府为抑制城市消费品价格上涨、减少政府对农产品收购和销售差价的补贴，尽量压低基本粮食产品收购的保证价格，结果农产品价格上涨的幅度大大低于全国消费品物价的上涨幅度。1981—1987年，全国总的物价上涨了55.72倍，而农牧产品仅上涨38.99倍。1987年大米、高粱、大豆、小麦、红花的实际价格仅为1978年的75%，玉米、菜豆的实际价格仅为80%。而农业生产资料的价格大幅度上涨，1981—1987年柴油价格上涨178倍，汽油上涨82倍，农业用电费上涨142倍，化肥从1984—1987年就涨价14.7倍。1981年，84.7吨玉米可以换回一台拖拉机，到1987年则需要152吨。农产品相对价格的下降使农业部门的利润急剧下降，农民依靠小块土地难以糊口。

第三，政府取消了对基本粮食生产的多种补贴，使主要从事粮食生产的传统小农经济陷入更加深刻的危机。1977—1981年期间，政府为减少粮食进口，曾对粮农提供多种补贴，如政府为生产基本粮食所需的化肥提供30%的价格补贴。但是，随着经济改革的进行，国有企业为减少亏损，已不可能提供廉价的电力、化肥和汽油。从1985年起，政府基本上放弃了通过财政补贴鼓励粮食生产的做法，大幅度提高了化肥、灌溉用电、柴油、汽油等由国家控制的农用产品的价格。例如，1982年一口机井每月的电费是1万多比索，而1988年则是169万比索。在粮食价格偏低的情况下，生产成本成倍上涨使粮食生产者难以维持生产。

第四，国内通货膨胀的加剧使城乡居民的实际收入减少，工资购买力下降引起国内市场对某些农牧产品需求减少。持续多年的经济危机带来的直接后果是全国居民实际生活水平下降。工人的最低工资如果以1976年为100，1988年则为46.9%，由于收入减少，城市居民肉、奶、禽、蛋的消费量明显下降。据农业部公布的材料，1983—1988年，全国猪肉的消费量下降了50%。首都墨西哥城1981/1982—1985/1986年度牛肉的人均消费量由每年15.8公斤降到11.6公斤，猪肉由18.4公斤降到12.8公斤，牛奶由99.2公斤降到86.2公斤，鱼由18公斤降到12.7公斤，农副产品需求的下降使养猪业、养鸡业、奶牛业等集约化经营的畜牧业受到很大打击。1982—1986 年，国有饲料公司饲料的销售量由 40 万吨减少到 29.5 万吨，全国猪肉产量由 1985 年的 129.3 万吨降到 1988 年的 86 万吨，牛奶由 747 万公升下降到 628 万公升。

面对农业的深刻危机，1988 年底上台的萨利纳斯政府试图通过经济改革，寻找农业发展的出路。萨利纳斯政府的基本经济方针是实行经济自由化，减少政府对经济的直接干预，强化市场的调节机制，进行经济结构的改革。当前政府的农业政策值得注意的动向是：

首先，仍然将粮食自给作为一项长期战略目标，但当前农业发展的重点放在发展出口农业方面。《1989—1994 年全国发展计划》指出："粮食自主是农牧业战略的基本目标，这一目标主要依靠提高生产率，增加产量来实现。今后将集中力量优先增加玉米、小麦、菜豆、大米、糖、油料以及肉、奶、蛋的产量，以寻求在更大程度上满足国内的需求。但是，另一方面，将促进出口作物和一切具有比较优势的农产品的生产，以便增加农牧业外贸收支的盈余。"

其次，通过多种渠道增加农业投资，改革农业信贷体系，提高贷款的使用效率。1990 年，萨利纳斯政府较大幅度增加了对农业部门的投资。由于外债总额减少和利率下降，支付外债利息在政府财政支出中的比例由 1989 年的 3.8% 降到 1990 年的 2.6%，国家可以拿出更多的资金用于生产性投资。根据 1990 年国家财政预算，国家用于农业发展的投资比上年度增加了 55.2%。在增加公共投资的同时，鼓励农业生产者和其他私人投资者增加对农业的投资。允许不同成分的投资者采用各种形式共同承担大型水利工程的建设、灌溉系统的修复和保养、大型水利设施以及旱地农业区的水土保持工程等各项基础设施的建设。公共投资在农牧业投资中今后仍将占据优势地位，但私人投资也将发挥更大的作用。今后，政府将不再沿用过去对农业生产提供多种财政补贴的做法，而是把农业信贷作为促进农业生产的有效工具。为了更好地发挥银行的作用，政府将对全国农业银行实行改组，增加银行在基层的网点，吸收农民组织代表直接参与农业贷款的发放工作。银行贷款主要将支持那些具有生产潜力、但又缺乏资金的农民。1989年9月农业银行降低了农业贷款利率。

再次，改革农产品价格管理体制，逐步放开农产品价格。长期以来，墨西哥政府为保障农民的合理收入和城市低收入阶层的生活水平，对10种基本粮食产品的收购实行由国家控制的保证价格；同时，对城市销售的基本食品由政府规定最高价格。这种价格管理体制在一定程度上保证了农民和城市低收入阶层的利益，但是收购价和销售价的倒挂，需要国家提供巨额财政补贴，这成为国家经济的沉重的负担。80年代以来，墨西哥通货膨胀严重，物价飞涨，基本粮食产品收购价格调整往往落后于整个物价上涨，农民利益受到严重损害。为改变这一状况，萨利纳斯政府力图制定一套新的价格体制，兼顾生产者、加工者和消费者的利益，执行一种比较灵活的农产品价格政策，既考虑国际市场价格的影响，又考虑本国各地区产品的生产成本。1989年10月底，计划预算部、商业和工业发展部、农业和水利资源部共同组织了一个专门小组，制定了《1989—1994年农产品价格确定办法》，准备对基本农产品的价格逐步放开，并决定将1989年农业季度玉米和菜豆的保证价格分别提高到每吨43.5万比索和每吨92万比索，比上年度分别提高41.69%和17.19%。

同时，国家决定对全国最主要的农产品价格协调机构——全国人民生活必需品公司实行改组。今后，除了玉米和菜豆之外，这家国有公司将不再承担收购其他基本粮食产品的任务。

又次，实行农业部门管理体制的分散化，扩大农业生产者的经营自主权。政府将扩大各州在利用自然资源、制定农业规划、分配资金和人力等方面的权力，根据各地区的不同特点促进农业的发展。同时扩大生产者和生产者组织的经营自主权，鼓励各类农业生产者——村社社员、小土地所有者和农业企业家之间实行合作，按照法律，促进资本的流动，充分利用闲置土地和资源，推广先进技术，提高生产效率。

为了达到农业管理体制的分散化，政府将对农业和水利资源部及其下属机构进行较大的调整，农业部原属的36家国有企业将有26家实行股份制，国家将退出这些企业。

政府的上述政策的效果如何还有待于实践的检验。

（原载《世界农业》1991年第1期）

墨西哥"持续农业"和农村发展的理论与实践

20世纪80年代中期以来,"持续农业"和农村发展①理论不仅在发达国家具有较大影响,而且在发展中国家也普遍受到重视。在墨西哥,随着农业危机的不断加深和生态环境的日益恶化,创建"持续农业"生产体系的问题也成为当前迫切需要研究的课题。

第一节 "持续农业"在墨西哥提出的客观背景

战后40多年来,墨西哥长期推行进口替代工业化发展战略,把经济的高速增长和工业化放在优先考虑的地位,在一定程度上忽视了农业的发展。农业发展本身又以增加农产品产量为主要目标,忽视了农村综合发展和农民生活水平的提高。其

---

① 持续农业和农村发展(Sustainable Agriculture and Rural Development,简称SARD)理论于20世纪80年代提出。英文"Sustainable"一词当时都译为"持续",20世纪90年代逐渐改译为"可持续"。

结果导致 70 年代以来农业的长期停滞，农产品产量越来越难以满足国内日益增长的需求，多数农民处于贫困之中，生态环境日益恶化，农业的持续发展面临严峻的挑战。当前存在的主要问题是：

一　人口快速增长与耕地有限之间的矛盾日趋尖锐，对自然资源利用方面的短期行为导致生态环境的不断恶化

墨西哥是个多山的高原之国，土地资源相对贫乏。在全国 195.82 万平方公里土地中，农业用地仅占 13.8%，适宜耕种的面积仅占国土的 8.6%。而人口增长率很高，1950 年全国总人口仅为 2579 万，1990 年达到 8114 万。人均耕地面积越来越少，土地的承载力超过负荷。60 年代，墨西哥粮食尚能自给有余，农产品出口曾是外汇收入的重要来源，但是，从 70 年代起，粮食进口数量不断增加，1983—1987 年平均每年进口 690 万吨，1989 年达到 1000 万吨，约占国内粮食消费量的四分之一。政府为增加粮食产量，减少粮食进口的压力，80 年代大力推行《墨西哥粮食体系》计划，采取了许多短期行为的措施，如鼓励农民毁林造田，开垦缓坡地，以扩大种粮面积，其结果造成森林资源破坏，土壤侵蚀严重。据估计，80 年代以来，每年减少的森林面积在 50 万公顷以上。为了扩大牧场，大片热带雨林被烧毁，许多稀有动物因失去栖息地而濒临灭绝。墨西哥是世界上动植物资源最丰富的国家之一，但由于森林面积的减少，有 342 种动物濒临灭绝（其中 169 种是墨西哥特有的），562 种野生植物资源明显减少或已绝迹（其中许多是当地居民世代沿用的药材）。森林被毁也造成气候恶化，自然灾害增多。

二　农村两极分化突出，贫困地区经济长期得不到发展，贫苦农民为养活自己，对自然资源实行破坏性的利用，造成贫困与生态环境恶化之间的恶性循环

目前，墨西哥仍有300多万户农民生活在贫困之中，主要分布在中部和南部旱地农业区。许多农户的占地面积不到半公顷。由于缺乏资金和技术，他们世世代代在小块贫瘠的土地上沿用十分落后的耕作技术，不施肥，不灌溉，基本上靠天吃饭。由于长期单一种植玉米，土壤肥力降低，产量不断下降。尤其在一些缓坡地常年种植玉米，造成严重的土壤侵蚀。据估计，墨西哥原有的耕地面积中有50%的耕地地表土层已经流失，土地越来越贫瘠。有些落后地区，印第安人仍然保持了烧荒、刀耕火种等十分原始的耕作方式，造成对生态环境的严重破坏。正如1992年6月在巴西环境与发展首脑会议上许多发展中国家代表所指出的："贫困是发展中国家破坏性地使用资源的重要原因。"同时，自然资源和生态环境的破坏，又进一步加剧了贫困，形成恶性循环。

三　绿色革命的消极作用使农业现代化进程难以持久和推广，并带来了土地盐渍化和环境污染等不良后果

绿色革命是指战后发展中国家为解决食品供应问题而进行的一场农业技术革命。墨西哥是最早掀起绿色革命的国家之一，自40年代起，在国际组织的支持下，墨西哥积极推行以培育早熟、高产良种，大量施用化肥、农药，以及扩大灌溉面积三项措施为中心内容的农业现代化措施。在这期间，墨西哥培育了世界闻名的矮秆高产小麦良种和40多种玉米优良品种；施用化肥的面积由1950年占播种面积的4.8%扩大到1965年的26.5%；灌溉面积由1940年的96万公顷扩大到1964年的

400多万公顷，政府以巨资在北部和西北部干旱地区兴建了适于大面积现代化耕作的灌溉区。绿色革命对增加粮食产量、推进农业现代化进程发挥了巨大的作用。但是，绿色革命也具有很大的局限性，并带来许多消极影响。从社会影响的角度来看，绿色革命并没有使墨西哥农村普遍地走上农业现代化的道路，相反，进一步加剧了农村两极分化。因为以培育和推广高产良种为中心内容的现代农业技术一般只适宜在资金雄厚、土壤肥沃、灌溉条件好的现代农业区应用，而在广大旱地农业区和贫困山区则难以推广。从生态方面来看，大量地下水的使用造成水资源短缺，排水系统不完善引起土壤盐渍化。据农业和水利资源部估计，到1980年，墨西哥大约有56万公顷灌溉地已完全或部分盐渍化，约占全国灌溉面积的12.4％。新的杂交品种的使用使农民放弃了轮种、套种等有利于生态保护的混合作物耕作制，实行大面积单一作物耕作制，造成病虫害杂草蔓延等恶果。杀虫剂、除草剂等化学药品的大量使用，引起土壤和水质的严重污染。绿色革命的消极作用使墨西哥现代农业区的生态环境日益恶化，难以保持农业的持续增长。

四 工业化和都市化造成的环境污染日益严重，农业持续发展面临新的威胁

墨西哥的工业布局和人口分布十分集中，首都墨西哥城是世界上人口最多、也是污染最严重的城市。墨西哥城加上周围卫星城的人口达2000万，约占全国人口的四分之一，那里集中了全国40％的工业投资和20％的工业企业，其中包括污染十分严重的炼油厂、造纸厂、糖厂、纺织厂等等。300多万辆汽车排放的废气，使整个城市烟雾弥漫，空气中悬浮的粉尘使公路两旁的树木枯萎。许多工厂缺乏排污装置，将未经过处理的污水随意排

放。墨西哥城每秒钟排放的污水达46立方米，全国未经处理的污水的排放量每秒达184立方米。横贯中部7个州的莱尔马—圣地亚哥河和全国最大的湖泊恰巴拉湖的水质，因大量废水注入而被污染，周围农田灌溉受到影响。石油和石油化学工业的迅速发展，使墨西哥湾近海的渔业资源遭到破坏。随着城市人口的迅速增长和工业的发展，生活垃圾和工业废弃物的数量惊人地增加。目前，墨西哥每天的生活垃圾达5万吨之多，工业废弃物达37万吨，其中1.3万吨是对人体有害的物质。这些废弃物一般都未经处理便倒在荒野或山谷中，许多有毒物质渗入地下或流入河中，造成对土壤和水质的污染。近年来，墨、美边境地区因实行经济开放，出口加工工业蓬勃发展，但由于缺乏环保措施，造成污水横流、垃圾堆积如山，蒂华纳城成了世界上垃圾最多的城市。

面对这些问题，墨西哥人迫切希望找到一种新的发展模式，以便在保持自然资源永续利用和环境清洁的基础上，满足当代人和子孙后代对物质的需求。这就是"持续农业"在墨西哥越来越受到重视的客观背景。

第二节 "持续农业"和农村发展理论在墨西哥的实施状况

20世纪80年代中期，面对全球范围内出现的一系列新问题，如耕地和森林面积减少，自然资源退化，现代农业能耗大、成本高，生态环境恶化等种种问题，一种新的农业发展战略和发展思潮应运而生，即"持续农业"思潮的兴起，这种思潮正在被世界上越来越多的国家所接受。1991年4月召开的国际农业和环境会议提出了"持续农业和农村发展"的概念，即"在合理利用和维护资源与环境的同时，实行农村体制改革和技术革新，以生产足够的食物和纤维，来满足当代人类及其后代对农产品的需求，促进农业和农村的全面发展"。联合国粮农组织和国际农业专家经过讨论后确定了"持续农业"的三个战略目标：（1）积极增加粮食生产，既要考虑自力更生和自给自足的基本原则，又要考虑适当调剂与储备，稳定粮食供应和使贫困者获得粮食的机会，妥善地解决粮食问题，保障粮食安全；（2）促进农村综合发展，开展多种经营，扩大农村劳动力的就业机会，增加农民收入，特别要努力消除农村贫困的状况；（3）合理利用、保护与改善自然资源，创造良好的生态环境，以利于子孙后代生存与发展的长远利益。

"持续农业"思潮在墨西哥也引起了反响。一方面，农业院校和科研部门纷纷对这一新农村发展思想和战略开展研究，如恰宾戈农学院研究生院、首都自治大学、国立自治大学、东南部生态研究中心等科学研究机构和高等院校的学者在报纸杂志上陆续发表文章，探讨这一新课题。另一方面，国家领导人和有关政府部门在官方文件中也强调持续发展的思想，并对有关问题作了一些相应的规定。对于广大发展中国家来说，贫困和生产力低下是资源得不到合理开发和利用、环境得不到保护的重要原因。因此，实现"持续农业"战略目标的根本途径是加快农村现代化的步伐。墨西哥总统萨利纳斯在巴西环境与发展首脑会议上强调指出："为了保护环境，必须加快发展，消灭贫困。"《1989—1994年全国发展计划》首次把环境保护和合理、有效地利用自然资源作为经济发展的目标提出。该计划指出："保护、扩大和合理使用国家有限的再生和非再生资源是现代化必要的条件。因此，必须强调合理和有效地利用和开发森林、土地、水、石油和矿产等自然资源的紧迫性。"《1990—1994年国家环境保护计划》

指出，现代化的"宏伟目标要求我们采取有力措施使资源开发合理化，引导投资和经济增长朝着持续发展的方向迈进。应该爱惜我们的资源，使其不仅为当代人，而且为子孙后代造福"。为加快农村的发展，墨西哥政府颁布了《1990—1994年全国农村现代化计划》，以便通过改革促进农业和农村的全面发展。为了利用立法和行政手段加强对自然资源和环境的管理，墨西哥政府颁布了《生态平衡和环境保护总法》，这是国家对环境问题的各项政策法规的汇总。1990年，政府又颁布了《生态平衡和环境保护总法实施条例》，具体规定了环境保护的各项技术指标和有关法规，对违者根据情节轻重处以罚款、拘留、监禁。此外，政府还颁布了《国家水法》、《森林法》，并责成农业与水利资源部协调和监督土地、森林和热带雨林的开发进程，保证森林的恢复和再生。为加强对环境和自然资源的管理，本届政府专门增设了环境保护和城市发展部，同时加强地方政府在这方面的权限和义务。此外，政府还动员社会各界，包括工商企业界、工会、村社以及各种民间团体都来支持环境保护运动，动员群众自觉与破坏环境和自然资源的行为作斗争。

为了争取实现农业持续发展的目标，墨西哥正从以下几方面进行努力：

一　加强对自然资源和环境的保护，为农业的持续发展创造良好的生态环境

其具体措施是：

（一）设立和扩大自然保护区，保护生物的多样性

墨西哥的生物资源十分丰富，据不完全统计，拥有447种哺乳动物，1951种禽类，685种爬行动物，284种两栖动物；植物的品种超过千种。为保护这些珍贵的资源，墨西哥设立了65个自然

保护区，面积达 600 万公顷，占国土面积的 3%。这些自然保护区分布在温带、湿热带、干旱和半干旱地带、岛屿四类地区，根据不同的生态条件，政府采取不同的保护措施。作为自然保护区的补充形式，农业和水利资源部及有关州政府还另将 800 万公顷土地划为 59 个保护区，用于封山育林和水土保持。目前，全国属于保护区的土地约占国土面积的 7%。过去，由于经费不足和保护区土地所有权不明确等问题，自然保护区往往管理不善。近年来，国家增加了拨款，加强了区内基础设施的建设，情况大大改善。

1992 年 6 月巴西环境与发展会议之后，墨西哥政府重视对生物多样性的保护，例如，为保护莫纳尔卡森林的蝴蝶（世界稀有品种），国家拨款 1.6 亿美元，用于建立 18 个保护区，11 个果园，3 个旅游点，16 项水利设施和 33 个牧场。这项保护措施使该地区 40 多个村社的农民受益。

海湾是海龟的栖息地，为了保护这种珍稀动物，墨西哥自 1972 年起就对海龟进行保护和研究。根据保护计划，在墨西哥湾沿海设立了 56 个保护区供海龟栖息、下蛋和孵化。1984—1986 年共下了 4300 万个蛋，其中有 2300 万个得到孵化，230 万只小海龟得到保护。1990 年，萨利纳斯政府又制定了新的《海龟保护计划》。1991 年世界银行专门提供 100 万美元贷款，支持该项计划。在政府的动员下，瓦哈卡、格雷罗和米却肯州 400 多户专以偷捕海龟为生的渔民放弃了捕捞。

（二）合理开发利用水资源，防止水质污染

墨西哥全国有 320 条水系，但分布极不均衡。北部地区干旱缺水，该地区占国土面积的 30%，而水资源拥有量仅占全国的 3%。中部地区虽然水源比较丰富，但因墨西哥城、爪达拉哈拉和蒙特雷三大城市人口和经济活动过分集中，地下水位不断下降，水质污染也日益严重。为加强对水资源的管理，1992 年 9

月 1 日，众议院水利事务委员会通过了一项《国家水法》，并责成农业和水利资源部负责监督全国水资源的开发、利用和管理。为适应农业灌溉和工业用水日益增加的新形势，国家增加了对水利建设的投资，兴修新的水利工程。同时，政府允许私人和社会团体参与水利工程和其他农村基础设施的建设，以弥补公共投资的不足。为保持水质清洁，全国建立了 304 个由环保部管理的水质监测系统，744 个由农业和水利资源部管辖的水质监测站。全国有 223 个生活污水处理厂（设备能力为每秒 16.5 立方米），117 家工业污水处理厂（设备能力为每秒 12 立方米）。此外，有关州政府正在制定计划，对污染比较严重的巴努科河、巴尔萨斯科河、巴兹库阿洛湖进行治理。

（三）合理规划农田，防止土壤侵蚀

耕地减少和土壤退化是墨西哥农业发展面临的严重问题。尤其在中部地区，因人均耕地面积减少，农民为了糊口，对土地使用过度，造成土地沙化，水土流失严重。为改变这种状况，政府正在研究制定国土整治规划，准备增加对中部地区的基础设施投资，修建大型水土保持工程，为弥补公共投资不足，政府已修改有关法令，允许私人和集体修建水土保持工程和土壤改良工程，由法律保护其投资和所有权不受侵犯。为防止水土流失，政府已不再盲目鼓励农民垦荒，在一些山区，动员农民修建梯田，实行轮种间种，以改善生态环境。

（四）集中力量，对首都及其周围谷地的污染问题进行综合治理

萨利纳斯政府制定了专门计划，治理墨西哥城的污染问题，为此专门拨款 46 亿美元。为减少汽车尾气的污染，更新了首都 3500 辆公共汽车。私人小汽车按车号分单、双日行驶，以减少市内车辆的行驶。1991 年起又采取了国产轿车装催化

净化器、使用新型高辛烷无铅汽油以及禁止使用期超过 10 年的汽车在市内行驶等多项措施。1992 年 3 月，墨西哥政府还与企业界达成一项"工业生态协议"，旨在 18 个月内使墨西哥城上空的悬浮尘粒减少 70%—90%。1992 年关闭了阿兹卡波特查尔戈炼油厂。上述措施的实施使墨西哥城的生态环境有所改善。

二　加快农村改革步伐，促进农村经济的综合发展，提高农民生活水平，为农业持续发展创造必要的社会环境

对广大发展中国家来说，在考虑农业发展的持续性时，除了重视保护自然资源和生态环境以外，还必须强调农村经济体制改革和提高农民物质、文化水平的重要性。萨利纳斯政府为解决当前农村发展中存在的许多问题，加快农村经济发展的步伐，正在推行以下多项改革措施：

（一）改革现有土地制度，增强农村经济活力，为农业现代化创造较好的投资环境

其中心内容是修改宪法第 27 条，改革已不适应农业现代化需要的村社土地所有制。村社在历史上作为土地改革的产物曾有其进步意义，它满足了农民对土地的需求。按法律规定，村社土地属集体所有，分给社员个人使用，但社员对土地只有使用权，没有买卖、转让和出租的权利。由于农民占地面积太小，这种制度不利于土地的规模经营和综合利用，因而束缚了农村生产力的提高。1991 年 11 月 7 日，萨利纳斯总统提出了对宪法第 27 条的修正案。修改后的宪法，允许社员出租和出售土地，允许社员、私人小土地所有者合伙经营和开发利用土地，或将土地用于其他生产活动；允许工商界对土地进行投资，包括修建大型水利灌溉工程；外国资本可以通过与墨西哥农民合营获得农业用地，但外

资比例不得超过49%。这些措施为墨西哥农业现代化的实现创造了较好的投资环境。

（二）在重申粮食自主这一战略目标的同时，鼓励发展出口农业，实行多种经营

多年来，墨西哥政府为了保持城乡食品供应的稳定，一方面强调粮食自给，动员农民多种粮食，另一方面将粮食价格控制在较低水平，以保证城市低收入居民的利益，结果农民因无利可图，缺乏生产积极性，生活也越来越贫困。90年代，政府根据改革开放的新形势，大力发展出口农业，扩大蔬菜、水果、水产品的出口，用农产品出口所得外汇适当增加粮食进口，以减轻粮食生产的压力。为使农民尽快富起来，政府鼓励发展农村工业和旅游业，依靠个人、集体、国家三方面投资，发展农村多种经营。

（三）增加农业投入，加快实现农业生产手段的现代化

为满足农业现代化的资金需求，政府一方面增加对农业的拨款，改革农业信贷体制，区别不同情况，为不同地区农业的发展提供贷款；另一方面，鼓励私人部门增加对农业的投入，包括中长期投资，为加快农业机械化的步伐，政府允许农业机械免税进口。

（四）改革农产品贸易体制，逐步放开对农产品价格的控制

过去，10种主要农产品都由国家规定保证价格，并由国有人民生活必需品公司进行统一收购和销售。经过改革，目前除玉米和菜豆两种最主要的粮食由国家控制价格以外，其他农产品的价格一律随行就市。随着外贸体制的改革，墨西哥农产品的进出口逐步取消许可证制度。但是，为了保护农民利益，对粮食进口仍然保持较高的关税。为进一步扩大农产品出口，政府允许生产者拥有更多的外贸经营自主权。

三 加强农业科学技术研究,探索科技兴农的新模式

20世纪40—60年代,绿色革命作为一场深刻的农业技术革命在墨西哥掀起了科技兴农的高潮。但是,如前所述,绿色革命未能解决农业发展的持续性问题。为了达到既能有效、合理地利用自然资源和保护环境,又能满足社会对农产品的需求等双重目标,必须研究和运用科学技术手段。墨西哥农学家特鲁希略·阿里亚加认为,现代农业科学知识与传统农业知识的有机结合,将有助于建立一种保持农业持续发展和自然资源永续利用的农业生产体系。他认为,为实现"持续农业"条件下的农业技术革命,必须发展两门学科:一是农业生态学(agroecology),它专门研究农业生产活动所引起的生态变化和在一定的社会、文化、经济和政治环境中生态技术的发展方向;二是民族生态学(etnoecology),即在传统农业中农民靠本身的经验长期积累起来的、使人与自然界保持和谐关系的农业知识和耕作技术。二者可以相互补充和促进。传统农业中有许多宝贵的经验,但这些经验只有通过现代科学技术加以提炼和加工,才有可能在90年代的今天推广运用。近年来,美国和拉美的许多农学家为探索不同生态地带"持续农业"的生产模式,在墨西哥和中美洲进行了广泛的调查与考察。例如,美国学者G.威尔肯写了题为《墨西哥和中美洲传统农业生产者对资源的利用办法》的论文,充分肯定了传统农业知识对研究"持续农业"的价值。许多美国和墨西哥的农学家认为,墨西哥和中美洲的传统农业中有许多值得研究的农业知识和耕作技术。例如:

(一)湿润和半湿润热带地带的复种、轮种制度

许多资料表明,不同作物的套种、轮种可以达到提高土壤肥力和增加产量的目的。墨西哥南部和中美洲农村普遍采用玉米、

菜豆和南瓜三种作物套种的制度。菜豆比玉米矮，需要的光照比玉米少，两种作物套种可提高日照的效益；豆子根瘤菌的固氮作用有利于保持土壤肥力，促进玉米的生长；南瓜的蔓藤和叶子可以防止杂草生长，保持土壤的温度。据阿马尔多在墨西哥塔巴斯科州卡德纳斯村的调查，每公顷土地的产量，玉米、菜豆、南瓜三种作物套种比单一种植玉米要高50%。

（二）热带庭园农业

这是一种在生态方面有价值的利用人工保持生物群落的农业。据调查，在墨西哥南部塔巴斯科州的庭园，平均面积为0.7公顷。这些土地除了住房和道路以外，园内97%的土地被绿色植被所覆盖，树木处于最高层，约占庭园面积的30.7%。芒果树是当地庭园必有的树种；比树木略低的是多年生灌木、苗圃和葡萄架；再下面是草本植物，包括玉米、菜豆、南瓜、番木瓜、香蕉、木薯等当地人的主要食品和各种花卉观赏植物及药材。在塔巴斯科州库比尔科的庭园中，种植的植物品种平均达55种之多。一般每家都养几头猪、山羊和豚鼠。牲畜的粪肥是主要的肥料。家庭的主人一般在附近城镇工作，庭园收入是家庭经济的补充。

（三）传统湿地生态农业体系（Traditional Wetland Agroecosystem）

美国农学家威尔肯和克鲁斯考察了墨西哥中部布埃勃拉盆地，发现了一种很有趣的湿地生态农业体系。当地农民根据该地区地势低洼和多水的特点，将耕地修整成一块块"垄地"或台地，每块宽15—30米，长150—300米，两边修筑水渠。垄上混合种植各种作物，包括玉米、菜豆、南瓜、蔬菜、苜蓿等等。肥料一般都用绿肥和粪肥。水渠起到灌水和排水的作用，以防止土壤渍水和盐碱化，渠中的浮生植物和杂草成为很好的肥料。这种由西班牙殖民统治前传下来的生态农业系统，始终保持了土壤肥力和生态系统的良性循环。

（四）热带雨林生态农业体系

目前，世界上热带雨林正在以惊人的速度减少，主要是由于当地居民毁林造田或毁林放牧。但是，据美国学者艾蒂斯的考察，墨西哥南部恰巴斯州的农民以传统方式利用热带雨林，既生产了必要的食品，又保持了生态环境和自然资源。农民靠在林间种植作物，5年内每公顷可收获5吨玉米、约4吨块茎作物产品和蔬菜，还不算可可、萼梨、香蕉、番木瓜等零散的产品。而毁林种草后的牧场，平均每年每公顷的产肉量仅10公斤。

以上各种传统的生态农业体系规模较小，耕作方式原始，但是从科学研究的角度来看，它们在保持生态系统的良性循环方面的作用是值得重视的。

四　控制人口增长，减轻对自然资源的压力

对于许多发展中国家来说，解决日益众多的人口的温饱问题始终是一项艰巨的任务，因此，控制人口增长应是创建"持续农业"生产体系的一个重要方面。70年代以前，墨西哥采取鼓励生育的政策，导致人口急剧增加，国内粮食短缺。自1973年起，政府改变了人口政策，开始提倡计划生育。80年代，墨西哥政府给予人口问题以更大的重视，加强计划生育的宣传教育，取得了显著成效。全国人口的自然增长率由70年代的3.4%降到80年代的2.1%。目前，全国54.5%的育龄妇女已实行计划生育，其中36.4%的妇女做了绝育手术。墨西哥计划到20世纪末，将人口自然增长率降到1%左右，总人口控制在1亿左右。

但是，计划生育工作的开展还很不平衡，农村人口的增长仍未得到应有的控制。萨利纳斯政府制定了《1990—1994年全国

计划生育计划》，强调今后要特别加强对农村落后地区人口的控制。在恰巴斯、瓜那华托、格雷罗、瓦哈卡等贫穷落后地区，人口增长率大大高于全国水平，农民由于缺乏科学知识和医疗条件，一对夫妇往往生育五六个甚至七八个孩子。为使这些贫困地区脱贫致富，控制人口是一项重要的政策。为此，政府正进一步加强计划生育宣传教育并增加对这些地区的医疗卫生投入。

第三节 几点思考

一 探索"持续农业"发展的新模式

创建"持续农业"生产体系，目前在国际上尚处于理论探索阶段，不同发展水平的国家对"持续农业"的理解不尽相同，面临的问题也有很大差别，不同学科的学者对"持续农业"的解释和所确定的目标也不完全一致，因此，"持续农业"作为一种发展理论尚需在实践中不断完善。尽管如此，持续发展的观点已在全世界产生了深远的影响，因此，不论是发达国家还是发展中国家，都应加强研究，努力探索一种保持农业持续发展的新模式。

二 "持续农业"要合理利用自然资源、保护环境，更要有适当的社会经济环境

对于发展中国家来说，为创建"持续农业"生产体系，重要的在于加快农业现代化步伐，改善农村的投资环境，提高农民的物质、文化水平。实现"持续农业"的目标既需要合理开发利用自然资源和保护环境，更需要有适宜的社会经济环境。

三 加强农业科学技术的研究和推广

加强农业科学技术研究,推广适合于本国国情的农业技术和耕作制度,是实现"持续农业"目标的必要条件。在农业科学技术的研究和推广中既要重视国外先进技术的引进,又要重视本国传统农业中许多有利于保持生态体系良性循环的经验和耕作技术,并在现代科学的基础上加以提高和改进。

四 加强农业调控

"持续农业"不是单纯依靠农业部门所能实现的,必须依靠各有关部门的协同作战。因此,政府必须加强宏观经济的调控,为农业的持续发展创造良好的条件。

主要参考文献

1. [墨西哥]特鲁希略·阿里亚加:《墨西哥持续农业的发展》,墨西哥《日报》1990年11月26—27日。
2. 墨西哥农业和水利资源部:《1990—1994年全国农村现代化计划》,墨西哥城,1990年。
3. 墨西哥城市发展与环境部:《1990—1994年全国环境保护计划》,墨西哥城,1998年。
4. [墨西哥]韦加、特鲁希略:《生物工程,绿色革命的反映》,墨西哥《对外贸易》,1989年第11期。
5. 托雷多:《民族生态学的前景》,墨西哥《科学》1990年第4期。

(原载陈厚基主编《持续农业和农业发展——SARD的理论与实践》,中国农业科技出版社1994年版)

墨西哥的能源政策

石油价格战和墨西哥的能源政策

世界石油市场原油价格暴跌已成为当前举世瞩目的事件。1985年9月,沙特阿拉伯放弃了长期执行的"限产保价"政策,将其产量从每天250万桶增加到470万桶,引起了油价的下跌。同年12月,石油输出国组织在日内瓦举行的年会上进一步提出了增加产量、恢复其在世界石油市场的"公平份额"的"新战略",企图通过增加产量、压低油价,迫使石油成本较高的非石油输出国组织产油国降低产量、让出市场份额,从而引起了世界油价暴跌。由于英国和挪威拒绝合作以及石油输出国组织内部矛盾加剧,油价下跌的幅度超出了人们的预料,由1985年12月的每桶28美元猛跌到1986年3月的每桶12美元以下。石油价格的涨落对整个世界经济具有广泛而深远的影响,因此,各国政府和有关专家都密切注视着事态的发展,以便制定相应的对策。本文试图就影响石油价格的某些因素和墨西哥能源政策对稳定世界油价的影响作一初步分析。

一 油价暴跌的根本原因和近期趋势

石油"价格战"的爆发绝不是偶然的，它是1973年石油危机以来世界石油市场供求关系变化的必然结果，也可以说，是西方工业发达国家改变能源战略所产生的结果。1973年，阿拉伯国家通过石油禁运和减产造成世界石油市场每天短缺500万桶至600万桶的局面，从而从西方石油公司手中夺回了标价权，将原油价格提高了3倍，结束了"廉价石油"的时代。1979年，伊朗因政局变化，停止供应石油，引起了新的抢购风，油价再次猛涨。经过这两次提价，基准油价从1973年12月的每桶3.01美元上升到1981年的每桶34美元。在两次石油涨价的冲击下，本来就已面临危机的西方经济进入了长期滞胀的衰退阶段。据有关人士估计，由于石油提价，美国和其他工业发达国家遭受了1.2万亿美元的经济损失。油价上涨的冲击迫使西方发达国家和进口石油的发展中国家采取对策，制定新的能源战略，以减缓石油涨价对本国经济的不利影响。经过近10年的努力，新的能源战略已初步见效，它使世界能源的生产、消费和贸易结构都发生了重大变化。主要有下列几点：

第一，节能和能源多样化措施已初步见效，世界石油消费量不断下降。1973年以来，在油价大幅度上涨面前，西方各国普遍采取了节能措施，努力提高能源利用率，研究和开发节能的新设备及新技术，发展替代能源和新能源，降低石油在能源消费中的比例。1974—1983年，经济合作与发展组织成员国的石油消费量降低了35%；1979—1983年，世界石油的日消费量减少了700万桶，这既是西方经济衰退造成的，也是节能和能源多样化的重要成果。科学技术的发展、经济发展模式的变化使发达国家的产业结构发生了深刻的变化，耗能低的尖端工业部门，如通信技术、生物技术、电子工业、机器人制造等部门成为经济发展的前沿，钢铁、石油化工等耗能多的部门处于相对停滞状态。

石油大幅度涨价促使能源消费结构多样化，煤炭、核能、天然气等替代能源的比重不断上升。在经济合作与发展组织各国，石油在能源消费中的比重已由1973年占54%下降到1983年占44%。发展中国家中石油消费量最大的巴西，因大力发展酒精生产替代汽油，石油的消费量由1979年的5830万吨减少到1981年的5300万吨；石油进口量由5099万吨减少到4350万吨。

最近两年，西方国家经济虽都开始回升，但石油消费量增长仍较缓慢，世界石油消费的呆滞状态是石油市场疲软的主要原因。

第二，新油田的勘探和开发使世界石油的总储量增加，生产能力逐渐过剩。在石油提价的刺激下，世界各地掀起了勘探和开发石油的热潮。1979—1982年，世界已探明的石油储量由877亿吨上升到918亿1000万吨，储采比由28:1上升到34:1。除阿拉伯地区的石油储量有所上升外，拉丁美洲地区的储量大幅度上升，其中墨西哥的石油储量由1976年的67亿桶上升到1982年的720亿桶（合99亿7300万吨）。新石油资源的发现否定了关于石油作为一种非再生能源在不久的将来可能枯竭的论断。

同时，油价的成倍上涨使北海油田、阿拉斯加油田等储油结构复杂、开采成本高的油田也有了开采价值。墨西哥大油田、北海油田的开发，苏联石油产量的上升，许多发展中国家能源自给能力的提高使世界石油生产能力超过了需求，生产过剩的现象越来越突出。

第三，石油输出国组织在石油生产和出口中的地位不断下降。70年代，石油输出国组织的原油日产量维持在3000万桶左右，约占世界总产量的三分之二。1973年其日出口量为2750万桶，占世界石油市场的55.5%。1981年以来，世界石油市场出现供过于求的现象，石油输出国组织为了维持垄断价格，决定削减产量；而英国、墨西哥、苏联、埃及等非石油输出国组织产油国却开足马力，大幅度增产，其结果导致石油输出国组织所占份额不断下降，其日产量1983年降到1690万桶，1985年又降到1400万桶，只占世界石油总产量的三分之一，出口量1985年降到1220万桶，占世界石油市场的25%。这说明石油输出国组织已逐渐失去其垄断地位。

出口量的减少使石油输出国组织内部矛盾日益加剧，以沙特阿拉伯、阿拉伯联合酋长国等海湾国家为代表的"鸽派"和以伊朗、利比亚、尼日利亚为代表的"鹰派"在油价和生产配额问题上出现严重分歧。前一派海湾国家主张高产低价；而后一派国家则要求沙特减产，维持石油高价。1983年伦敦会议两派达成协议，规定了该组织总产量的最高限额（日产1750万桶），并为12个成员国规定了新的产量配额。沙特为机动生产国，为了稳定油价，沙特的日产量压缩到200万桶，相当于生产能力的六分之一；同时决定每桶油价由34美元降为29美元。

伦敦会议之后，一些成员国为了解决本身的财政困难，先后突破规定的限额和价格，竞相增产降价；英国、墨西哥、埃及等非石油输出国组织产油国也不断增加产量，这就使石油输出国组织作为一个卡特尔的处境越来越困难，其限产保价政策越来越难以实现。

第四，西方发达国家的通货膨胀和贸易保护主义政策使发展中国家的贸易条件不断恶化，许多产油国财政拮据，力图通过增加石油出口改善财政状况。两次石油提价在一定程度上加速和加深了西方资本主义的经济危机，加剧了通货膨胀和外贸逆差，使经济增长速度减慢。为了摆脱困境，它们竭力向发展中国家转嫁危机，大幅度提高出口工业品价格，设置种种关税和非关税壁垒，使南北贸易受到损害。大多数产油国都是发展中国家，工业比较落后，发展本国经济所需的机器设备、原材料都需大量进口，有些国家连一般的消费品也依靠进口。随着发达国家出口工业品价格的上涨，石油出口国靠石油涨价得来的收入很快化为乌有。墨西哥、委内瑞拉、厄瓜多尔、尼日利亚、印度尼西亚等许多产油国由于社会经济发展计划过于庞大，欠下了大笔债务，发达国家实行高利率，使债务国的财政状况和国际收支状况日益恶化，它们不得不依靠增加石油出口支付债务本息。1973—1980年中等收入的石油出口国长期债务的年增长率达到24.9%，高于发展中国家的平均水平（21.3%）。

像沙特阿拉伯、科威特、卡塔尔、阿拉伯联合酋长国等靠石油涨价发了财的"富国"，近年来因石油产量减少，财政也出现困难，因而不得不动用国外资产填补财政赤字。1981—1984年，沙特阿拉伯的石油收入减少了四分之三，1983—1985年其预算赤字累计达760亿美元，因此迫切希望增加石油出口量，克服本国财政困难。

上述情况说明，世界范围的石油供过于求是客观存在的事实。只有各个产油国根据实际的需求量，通过协商达成一定的协议，控制产量，世界石油市场的价格才能保持稳定。然而，由于各产油国的资源情况、经济发展水平、原油生产成本等条件有很大差别，要想在石油输出国组织与其他所有产油国之间达成分配产量的全面协议看来难以做到，石油输出国组织内部的矛盾也日益尖锐，因此，油价的波动在所难免，而且也是调节产量的一种手段。

1986年1月以来，沙特阿拉伯等国发动的"价格战"就是想利用自己石油储量丰富和成本低廉的优势夺回原有的市场，其矛头既指向北海油田，也指向石油输出国组织某些超产的成员国，希望通过这场斗争确保自己的"公平份额"。然而，沙特阿拉伯低估了这场斗争的艰巨性和复杂性，油价下降的幅度超出了它的预料。因为对于英国等工业发达的产油国来说，油价下跌带来的损失基本上可以通过降低通货膨胀率和提高经济增长率得到弥补，因此，其对"价格战"泰然处之。沙特的石油产量虽然比1985年夏天每天220万桶增加了一倍，然而由于价格下降了一半多，实际收入反而减少了，这就迫使它不得不退却。在1986年3月16—24日召开的日内瓦紧急会议上，石油输出国的部长们一致同意削减产量，以便促使油价重新回升，原则上达成协议，将日产量削减到1400万桶的水平。但是，该组织各成员国之间如何分配削减产量的限额是个无法解决的难题。墨西哥、马来西亚、埃及等5个非石油输出国组织产油国原则上也同意适当减少产量，为促使油价回升共同承担责任，但是削减的量不可能太大。

总的来看，面对疲软的市场，石油输出国组织成员国都在不同程度地削减石油产量和出口量，以促使油价回升。因此，油价下降持续的时间不会太久。但是，北海油田至今仍在继续增产，沙特阿拉伯在石油输出国组织内部也不会作太大的让步，因此，这场斗争还将时断时续地进行下去。这就决定了在近期内油价不会有大的回升，只能在低水平上波动。

这次油价持续下跌对美国、联邦德国、日本等发达国家是一份"意外的礼物"，将使它们1986年的经济增长率提高1%，通货膨胀率下降，国际收支顺差增加。而墨西哥、委内瑞拉、尼日利亚、印度尼西亚等债务国，由于石油收入大幅度减少，处境更岌岌可危。

二　墨西哥的能源政策及其对世界油价的影响

墨西哥石油资源丰富，已探明的石油储量达720亿桶，仅次于沙特阿拉伯、科威特、苏联和伊朗，居世界第五位。墨西哥目前是石油输出国组织之外最大的产油国之一，1982—1985年原油的日产量保持在275万桶左右，仅次于苏联、沙特阿拉伯和美国，居世界第四位。原油的日出口量达150万桶，为世界主要石油出口国。因此，墨西哥的能源政策对世界油价的稳定具有举足轻重的作用。

自20世纪70年代末发现新大油田以后，墨西哥的能源政策是保护自然资源、有节制地开采、以满足国内消费为主、适当出口，在发展原油生产的同时，大力发展石油提炼和石油化学工业。为此，政府曾规定石油出口收入不得超过外贸收入的40%。这一基本政策对于保护墨西哥的资源、发展本国经济是十分有利的，同时对世界石油市场的稳定也具有积极意义。但是80年代以来，上述政策没有得到严格的执行，石油产量和出口量一再突破原定指标，国家财政和对外贸易对石油的依赖越来越深。1982年石油出口已占外贸收入的74%，墨西哥石油公司上缴的利润占联邦政府收入的34.6%，经济出现了石油化的趋势。造成这种局面的原因是多方面的，从世界石油贸易的角度来看，有两点是值得指出的：

第一，对世界石油市场形势的估计过于乐观。洛佩斯·波蒂略政府把1979年的石油涨价看做是石油工业大发展的有利时机，他说："国际市场价格十分有利，如果我们不及时将石油作为经济发展的主要资金来源，这不仅是一种胆怯，而且是愚蠢。"正是出于这种考虑，墨西哥政府制定了以发展石油工业为中心的庞大的经济发展计划。其基本出发点是利用石油涨价的形势和国际金融界充裕的资金，依靠大量借债，加速开发石油，然后靠高价出口石油的收入维持整个经济的高速增长。1981年，墨西哥石油公司举借的外债达248亿美元，占全国公共外债总额的三分之一，石油部门的投资占全部公共投资的34.8%。雄心勃勃的《1980—1982年全面发展计划》是以世界石油市场需求量持续扩大、油价不断上涨为前提制定的。而事实上，在墨西哥大量借债、着手开采石油时，世界石油市场已经饱和，当墨西哥开始大量出口石油时，世界油价已经开始下跌。与此同时，外债的利率不断上升，这就使墨西哥深深地陷入债务泥潭。

第二，墨西哥石油的高速开采在一定程度上适应了美国能源战略的需要。70年代初，美国石油消费量的37%来自中东。两次石油提价以后，美国实行的新能源战略中很重要的一条是减少对中东石油的依赖，打破石油输出国组织对油价的垄断。墨西哥政局长期稳定，又是美国的近邻，因此，成为美国理想的能源供应基地。在墨西哥发现大量石油资源以后，美国一方面给墨西哥石油公司提供大量贷款和技术设备，促使墨西哥加快开发新油田，另一方面对墨西哥施加压力，要求它与美国建立"能源联盟"，向美国提供廉价石油。在双边会谈中，美国多次要求墨西哥将石油日产量增加到400万桶至600万桶，以便把它作为抗衡石油输出国组织的一支重要力量，达到压低油价的目的。美国甚至以放宽对墨西哥移民和贸易的限制为条件换取墨西哥的石油。墨西哥虽然并不希望过分依赖美国市场，但是，由于在经济上对美国依赖较深，不得不逐步扩大对美国的石油出口。1979年墨西哥在美国的石油进口中仅占6.7%，而到1982年已成为美国最大的石油供应者，在美国石油进口中的比例上升到24%，1985年达到25.8%，而沙特阿拉伯的比例下降到2.7%。

在世界石油生产能力过剩、市场价格疲软的情况下，墨西哥依靠大量举借外债高速开发石油，其结果是石油产量虽节节上升，而债务负担却越来越重。由于美国实行高利率和贸易保护主义，墨西哥的债务像雪球一样越滚越大，每天150万桶石油出口的收入仅够支付外债的利息。墨西哥指望通过出口石油换取外汇，带动整个工业发展的庞大计划受到严重挫折。

1982年，墨西哥爆发了严重的经济危机，德拉马德里政府被迫实行紧缩政策，大幅度削减公共开支，减少进口，降低财政赤字。在能源政策方面，政府提高了国内石油产品的价格，以增加墨西哥石油公司的收入，减少公司对外部资金的依赖。政府在《1983—1988年全国发展计划》中强调要尽量增加非石油产品的出口，减轻整个经济对石油的依赖。但是在沉重的债务压力下，墨西哥仍然只能靠增加石油出口来支付外债本息。

目前，墨西哥外债总额达到970亿美元，1986年外债还本付息额达130亿美元。此外，为确保生产部门的正常运转，必须保证必要的进口，国家还要保持一定数量的外汇储备，这些都取决于外贸部门能否保持顺差。1985年石油收入仍占墨西哥外贸出口总收入的70％以上，因此，石油价格的下跌对墨西哥经济是一个致命的打击。从1985年12月至1986年2月，墨西哥"地峡油"和"玛亚油"平均每桶跌至9.58美元。仅这一项，到1986年底，墨西哥将损失55亿5千万美元，再加上出口量的减少，1986年墨西哥石油出口收入可能降到100亿美元以下，这有可能使墨西哥再次出现无力支付外债本息的严重局面。因此，尽快稳定世界油价、促使油价上升成为墨西哥经济面临的最紧迫的问题。

面对世界油价的暴跌，墨西哥一方面通过多边和双边活动，协调与其他产油国的关系，为稳定油价多方奔走；另一方面实行灵活的价格政策，确保现有的市场。1986年1月，墨西哥与拉美的主要产油国委内瑞拉和厄瓜多尔分别进行双边会谈，以便通过这两个国家协调其同石油输出国组织的关系。1986年1月30日，德拉马德里总统与委内瑞拉卢辛奇总统在坎昆会晤并发表联合声明，指出墨、委两国将继续坚持和加强协调行动，在石油出口国与进口国之间进行必要的斡旋，以便确定合理的价格，恢复石油市场的稳定。两国总统呼吁各原油出口国，无论是否石油输出国组织成员国，都积极参与解决因石油降价而出现的危机。联合声明还呼吁石油输出国组织加强内部团结，切实担负起捍卫石油生产国权利的重要使命。

德拉马德里总统于1986年2月15日写信给世界各国领导人，表达了墨西哥对石油价格下跌的极度担心，要求各国领导人给予合作。在3月16日日内瓦会议召开前夕，墨西哥能源部长访问了各主要产油国，包括英国、挪威、埃及等非石油输出国组织产油国，力图通过对话求得石油价格的稳定。

墨西哥对石油输出国组织基本上采取支持的态度。在日内瓦会议期间，墨西哥同埃及、马来西亚、阿曼和安哥拉5国一起与石油输出国组织成员国会晤，并达成原则协议，墨西哥同意将出口量冻结在每天130万桶的水平上，比原计划减少20万桶。以上情况说明，墨西哥在当前的这场石油跌价中正在为维护生产国的正当利益、稳定世界石油市场发挥积极的作用。

石油收入大幅度减少给墨西哥经济带来了严重的困难，为此，政府正在不断调整1986年的经济计划。德拉马德里总统在2月21日的一份报告中提出，将设法使墨西哥外债还本付息费用适应本国实际支付能力；通过与国际金融机构重新谈判，缓和还本付息的压力。墨西哥已向国际金融界提出，除要求它按原计划向墨西哥提供40亿美元贷款外，再增加50亿美元的附加贷款，以应付当前的形势。同时，政府正在谋求外国银行将其外债利率降低3个百分点，以弥补石油降价的损失。

墨西哥为了保住自己的销售市场，从1985年12月至1986年2月已3次降低其油价，今后将继续实行灵活的价格政策。因销售困难，目前墨西哥石油的实际出口量已降到每天125万桶。因此，墨西哥1986年的经济形势将比1982年更为严峻。

三 对世界石油生产和价格的中、长期趋势的几点看法

这次石油大幅度持续降价不仅在近期内对世界石油生产产生了重大影响，而且将对未来石油生产和贸易的趋势产生深远的影响。降价后形成的低价水平将持续多久尚难以预料，但从总的供销情况看，至少不会很快回升到20美元以上。如果油价长期维持目前的低水平，对世界石油业的发展及整个西方国家经济将可能产生以下三方面影响：

第一，油价维持低水平将会造成石油勘探投资减少，成本高的海上油田的开发将会推迟。就目前石油资源的分布情况看，中东和非洲地区的储量占世界石油总储量的61.4%，而且这一地区的石油开采成本低，油的质量高，竞争力最强。目前英国的北海油田已达到开采的高峰时期，今后10年产量将会逐步下降；墨西哥近两年没有发现新的油田，储量没有增加；海上油田的开发因需要大量资金，在目前财政困难的情况下难以做到。因此，从中、长期趋势看，石油输出国组织在世界石油生产中仍将占重要地位。

第二，油价维持低水平将影响西方国家对节能和替代能源开发的投资，人造石油的研究和制造将会推迟，天然气和煤炭的使用将会因不经济而减少，石油在能源消费结构中的比例又会上

升。此外，低价能源将使西方国家的经济增长率提高，能源消费量也会随之上升。这些因素将促使世界石油消费量出现缓缓上升的趋势。

第三，产油国之间因情况各不相同，存在着尖锐的矛盾，但是，产油国在与西方垄断组织的斗争中，其基本利益是一致的。过低的石油价格对所有产油国都是不利的，因此，在共同的利益面前，它们相互之间还会作出某种妥协，适当限制产量，促使油价上升。尤其是当石油输出国组织在世界石油市场的份额逐渐扩大时，其内部的斗争可能趋向缓和。而且，石油输出国组织某些成员国的石油储量不多，今后增产的潜力非昔日可比，因此，各石油生产国，包括墨西哥、埃及等非石油输出国组织产油国，基于共同的利益，有可能在新的形势下进一步团结起来，捍卫原料生产国的利益。

预计到90年代中期，这些因素又将使石油的供求关系出现新的转折，油价将会出现新的上涨。

（原载《拉丁美洲研究》1986年第3期）

墨西哥的国内石油价格政策

墨西哥作为世界主要石油生产国，其石油不仅大量用于出口，赚取巨额外汇，同时也是本国最主要的动力资源，为国家工业化作出了重要的贡献。目前，墨西哥90%的能源依靠石油和天然气（其中石油占61%，天然气占29%），其余5%靠水力，4%靠煤，1%靠地热、太阳能及其他能源。1985年，墨西哥国内石油的消费量为7370万吨。随着经济的逐渐恢复，国内石油的消费量仍在不断上升。

石油产品在墨西哥是国家垄断的商品，价格由国家统一规定，政府为促进本国工业的发展、实行进口替代的工业化战略，长期对石油实行低价政策，将国内市场石油产品的价格维持在低于国际市场价格、甚至低于生产成本的水平。20世纪50年代末，国内一般石油产品的价格低于生产成本4.2%，车用汽油价格比生产成本低25%。1965—1973年期间，工业用燃料油和润滑油的价格与其他工业品价格相比下降了15%，1965—1979年下降了将近35%。70年代，由于工业尤其是耗能较多的重工业部门的迅速发展，工业部门能源消费量的增长速度超过了产值的增长速度，而国内石油资源的勘探在当时进展不快，因此不得不进口石油产品。在1973年国际市场石油大幅度涨价的情况下，墨西哥石油公司仍然维持在国内低价销售，其结果是国家每年提供大量补贴。1971—1975年，墨西哥石油公司通过特别价格提供的补贴达15亿美元。

1975年以后，国内通货膨胀加剧，1979年全国物价的上涨率达到23%，而由国家控制的石油产品的价格仍保持不变，致使石油产品在国内市场的实际价格不断下跌。1975—1980年，每桶石油产品的价格实际下跌了47%，国内价格与国际价格之间的差价进一步扩大。1980年9月，墨西哥市场每桶原油的价格合7.8美元，而同样产品在国际市场上的价格为32.7美元。

由于长期实行低价政策，国内能源消费增长过快，1975—1980年，国内一次能源消费的增长率与国内生产总值的增长率之间的系数为1.7∶1，而在1965—1973年期间，上述系数为0.5∶1。这一方面是由于耗能高的重工业部门的比重增加，但同时也说明存在大量浪费现象。由于石油价格过低，其他替代能源得不到合理开发。例如，墨西哥具有丰富的水力资源，60年代60%的发电量依靠水力，而80年代，上述比例下降到28%，主要利用石油发电。汽油价格便宜也使汽车数量增加过快，城市交通拥挤。

为使国内石油产品价格更为合理，墨西哥政府在1980年颁布的国家能源计划中，提出了调整价格的问题，规定在10年之内将国内市场石油产品的价格调整到国际市场平均价格80%的水平。1982年爆发债务危机以后，政府把提高油价作为经济调整中一项重要措施，主要希望达到以下目的：

第一，增加财政收入，弥补财政赤字。墨西哥石油公司上交的利税是最主要的财政收入项目，约占财政总收入的三分之一。而且墨西哥石油公司是国家负外债最多的单位。在国际市场石油供过于求、油价不断下跌的情况下，石油公司只能通过提高国内价格来增加收入，完成国家下达的上缴利润的指标。1982年国家财政赤字占国内生产总值的比例高达17.6%，按国际货币基金组织提出的要求，上述比例在1983年必须降到8.5%。财政赤字比例下降2.5%的任务要依靠提高油价、电费、交通运输费来实现。

第二，促进工业体系能源消费结构的合理化。墨西哥因长期实行进口替代工业化政策，对外贸易实行高保护政策，其结果是工业产品质量低、成本高、耗能多，旧的设备得不到更新，许多工业企业能源利用率不高。但是，由于国家长期实行价格补贴，能源在产品成本中占的比例很小，因此，工业企业没有积极性去进行技术改造。1973年以后，许多石油进口国采取了有效的节能措施，开发替代能源，而墨西哥国内石油的消费量仍然大幅度上升。1971—1980年国内石油炼制品的消费量由16270万桶增加到39100万桶。因此，石油价格的适当提高将在一定程度上促进本国工业的技术改造，逐步以新的工艺代替耗能太多的陈旧的设备，逐渐在工业系统中建立起新的能源消费结构，同时可开发水力发电等替代能源。在当前墨西哥实行开放政策、要求提高本国工业产品在国际市场上的竞争力的总的形势下，降低能耗也是要求企业实行技术改造的一个重要方面。

但同时，墨西哥政府提高国内油价也是要冒一定风险的。在经济面临重重困难的情况下，政府十分担心大幅度提价给国民经济带来重大冲击。当前经济面临的一个严重问题是通货膨胀，如果能源价格大幅度上涨必然导致生产成本提高，工农业产品价格普遍上涨，这对墨西哥来说是十分危险的。此外，目前国内资金、外汇十分短缺，许多企业，尤其是中小企业无力进行设备更新和技术改造，在能源价格大幅度上涨的情况下，许多中小企业必将经不起外国商品的竞争而濒临破产。

另外，国内油价和国际油价定价的标准应该有所不同。国际市场上油价受供求关系、各个不同地区石油开发的成本等多种因素的制约，而国内价格的制定首先应考虑到如何利用丰富的石油资源这一优势促进本国经济的发展。廉价的能源曾是发达国家经济高增长的一个重要因素，那么，在石油已经变成一种比较昂贵的能源的情况下，对于拥有丰富资源的产油国家来说，充分利用这一资源的优势，适当保持较低的油价，以提高本国产品的竞争力，促进工业发展，也是理所当然的。

从正反两方面考虑，墨西哥对油价的调整采取了积极而慎重的态度。一方面大幅度提价，另一方面对不同部门在价格上实行区别对待，对某些具有战略意义的经济部门仍实行价格优惠，如对车用汽油提价幅度较大，而工业用的燃料油、润滑油等提价幅度就较小。

国内石油产品价格指数以1980年全年为100，1980年12月为103，1981年12月为135.1，1982年12月为571.9，1983年12月为881.5。此外，为抑制国内汽油的消费，还提高了汽油特别税，1983年的收入为2761亿比索，为1982年的138.6%。1985、1986年石油产品价格进一步提高。1986年8月8日，国家计划预算部颁布决定，对汽油、天然气、燃料油较大幅度提价，每公升汽油价格提高到125比索，超级汽油为135比索，柴油为108比索，燃料油为27此索，1立方米天然气40比索，煤气1公斤73比索。计划预算部规定，超级汽油价格为适应国内整个物价上涨的水平将每月提高。

上述提价措施对经济产生的影响既有积极的方面，又有消极的方面。从积极影响来说，石油提价给国家增加了收入，减轻了财政赤字的压力，1982年墨西哥石油公司的收入为4578亿比索，1983年达到11707亿比索，增长了155.7%，这是当时墨西哥缓解经济危机的一个重要措施。从消极影响来说，正如预料中的，能源大幅度提价引起物价的全面上涨，1985、1986年，物价又呈现大幅度上升趋势，其中很重要的原因之一就是能源价格上涨，生产成本提高。而商品价格的普遍上涨又在一定程度上抵消了石油产品提价的作用，从而造成恶性循环。通货膨胀成为当前威胁墨西哥政治和社会安定的重要因素之一。

（原载石油部科技情报研究所《情报研究与建议》1987年第6期）

海湾战争后墨西哥的石油战略

现代战争史上规模空前的海湾战争已经结束,然而,引起这场危机的复杂而深刻的矛盾并未消失。中东地区如何实现和平仍是个难题;海湾危机给世界经济和政治格局带来的影响还将长期持续下去。海湾战争爆发的原因固然是多方面的,但是,争夺石油价格的控制权恐怕是主要原因。海湾战争后,中东局势发生了微妙的变化,这对世界石油市场的走向将产生直接的影响。墨西哥是世界第四大产油国,它在海湾战争之后将采取什么样的战略,这是一个值得注意的问题。

墨西哥既然作为世界主要产油国,它的经济必然会受到这次海湾危机的很大影响。从直接影响来说,海湾危机引起的油价的一度上涨使墨西哥的出口收入增加了约 25 亿美元。1990 年 1 月,墨西哥原油出口价格为每桶 11.8 美元,8 月提高到 23 美元,9 月、10 月继续上升,达到 32 美元。石油价格平均每桶上涨 1 美元,墨西哥每月可增加约 3800 万美元的收入。除了价格上涨以外,墨西哥每天出口的原油约增加 10 万桶。1990 年,墨西哥石油出口收入达 93.68 亿美元,额外收入约占出口额的 7%。① 石油收入的增加在一定程度上刺激了墨西哥政府增加石油勘探开发投资的积极性。

同时,海湾危机爆发后,美国更加重视发展与拉丁美洲国家的经济关系,美国希望把拉美产油国作为其可靠的能源供应基地,以替代动荡的海湾产油区。墨西哥原油出口的 60% 输往美国,约占美国石油进口的四分之一。目前,美国与墨西哥之间关于自由贸易的谈判正在顺利进行,一旦两国签订自由贸易协定,取消相互之间的关税,墨、美双边经济关系将进入一个新阶段,这也意味着两国之间在能源方面的合作将达到一个新水平。美国为了增加从墨西哥的原油进口,有可能为墨西哥的石油部门提供必要的资金和技术。在海湾危机最紧张的日子,布什总统访问了墨西哥等拉美 6 国,重申其"美洲倡议",以推动他在 6 月提出的建立一个北自阿拉斯加,南至火地岛,包括整个美洲的自由贸易区的进程。当前,海湾战争虽然已停火,但是中东地区还谈不上实现了稳定、公正的和平。拉美经委会驻华盛顿代表伊萨克·科恩认为,随着海湾战争的结束,美国将会把同拉美的关系置于首位。经过短暂的海湾战争,目前受衰退影响的美国经济将更容易恢复。预期美国将扩大自拉美地区的进口,而美国同墨西哥的贸易额相当于美拉贸易额的一半。

因此,总的来说,海湾战争给墨西哥经济带来了一定的积极影响,有可能会增加美国对墨投资的积极性,包括对墨西哥石油部门的支持。

但是,从另一方面来看,由于整个世界石油市场仍处于饱和状态,墨西哥不可能回到 20 世纪 80 年代初单纯依靠石油的战

---

① 参见联合国拉丁美洲经济委员会《拉丁美洲和加勒比经济概览(1990年)》,智利圣地亚哥,1991 年,第 13 页。

略，经济非石油化和出口多样化的趋势不可逆转。墨西哥自70年代末发现了大规模的石油资源以来，曾经一度把开采石油作为经济发展的支柱。1982—1985年，墨西哥原油的日产量保持在275万桶左右，日出口量达到150万桶，石油出口已占商品和劳务出口的74%。墨西哥石油公司上缴的利税成为财政收入的主要来源。经济过分依赖石油的局面给墨西哥带来了很大的危害，由于投资过分集中于石油部门，农业和制造业等部门得不到应有的发展。海上油田耗资大，技术复杂，需要大量进口先进设备。虽然石油出口增加，但贸易逆差仍进一步扩大，墨西哥石油公司成为国有企业中负债最多的单位。随着80年代世界市场石油价格的下跌，墨西哥经济愈来愈困难，1986年油价暴跌使墨西哥经济遭受沉重打击，单单石油价格下跌一项，就使墨西哥减少了55亿美元的收入。石油收入的急剧减少使整个经济陷入全面衰退，1986年国民生产总值的年增长率降到 -3.8%，财政赤字占国内生产总值的16.3%，通货膨胀率达到100%以上。为改变这种状况，墨西哥实行了经济发展战略的转移，提出要保护和合理开发石油资源，防止经济石油化，大力促进工业制成品的出口，实现出口产品的多样化。

从1986年起，墨西哥在经济体制上进行了重大改革。一方面，政府对外贸体制进行了彻底的改革，取消了进口许可证制度，以关税代替许可证制度，同时大大降低关税税率，从而使本国工业制成品提高质量，打入国际市场。政府通过税收、财政、金融、行政等各种措施鼓励非石油产品的出口。另一方面，政府在债务的重负下，资金严重短缺，不得不大大压缩对石油部门的投资。自1988年起，墨西哥政府把治理通货膨胀作为经济政策的首要任务，为此，大力压缩公共投资和财政开支，这直接影响到对墨西哥石油公司的投资。实际上，自1985年以来，墨西哥的石油勘探工作基本上处于停滞状态，海上油田的开发也因缺少资金而难以推进。墨西哥石油的储量1985年达到725亿桶，经过不到10年的开采，1990年已降到664亿桶。[①] 南部油田由于过度开采，资源有可能遭到破坏。墨西哥政府为了保护资源，对产量和出口量都进行适当控制。近3年来，墨西哥石油的日产量徘徊在250万桶左右，其中一半用于国内消费，原油的日出口量为125万桶至130万桶。随着石油出口量的减少和油价的下跌，以及非石油产品出口的迅速增长，石油在商品出口中的比重已由1985年的70%下降到1987年的38%，1988年降到29%，1989年约为30%左右。[②] 因此，石油在国民经济中的地位已大大下降。据有关人士估计，墨西哥如不在石油生产和勘探方面增加投资，将难以维持目前的产量，到1997年，有可能成为石油进口国。海湾危机期间，墨西哥虽然想利用这一机会增加收入，但是，由于生产潜力有限，最高日产量仅达到270万桶。而且这一产量也只能维持很短的时间，否则油井将遭受损害。据美国能源部资料说，墨西哥在今后5年内将需要200亿美元的投资，才能使其石油产量明显增加。

面对海湾危机后的新形势，墨西哥的石油发展处于进退维谷的境地。一方面，为了更好地满足国内的需求和美国、西班牙、日本等国的需要，必须加强勘探和提高生产能力，而外国公司也乐于进行投资。另一方面，已经开始并取得了较大进展的改革、开放进程，不可能逆转，因为国家和本国私人资本都把面向出口的制造业作为投资的主要目标，而且许多国有企业都在实行私有化。墨西哥石油公司作为最大的国有企业，今后将如何经营仍是

---

① 参见墨西哥《视界》周刊，1990年11月26日。
② 参见墨西哥外贸银行《1989年度工作报告》，墨西哥城，1989年12月公布。

争论的焦点。墨西哥石油生产的成本大大高于海湾地区，在沙特阿拉伯等海湾国家的产油量增加的情况下，油价若跌到 21 美元以下，墨西哥政府对石油部门进行大量投资在经济上将是不合算的。

目前，墨西哥政府正在对墨西哥石油公司的管理体制进行必要的改革。按照墨西哥法律规定，石油是受国家垄断的物资，不允许本国和外国私人资本经营。在 80 年代，为了吸收外资发展石油工业，政府曾采取灵活的政策，允许外国资本对下游的石化产品生产进行投资。现在为解决墨西哥石油公司资金不足的问题，墨西哥政府也准备在维护国家主权和法律尊严的前提下，采取灵活做法，以吸收外国资本和技术参与石油的开采。鉴于墨西哥国内民族主义情绪比较强烈，预期吸收外国资本参与石油开采会遇到相当大的阻力。但是，随着墨、美经济一体化趋势的发展，墨西哥政府将逐步放宽对石油部门的控制。如 1990 年，墨西哥为增加石油产品出口，决定按美国的质量要求生产汽油，但是，要这样做，就需要投资 200 亿美元。石油公司因缺乏资金，准备把这一计划交给私人资本，之后再租让给墨西哥石油公司 10 年。墨西哥政府正在通过这类办法，有限制地吸收本国和外国资本参与石油工业，以打破该部门发展停滞的局面。

此外，墨西哥石油公司正在进行改革，使其体制适应新的形势。1990 年底，该公司宣布了一项将生产机构分散化的计划，以改善经营管理，增加产量，提高效益。公司将全国划分为三个油区：北区（包括塔毛里帕斯和维拉克鲁斯北部）、南区（包括维拉克鲁斯南部和塔巴斯科）和海上油区，每个油区都单独负责本区的勘探、生产和维护，但是，投资和长期规划仍由总公司负责。上述计划的实施将有助于克服管理方面的弊病和官僚体制的消极影响。

同时，墨西哥石油公司为减少亏损，增加利润，不断根据国内物价波动的情况，及时调整油价，缩小国内油价与国际油价的差距，以减少政府对价格的补贴。

总的来说，墨西哥虽然拥有丰富的石油资源，但是由于资金短缺和无力进口必要的设备，生产能力的提高受到一定的限制，在短期内不可能大幅度增加石油产量。今后，随着美国与墨西哥在能源方面合作的加强，墨西哥有可能在吸收外资方面采取一些灵活措施，这对墨西哥石油工业的发展将产生较大影响。

(原载《世界石油经济》1991 年第 2 期)

墨西哥石油公司改革初见成效

自20世纪80年代末以来,墨西哥进行了比较全面而深刻的经济改革,国有企业的整顿和改造是其中的一项重要任务。1982年,墨西哥共有国有企业1155家,这些企业大多经营不善,经济效益较差。为改变这种状况,萨利纳斯政府一方面对大部分国有企业实行私有化,另一方面对具有战略意义的大型国有企业进行改革。墨西哥石油公司是全国最大的国有企业,是国家财政收入的重要来源。政府一再重申,对于墨西哥石油公司这样重要的国有企业绝不实行私有化,而要通过公司内部的改革,实现经营管理的现代化。

墨西哥石油公司建于1938年。当时,卡德纳斯政府为反对外国石油公司对本国资源的掠夺和对石油工人的残酷剥削,征收了17家外国石油公司的资产,实行了石油国有化,由国有墨西哥石油公司对石油工业实行垄断经营。半个多世纪以来,该公司取得了巨大发展。目前,墨西哥石油公司的业主权益已在世界500家最大的工业公司中居第4位,资产居第16位。① 长期以

---

① 参见美国《幸福》杂志,1994年7月25日。

来，墨西哥石油公司经营管理的特点是国家垄断式的高度集中的行业管理。全国石油的勘探、开采、加工炼制、基础石油化工产品生产以及大部分石化产品生产均由该公司独家经营，外国资本和私人资本只能参与二次石化产品的加工。政府部门对企业进行较多的行政干预，对资金的分配、产品价格、出口数量、利润上缴比例等都加以严格控制。尤其在80年代，公司的收入大部分上缴国库用于还债，企业自有资金及留利很少，这在很大程度上影响了自身经营的发展。此外，由于墨西哥石油工会在历史上对本国石油工业的发展起过重要作用，因此工会在有关工人的聘用、解雇、工资、福利待遇等许多问题上，具有很大的决定权，几乎凌驾于行政领导之上。这种以行政方式进行管理的体制，虽然在一定时期内曾对石油工业的发展起过积极作用，但是到90年代的今天，这种体制已不能适应新的形势。严重的官僚主义使企业生产效率很低，面对变幻莫测的国际市场，应变能力很差。由于管理体制与经营机制上的弊端，又使得技术更新换代缓慢，因此，墨西哥石油公司在激烈竞争的国际环境中逐渐失去其优势。由于内部经营管理不善，人浮于事，非生产人员过多，企业经济效益较差，工资在企业支出中的比重由1984年的14%上升到1989年的22%。此外，公司还承担了许多非生产性的社会服务职能，如开办医院、学校，从事农村开发，解决食品供给等等。因此，墨西哥石油公司实际上成了一个被沉重的负担压得难以喘息的、效率低下的官僚行政机构，无法适应现代企业经营管理的要求。

为改变这种状况，作为国家全面经济改革的一部分，萨利纳斯政府对墨西哥石油公司进行了重大改革。1992年6月，墨西哥议会通过了新的《墨西哥石油公司组织法》。根据此法，墨西哥石油公司在最近两年进行了一系列重大改革。

（一）依法改革经营机构

首先，根据生产专业化的特点，在总公司下面设立 4 家独立经营的分公司，即石油勘探和开采公司、石油炼制公司、天然气和基础石油化学公司以及石油化学品公司。每家分公司具有独立的法人地位，拥有自己的资产，进行独立经济核算，并可单独从国外筹措资金，根据各自的生产特点，建立自己的生产中心，组织生产经营。分公司的经理有权处理本身业务范围内的各种问题。公司实行由政府部门代表（包括财政部长、审计总署署长、能源与矿业部长、商业和工业发展部长、墨西哥银行行长）和石油公司的代表组成的公司管理委员会领导下的总经理负责制，对分公司进行分权管理。其次，各个分公司根据新组织法规定的经营领域，重新划分了业务范围。例如，80 年代中期属于政府专营的基础石化产品有 70 种，到 1992 年底，根据新的分类法，基础石化产品减少到 9 种，其他产品划归石油化学品公司经营，使这家公司成为墨西哥石油工业中唯一允许私人资本进入的领域。这项改革措施意味着墨西哥石油公司在盘活国有资产存量、搞活经营机制方面迈出了新步伐。

（二）强化企业行政管理

为消除行政领导和石油工会对工人实行双重管理的弊病，修改了劳工管理制度，弱化了工会组织的作用，使企业行政领导有权按照现代企业管理的方式处理劳工问题，包括职工的聘用、解雇、工资、福利等各种问题。为提高劳动生产率和产品质量，企业实行岗位责任制，辞退了不必要的闲散人员，取消了一些虚设的岗位。公司职工总人数由 1989 年的 21.2 万人减少到 1993 年的 12.5 万人，实现了企业的消肿。通过政府、公司和工会之间的对话，较好地解决了劳资之间的矛盾，使工人和技术人员接受了改革方案，理解了改革的必要性。

（三）改革石油定价制度

墨西哥石油公司总经理罗哈斯指出，墨西哥石油公司有责任保证国家的石油供应，努力为国内市场服务，因此，公司不利用它的优势谋取暴利。不过，为适应企业独立经营的需要，公司改革了以往按照行政命令确定国内价格的做法，根据生产成本的变动和国际市场油价的涨落，及时调整国内石油产品价格，从而一方面提高公司的效益，另一方面保证国内石油的供应。

（四）剥离非生产性职能

为了提高企业的经济效益，该公司成立了辅助性的服务企业，并将公司承担的某些非生产性的行政职能和服务职能转交给地方或私人服务公司。例如，1993年，墨西哥石油公司下面成立了一家再保险公司；墨西哥石油公司在休斯敦的代办处已改组成为一家服务公司，为客户提供航空服务；以后还将进一步建立医疗和通讯等服务性企业；各分公司职工的一些福利事业，将逐步转交公司所在地的地方政府承担。

（五）积极开展对外业务

为了更好地开展国际业务，总公司专门成立了墨西哥石油国际公司（PMl）。作为下属公司，它负责原油和石油产品贸易，以便加强对国际市场的参与，提高对外部市场变化的应变能力。1994年，墨西哥石油国际公司下面成立了国际贸易公司和墨西哥天然气国际公司。成立这些公司的目的是使石油和天然气的对外贸易业务具有更大的灵活性。

（六）多种渠道筹集资金

墨西哥石油公司通过多种渠道筹措资金，以解决公司资金不足的问题。该公司筹措资金的主要方式有：

第一，发行债券。1990年3月发行了1亿德国马克5年期的债券，这是墨西哥在发生债务危机之后第一次回到国际资本市场。在取得积极响应之后，墨西哥石油公司又成为第一家参与奥地利证券市场的拉美企业，在维也纳投放了5亿先令6年期的债券。1991年又在欧洲证券市场和美国证券市场投放了5亿美元债券。这些资金主要用于坎佩切湾的钻探工作。

第二，租赁。这主要是在石油化工部门采取的一种筹资方式。BLT（建设—租赁—转让）是墨西哥石油公司石油化学品公司采用的一种融资方式，即由私人财团投资，建立石化工厂或石化联合体，然后将其租给墨西哥石油公司。墨西哥石油公司经营这家工厂，并以其产品支付租金，若干年后，此工厂即转交给墨西哥石化公司。

第三，进出口银行贷款。即由美国进出口银行作担保，在国际资本市场借贷。这是用于开发海上油田的三个专项计划的资金，总额约12亿美元。

第四，其他方式，如债务资本化等等。

在国际资本市场众多新的融资方式中，墨西哥石油公司主要靠投放大量条件优惠的金融债券获得资金。

通过上述各项改革，墨西哥石油公司的经营状况得到较大改善。首先，生产不断发展。1993年墨西哥石油产量达到历史最高水平，原油日产量达到313.1万桶，其中179.4万桶供应国内市场，133.7万桶供出口。最近3年，墨西哥石油储量明显增长。到1993年12月31日为止，已探明石油储量达到645.16亿桶，新开发油田38个，相当于过去6年开发油田的总和。其次，公司的经济效益明显提高。在提高劳动生产率的基础上，6年内公司的营业开支下降了29%，节省了约30亿美元，相当于1994年投资计划的60%。目前，墨西哥石油公司仍是国家重要的财政支柱。1993年，墨西哥石油公司的总收入为894.22亿新比索（注：1美元=3.3新比索），营业开支为150.22亿新比索（比1992年下降10%）；盈利595.57亿新比索，其中上缴的直接税款和间接税款为554.09亿新比索，纯利润29.39亿新比索，作为利润补充上缴给国库的为12.09亿新比索。最近6年，墨西哥石油公司向国家上缴的税款总计达到760亿美元，占其收入的57%。再次，公司债务不断减少。1982年墨西哥石油公司的外债高达220亿美元，1990年减少到56亿美元，最近3年外债又逐年减少，1993年公司外债净减少6800万美元。

当前，墨西哥石油公司的改革还在深入进行，许多问题还有待于进一步解决。如4家分公司之间的业务范围还有待于进一步调整，与工会的关系还需进一步协调，公司的非生产性职能还需继续分散与剥离，信息系统需要改组等。但从总的情况来看，墨西哥石油公司已在改革的道路上迈出了决定性的一步。公司已摆脱了缺乏效益的官僚体制，开始实行现代化的经营管理。墨西哥石油公司的改革将为墨西哥石油工业的发展开辟更为广阔的前景。

主要参考文献

1. 罗哈斯：《1994年工作报告》，墨西哥石油公司，1994年。
2. 墨西哥《日报》1994年3月19日。
3. 萨利纳斯总统：《在石油工业国有化56周年纪念会上的讲话》，墨西哥《日报》，1994年3月18日。
4. 墨西哥萨利纳斯总统第五个国情咨文，1993年。
5. 墨西哥萨利纳斯总统第六个国情咨文，1994年。
6. 《石油工业现代化的资金问题》，墨西哥《社会经济信息》，1994年第4期。
7. Baker G. Challenges in Petroleum Policy for the Next President of Mexico. Oil

& Gas Journal, 1994 – 1 – 17.

8. Baker G. *Quantifying Pemex E&P Benefits from Foreign Strategic Associations.* Oil & Gas Journal, 1993 – 3 – 1.

(原载《国际石油经济》1995 年第 3 卷第 2 期)

墨西哥历史与中墨关系

美国—墨西哥战争

1846—1848 年美国对墨西哥的战争是世界近代史上一次臭名昭著的掠夺性战争。通过这次战争，美国夺取了墨西哥一半以上的领土。前美国共产党领袖威廉·福斯特称其为"美国和整个西半球历史上最蛮横的非正义战争"。

战争的起因和导火线

美、墨战争的爆发与 19 世纪上半叶美国南部的种植园奴隶制经济密切相连。早在殖民时期，北美殖民地的南部就已形成了以契约奴和黑奴劳动为基础的种植园经济，当时主要种植烟草、蓝靛。随着工业革命的展开，英国的棉纺织业建立了工厂制度，1793 年，惠特尼发明轧棉机使清除棉子的效率提高了 100 倍，棉花的消费量急剧增长，美国南部成为主要的棉花产地。1844 年，美国棉花的收获量达到 232 万包，占世界棉花总产量的三分之二。1850 年，棉花的产值约占南部工农业产值的 77.6%。

随着棉花生产的发展，美国南部的种植园奴隶制经济得到巩固和扩大。1790 年，美国共有奴隶 69.7 万人，到 1860 年，增加到将近 400 万人，其中四分之三在种植园里劳动。用奴隶劳动种棉花给奴隶主带来巨额利润，19 世纪初一个奴隶只值 150 美元，到 19 世纪中叶，已涨到 800 美元，甚至 2000 美元。种植园主由于采用奴隶劳动，不可能精耕细作，只能采取掠夺地力的大面积粗放经营。当他们占用的土地地力耗竭之后，为了不使产量下降就必须转移到新的肥沃的土地上进行种植。19 世纪 30 年代，东南部各州的棉花种植已逐渐衰落，其中心转移到西部各州。但是，西部地区土地的肥力也不能保持太久，于是，墨西哥北部肥沃平坦的土地成为美国南部种植园主觊觎的对象。

在美国南部种植园奴隶制盛行之际，北部和中部资本主义的工业和以自由农为基础的农业蓬勃发展。1860 年，美国粮食产量达 3096 万吨，当时美国人口为 3144 万，平均每人拥有粮食近 1 吨。随着北部经济实力的增强，南部和北部在政治上和经济上的利益冲突日益加剧，南部竭力通过建立新的蓄奴州来挽救腐朽的奴隶制。正如马克思所说，美国"南部为了确保它在参议院中的势力，并且通过参议院来确保它对美国的领导权，就需要不断成立新的蓄奴州。但是，要达到这一点，只有征服国外的土地，像得克萨斯的情形那样"①。由于上述政治和经济原因，南部种植园主主张实行对外扩张政策，妄图建立一个包括西印度群岛在内的奴隶制帝国。

当时，墨西哥是刚摆脱西班牙殖民统治不久的年轻共和国。全国人口仅 700 万，还不到美国的一半；经济十分落后，主要的经济部门是以开采金、银为主的采矿业和农业；封建大庄园和教会占据了大部分土地，被马克思称为"隐蔽奴隶制"的债役制是主要的剥削方式；债役农由于还不清债，世世代代被束缚在大

---

① 《马克思恩格斯全集》第 15 卷，人民出版社 1972 年版，第 354 页。

庄园主的土地上；庄园生产的大部分产品供庄园主挥霍，只有很少一部分出售。

天主教会的占地面积几乎是全国土地的一半，教会在城市中也拥有许多不动产。19世纪30年代，教会的财产约有3亿比索，教会每年的收入远远超过国库的收入。19世纪30年代上半期，墨西哥国家财政状况十分困难，财政赤字在400—800万比索之间，到40年代，达到1200—1400万比索。为摆脱财政危机，墨西哥政府不得不重利向英国银行借款。1831年4月，外债总额达到3433万比索。

1810—1824年独立战争以后，墨西哥政局长期动荡不定。军队和教会成了政治生活的主宰。军事叛乱和政变不断发生，1824—1848年间，共发生了250次军事叛乱，更换了31个总统。历届总统和各州州长几乎全部都是军人。1833年的224万美元国家预算中，164.6万美元用于军费开支。军队主要被用于搞政变，每次政变后，通常都晋升一大批新的将军和军官。因此，军官多得惊人，1846年，墨西哥20000人的军队中就有500名将军，有的部队军官人数甚至超过士兵。他们享有免交赋税、不受民事法庭管制等种种特权，其中许多人并无军事知识，更不会领兵打仗；而一般士兵都是被抓来的印第安农民，没有受过正规训练，使用的武器大都是从英国购买的旧货，因此，军队的战斗力很差。

统治阶级内部的斗争更加剧了国内政局的动荡。独立战争以后，墨西哥政治舞台上出现了两个集团：联邦派和保守派。联邦派主要代表自由主义倾向的地主、资产阶级和部分军官集团的利益，他们主张实行联邦制共和政体，根除殖民制度的一切特征，要求政治生活民主化，限制教会和军队的特权，实行社会经济改革，没收教会的土地，其主要代表人物是维森特·盖雷罗、戈麦斯·法里亚斯等。

保守派又称集权派，主要代表高级僧侣、反动军人和大地主的利益，他们反对任何改革，主张政权集中，其右翼公开要求在墨西哥建立君主制度，主要领袖人物是卢卡斯·阿拉曼和阿纳斯塔西奥·布斯塔曼特。

两派之间的斗争十分激烈。在复杂的政治斗争中，一些军事独裁者勾结外国势力，纵横捭阖于两党之间，牟取私利。当时最有影响的人物就是圣塔安那。他是一个毫无原则、利欲熏心的阴谋家。他凭借自己在独立战争中的战功和在军队中的影响，多次取得政权。为了骗取联邦派的信任和支持，常常打扮成自由主义者。在他的反动统治下，墨西哥政治腐败，贪污横行。

美国正是利用墨西哥这种形势，乘虚而入，以强凌弱，发动了这场侵略战争。

战争的直接起因是美国吞并得克萨斯。得克萨斯原是墨西哥的一个省份，面积20万平方公里，超过美国东北部9个自由州的面积总和。这里土地肥沃，矿藏丰富，美国南部奴隶主贪婪的目光一直注视着这片土地。19世纪20年代初，第一批美国移民约300人到得克萨斯定居，并带来了黑奴。20年代末，美国总统亚当斯·杰克逊提出"购买"得克萨斯地区，遭拒绝。此后，美国加紧向这里移民，到1836年，美国移民达到30000人，其中约有5000黑奴，移民人数大大超过墨西哥居民。

在杰克逊的怂恿下，1835年6月，南部奴隶主积极策划美国移民举行武装暴乱。不到半年时间，叛乱者几乎控制了得克萨斯全境。1836年3月2日，在美国的一手策划下，得克萨斯宣布"独立"，建立了傀儡国家"孤星共和国"。杰克逊的好友、田纳西籍的将军萨姆·豪斯顿"当选"为首任"总统"。1836年3月9日，遵照杰克逊的密令，美国军队越过边界，进入得克萨斯。

墨西哥政府拒绝承认得克萨斯"独立"。当时的总统圣塔安那率领6000兵力去平息美国移民的叛乱。1836年4月21日，墨西哥军队在哈辛托河口与美军遭遇，被歼，圣塔安那本人被俘。他与叛乱者签订了投降协定，承认所谓的孤星共和国，并以布拉沃河（美国称格兰德河）为国界。

但是，墨西哥国会在1836年5月20日和7月29日通过决议，宣布圣塔安那被俘期间缔结的一切协议均无效，并召回了墨西哥驻美大使，指出："美国政府的行动威胁到墨西哥共和国的主权和独立。"美国政府不顾墨西哥政府的反对，于1837年3月3日正式承认"得克萨斯共和国"成立。

在建立了这个傀儡"国家"以后，美国南部的奴隶主为了扩大自己在参议院的席位，主张迅速合并得克萨斯，将这大片土地分成几个蓄奴州加入联邦；北部的资本家为了遏制南部的势力，反对合并。1844年美国总统选举时，民主党候选人詹姆斯·波尔克以合并得克萨斯为竞选政纲，并获得了胜利。波尔克执政以后，将注意力主要放在对外扩张方面，把掠夺墨西哥的领土作为整个对外扩张政策的一个重要组成部分。1845年初，美国参众两院通过联合决议，合并得克萨斯。1845年7月，美国正式吞并了得克萨斯，宣布它为联邦第28州。

美国统治集团的扩张主义政策激起了墨西哥人民的强烈反抗。在人民群众的压力下，墨西哥政府多次对美国提出抗议。1845年3月，墨西哥与美国断绝了外交关系，声称美国合并得克萨斯将被视为对墨西哥宣战。两国的关系到了剑拔弩张的地步。

然而，美国南部奴隶主并不以合并得克萨斯为满足，其目标是要占据墨西哥北部的全部领土，包括加利福尼亚、新墨西哥、奇瓦瓦等州。他们蓄意挑起一场战争，以达到其扩张主义的目的。代表南部奴隶主利益的波尔克政府一面调兵遣将，准备战争；一面派路易斯安那州的国会议员约翰·斯莱德耳为特使前往墨西哥谈判，企图迫使墨西哥承认美国合并得克萨斯，并将加利福尼亚和新墨西哥州卖给美国。当这一企图未能得逞时，波尔克政府决意出兵，以武力征服墨西哥。

战争的爆发和墨西哥的失利

1845年夏天，由泰洛将军指挥的美国正规部队进驻得克萨斯，在两国的实际边界线努埃西斯河附近不断挑起军事冲突，制造战争借口。1845年10月，美国正规军的一半包括5个步兵团、4个炮兵团和1个龙骑兵团，将近4000兵力集结在努埃西斯河口的科珀斯克里斯提，随时准备进入墨西哥国境。同时，康内尔海军准将和斯劳特海军准将指挥的美国舰队封锁了墨西哥湾和太平洋东西海岸。

1846年3月8日，美国军队不宣而战，从科珀斯克里斯提越过努埃西斯河，并迅速占领大片土地。4月底，墨西哥一支小分队渡过布拉沃河袭击了美军。边境冲突日益扩大。

1846年5月8日，在布拉沃河北岸的巴洛阿尔托地区，由阿里斯塔指挥的墨西哥部队和泰洛的军队第一次正式交战。美军利用其炮兵优势致使墨军失利。次日，在雷萨卡地区再次激战。在这次战役中，墨西哥损失522人，美国伤亡177人。墨军被迫退到布拉沃河以南。

这时，波尔克总统认为宣战的时机已经成熟，1846年5月11日，他在致国会的咨文中，颠倒黑白地说什么"墨西哥越过了美国的边界，侵犯了我们的领土，并且在美国的土地上流洒着美国人的鲜血"。美国国会众议院以 174 票赞成、14 票反对，参议院以 42 票赞成、2 票反对、3 票弃权通过法案，宣布："由于墨西哥共和国的行动，该政府与美国政府之间进入战争状态。"美国国会决定拨款 1000 万美元作为军费，征召 50000 志愿兵。1846 年 5 月 13 日，美国正式对墨西哥宣战。

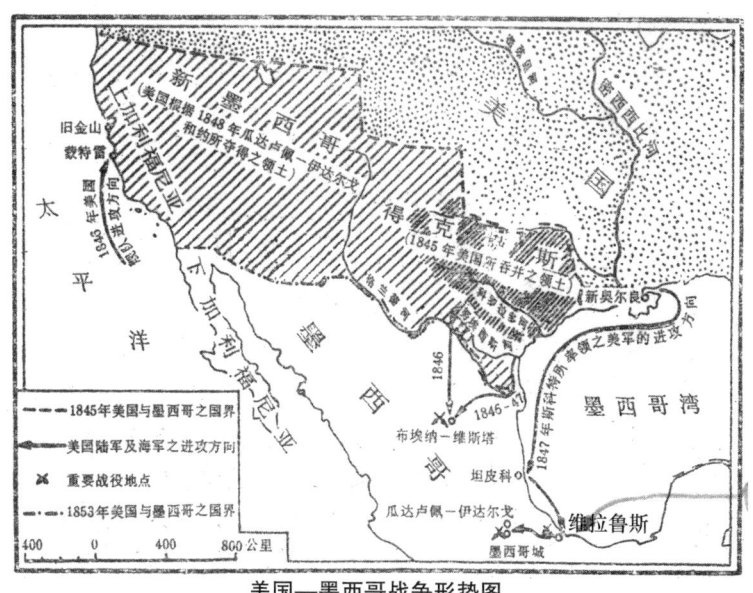

美国—墨西哥战争形势图

当时，墨西哥国内政局依旧动荡不定。圣塔安那的独裁统治引起了广大人民的强烈不满。1844 年秋天，首都爆发起义，圣塔安那被推翻，并被驱逐出国，流亡古巴，联邦派中温和派的代表何塞·华金·埃雷拉于 1845 年当选总统。

埃雷拉政府面对美国的侵略采取妥协退让的政策。保守派代表帕雷德斯利用人民对政府的不满，于 1846 年 1 月夺取了政权。

他把主要精力放在巩固自己的统治上面,对战争根本未作必要的安排。直到1846年7月7日,美国宣战后将近两个月,墨西哥国会才正式宣战。国会决议的第一条说明了战争的防御性质:"美国已经开始并正在对墨西哥共和国进行侵略,侵入并攻占了我国的几个省份,政府将对这种侵略进行反击,行使保卫国家的天职。"

战争开始时,美国拥有的正规军人数不多,1845年底共有步兵7883人。美国政府主要依靠征召志愿兵来扩充兵力,整个美、墨战争期间,美国招募的志愿兵有67905人,总兵力超过10万人。

墨西哥军队的人数,在战争开始时约为23000多人,以后又陆续补充了一些新兵。墨西哥士兵的装备很差,使用的大多是17世纪的旧式火炮和步枪,瞄准率很差;许多士兵单靠大刀、长矛甚至套索与敌人拼搏;许多人光着脚行军。但是,他们为了保卫祖国,驱逐侵略者,作战十分勇敢。

宣战以后,美国侵略军在几条战线同时发动攻势,以便达到两个目的:第一,占领墨西哥北部省份,包括上加利福尼亚、新墨西哥、奇瓦瓦;第二,迫使墨西哥承认这些占领。为了达到第一个目的,3支部队在加利福尼亚、新墨西哥和奇瓦瓦同时发动进攻。为了达到第二个目的,美国从布拉沃河地区出发,经萨尔提略向首都墨西哥城进逼。同时,海军准备在维拉克鲁斯港登陆,从东南面直抵墨西哥城。

占领墨西哥北部省份的战斗由1846年7月一直延续到1848年3月。1846年6月,美国在加利福尼亚的移民仿照侵占得克萨斯的伎俩,发动武装暴动,建立了所谓"独立"的"加利福尼亚共和国"。几乎是同时,由海军准将斯劳特和斯托克顿指挥的美国舰队在太平洋沿岸马萨特兰登陆,于1846年7月9日占领了旧金山，8月初进入圣彼得罗，8月13日在加利福尼亚首府洛杉矶登陆。8月17日，斯托克顿宣布加利福尼亚加入美国联邦。

这时，在新墨西哥，由基尔尼将军率领的占领军也发动了攻势。1846年7月，基尔尼的部队在密苏里河岸的利文伏特要塞组成了拥有3000士兵和16门大炮的西路军向新墨西哥州进发。当时，墨西哥在该州约有2000兵力，但是州长阿尔米霍不积极组织抵抗，仓皇逃遁。8月18日，新墨西哥首府圣菲失陷，占领者随即宣布新墨西哥归美国所有。1846年9月25日，基尔尼率领大军向加利福尼亚进军，准备打开一条从陆路通向太平洋的通道。

为了向奇瓦瓦地区进军，占领通往瓜马斯港的通道，波尔克政府在得克萨斯将4000名志愿兵组成了中路军，由伍尔将军率领，准备占领奇瓦瓦，后因情况变化，折向东面，占领了科阿韦拉州的首府蒙古洛瓦。1846年12月，为与泰洛部队在萨尔提略会合，放弃了征服奇瓦瓦的计划。

由泰洛率领的美国主力部队集中在东北部战场，准备从得克萨斯出发经过蒙特雷、萨尔提略向首都进军，以便迫使墨西哥接受美国提出的一切条件。泰洛在巴洛阿尔托战役之后，于1846年5月18日渡过布拉沃河，占领了重要城市马塔莫罗斯；6月初，向北部重镇蒙特雷进军。蒙特雷是新莱昂州的首府，有居民1.5万人，是通往首都的战略要地。守卫蒙特雷的安普迪亚将军有7000步兵，但装备极差。当时泰洛部队已拥有6670人的兵力，19门大炮。战斗于9月20日打响。墨西哥士兵进行了顽强的抵抗，23—24日进入巷战，几乎每一条街道、每一幢楼房都进行了激烈的争夺。经过3天激战，虽然市中心区仍在墨西哥军队手中，但是，安普迪亚的部队已经弹尽粮绝，陷入重围，不得不投降。泰洛部队也伤亡惨重，仅仅9月21日一天就死伤400多人，包括1名将军，33名军官。泰洛同意墨西哥军队带走一切武器装备，有组织地撤退，并休战8个星期。1846年11月16日，美军未遇任何抵抗，占领了战略要地萨尔提略。

经过8个月的战事，墨西哥三分之一的领土被美国侵略军占领，占领军对墨西哥百姓进行了野蛮的抢劫和屠杀。

国内矛盾的激化和游击战的兴起

墨西哥军队的战败和大片领土的丧失使人民对保守派政府极端不满。帕雷德斯政府在国家生死存亡的关头，不去组织力量抵抗美国的侵略，而是准备在墨西哥建立帝制，认为墨西哥唯一的生路是让西班牙亲王路易斯·费尔南多当皇帝，以便得到欧洲列强的支持。

保守派政府的倒行逆施引起了各阶层人民的反对。在激进派领袖法里亚斯的领导下，瓜达拉哈拉、维拉克鲁斯、普韦布拉等城市发生了武装起义，起义者高呼"共和国万岁"，"消灭侵略者"的口号。法里亚斯等为了尽快推翻保守派政府，与圣塔安那的支持者结成联盟，决定将流亡在古巴的圣塔安那召回，由他来指挥军队。圣塔安那凭着在历次战争中的经历，仍被许多人看做是墨西哥将军中唯一能领兵打仗的人。

圣塔安那立即声明支持激进派上台执政，表示回国后自己仅仅负责国防。当时墨西哥的港口已被美国海军封锁，无法通过。圣塔安那私下与波尔克总统作了一桩肮脏的交易，许诺只要美国让他通过封锁线回国，将来美国可以用3000万美元的代价获得所希望得到的土地。1846年8月，这个臭名昭著的

"考迪罗"①又回到了墨西哥，重新登上政治舞台。

1846年8月4日，墨西哥城爆发了声势浩大的起义，帕雷德斯政府被推翻。全国人民寄希望于激进派，国内出现了爱国主义的热潮。同年12月，国会选举圣塔安那为共和国总统，法里亚斯为副总统，政权主要掌握在法里亚斯等激进派手中。

法里亚斯政府积极采取措施，加强国防力量，组织国民卫队，吸收爱国青年参加保卫祖国的战斗。为了筹措资金，继续进行战争，1847年1月，法里亚斯政府决定征用教会价值1500万比索的贵重物品充当军费。反动僧侣和保守派不顾国难当头，企图发动内战推翻法里亚斯政权，国内的政治斗争进一步激化。

圣塔安那出任总司令之后，表面上组织抗战，实际上在为美国效劳。1846年10月，他下令放弃墨西哥湾重要港口——坦皮科。9月，圣塔安那来到圣路易斯波托西，建立大本营，招募新兵，准备抗击泰洛的部队。但是，几个月过去了，他没有采取任何军事行动。直到1847年1月，圣塔安那才率领墨西哥21500人的部队从圣路易斯波托西开拔北上，迎击驻扎在萨尔提略的泰洛部队。

1847年2月22—23日，在离萨尔提略不远的布埃纳维斯塔山口发生了激战。这是北部战场上最后一次，也是最残酷的一次战役。泰洛投入的兵力有6000人，圣塔安那自称有18133人，实际上参战人数要少得多，因为长途行军中非战斗减员1000多人。泰洛部队凭借有利的地形和密集的炮火打退了墨军一次又一次进攻。但是，墨西哥军队依靠士兵的勇猛和人多势众顶住了敌

---

① 考迪罗 Caudillo，西班牙文，意为军事首领，系拉丁美洲军事独裁统治者的称谓。

人的压力,并使泰洛部队遭到重大损失。23 日,泰洛部队的左翼几乎完全被击溃,通往美军后方的道路已打开。

泰洛处境十分危险,准备向华盛顿告急。这时,圣塔安那因得悉首都发生了事变,随即命令自己的军队撤退,返回圣路易斯波托西,并无条件释放 400 名俘虏。泰洛部队立即转入反攻,墨西哥部队在一片混乱中向南撤退。由于饥饿、寒冷和疾病,倒在沙漠里的墨西哥士兵不计其数。整个战役中,墨军伤亡 1500 人,美军伤亡 723 人。

圣塔安那到达首都后,站在教权派叛乱者一边,推翻了法里亚斯政权,并将其驱逐出国,自己独揽了军政大权。

内乱外患使墨西哥到了民族危亡的紧急关头。人民群众不愿当亡国奴,自动拿起武器,开展了广泛的游击战。敌占区游击战争的展开牵制了敌人的兵力,使其不能迅速前进。

1846 年 9 月,1000 多名武装起来的印第安农民在加利福尼亚的重要据点萨吉尔起义。9 月 23 日,洛杉矶的居民在弗洛雷斯上尉的领导下,袭击了美国驻防军,迫使敌人投降。到 1846 年 11 月底,整个加利福尼亚几乎都被墨西哥爱国者占领。据统计,加利福尼亚游击队的人数达到 6000—8000 人。直到 1847 年 1 月 12 日,基尔尼部队经过激战才又重新占领洛杉矶。

在新墨西哥,印第安农民在托马斯·奥尔蒂斯、迭戈·阿尔丘莱塔等爱国者的领导下,举行了武装起义。1 月 20 日,起义的主力部队袭击了首府圣菲。游击队人数达 1500 人。在蒙特雷、马塔莫罗斯等东北部地区,游击队切断了敌人的交通,袭击了敌人的辎重。

从太平洋沿岸到墨西哥湾,到处都燃烧着墨西哥爱国者抗美救国的烽火。敌后游击队的战斗打乱了敌人的部署,牵制了敌人大量兵力,使美国侵略军在北部战场不得不从进攻转入防御。

维拉克鲁斯港登陆和首都失陷

经过将近一年的激战,美国侵略军占领了墨西哥北部大片领土,但是战争的第二个目的——迫使墨西哥承认这种占领——未能达到,战争变得旷日持久。

南部奴隶主发动的这场战争在美国国内已越来越不得人心。许多辉格党人、废奴主义者公开谴责这次战争,废奴主义的领袖弗雷德里克·道格拉斯将其称为"一场残酷的屠杀","是我们的蓄奴总统干的好事"。

波尔克害怕战争拖延会动摇自己的政治地位,所以也希望尽快结束战争。游击战争的扩大使美军越来越感到兵力不足,由于战线太长,从北部进攻墨西哥城要通过大片沙漠地带,存在许多困难,于是波尔克政府决定放弃原定计划,改变主攻方向,从海上登陆,直抵墨西哥城,迫使墨西哥投降。

1847年春,波尔克总统任命斯科特将军为总司令,准备从维拉克鲁斯港登陆。斯科特部队拥有162艘军舰和登陆艇,装备有40—50门大炮,10万发炮弹,由3个师组成的兵力总人数达13000多人。

从维拉克鲁斯港登陆到墨西哥城陷落历时半年多,进行了5次大的战役:

(1)1847年3月22—29日,维拉克鲁斯保卫战。1847年3月9日,斯科特的部队在维拉克鲁斯港附近登陆,在围城半个月之后发起攻击。由于反动的教权派在首都叛乱,法里亚斯政府被推翻,维拉克鲁斯港处于孤立无援的状态,仅靠以莫拉雷斯将军为首的有限的城防力量进行抵抗。3月22日起,72艘美国军舰进行了历时4昼夜的野蛮炮轰,倾泻的炮弹足有数千发。由码头工人、建筑工人和渔民组成的4000多城防军进行了英勇抵抗,终因孤军奋战,寡不敌众而失败。3月29日,维拉克鲁斯港被攻陷。

(2) 1847年4月17—18日,塞罗戈尔多战役。美国占领军攻占维拉克鲁斯港以后,径直向西取道当年西班牙殖民者的路线向墨西哥城进军。圣塔安那率领12000名新兵组成的队伍在离维拉克鲁斯港160英里的塞罗戈尔多峡谷迎击敌人,这是通往墨西哥城的战略要地。圣塔安那的主要阵地设在塞罗戈尔多山冈上,周围是难以通行的密林,墨军打算借助天险,阻击敌人。

斯科特部队从小道绕过了密林地带,从后方袭击墨军。圣塔安那惊慌失措,临阵脱逃,墨军遭受重大损失。两天之内,墨军伤亡约1000—1200人,3000人被俘;美军伤亡431人。塞罗戈尔多要塞的失守意味着通往首都的道路已被打开。1847年5月15日,美军未经战斗进入第三大城市普韦布拉。

(3) 1847年8月19—20日,丘鲁布斯科战役。斯科特部队经过了休整和增补,于1847年8月初重新向墨西哥城进逼。8月19日,在离首都4英里的丘鲁布斯科河岸展开血战。墨西哥爱国者进行了顽强的抵抗,由爱尔兰人、波兰人、英国人和正义的美国人组成的"圣巴特里西奥营"①的国际战士与墨西哥人并肩战斗,给予敌人以沉重打击。斯科特部队一天之内损失兵力1056人,其中有76名军官。

(4) 1847年9月8日,莫利诺德雷伊战役。美国侵略军听说墨西哥人在莫利诺德雷伊铸造大炮,对这一据点发动了强攻。守卫这一据点的是来自附近负责各州防卫的国民卫队,总兵力达

---

① 圣巴特里西奥营建于美、墨战争初期,参加过多次重大的战役,在丘鲁布斯科战役中,他们与墨西哥军队的两个营共同战斗,英勇不屈。大多数圣巴特里西奥营的战士在这次战役中牺牲了,其中有65名被俘后,遭斯科特杀害。

4000人。美军投入的兵力为3447人。战斗进行得十分激烈，一天之内，美军伤亡787人。由于圣塔安那不派后备军增援，由民兵组成的骑兵部队也未投入战斗，墨军再次遭到失败。

(5) 1847年9月13日，查普尔特佩克战役。这是通往墨西哥城的最后一个据点。9月13日，斯科特借助猛烈的炮火，发动了强大的攻势，将4个师7000多兵力全部投入了强攻。

驻守在查普尔特佩克山冈周围的墨西哥军队共有5000人，但投入战斗的只有步兵和军事学校学员组成的832名驻防军，由独立战争中的老将军尼科拉斯·布拉沃指挥。墨西哥士兵浴血奋战，几乎全部殉国。有6名年幼（最小的只有13岁）的军事学校的学员与敌人进行了顽强的搏斗，为国捐躯"少年六英雄"的事迹至今仍为人们所传颂。斯科特占领军一天之内死伤862人。

查普尔特佩克的失守打开了通向墨西哥城的西大门。当时，斯科特的部队伤亡惨重，减员将近三分之一，加上增援部队仅有6000人。圣塔安那手中尚有5000名士兵，4000名骑兵，可是他对首都未作任何设防。1847年9月14日，圣塔安那率领部队撤离了墨西哥城。

签订和约和战争的影响

美国侵略军占领了墨西哥三分之一的领土和首都墨西哥城之后，美国最富侵略性的南部奴隶主集团还想将战争继续下去，直到并吞整个墨西哥为止，但是统治集团中大多数人认为可以迫使对方接受和谈条件了。

1847年9月，圣塔安那因叛卖行为激起了人民的公愤而被推翻，逃往国外，以佩尼亚—伊—佩尼亚为首的新政府已无力进行抵抗，希望尽快进行谈判。

1848年2月2日，在墨西哥城北的一个小村镇瓜达卢佩—伊达尔戈签订了和约。在美国压力下，墨西哥被迫割让得克萨斯、新墨西哥、上加利福尼亚以及塔毛利帕斯、科阿韦拉和索诺拉的一部分，总面积达230万平方公里，占墨西哥全部领土的一半以上，这些土地包括现在美国的加利福尼亚州、内华达州、犹他州的全部和科罗拉多、亚利桑那、怀俄明、新墨西哥州的一部分。布拉沃河（美国称其为格兰德河）被定为墨西哥与美国的边界。美国支付微不足道的1500万比索，放弃墨西哥所欠的325万比索，作为补偿。

1848年3月10日，美国参议院以38票赞成、24票反对批准了条约。墨西哥国会于5月19日批准了条约。5月30日，条约生效。12月30日，最后一批美国军队撤离了墨西哥。

1846—1848年美国对墨西哥的战争是"美国历史上最可耻的事件之一"，它遭到美国工人、废奴主义者以及一切主持正义的人们的谴责。后任总统的阿伯拉罕·林肯在国会公开斥责这次战争是南部种植园主为了扩张他们的奴隶制而挑动起来的掠夺性战争。

美国扩张主义者原以为可以轻而易举地征服墨西哥，事实上，他们遇到了墨西哥人民顽强的抵抗。据官方大大缩小的数字，美军阵亡和受伤后死亡的人数达25400人，耗费的军费达9770万美元。

这次战争对墨西哥人民来说是一场严峻的考验。反动的天主教会、大庄园主和部分高级军官为了维护自己的特权，不顾民族的危亡，频频发动政变；保守派政府的不抵抗政策和军队最高司令部的失败主义方针是墨西哥战败的重要原因。

墨西哥人民在战争中表现了极大的爱国主义热忱。据当时的作家和新闻记者吉廉尔莫·普里埃托估计，在争夺首都的战斗中，约有15000人自动参加了反对美国侵略者的斗争。因此，游击战成为这次战争的一个重要特点。

战争的结果对墨、美双方的政治、经济都产生了深远的影响。战争的结果使美国的边界向西扩展到太平洋,向南扩展到加勒比海地区,从而取代了英国在这些地区的势力;具有战略地位的加利福尼亚州并入美国,为日后美国在太平洋地区扩张势力开辟了道路;割取土地上的奴隶制问题加剧了南北方之间的冲突,对南北战争产生了重要影响。

这些地区蕴藏的金、银、铜、石油、天然气等丰富的矿产资源为美国工业的发展提供了极为有利的条件,为它后来取得世界强国的地位打下了基础。从美、墨战争结束到美国内战爆发前的1860年,美国工业发展迅猛,工业总产值由10亿美元增加到20亿美元。1860年,美国工业跃居世界第四位。金银矿的开发成为南北战争中北方的重要财政来源。

对墨西哥来说,丧权辱国的瓜达卢佩—伊达尔戈条约使墨西哥丧失了一半以上的领土,失去了最肥沃的适宜发展农业的广阔的平原地带,失去了宝贵的矿产资源,剩下的一半领土有五分之四是山地和高原,可耕地面积相对较少,农业的发展受到很大限制;失去了洛杉矶、旧金山、圣迭戈等优良的港口,影响了墨西哥海上贸易的发展,这一切对整个社会经济发展进程是巨大的无法弥补的损失。

在政治上,墨西哥的战败充分暴露了统治者的腐败无能和天主教会的反动本质,它使保守派的威信扫地。保守派作为一种政治力量开始衰落,以华雷斯为首的自由派的势力日益壮大。自由派与保守派之间的斗争更加激烈。这些都促进了19世纪50年代改革运动的展开。

(原载朱庭光主编《外国历史大事集》近代部分第2分册,重庆出版社1985年版)

墨西哥革命与辛亥革命之比较研究

墨西哥革命和辛亥革命是20世纪初世界两大历史事件,前者推翻了长达34年的波菲利奥·迪亚斯独裁统治,开创了墨西哥现代历史的新纪元;后者结束了几千年的封建帝制,在中国国土上树起了民主共和国的旗帜。这两大事件不仅对本国的历史进程产生了极为深远的影响,同时也是世界革命的一个组成部分。因此,对墨西哥革命和中国辛亥革命进行比较研究,确定其在全球历史发展中的地位,揭示这两次革命的不同特点和影响是十分有意义的。本文试图对墨西哥革命和辛亥革命前后两国社会变革的异同作一些简要分析。

一 革命前的墨西哥和中国

波菲利奥·迪亚斯的墨西哥和清王朝末期的中国在许多方面有相似之处。当时,两国基本上都是经济落后、受外国资本控制的半殖民地半封建国家。19—20世纪初,西欧和北美地区发达资本主义国家生产和资本的集中与积聚达到空前的高度,自由资本主义向垄断资本主义过渡,商品输出逐渐被资本输出所替代。

垄断资本家为了获取最高利润，大规模地夺取殖民地，并通过各种方式使一些政治上独立的国家在经济上处于依附地位。在这种新的历史条件下，墨西哥和中国等经济落后的国家已没有可能沿着西欧资本主义国家走过的道路去实现国家的现代化，而是在外国资本大量侵入的情况下，缓慢地发展自己的经济。毛泽东曾经指出：外国资本主义对于中国的社会经济起了很大的分解作用，一方面，破坏了中国自然经济的基础，破坏了城市的手工业和农民的家庭手工业；又一方面，则促进了中国城乡商品经济的发展。① 但是，这只是帝国主义侵入中国以来发生变化的一个方面。还有和这个变化同时存在而阻碍这个变化的另一个方面，这就是帝国主义勾结中国封建势力压迫中国资本主义的发展。② 毛泽东对中国情况的分析在一定程度上也适合于墨西哥。

19世纪70—80年代，随着外国资本的侵入，无论在墨西哥还是中国，都开始了现代化的进程。铁路的修筑成为工业发展的先导。1880年，墨西哥仅有铁路640公里，到1884年，已建成的铁路达5731公里，1910年，墨西哥全国铁路总长度达到19280公里。1887年，中国仅有从古冶到天津的第一条铁路，全长仅160公里。19世纪末，英、俄、德、法、美等列强争先恐后地抢夺中国铁路的修筑权，到1898年11月为止，外国在中国取得了总长度达6400英里的铁路修筑权。此外，外国资本经营的轮船航运业取代了以帆船为主的中国旧式航运业。

交通运输业的现代化有力地推动了工矿业的发展。墨西哥除了开采金、银等传统矿产品以外，开始大量开采铜、铅、锌、石油等工业用途矿产品。电力工业的发展导致国际市场铜的需求量

---

① 参见《毛泽东选集》第2卷，人民出版社1967年版，第589页。
② 同上书，第590页。

急剧上升。1895—1905 年，墨西哥矿业产量年均增长 10%，其中铜的产量年均增长 21%。自 1900 年在坦皮科附近发现石油以后，墨西哥很快成为当时世界上主要的产油国，1911 年石油年产量达 1255.2 万桶。制造业也有了相应的发展，拥有现代机器设备的各类加工企业相继建立，1910 年，在墨西哥，装有现代机器设备的纺织厂就有 146 家。19 世纪 70 年代，随着洋务运动的兴起，中国先后建立了一批新式的军事工业，以后又创建了一系列民用工业企业，一部分官僚、地主、商人开始投资于采矿、纺织、轮船航运、面粉加工等现代企业。1869 年，中国仅有现代企业 5 家，资本约 10 万元左右，到 1894 年，这类企业已达 262 家，资本约 5156 万元。[①]

现代工业和交通运输业的建立促进了商品的流通，狭小的地方市场逐渐扩展为地区性的甚至全国性的市场。

种种事实说明，波菲利奥时期的墨西哥和鸦片战争以后的中国都开始了现代化进程，资本主义生产关系开始发展。然而，这一发展历程与发达资本主义国家曾经走过的道路有所不同，它是在外国资本大量侵入的情况下进行的，这种发展在很大程度上屈从于外国资本的利益。资本主义生产关系与封建半封建的生产关系交织在一起，阻碍了城乡资本主义的迅速发展。

当时，无论是墨西哥的"科学家派"还是中国的洋务派，都把吸收外国资本作为促进经济发展的重要手段，他们不顾民族利益，为外国资本提供了铁路修筑权、矿山开采权、内河航运权等等特权，使国家的经济命脉落到外国资本手中。墨西哥经济学家何塞·路易斯·塞塞尼亚指出：1910—1911 年墨西哥 170 家

[①] 参见中国社会科学院近代史研究所编《中国近代史稿》第 2 册，人民出版社 1983 年版，第 146 页。

最大的股份公司中，外国资本控制了130家，其资本达12.8亿比索，占170家公司资本总额的77.7%。外国资本控制了墨西哥100%的石油开采、98.2%的矿业、95.7%的农业、87%的电力、76.5%的银行、84.3%的工业。[①] 19世纪80年代，中国内河和沿海航运业几乎全部被外国资本所控制；海关主要被英国人掌控；80%—90%的进口贸易和60%—70%的出口贸易被英国控制。到1894年，外国资本在中国的纺织、造纸、火柴、卷烟等行业的加工工业企业将近100家，投资额约3500万元。[②] 俄、英、法、德、美等帝国主义都把向清朝政府提供奴役性贷款作为瓜分中国的重要手段。

在外国资本的冲击下，农村中自给自足的自然经济遭到破坏。墨西哥的大地产和外国种植园开始大量生产咖啡、甘蔗、剑麻、口香糖胶、烟草等出口农产品。中国江浙地带养蚕业迅速发展，福建、湖南的农民拔掉甘薯，改种茶树。然而，农村中并没有因出口农业的发展而建立起新的生产关系，相反，外国资本与当地的大地主、官僚勾结在一起，竭力维护原有的封建制度，对农民实行超经济的剥削。1883年10月，迪亚斯政府颁布的《垦荒法》加剧了剥夺农民土地的过程。土地测量公司以调查荒地为由，大肆侵占印第安农民的土地。到迪亚斯统治末年，全国97%的土地集中在1%的农户手中，而无地农民达到300万户，占农户总数的88%。[③] 失去土地的农民无法被缓慢发展的工业所

[①] 参见［墨］何塞·路易斯·塞塞尼亚《在帝国轨道中的墨西哥》，墨西哥国立自治大学出版社1970年版，第54页。

[②] 参见中国社会科学院近代史研究所编《中国近代史稿》第2册，人民出版社1983年版，第299页。

[③] 路易斯·帕雷：《墨西哥的农业无产阶级》，墨西哥21世纪出版社1977年版，第70页。

吸收，被迫沦为债役奴。鸦片战争后，中国农村封建制度几乎未受任何触动。因此，封建的土地制度成为束缚社会经济发展的桎梏。农民的贫困破产正是革命前夕中、墨两国社会动荡的主要根源。

在政治上，迪亚斯政府和清王朝都实行专制统治。迪亚斯背弃了自己在"土斯特佩克计划"中许下的反对总统连选连任、恢复国家正义、遵守宪法等诺言，成为终身的独裁者。迪亚斯依靠一小撮忠于他的将军、州长和地方首领实行专制主义统治。而1861—1908年慈禧太后执政时期是中国历史上最黑暗的年代。因此，民族矛盾、社会矛盾、政治矛盾汇集到一起，形成一股强大的势力，要求推翻迪亚斯独裁政权和腐朽的清王朝。

综上所述，可以看出，革命前夕的墨西哥和中国的社会性质基本相似，都属于经济上依附于外国的半殖民地半封建的社会。革命所面临的任务也是共同的，都是要推翻专制统治，建立民主政体，消灭封建土地制度，为资本主义的发展铺平道路。因此，墨西哥革命和辛亥革命按其性质都属于资产阶级民主革命的范畴。但是，这类革命不同于欧洲的资产阶级革命，它们又是一切被压迫民族和被压迫国家反对国际资本主义的压迫和剥削的民族民主运动的一个组成部分。它们在客观上都反对国际资本的剥削和压迫，因而遭到西方列强的反对和干涉。20世纪初，世界上爆发了一系列革命，包括墨西哥革命（1910—1917年），中国的辛亥革命（1911—1912年），伊朗资产阶级革命（1905—1911年），土耳其资产阶级革命（1908—1909年），等等，这些革命都标志着被压迫民族的觉醒。列宁指出：几万万被压迫的、沉睡在中世纪停滞状态的人民觉醒过来了，他们要求新的生活，要求为争取人的起码权利、为争取民主而斗争。① 亚洲的觉醒和欧洲先进无产阶级夺取政权的斗争的展开，标志着二十世纪初所揭开的全世界历史的一个新的阶段。②

二　墨西哥革命和辛亥革命的不同特点

墨西哥革命和辛亥革命虽然具有上述共同的性质，但是由于国情不同，又有很大差别。墨西哥经过了反抗西班牙殖民统治的独立战争和华雷斯领导的改革运动，资本主义的生产关系得到了一定的发展，资产阶级的民主制度已深入人心。而中国的封建制度已持续几千年，根深蒂固，民族资产阶级的力量相对较弱，因此，两国的革命具有不同特点：

（1）墨西哥革命带有鲜明的土地革命的特色，而辛亥革命则主要是以推翻清王朝为目标的政治革命。

墨西哥革命事先并没有一个深思熟路的革命纲领，受过欧洲教育的富家子弟弗朗西斯科·马德罗也无意发动一场改变整个墨西哥社会面貌的革命，他只不过是想通过比较温和的抗议运动，实现"有效选举，不得连任"的口号。但是，在要求推翻迪亚斯独裁统治这一总的目标下，各个不同的社会阶级和阶层带着各自的诉求投入了这场伟大的革命。尤其埃米利亚诺·萨帕塔和弗朗西斯科·比利亚领导的农民军队带着自己的土地要求参加了革命，并对革命发展的方向产生了重大影响。

马德罗为了把农民的起义部队争取到自己一边，在《圣路易斯波托西计划》中写进了土地纲领，答应将迪亚斯时期掠夺

---

① 参见《列宁选集》第2卷，人民出版社1972年版，第448页。
② 同上。

农民的土地归还给原主。然而，马德罗取得政权后，背叛了农民，没有履行自己的诺言。于是，武装起义的农民以自己的行动将革命推向前进。1911年11月28日，以萨帕塔为首的革命委员会宣布了著名的土地纲领《阿亚拉计划》。根据这一土地纲领，凡是在迪亚斯时期被地主、"科学家派"或地方首领霸占的土地、山林、水域均应归还给原主，按三分之一的地价给予补偿。该纲领进一步规定，凡是直接或间接抗拒这些措施的地主将被没收全部财产。《阿亚拉计划》的颁布说明农民武装力量是作为一支独立的、有组织的力量带着本阶级的纲领参加革命的。革命过程中，在"土地与自由"的旗帜下，农民军队所到之处没收了大庄园的土地和财产，正是"土地与自由"的口号吸引了成千上万无地农民投身于革命。虽然最终农民革命力量被镇压下去了，政权落到资产阶级自由派卡兰萨手中，但是，农民军队的威力如此之大，获得政权的资产阶级也不得不认真对待土地问题。1915年1月6日，卡兰萨颁布了土地法。1917年宪法第27条规定了分割大地产、实行土地改革的原则。宪法规定，全国的土地和水源从根本上属于国家所有，国家将采取必要措施，废除大庄园制，分割大地产，保护印第安公社、村社和小土地私有制三种土地制度。宪法还规定将教会和僧侣团体占有的地产收归国有。这些规定虽然没有立即执行，但它反映了伟大的农民战争的光辉成果，为以后大规模进行土地改革奠定了法律基础。因此，墨西哥革命在社会变革方面的意义是十分深远的。

与此相比较，辛亥革命则主要是以城市武装起义为主要形式的政治革命。其目标集中在推翻封建帝制，建立共和。中国伟大的革命先驱孙中山先生热情地同情劳动者，憎恨剥削者，在一定程度上也看到了土地问题的重要性，在三民主义的民生主义中提出了平等地权的口号，其实际内容就是由国家按低价把私人土地买下来，实行土地国有化。这种空想主义的土地纲领对广大农民并没有太大吸引力，资产阶级未能发动农民一起参加反封建的民主革命，这是中国旧民主主义革命失败的主要原因。

（2）墨西哥革命具有明显的反帝性质，它战胜了美国的武装干涉，高举民族主义的伟大旗帜，捍卫国家主权和民族利益。而辛亥革命在一定程度上表现出对帝国主义的让步和妥协，最后被帝国主义所扼杀。

墨西哥革命过程中，各派政治力量基本上都坚持捍卫民族利益和国家主权、反对外来干涉的民族主义立场。马德罗政府代表民族资产阶级的利益，力图削弱外国资本的势力，主张依靠本民族的力量开发本国的自然资源。这些主张引起了美国垄断资产阶级的不满。美国驻墨大使威尔逊公开干涉墨西哥内政，暗中支持维克多里亚诺·韦尔塔发动政变，杀害了马德罗。1914年4月，美国直接发动武装干涉，占领了维拉克鲁斯港和海关。在墨西哥人民和拉美各国人民的强烈谴责下，美国侵略军才被迫撤离。以卡兰萨为首的立宪派执政以后，墨西哥政府采取了一系列限制外国资本的措施。1915年7月政府颁布法令，禁止外国公司未经墨西哥当局允许勘探和开采石油。同年3月，政府决定向外国采矿和冶金企业课征累进税。这些措施触动了外国资本的利益。于是，美国政府利用边境冲突再次进行武装入侵，派遣泊欣将军率领的"讨伐军"进犯墨西哥。美国的武装入侵遭到墨西哥方面的激烈抵抗。比利亚领导的农民军在粉碎美国入侵的战斗中立下了不朽的功勋。1917年制定的宪法把墨西哥革命的民族主义精神用法律条文固定下来。宪法27条规定，只有墨西哥出生或入墨西哥国籍的人和墨西哥公司才有权购置墨西哥共和国的土地、水域，或者获得使用矿藏、水域或矿物燃料的租让合同。这些条文成为墨西哥人民维护国家主权和民族利益的法律依据，成为历届政府推行民族主义政策的准绳。

因此,墨西哥革命所高举的民族主义旗帜在捍卫国家主权、反对外来干涉、维护民族利益等方面所取得的胜利具有深远意义。

中国资产阶级革命者把推翻清王朝作为拯救中国、实现独立自强、避免被列强瓜分的根本途径。因此,孙中山先生领导的革命运动引起了外国列强的恐慌和干涉。在各国外交使团的一手策划下,大地主和买办资产阶级的代表袁世凯篡夺了政权。这从另一方面证明了孙中山先生领导的革命在客观上是与国际垄断资本的势力相对立的,是争取中华民族独立自强的民族民主运动的一部分。然而,孙中山先生和中国的革命者在1925年以前未能提出明确的反帝纲领,对西方国家抱有一定的幻想,希望得到他们的同情。1912年1月5日,南京临时政府发布文告,承认清政府所签订的一切不平等条约仍然有效;承担偿还清政府所借之外债及所欠之赔款的义务;承认清政府让与各个国家或个人之种种权利,企图通过向帝国主义妥协来换取西方国家的承认。结果,西方列强扶植袁世凯上了台。1924年孙中山回顾这段历史时指出:"曾几何时,已为情势所迫,不得已而与反革命的专制阶级谋妥协。此种妥协,实间接与帝国主义相调和,遂为革命第一次失败之根源。"[①]

(3)墨西哥革命后,建立了一套比较完善的资产阶级民主体制,在1857年宪法的基础上,1917年制定了当时最民主的资产阶级宪法。总统不得连选连任被写进了宪法,成为墨西哥独特的政治制度依据。宪法第123条对工人的基本权利给予保障,规定了8小时工作制,禁止使用童工,男女同工同酬,承认工人成

[①] 《孙中山选集》下册,人民出版社1956年版,第521页。

立工会的权利和罢工权。这些条文在当时所有的资产阶级劳工法中,无疑是最民主的。墨西哥革命建立起来的民主体制对以后的墨西哥的政治改革和形成长期稳定的政局具有重要影响。

辛亥革命的伟大成就在于它推翻了封建帝制,在中国历史上第一次建立了民主共和国。1912年1月1日中华民国临时政府在南京成立,这是中国民族资产阶级历史上第一次掌握政权。但是,在帝国主义、大地主、大买办阶级的进攻面前,资产阶级步步退却,最后将政权交给了袁世凯,革命遭到挫折。封建帝制推翻了,但未能建立起资产阶级的民主秩序,资产阶级革命的任务落到另一次革命的肩上,即由无产阶级领导的新民主主义革命来完成。

三 墨西哥革命和辛亥革命对两国现代化进程的影响

1910—1917年的墨西哥革命推翻了迪亚斯独裁统治,沉重打击了封建大庄园的势力,削弱了外国资本在墨西哥的地位,巩固了资产阶级民主制度。这些都为墨西哥资本主义的发展创造了条件,加速了现代化进程。但是,由于国际国内条件的限制,这次革命的任务并没有彻底完成,宪法第27条和123条在革命后没有立即得到执行,直到1934年卡德纳斯执政时期才大规模进行土地改革和限制外国资本。因此,墨西哥革命作为一次政治革命,可以认为它在1917年结束了,但是,社会革命的任务则是通过以后的历次改革才逐步完成的。

墨西哥革命之后,尤其1934—1940年卡德纳斯改革以后,资本主义的生产关系迅速发展,现代化进程明显加快。卡德纳斯时期实现了石油国有化,外国投资大大减少。但战后外国资本重又大量侵入,中小民族资本受到压制。土地改革的进行虽然部分地满足了农民的土地要求,但是,土改中获得土地的村社农民由于土地质量低劣,面积太小,缺乏资金和技术等种种原因,无力走上现代化的道路。土改后农村中形成的二元经济结构,一定程度上限制了农村现代化的发展。农民问题至今仍是一个有待解决的社会问题。

辛亥革命在中国近代史上具有重大意义。革命虽然遭到挫折,但是它所开创的事业并没有落空,这次革命引起全国民主革命精神的高涨,为以后中国革命的发展打开了道路。革命者从失败中吸取了教训,孙中山先生在十月革命的影响下和中国共产党的帮助下,于1924年毅然采取了"联俄,联共,扶助农工"的三大政策,并据此重新解释了三民主义,提出了革命的民主主义纲领,再次改组国民党,同中国共产党结成了反帝反封建的统一战线,实现了第一次国共合作,从而推动了第一次国内革命战争的蓬勃发展。中国人民在中国共产党的领导下,经过几十年的奋斗,完成了孙中山先生未竟的事业,并把它发扬光大。在中国共产党的领导下,由无产阶级领导,以工农联盟为主体,联合小资产阶级和民族资产阶级的新民主主义革命彻底完成了反帝反封建的民族民主革命任务,并为过渡到社会主义创造了前提。

(原载奥马尔·马丁内斯·莱戈雷塔主编《墨西哥现代化与革命——比较研究》(英文版),联合国大学出版,1989年)

中国与墨西哥：加强合作，共谋发展

近年来，中国与拉美国家的关系发展十分迅速。其中，中国与墨西哥的关系具有重要的意义。作为拉美第三大国，墨西哥无论在国际舞台上还是在地区事务中，均发挥着重要的作用。按经济总量，它已超过巴西，在拉美地区位居第一，在世界排名第九位，人均收入达到6250美元。20世纪90年代以来，墨西哥对外贸易迅速发展，在国际贸易中已位居第八。因此，中墨关系的发展受到各方面的广泛关注。本文拟就中墨关系的历史渊源、政治上两国建立战略伙伴关系的基础、经贸关系发展面临的问题及其前景以及澳门对促进中墨关系发展可起的桥梁作用等问题作简要论述。

一 海上丝绸之路——连接太平洋两岸的纽带

中国与墨西哥虽然远隔重洋，但两国人民之间的交往可以追溯到十分久远的年代。根据中外文献记载，早在公元16—18世纪，中墨之间已有规模可观的贸易往来。

16世纪初，西班牙殖民帝国实行海外扩张，为了寻找通往东方的海路,多次派舰队从墨西哥出发远征菲律宾,1565年在那里建立了自己的殖民地,同时开辟了从菲律宾通往墨西哥的太平洋航线。1565年10月8日,第一艘大帆船"圣巴勃罗号"从马尼拉成功驶抵墨西哥的阿卡普尔科港。太平洋航线的开通为大洋两岸的贸易和文化交流架起了桥梁。

当时,中国江、浙、闽、粤一带的手工业已很发达,海上贸易十分活跃。中国商船早已频繁往返于泉州、漳州、广州和菲律宾的吕宋等岛屿之间。太平洋航线的开辟使传统的中菲贸易延伸到大洋彼岸。当时,中国出口的商品品种繁多,价廉物美,如:各色绸缎布匹、生丝、天鹅绒挂毯、长筒丝袜、瓷器、摆设、镂花硬木家具等等,其豪华和精美程度令西班牙美洲殖民地的贵族和上层人士赞叹不已,竞相购买。旺盛的需求、丰厚的利润使西班牙和墨西哥商人源源不断地将中国丝绸等大宗货物从马尼拉运往墨西哥的阿卡普尔科港,然后再分销到秘鲁、巴拿马以及中美洲和加勒比海地区,换回巨额白银,再返回马尼拉。中国沿海港口——马尼拉——阿卡普尔科这条主要用于运输中国丝绸的太平洋航线被人们称为"海上丝绸之路",往返其间的大帆船被称为"中国之船"(nao de China, the ship from China)。

从1574—1851年,通过海上丝绸之路进行的贸易持续了整整两个半世纪。它反映了双方经济发展的需要,规模十分壮观。每年从泉州、漳州、厦门、广州等地驶往马尼拉的中国商船少则有20—30艘,最多时达到50—60艘。① 从墨西哥等地流入中国的白银16世纪末每年超过100万比索,18世纪高潮时期达到每

---

① 参见罗荣渠《中国人发现美洲之谜——中国与美洲历史联系论集》,重庆出版社1988年版,第94—95页。

年300—400万比索。①

　　海上丝绸之路对当时墨西哥经济发展产生了重要的影响。丝绸、瓷器等大宗货物的集散，使阿卡普尔科港从一个200多户人家的小渔村发展成为拥有近万人口的东西方贸易中心。中国丝绸的大量进口极大地丰富了墨西哥人的衣着打扮，中国生丝的输入使墨西哥城、普埃布拉等地以中国生丝为原料的丝织作坊蓬勃兴起，其就业人数达14000多人。

　　海上丝绸之路对中国经济同样产生了巨大影响。巨额银元的流入在很大程度上满足了明清时期中国商品经济发展引起的对支付手段的巨大需求。墨西哥银元成色上好，重量规范，铸造精美，使用方便，在广东、福建等沿海地区广为流通。拉美市场的庞大需求也刺激了中国沿海地区丝织、陶瓷、造船等手工业的快速发展。

　　规模宏大的商品贸易同时也是太平洋两岸文化交流的载体。丝绸、陶瓷、象牙雕刻以及各种手工艺品，作为中国文化的象征在拉美产生了深远影响；体现中国风格的色彩、图案、造型、制作工艺在墨西哥的丝织业和陶瓷制作业中被广泛模仿。正如墨西哥原外贸协会主席费德里科·萨达·冈萨雷斯所说："丝绸、象牙、香料、瓷器和其他精美物品登陆美洲，并在整个大陆流通，最后在那里扎下了根，形成了习惯、传统和艺术；如今，在世界范围内，它们已与墨西哥的习惯、传统和艺术融为一体。大洋彼岸过来的奢侈品被复制、被演变，甚至成为最普通的日用品。人们模仿中国的漆器和金银匠手艺，以及刺绣和食品制作。奢侈品

---

　　① 参见沙丁、杨典求、焦震衡、孙桂荣《中国和拉丁美洲关系简史》，河南人民出版社1988年版，第71页。

在民间引起了反响,并赋予我们文化以生命力。"①

中国和墨西哥两种古老文化,通过海上丝绸之路相互交流,相互影响,相互融合,相得益彰。

二 增强互信,扩大共识,在政治上建立牢固的战略伙伴关系

中墨两国不仅在漫长的历史发展进程中具有传统的友好关系,而且在当今世界格局多极化的形势下,具有广泛的共识和一致。这是两国在政治上长期保持友好关系和在国际事务中团结合作并建立牢固的战略伙伴关系的基础。

新中国成立以后,中墨关系进入一个新的历史时期。中国革命的胜利得到墨西哥人民广泛的同情和支持。1971年,埃切维里亚总统不顾美国的压力,在第26届联合国大会上庄严宣布中国的主权和领土完整从法律上来说是不可分割的,承认中华人民共和国为中国唯一合法政府,支持恢复中国在联合国的合法地位。1972年2月14日,墨西哥同中国正式建交。这是中墨关系史上光辉的里程碑。

两国建交后,双边关系发展迅速。1972年4月,埃切维里亚总统访问中国。他受到毛泽东主席的接见,并与周恩来总理进行了5次会谈,就双边关系以及建立拉美无核区、各国经济权利和义务宪章等重大问题交换了意见,取得了共识。在他的热诚推动下,两国在政治、经济、文化、科技等各个领域的合作与交流广泛开展,各种民间文化团体的互访络绎不绝。正如他在30多年

---

① [墨西哥]塞西利奥·加尔萨·利蒙主编:《墨西哥和中国——友谊的见证》,墨西哥外交部2001年版,第59页。

后回忆这段历史时所说："那时，两国的政治文化交流不断开展，中墨之间的共识达到了前所未有的一致。"① 继埃切维里亚之后，洛佩斯·波蒂略总统继续推动中墨友好关系的发展。墨西哥成为当时拉美国家中同中国交往最多的国家。

改革开放以来，中国的国际地位日益提高，中国在拉美地区的影响不断扩大，中墨两国的关系也进一步得到提升。尤其中国领导人开始实行"走出去"的战略使两国的高层互访日益增多。1990年5月14日，国家主席杨尚昆访问墨西哥，这是中国国家元首首次访问拉美。此后，李鹏、胡锦涛以及其他许多党和国家领导人又先后访墨。通过这些高层互访，双方增进了友谊和信任。

90年代，国际形势发生了深刻变化，世界格局向多极化的方向发展。墨西哥政府为减轻政治上对美国的依赖，积极推行对外关系多元化，更加重视发展与亚太地区的关系，并提出要与中国、印度、巴西等实力较强的发展中国家建立战略联盟或战略伙伴关系。1996年11月2—24日，塞迪略总统访华时明确表示，发展与亚太地区的关系是墨西哥对外战略的重要组成部分，墨西哥愿与中国建立战略伙伴关系。此后，中墨领导人通过亚太经合组织首脑会议以及各种国际场合密切接触，加强政治磋商。

1997年11月30日至12月3日，江泽民主席对墨西哥进行正式访问，对发展双边关系提出四点建议。双方一致认为，应采取切实步骤扩大和深化双方的经济贸易关系；两国应从本国人民的根本利益和促进世界和平与发展的大局出发，建立跨世纪的全面合作伙伴关系。

---

① ［墨西哥］塞西利奥·加尔萨·利蒙主编：《墨西哥和中国——友谊的见证》，墨西哥外交部2001年版，第51页。

2001年,国家行动党人比森特·福克斯就任墨西哥总统。福克斯政府的内外政策与革命制度党相比,有了重大调整,但在对华政策上仍从战略高度出发,积极推进中墨关系的发展。他上台执政不到半年(2001年6月)即访问中国,并强调墨中两国不是竞争对手,而是很好的合作伙伴。此后,他利用各种机会与中国领导人接触,相互沟通,扩大共识。

2003年12月,温家宝总理访墨时,与福克斯总统在墨西哥城正式发表了关于中墨两国建立战略伙伴关系的声明。这是中墨两国友好关系长期不断发展和深化的重要标志,也为双方在各个领域进一步交往与合作奠定了良好的基础。在此基础上,2004年8月,两国建立了政府间常务委员会,这是两国进行高级咨询和谈判的双边机制,旨在战略伙伴关系的框架内促进和加强两国的全面与长期合作。它标志着中墨关系进入了制度化的进程。

2005年1月,国家副主席曾庆红访墨。两国签署了将墨西哥列为中国旅游目的地的协议,签署了贸易、司法合作、植物检疫和海运等方面的协议,从而将中墨关系向前推进了一步。

2005年9月12日,胡锦涛主席访墨时,与福克斯总统举行重要会谈,强调要深化中墨战略伙伴关系,切实推进双方各领域的战略合作。

中墨建交33年来,双边关系之所以能够顺利发展,并建立战略伙伴关系,主要有以下两方面原因:

第一,两国在历史上曾有过相似的遭遇,两国人民为维护民族独立和国家主权进行过不屈的斗争,因此,在许多问题上中墨两国具有共同的立场。在对外政策方面,双方都奉行独立自主的外交政策,主张在相互尊重主权和平等互利的基础上发展国家之间的关系。中国一贯坚持在和平共处五项原则基础上,加强同各国人民之间的团结,为维护世界和平和人类进步事业而努力。墨西哥也始终坚持不干涉内政、尊重各国人民自决的原则，主张和平解决争端，反对使用武力或以武力相威胁，主张国与国之间进行相互尊重的对话和团结合作。墨西哥始终坚持一个中国的立场，反对干涉中国内部事务；支持古巴革命，在最困难的时候与古巴保持外交关系；反对美国出兵伊拉克；并在推动南南合作和南北对话、争取发展中国家权益、建立拉美无核区等各方面都发挥了积极作用。因此，中国与墨西哥在国际事务中具有广泛的共识和一致。

第二，中国和墨西哥都是崛起中的发展中国家，在当前新的国际格局中，从战略高度出发，双方都需要对方的支持与合作。墨西哥虽然与美国签有《北美自由贸易协定》，墨美关系是其对外关系的基石，但是，在移民、反毒、贸易等一系列问题上，墨西哥对美国的强权政治十分不满。随着国力的增强，它积极实行多元外交，把与中国等实力较强的发展中国家建立战略联盟放在十分重要的位置，高度评价中国在国际上的重要作用以及与中国建立战略伙伴关系对墨西哥的重要意义。

三 平等互利，优势互补，在经贸合作中开创双赢新局面

如果说，中墨两国政治关系的发展一直比较顺利的话，那么，两国经贸关系发展则处于相对滞后的状态。中墨两国经贸往来起步较晚。虽然1973年两国就签署了双边经贸协定，但受多种因素影响，20世纪70—80年代，两国贸易一直处于很低的水平，双边贸易额徘徊于3000万美元至7000万美元之间。从90年代开始，随着中国改革开放的进展和墨西哥经济改革的进行，中墨贸易额有了较大增长，1994年接近3亿美元，其中国对墨出口为2.01亿美元，进口为0.94亿美元。然而，从总体来

看，中墨贸易在各自外贸中的比例仍十分有限，仅占墨外贸总额的0.2%，占中国外贸总额的0.12%。

1994年《北美自由贸易协定》生效后，墨西哥大力发展外向型经济，对外贸易成为经济增长的发动机，进出口贸易总额由1994年的1173亿美元猛增到2000年的3408亿美元，在世界贸易中的排名由17位上升到第8位。制成品在出口中的比例由80年代初的16%上升到2000年的将近90%。① 在这种新形势下，中墨贸易有了重大突破，双边贸易额由1994年的约3亿美元增加到2000年的25.5亿美元，其中中国对墨出口为17.9亿美元，中国进口为7.6亿美元。② 中国加入世贸组织后，部分贸易争端得到解决，两国贸易又有了新的增长。2004年，中墨双边贸易额达到71.12亿美元，比2003年增长39.9%，其中中国对墨出口为49.72亿美元，比2003年增长43.9%，从墨西哥进口为21.39亿美元，比2003年增长27.6%③，达到历史最高水平。

在贸易增长的同时，相互投资也开始起步。1997年新疆新天公司与墨西哥银行农业信贷基金会签署了《关于在墨西哥实施现代化农业开发项目的协议》。新天公司计划投资2898万美元，在尤卡坦半岛的坎佩切开发10000公顷土地，种植水稻、棉花，兼营水果和养殖业。现前期投资已取得良好效果，所产优质大米已投放市场。2001年，中国华远集团在墨兴建中国纺织城，投资近1亿美元。墨西哥企业也积极在中国寻找投资机会。墨大型玻璃企业VITRO计划投资3000万美元在苏州建厂，并在2006年投产。

---

① 沈允熬：《对墨西哥形势的看法》，《拉丁美洲研究》2002年第2期。
② 参见《2001年中国同拉丁美洲贸易情况》（中国海关统计），《拉丁美洲研究》2002年第2期。
③ 参见《2004年中国同拉丁美洲贸易情况》（中国海关统计），《拉丁美洲研究》2005年第3期。

中墨经贸关系虽然取得了可喜进展，但是还面临许多问题与障碍。墨西哥是拉美国家中与中国贸易摩擦较多的国家。由于一些中国商品对墨西哥商品构成竞争，为了保护本国工业，墨西哥不断对中国实行反倾销。1987—2001 年，墨西哥对中国发起的反倾销案达 23 起之多。1993 年，墨西哥一次性对中国 4000 多种商品实行反倾销，涉案金额超过 1 亿美元。2005 年初，全球纺织品和成衣配额限制全部取消，中国纺织品的出口大幅度增加，墨西哥纺织品市场受到一定挤压。为此，墨西哥经济部于 2005 年 8 月 24 日宣布，从 2005 年 8 月 24 日起到 2013 年，墨西哥的生产企业和生产商可以申请实施过渡性贸易保护措施，不必向中国提供相关补偿。同时，墨西哥纺织业将与美国纺织业结成同盟，共同遏止中国纺织品进口。一时间，中墨贸易再次蒙上了阴影。

中墨贸易之所以长期摩擦不断，有多方面的原因：

第一，两国经济结构和出口商品结构比较雷同，贸易结构的竞争性超过互补性。总体来说，中拉贸易互补性较强，中国以廉价制成品换取拉美的资源产品。但墨西哥的情况有所不同。90 年代以来，墨西哥主要利用廉价劳动力这一优势，大力发展出口加工工业，以此来维持经济的高增长。但其绝大多数中小企业仍主要面向国内市场，处于资金短缺、设备落后、产品陈旧、缺乏竞争力的状态。而中国的劳动力成本相对较低，出口产品价格富有竞争力。大批中国服装、鞋类、箱包、自行车等商品的输入使墨西哥的中小企业受到巨大冲击。尤其通过走私进入的产品，价格更低。据称，从 2000—2004 年，墨破产的小型纺织和成衣企业达 2300 家之多，至少有 10 万人为此而失业。[1]

---

[1] 参见叶书宏《墨西哥：避开中国产品锋芒，发展高端产品》，《参考消息》2005 年 6 月 30 日。

第二，墨西哥经济高度依赖美国，其商品出口的90%集中在美国市场。随着中国加入世贸组织，中国对美出口快速增长，中国成为墨西哥在美国市场的主要竞争对手。中国纺织品在美国市场的占有率由2001年的6%上升到2003年的13%，而墨西哥的占有率却由1999年的16%下降到2003年的10%，中国已取代墨西哥成为美国纺织品和成衣的第一大进口国。在美国市场上的激烈竞争直接影响到墨西哥经济和社会的稳定。

第三，中墨贸易进出口结构不平衡，墨方长期保持逆差。墨西哥从80年代开始降低关税，开放国内市场，贸易逆差激增。国际收支不平衡成为影响经济稳定的重要因素，而与亚洲各国、包括与中国的贸易不平衡现象比较突出。例如，1993年，墨对华出口为4460万美元，而从中国进口为3.5亿美元，从而引发了较大的贸易摩擦。近年来，情况有所好转，但墨方仍有较大逆差。2004年，中国对墨出口为49.7亿美元，进口为21.39亿美元，逆差为28.3亿美元。① 因此，贸易不平衡仍是引发矛盾的重要因素。

尽管中墨经贸关系存在一些矛盾，但双方仍有良好的合作愿望，只要增加了解，平等互利，优势互补，发展双边经贸关系的潜力还是很大的。中国是一个具有１３亿人口、经济保持高速增长的巨大市场，而墨西哥是个资源丰富、出口产品多样的新兴工业化国家，双方在贸易中实现优势互补的可能性还很大。关键是要加强市场调查研究，相互取长补短，避免恶性竞争。此外，在投资领域，合作的前景十分广阔。中国可以通过

---

① 参见《2004年中国同拉丁美洲贸易情况》（中国海关统计），《拉丁美洲研究》2005年第3期。

在墨西哥投资，利用墨西哥的资源、劳动力以及紧靠美国市场的地理优势，扩大对美国的出口。2005年签署的有关旅游的协定又开辟了一个新的合作领域。因此，双方只要坚持平等互利的原则，不断开拓创新，中墨经贸合作定能跨上新的台阶，开创双赢新局面。

四 澳门——促进中墨经贸和文化交流的桥梁

在近代史上，澳门曾是葡萄牙人发展海上贸易的重要基地，也是中国与海外联系的桥梁。16世纪初，葡萄牙殖民者绕过好望角，东渡印度洋，先后占领了印度果阿和马六甲，于1517年叩响了中国的大门，来到广州，1553年占据澳门。葡萄牙人占领澳门以后，利用其优良的港湾以及紧靠广州的便利条件，发展对华贸易，并迅速把澳门建设成为太平洋上重要的贸易中心。每年，装载欧洲本土和印度洋各地产品的葡萄牙大商船频繁往返于印度洋和太平洋上。澳门成为其重要的停泊基地，从那里将货物销往中国内地和日本，返航时，将大批中国丝绸、瓷器、珍珠、茶叶等热门货物运回欧洲，中途还常在巴西停留，将中国丝绸和香料带到巴西。

同时，葡萄牙人还打入了西班牙人开拓的从中国沿海口岸—马尼拉—阿卡普尔科的太平洋贸易体系。这是中国与美洲之间主要的贸易通道。为了获取高额利润，葡萄牙人开辟了澳门—马尼拉航线，在广州等地收购丝货以后，通过澳门运往马尼拉，企图以此取代中国沿海港口与马尼拉之间的贸易。1580年，葡萄牙和西班牙合并。根据有关条约，原葡萄牙属地可以自由地同西班牙各属地进行贸易，因此，澳门—马尼拉贸易得到一定发展。据有关统计，1620—1640年高潮时期，来往于澳门—马尼拉的商船达 50 艘之多。① 葡萄牙人甚至还企图建立澳门—阿卡普尔科的直接贸易，因遭到西班牙的反对而未能实现。虽然与中国—马尼拉的商船数量相比，葡萄牙商船的数量较少，但它表明澳门在当时太平洋贸易体系中具有重要的地位。

此外，澳门也是外国人来华联络的桥头堡，几乎所有欧洲人来华，都要在澳门停留，澳门同时也是中国人接触和了解西方文化的窗口。

数百年沧桑巨变。1999 年，澳门回到了祖国的怀抱，它以崭新的面貌展示在世界面前。回归以后，澳门与内地的联系更加紧密，鉴于澳门与欧盟各国、葡语国家、中国香港和台湾地区以及东南亚各国具有密切的关系，澳门以其独特的优势发挥着内引外拓的作用，成为中国发展对外经济和文化关系的纽带。到 2003 年底，内地使用来自澳门的资金达 51.9 亿美元，在中国引进的直接投资中排名第 5 位。② 因此，中国与墨西哥同样可以利用澳门这一平台，发展经济和文化关系。

首先，澳门以其开放型的经济体制和自由港的优惠政策，低税制的有利条件，成为世界上最开放的体系之一。内地和墨西哥的企业都可以利用澳门良好的商贸环境，创造更多的商机，在澳门或通过澳门开展经贸合作。

其次，澳门是以服务业为主的经济体，各类服务行业十分完善。中国和墨西哥的企业都可以利用这里良好的服务平台，获取商业信息和商业支持，开展业务。

再次，中国与墨西哥在文化领域的交流与合作十分广泛，在

---

① 参见罗荣渠《中国人发现美洲之谜—中国与美洲历史联系论集》，重庆出版社 1988 年版，第 95 页。

② 参见李炳康《发挥商贸平台独特作用 创建区域合作更大市场》，《国际经济合作》2004 年第 11 期。

影视、会展、体育、演出等方面的联系十分密切。澳门经济以博彩业为中心，中国和墨西哥可以利用澳门作为中介，发展文化交流。

（原载张宝宇主编《澳门桥通向拉丁美洲》，出版机构：澳门亚太拉美交流促进会2006年版）

作者主要论著目录

《墨西哥》，吕龙根、陈芝芸著，上海辞书出版社1986年版。

《墨西哥经济》，张文阁、陈芝芸等著，社会科学文献出版社1986年版。

《拉丁美洲国家经济发展战略研究》，苏振兴、徐文渊主编，陈芝芸合著，北京大学出版社1987年版，经济管理出版社2007年再版。（获首届中国社会科学院优秀科研成果奖）

《发展中的新大陆——拉丁美洲》，陈芝芸、徐宝华主编，合著，世界知识出版社1990年版。

《拉丁美洲对外经济关系》，陈芝芸等著，世界知识出版社1991年版，社会科学文献出版社2007年再版。（获首届中国社会科学院优秀科研成果奖）

《北美自由贸易协定——南北经济一体化的尝试》，陈芝芸等著，经济管理出版社1996年版。

《拉丁美洲的经济发展》，苏振兴主编，陈芝芸合著，经济管理出版社2000年版。

《拉丁美洲和中拉关系——现在与未来》，李明德主编，陈芝芸合著，时事出版社2001年版。

《西半球区域经济一体化研究》，宋晓平、陈芝芸等著，世界知识出版社2001年版。

作者年表

1935年11月 出生于江苏无锡梅村

1950—1953年 江苏省立无锡师范学校学习

1953—1954年 上海华东师范大学中文系学习

1954—1955年 北京外国语学院留苏预备部学习

1955—1956年 苏联莫斯科列宁师范学院历史系学习

1956—1961年 苏联莫斯科大学历史系学习

1961—1969年 中国科学院拉丁美洲研究所工作

1969—1972年 中共中央对外联络部五七干校劳动锻炼

1972—1976年 中共中央对外联络部拉美司工作

1976—1996年 中国社会科学院拉丁美洲研究所工作

1985—1993年 任中美与加勒比地区研究室主任

1989—1999年 任拉美所学术委员会主任

1996年1月 退休